教育的温度丛书

“学校—社区互动”农村学校改进原生态研究

李　广　杜磊娇　李欣桐　孙玉红　等◎著

华东师范大学出版社
·上海·

图书在版编目（CIP）数据

"学校—社区互动"农村学校改进原生态研究/李广等著.—上海：华东师范大学出版社，2022
ISBN 978-7-5760-2896-6

Ⅰ.①学… Ⅱ.①李… Ⅲ.①农村学校—教育改革—研究—中国 Ⅳ.①G725

中国版本图书馆 CIP 数据核字（2022）第 100665 号

教育的温度丛书
"学校—社区互动"农村学校改进原生态研究

著　　者　李　广　杜磊娇　李欣桐　孙玉红　等
责任编辑　彭呈军
审读编辑　张艺捷
责任校对　王海玲
装帧设计　卢晓红

出版发行　华东师范大学出版社
社　　址　上海市中山北路 3663 号　邮编 200062
网　　址　www.ecnupress.com.cn
电　　话　021-60821666　行政传真 021-62572105
客服电话　021-62865537　门市（邮购）电话 021-62869887
地　　址　上海市中山北路 3663 号华东师范大学校内先锋路口
网　　店　http://hdsdcbs.tmall.com

印 刷 者　上海展强印刷有限公司
开　　本　787×1092　16 开
印　　张　23.25
字　　数　382 千字
版　　次　2022 年 7 月第 1 版
印　　次　2022 年 7 月第 1 次
书　　号　ISBN 978-7-5675-2896-6
定　　价　78.00 元

出 版 人　王　焰

教育部人文社会科学重点研究基地重大项目
“‘学校—社区互动’促进农村学校改进研究”
（项目编号：15JJD880007）研究成果

前言

党的十九大报告站在全局的高度,提出乡村振兴战略。实施乡村振兴战略,是解决新时代我国社会主要矛盾、实现“两个一百年”奋斗目标和中华民族伟大复兴中国梦的必然要求,具有重大现实意义和深远历史意义。乡村振兴战略的实施,基础在教育。振兴乡村,要重视乡村教育。2021 年 3 月 31 日,教育部副部长宋德民在国务院新闻发布会上作了《坚持以建设高质量教育体系为统领 谋划推动“十四五”时期教育发展》的重要发言,发言强调了“提升服务区域发展能力水平,实施乡村教育振兴计划,完善区域教育发展体制机制,进一步缩小城乡、区域教育差距”①。实现“乡村教育振兴计划”的前提是重点关注农村学校,促进农村学校发展,加强农村学校建设,改善农村学校办学条件,提高农村学校办学质量。

作为农业人口大国,农村教育在我国教育体系中占有极其重要的地位。为推动农村教育发展,国家下发各类文件,着力改善农村办学条件,促进农村学校建设。2013 年 12 月 31 日,《教育部 国家发展改革委 财政部关于全面改善贫困地区义务教育薄弱学校基本办学条件的意见》出台,希望通过实施一系列措施彻底改变我国乡村学校积贫积弱的基本办学条件。为改变农村教育的发展样态,提升我国基础教育的发展质量,国家教育行政部门、各大高校、各地区县域教育部门及农村学校均高度重视农村学校改进问题,“如何改进、如何发展”已成为农村教育发展的诉求。

实现农村学校改进,推动农村教育发展的前提是探索适合我国农村教育发展实际、符合我国乡村教育发展轨迹、顺应我国教育经济现代化趋势、契合我国城乡一体化发展逻辑的实践路径。从“学校—社区互动”视角对农村学校改进进行分析研究是当代学者着眼社会需求、社会现实特点、教育发展演变而提出的新思路、新视角、新途径,为农村学校改进、农村教育发展提供了新选择,为推动农村教育新发展开辟了更多的可能性。根据当下我国农村教育发展需要,结合我国农村学校发展特点与实际需求,

① 宋德民. 坚持以建设高质量教育体系为统领 谋划推动“十四五”时期教育发展[EB/OL]. http://www.moe.gov.cn/jyb_xwfb/moe_2082/2021/2021_zl25/bd/202104/t20210401_523911.html. 2021-11-28.

“学校—社区互动”成为促进农村学校改进的必然路径选择。

当前,“学校—社区互动”促进学校改进已成为国内外进行学校改革与教育优化的重要手段之一。我国关于“学校—社区”“学校改进”的研究起步较晚,尚处于摸索发展时期。项目组在查阅相关文献资料并进行分析后发现,我国在“学校—社区互动”促进农村学校改进方面的理论研究仍然处于模糊混沌状态,尚未达到较高发展水平;缺乏与之相关的一般性理论研究,未形成学校与社区互动促进学校改进的结构化模型和与之相对应的运行、保障机制,缺少针对性的实践路径探寻与发展研究。因此,在一般意义上构建“学校—社区互动”促进农村学校改进的理论体系,在具体实践中探索学校与社区互动促进农村学校改进的有效途径,并针对我国农村教育的现实状况和发展需求建立有效的“学校—社区互动”运行机制和保障机制,已成为当前亟待解决的重大课题,这也是本研究的意义与价值所在。

“学校—社区互动”促进农村学校改进研究课题组以吉林省抚松县、东丰县、安图县、通化县、永吉县,黑龙江省的安达市、林甸县,辽宁省的桓仁县、喀左县,内蒙古的乌兰浩特地区,河南省的新县、内乡等地为调查地点,在多次实地考察后,最终将吉林省通化县、永吉县、长白山保护开发区池北区的农村学校作为农村学校改进研究的重点对象。主要内容聚焦于各个农村学校的现实发展现状、特色校本课程发展等方面。访谈调查的对象主要为当地教育部门行政人员、校长、教师、社区相关组织工作人员、农民代表及学生代表等。这三个区域辖属的农村学校独具特色,也具有我国农村学校所普遍具有的现实特点与发展需求。将其作为重点研究对象,一方面能反映出我国农村学校普遍的发展现状,另一方面能为农村学校特色改进做出引领,聚焦农村学校改进特色发展,这也是本项目形成的研究特色。

为推进“学校—社区互动”下农村学校改进的合理研究,课题组在项目开展前期进行了相关的基础理论研究,设计、开发了调研工具包,研制了教育行动研究计划。从基础理论分析到调研工具的研发、调试与确定,再到实践模式建构与运行机制建设,前后耗时逾一年,研讨了几十次。2016 年冬季始,项目组分批多次奔赴目标地区开展调研。为更广泛、更全面地收集到真实、具体、有效的研究资料,项目组对调研地区进行跟进式调查,不断更新各地区农村学校的现实发展现状调查内容。截至 2018 年 6 月,项目组搜集、整理了三大县域各所农村学校的许多资料,包括文字资料、影像资料、教材、照片、作品集、作品实物等。翔实的资料搜集,为本研究的推进奠定了良好基础。

本研究的最大特点是开发、研制了“学校—社区互动”促进农村学校改进的实践模式与运行机制,通过三年里的多次实地调研、走访,获取了翔实可靠的研究资料,促进了实践模式的建构与运行机制的建设。“学校—社区互动”农村学校改进的实践模式与运行机制的建设将为我国农村教育、农村学校改进、学校社区互动发展提供理论指导与可参照性依据。

农村学校改进是提高我国基础教育质量、促进我国基础教育均衡发展的重要战略举措,“学校—社区互动”是促进农村学校改进的必然路径选择。对“学校—社区互动”农村学校改进的研究是我国农村教育发展战略中的重要议题,也是推动我国农村教育实践发展的新探索、新发展和新领域!

李　广

2021 年 12 月 9 日

目录

绪　论

留住乡村教育

我国“乡村教育”历史悠久，而且必将长期存在。“乡村教育”面临生源减少、师资紧缺、课程开发困难等现实问题。社区作为乡村力量，对乡村教育的支持颇为重要。在乡村振兴的大背景下，探索乡村教育“学校—社区互动”学校改进的实践范式与长效机制具有重要意义与价值。

随着经济发展以及城镇化的不断推进，乡村社区被并轨于城市生产体制，农民对教育的重视程度越来越高。但是，在城乡统一竞争的教育轨道上，面对高强度的淘汰率和明显的向城性特征，乡村学校逐渐没落。究其原因有两个：其一，有些经济条件较好的乡村家庭前往城市里生活；其二，有些长年在外地务工的农村父母带着子女随迁就读。二者在一定程度上造成乡村学龄儿童量的减少，导致乡村学校办学规模逐渐缩小。

乡村教育是中国最传统也是最基础的教育，深深地植根于乡村文化。只有留住乡村教育，才能留住农村现代化的希望，也才能真正留住乡村文化的灵魂。所以如何统筹城乡教育资源，做好农村学校的布局调整，加快农村教育体制的改革，是当前亟需解决的问题。面对正在消逝的乡村学校和乡村教育面临的危机，从政府部门到全社会，都应给予更多的关注。

农村学校消失之哀

相对城市地区的教育发展而言，我国农村地区的教育发展不容乐观。教育管理缺位、教育资源匮乏、学校分布不均、经费投入不足、教师资源短缺、师资素质不高、课程资源薄弱、农村生源流失、教育负担过重等问题，集中反映出当前农村学校教育发展的严峻势态，并引发了诸多教育问题，如：学生辍学、转学（转离农村学校）、师资流失、学校空壳化、学校功能丧失等，加速了农村学校的衰落，也间接催化了农村家庭的城镇化迁移,导致城乡人口比例失调,农村地区人口流失,学生和学生家长流动性增大。

《中国农村教育发展报告 2019》是在综合利用国家统计数据和东北师范大学中国农村教育发展研究院在全国 19 个省份的调研数据基础上形成的一份中国农村教育"年度体检报告"。报告显示,2017 年全国义务教育学校数(含教学点)为 321 901 所,比 2016 年减少 6 287 所,减幅为 1.92%。其中,城区为 41 196 所,比 2016 年增加 1 092 所,增幅为 2.72%;镇区为 79 072 所,比 2016 年增加 362 所,增幅为 0.46%;乡村为 201 633 所,比 2016 年减少 7 741 所,减幅为 3.70%。关于乡村教师队伍建设现状,报告显示,2017 年各地共招聘特岗教师 7.7 万人,分布在 1 万多所农村学校。2017 年乡村小学和初中生师比低于国家标准。乡村小学生师比由 2016 年的 15.81∶1 下降到 2017 年的 15.66∶1,低于城区、镇区小学;乡村初中生师比由 2016 年的 10.98∶1 上升到 2017 年的 11.19∶1,低于城区、镇区初中。高中阶段教育稳定发展,生师比有所降低。① 从数据中可直观感知:我国农村学校逐年呈递增式削减,农村学校消失之哀愈发凸显。

农村教育实地调研呈现的数据与结果,反映了我国农村教育发展的真实困境与现实诉求。农村学校改进研究是寻求突破农村教育现实困境的有效路径,是促进农村学校发展的必然选择。我们需要积极推动农村学校改进发展,寻求农村学校教育的变革之路,解决当下农村学校教育的发展矛盾,国家政府部门必须重视并采取措施,同时,大中小学以及社会力量也应积极配合,为我国农村教育事业的发展贡献力量。

农村学校边缘化之痛

"边缘"是与"中心"相对的一个概念,是指某事物处在"边缘",表明该事物的发展水平处于低下或不被重视的状态,而发展水平与重视程度在某种程度上又是互为因果的关系。所谓边缘化即某事物处于发展水平低下和不被重视的状况。社会学将"化"

① 邬志辉.中国农村教育发展报告 2019[N].中国民族报,2019-02-19(003).

解释为一种过程或趋势。边缘化是相对中心化、核心化而言的，就是非中心、非主流，或者可以说被主流所排斥，所不包容，也就是不入主流，容易被忽视、被冷落。农村教育的边缘化意味着农村教育处于发展水平低下和不被重视的状况，并呈现出不断被忽视、被冷落的趋势。①

在中国教育发展历程中，农村教育一直处在边缘。在经济社会处于发展落后封闭的年代，农村教育的边缘化发展难以避免，但是在现今城市化发展进程中，伴随经济、文化、教育的快速发展，农村学校边缘化现象却愈演愈烈，这是中国教育改革中不可忽视、亟待解决的一个重大课题。农村学校边缘化是由内外部因素所共同造成的。

首先是外部因素。在政策上，农村教育经费投入普遍不足。从目前来看，国家财政预算内教育拨款是农村教育经费来源的主渠道，而国家的教育拨款大多用于农村学校的修缮整改，用于购买农村学校课堂教学所需的基础设施设备及教师提升自身业务能力的费用所剩无几，农村学校的发展举步维艰。在地域上，随着城镇化进程加快，农村与城市的差距愈来愈大，生活在农村的人们大都为走出封闭落后的生活环境、进入广阔的人生天地而努力，农村的经济发展停滞不前。其次是内部因素。在教师待遇上，农村教师工资的削减和拖欠是亟待重视的问题。此前，国务院确立了“分级管理、以县为主”的农村义务教育管理体制，其核心是县级财政统一发放农村中小学教职工的工资。该制度的实施意味着把发放工资的重担压到了县级政府上，而县级政府的财务大都难以支撑起这样的职责，导致农村教师的工资发放依然难以得到保障，农村教师的工资有时会被削减，甚至拖欠。工资待遇问题引发的寒流在一定程度上降低了农村教师的教学热情，影响了农村教师的工作积极性。此外，农村教师的福利待遇也远远低于城镇教师的福利待遇，农村教师鲜少有机会去到更好的学校或机构进行深造和培训，部分教师的教育理念滞后，知识结构老化，教学方法陈旧，专业化水平低，农村教师的业务能力得不到提高，综合素养得不到培养提升，久而久之就会影响到教师的专业化发展，进而影响到教师的工资绩效。在社会地位上，农村教育的发展速度缓慢并趋于停滞，在社会上存在一部分人对农村教育的发展持悲观态度，他们不看好农村教育的发展，并认为农村教师的各方面条件不足以吸引高质量人才，而且对农村的一贯

① 谢清平，周鸿敏. 对农村教育边缘化的理性思考[J]. 江西广播电视大学学报，2007(01)：50-52.

性传统看法并没有改观,农村教师的社会地位颇低。① 外部环境和农村教育内部机制的原因导致农村教育日渐落后,农村学校边缘化趋势愈演愈烈。

农村学校离农之悲

随着城市化发展的急速推进,我国村落文化日渐衰落,部分村小,乃至乡镇中小学也随之迅速衰落、减少,甚至消失。相伴而来的是城镇中小学规模急剧膨胀,大班化教学、师资力量不足、学校教育出现“离农”“脱农”倾向、摆脱乡土文化等问题暴增,农村教育衰颓之势日益明显。在人口流动背景下,“离农”表现为一种社会趋势。

乡村教育的“离农”倾向由来已久,造成乡村教育在服务上发生明显偏差的思想根源在于长期以来“跳农门”的教育观一直支配着教育行为。当下,农民群体对子女的教育问题越来越重视,竭尽所能让子女接受更好、更多的教育,通过读书出人头地,远离脸朝黄土背朝天的辛劳与苦楚,离开农村,成为不用干农活的城市人。学生自己亦希望通过读书升学来彻底摆脱土地的束缚,去城市谋求发展。如果不能升学,不能跳离农门,农民普遍认为孩子读到初中就足够了,再继续读下去就得不偿失。视“跳农门”为唯一或最优价值取向的观念,不仅体现在农民及其孩子身上,甚至连教育部门内部也趋于认同。正是由于整个社会普遍存在着根深蒂固的“跳农门”教育观,农村教育的“离农”倾向才难以逆转。

城乡之间、工农之间存在着巨大差异,这是“跳农门”教育观赖以形成、发展和固化的社会经济基础。“跳农门”作为社会普遍存在的一种教育观念和心理,绝不是主观想象的产物,它与现行的教育体制、劳动人事制度、户籍管理政策以及城乡差别密切相关。国际经验表明,在快速的工业化、城市化过程中,一些国家和地区也出现过大量农村劳动力,特别是青壮年劳动力纷纷离开农业、农村的现象,究其主因,是二者生活方式的差异造成的不认同,即不认同务农这样一种生活方式。农民不仅生活苦、收入

① 吕丽艳.边缘化困境中的农村学校危机探析[J].教育导刊,2007(06):20-22.

低,而且传统的生活方式背离现代化生活方式,带来了许多生活上的不便利。

我们应该看到,“城市取向”的大一统教育模式也在客观上强化了农村教育内容的“离农”倾向。长期以来,教育主管部门是以工业化、城市化为中心来制定教育政策的,这种政策无视城市和农村在教育环境、教育资源以及未来就业上的巨大差别,以城市学生的发展特点为基础制定全国统一的教学大纲、学校课程标准和教学内容,没有充分考虑到农村学生的特点和需求。此外,以城市为中心的教育模式,也在一定程度上强化了乡村教育的“离农”倾向。农村教育“离农”主要体现在三个方面:教育目标、教育内容、学校布局调整。现今,社会不断进步,农村教育目标也应是多元的,除了迎合城镇化、工业化的需求为城市、非农产业等培养和输送人才以及为学生进入城市提供相应的奖励机制和服务,还应承担起培养建设农村、从事农业相关领域的优秀人才的责任。但在实际生活中,农村教育的目标大多都是一元的,突出表现在应试性、城市性、离农性。[①] 具体而言,在农村教育以及其他现实因素的引导下,学校管理者和教师都以进入城市生活或学习为目的来培养学生。同时,农村家长们在对家庭所处的社会环境感到不满,继而将希望寄托在自己的孩子身上,期盼子女可以脱离农村并进入城市中,以此改变自身的命运。而学生在家长、教师的引导下,对城市也多了些许希冀,将生养自己的农村土地逐渐淡忘,为考入城市,离开故土而努力学习。教育目标决定教育内容的呈现。当下农村教育目标定位的一元化,不可避免地导致其教育内容的离农性。就教育内容来讲,乡村教育传授的主要是与升学考试、非农就业、城市生活有关的知识内容、技能方法与价值观,较少有与农业生产、农村生活相关的内容,或者以“服务农村、发展农村经济”为价值取向的思想教育。

农村教育政策在解决问题的同时,也因落实中出现的实际情况衍生出了新矛盾。根据国家发展义务教育的需求,在切实保障所有适龄儿童、少年接受九年义务教育的前提下,农村中小学布局结构更趋合理,教育资源配置更加优化,义务教育均衡发展取得实质性进展。但在实际操作过程中,有些地方在工作中脱离当地实际,撤消了一些交通不便地区的中小学及教学点,造成新的“上学难”现象;有些地方盲目追求调整速度,造成一些学校“大班化现象”严重,教学质量和师生安全难以保证。有的寄宿制学

① 刘尧. 新农村建设中的农村教育改革[J]. 教育导刊,2007(03):18-19.

校食宿条件较差，生活费用超出当地群众的承受能力，增加了农民负担；有的地方对布局调整后的学校处置不当，造成原有教育资源的浪费和流失；等等。这些问题，造成农村学校向城镇集中，一些边远山区、贫困地区农民子女上学不便，违背了教育布局调整的初衷。①

教育是培养人才的路径，为乡村振兴培养人才是乡村教育体系的重要目标。在加快发展乡村教育事业、将乡村教育作为工业反哺农业、城市支持农村的优先选项的同时，也应关注教育存在的结构性问题。农村教育的发展需要克服“离农”倾向，倡导和推进为农、爱农、知农教育，逐步补齐曾经的“短板”。

农村学校发展之希望

农村教育发展离不开农村，农村发展离不开农村教育的支撑。农村教育作为我国教育事业中的重要组成部分，其发展不仅制约着我国教育发展的水平，也影响着乡村地区的经济发展与振兴。办好农村教育是落实国家基本的教育政策、实现教育公平、推动农村教育均衡发展、推动乡村振兴的有力措施之一。

乡村兴则乡村教育兴，乡村衰则乡村教育衰；乡村为乡村教育发展提供经济支撑与物质保障，乡村振兴是乡村教育发展的希望，是农村学校发展的希望。从国家政策文件的演进来看，国家在乡村发展上逐渐加大财力、物力、人力支持，愈来愈重视乡村教育振兴，注重农村教育的发展，为农村学校发展带来曙光。2003 年出台的《国务院关于进一步加强农村教育工作的决定》提出，要把农村教育作为教育工作的重中之重，优先发展农村教育。在 2017 年的十九大报告中，习近平总书记首次提出“乡村振兴计划”，同时，实施“乡村振兴战略”写入了党章。2018 年出台的《中共中央　国务院关于实施乡村振兴战略的意见》，再次强调要优先发展农村教育，并在《国家乡村振兴战略规划（2018—2022 年）》（简称《规划》）中进一步强调优先发展农村教育事业，推动优

① 储平平，杨国才. 农村教育的“离农”倾向及其克服[J]. 中国农业教育，2008(05)：62－64.

质学校辐射农村薄弱学校常态化发展，落实好乡村教师支持计划，建好建强乡村教师队伍等政策。① 这一系列政策的颁布和落实，让农村学校和农村教育的美好发展不再是奢望。《规划》中指出，我国人民日益增长的美好生活需要和不平衡不充分的发展之间的矛盾在乡村最为突出，我国仍处于并将长期处于社会主义初级阶段的特征很大程度上表现在乡村。我国城镇化进入快速发展与质量提升的新阶段，城市辐射带动农村的能力进一步增强，但大量农民仍然生活在农村的国情不会改变，迫切需要重塑城乡关系。为实现“农业强、农村美、农民富”乡村全面振兴的远景谋划，需要描绘好战略蓝图，强化规划引领，科学有序推动乡村产业、人才、文化、生态和组织振兴；坚持乡村全面振兴，就要统筹谋划农村经济建设、政治建设、文化建设、社会建设、生态文明建设和党的建设，注重协同性、关联性，让乡村振兴事业全面开花，遍地开花。

近几年乡村地区正在稳健发展，但是乡村教育依然存在办学条件差、办学质量低的情况，存在乡村教师下不去、留不住、教不好的的窘境。随着乡村振兴计划的实施，乡村地区发展获得国家政策上的扶持与经济上的补贴，乡村建设正在飞速前进，作为乡村振兴建设重点之一的乡村教育也受到了极大关注。《规划》中指出，“乡村振兴，生态宜居是关键”，“乡村振兴，乡风文明是保障”，宜居的生态环境是乡村振兴的环境资本，文明的乡风是乡村振兴的精神保障。文明乡风建设离不开乡村教育，离不开农村学校。乡村生态环境建设为农村学校搭建了美丽优雅的教育环境，提供了丰厚独特的教育资源，构造了天然开阔的教育阵地。乡村文明建设为农村学校营造了文明和谐的生活气息，创设了自由淳朴的教育氛围。乡村振兴是农村学校发展的经济基础、物质保障和精神支柱，给予农村学校发展以希望！发展农村教育事业，对乡村振兴计划的实施具有足轻重、至关重要的战略意义。

① 中共中央、国务院. 印发国家乡村振兴战略计划(2018—2020年)[N]. 人民日版. 2018-09-27(13).

第一章

“学校—社区互动”农村学校改进研究设计

农村教育在我国基础教育中占据着至关重要的战略性地位,其发展影响着我国基础教育的发展。农村学校改进是促进农村教育均衡发展的重要保证。学校改进不能完全依赖政府政策制度、物力、财力等外在教育资源的支持,还需要通过学校自身内部的资源调动和潜能激发。外在力量的支持与学校内在需求相互激发的促动,能最大程度地加快学校改进的步伐。"学校—社区互动"是农村学校与农村社区、社区居民之间的交流合作与互帮互助,有利于推动农村学校改进,是促进农村学校改进的有效路径。

第一节 "学校—社区互动"农村学校改进的相关概念

在"学校—社区互动"下进行农村学校改进研究需要厘清与之相关的概念。对农村学校的改进研究属于农村教育的范畴,农村教育与乡村教育又有着密不可分的联系。要进行"学校—社区互动"农村学校改进的原生态研究,就要掌握乡村教育、农村教育、农村学校、学校改进、原生态研究以及"学校—社区互动"这几个最基本的概念及其内涵。

一 乡村教育

要实现乡村教育振兴,推进农村教育城镇化、农村教育现代化发展,需要厘清乡村教育和农村教育的内涵意蕴。"乡村"在概念上的界定最初是作为与城市相对应区域的总称,发展到现在成了与城镇相对应区域的总称,其指代范围逐渐缩小。从行政区划角度来讲,我们现在所谈论的"乡村"一般指的是县级行政区划以下的广阔区域,包括乡镇和村落。① 国家于1999年颁发的《关于统计上划分城乡的规定》规定了乡村包括集镇和农村，农村指集镇以外的地区；而2008年国务院批复的《关于统计上划分城乡的规定》将我国的地域划分为城镇和乡村，城镇包括城区和镇区，乡村是指本规定划定的城镇以外的区域。据此，我们可推出农村教育指的是在农村的教育，乡村教育是指在乡村的教育，二者的界定有行政区域划分上的区别，但是不能简单粗暴地理解乡村教育与农村教育之间的区别。

对农村教育与乡村教育概念的界定既包括相对于城市地域和人口的划分、统计与发展水平的评价，还应涉及政策的支持和人、财、物的投入方向、数量。郝文武认为从教育学出发，可将农村教育分为大农村教育（指县域、乡镇、集镇和乡村的教育）与小乡村教育（仅指乡村教育）；从统计学对乡村的界定出发，把乡村分为大乡村（指县城、乡镇、集镇和农村）与小农村（仅指农村），那么乡村教育振兴即指大乡村教育，推进农村教育现代化即推进小农村教育现代化。② 而从教育政策表述出发，从《国家乡村振兴战略规划（2018—2022年）》中可知，农村教育包括县城教育、乡镇教育、乡村教育，这与上述相关界定有了冲突。③ 基于乡村振兴的伟大战略，为了实现乡村教育、农村教育、农村学校的可持续化发展，乡村教育的内涵与范围应深刻化、拓宽化，乡村教育应该从大乡村教育层面出发，农村教育也应该从大农村教育的角度去讨论，乡村教育与农村教育是相互依存、互为表里的关系，二者在教育发展中也各有侧重。

20世纪30年代前后，是我国乡村教育蓬勃发展时期。黄炎培把职业教育作为改进乡村的根本途径；陶行知把乡村学校和教师当作改造乡村的核心和灵魂；晏阳初把平民教育与乡村改造结合起来，以达“除文盲、做新民”之目的；梁漱溟则从文化伦理本位的高度谋求乡村整个建设的和谐与统一。尽管他们的试验方法和教育理念互不相同，但都抱着一个共同的信念和追求，即通过乡村教育达到“改造乡村、再造民族”之目的，最终实现民族复兴之大业。

改革开放以来，我国乡村教育出现了较大规模的变迁，从追求乡村经济发展，到乡

---

① 李森，汪建华. 我国乡村教育发展的历史脉络与现代启示［J］. 西南大学学报（社会科学版），2017，43（01）：61－69+190.

② 郝文武. 农村教育和乡村教育的界定及其数据意义［J］. 教育研究与实验，2019（03）：8－12.

③ 郝文武. 以城乡教育有特色融合发展促进乡村教育振兴和农村教育现代化［J］. 教育科学，2021，37（03）：1－7.

村生态遭受破坏，再到乡村文化秩序的失衡，乡村教育问题日益显著。乡村学校布局调整，学校规模缩小，甚至合并消失，生源流失，师资匮乏，质量下滑，乡村教育功能不断弱化等现象日益严重，已成为教育现代化进程中严重影响乡村教育质量提升、阻碍城乡教育均衡的重大问题。

姚荣研究认为，乡村教育在我国教育现代化的百年历程中，大致经历了从“文字不下乡”到“文字下乡”，再到“文字上移”三个阶段。依据韦伯“理想类型”的概念工具以及国家与社会分析框架，他提出我国乡村教育总体上经历了从“嵌入”到“悬浮”的历史变迁。①

熊春文研究认为，当前中国最显著的乡村教育现象莫过于20世纪90年代末以来由国家发动的大规模撤点并校布局调整和农村寄宿制学校建设工程所导致的大量村庄学校的急剧消失。“文字上移”或“村落学校加速终结”的事实是在人口因素、城乡关系、规模效益以及政策驱动等多重因素的综合影响下发生的，而其根本原因应从中国乡村社会发展的整体进程中去探寻。②

蔡志良、孔令新研究指出，20世纪90年代末以来的撤点并校运动进一步加剧了乡村教育面临的不公正。使乡村儿童面临的成长道德风险递增，也加速了乡村社会的荒芜化。造成这一现象的原因是多重的，既有政策执行失当的问题，更是教育正义失位的表现。最深层次的原因则是乡村文化的被改造和衰亡。缓解和走出乡村教育的困境，除了要慎重推进撤点并校政策，还要反思教育改革乃至国家教育设计的经济主义导向。实现教育正义，更要重建乡村文化，以恢复乡村教育的生机。③

武晓伟、朱志勇指出，现代乡村教育知识是以城市文化的“现代性”标示来界定的，乡村中的隐形文化资源和村民的实践智慧被视为“劣等”“陈旧”，无法进入课堂成为法定知识加以学习和传播，这就造成了农村文化没有成为教育资源；以城市文化为主的知识无法适应农村受教育者的需求；农村儿童在城市化的竞争中依然面临升学竞

① 姚荣. 从“嵌入”到“悬浮”：国家与社会视角下我国乡村教育变迁研究[J]. 清华大学教育研究，2014(04)：27－39.

② 熊春文. “文字上移”：20世纪90年代末以来中国乡村教育的新趋向[J]. 社会学研究，2009(05)：110－140、244－245.

③ 蔡志良，孔令新. 撤点并校运动背景下乡村教育的困境与出路[J]. 清华大学教育研究，2014(02)：114－119.

争中的不利境地，限制了农村受教育者的发展诉求。①

刘铁芳研究认为，对乡村教育问题的追问应该在三个层面展开：教育权利的保障与机会的平等，乡村教育文化视野的拓展，乡村少年在教育中的健康生存如何落实。目前乡村文化秩序遭遇的危机是多重的：第一，自然生态秩序的破坏；第二，乡村文化秩序的瓦解；第三，乡村公共生活的危机；第四，乡村心态秩序的危机。概而言之，乡村建设需要在四个层面展开：在自然生态层面，逐步恢复乡村和谐自然生态；在经济层面，提高村民作为经济主体的能力，扩大村民的福利；在社会层面，促进村民自治，扩大村民社会的公共空间；在文化价值层面，尊重并活化传统乡村文化价值中积极的价值质素，逐步实现乡村文化价值秩序的和谐。由此而展开的是乡村教育在两个基本维度上表现出来的精神气质：一是对乡村社会本身的亲近；一是乡村教育本身所展开的尽可能开阔的精神世界。②

针对乡村教育改革完善的具体层面，刘铁芳还指出，乡村教育课程设计的基本原则主要表现为普遍性知识与乡土知识之间的平等性、差异性和开放性。乡村教育课程设计的基本路径包括：乡土课程资源的开发、乡土教材的开发、乡土文化阅读资源的开发以及整个课程体系中乡土价值的凸显；乡村教育课程设计的根本指向乃是乡村生活方式的重建；新乡村教育课程开发，新乡村理念的培植，新乡村生活理想的开启，成为当下乡村教育重建的基本课程理念。③

邬志辉立足教育现代化的视角指出，如果没有现代的教育理念、教育实践和教育效果，我们是不能说乡村教育是现代化的。他认为，无论是城市教育还是乡村教育，如果是现代的，那么两者在现代化的精神上就应该是一致的，但走向现代化的路径和方式可能有所不同，我们既无法说城市教育一定比乡村教育更现代，也无法说乡村教育一定比城市教育更落后。由于城乡学校所依赖的自然禀赋、地方文化、社会传统都是不同的，因此完全可以形成“和而不同”的多样化的现代教育景观。而我们所需要的

---

① 武晓伟，朱志勇. 传统与现代：文化哲学视域下的农村教育研究[J]. 湖南师范大学教育科学学报，2014，13(06)：65－71.

② 刘铁芳. 重新确立乡村教育的根本目标[J]. 探索与争鸣，2008(05)：56－60.

③ 刘铁芳. 回归乡土的课程设计：乡村教育重建的课程策略[J]. 现代大学教育，2010(06)：13－18.

乡村教育现代化应该就是基于乡村资源优势和儿童经验特点的乡村且现代的教育。① 现阶段，我国城乡义务教育一体化发展面临诸多挑战，当下要解决的核心问题是遏制乡村教育衰败，重建乡村教育形态和创新教育体制机制，为此要明确城乡教育一体化不等于农村教育城镇化。②

上述研究表明，从国家层面的政策调控，到社会层面的文化发展，再到教育层面的学校变迁，乡村教育功能正在急剧减弱，城乡教育差距日益加大，乡村教育问题已成为制约乡村事业整体发展的重要影响因素，也成为城镇化进程中实现乡村现代化建设不得不加以正视并亟待解决的重要课题。从乡村教育的发展脉络来看，受乡村经济、乡村文化、乡村生态、区域资源以及乡村家庭结构、生源分布、师资状况等多维因素影响，乡村教育的衰落、乡村学校布局的变化具有不可逆性，但乡村教育秩序恢复和乡村教育质量提升具有时代的必然性。为此，立足乡村教育整体结构视角，探寻乡村教育质量提升的有效路径，在已有乡村教育现状的基础上整合多方教育力量形成乡村教育发展支持体系，实现乡村教育改进已然势在必行。③

二 农村教育

一般认为，农村学校是相对于城市学校而言的。农村教育就是发生在农村里的教育，农村学校就是坐落在农村里的学校。农村教育与农村学校密不可分，农村教育是

① 邬志辉. 乡村教育现代化三问[J]. 教育发展研究，2015(01)：53－56.

② 邬志辉. 当前我国城乡义务教育一体化发展的核心问题探讨[J]. 教育发展研究，2012(17)：8－13.

③ 熊春文. “文字上移”：20世纪90年代末以来中国乡村教育的新趋向[J]. 社会学研究，2009(05)：110－140、244－245. 姚荣. 从“嵌入”到“悬浮”：国家与社会视角下我国乡村教育变迁研究[J]. 清华大学教育研究，2014，35(04)：27－39. 刘铁芳. 重新确立乡村教育的根本目标[J]. 探索与争鸣，2008(05)：56－60. 田正平，叶哲铭. 微观视野下的中国近代乡村教育——相关人类学著作的若干启发[J]. 湖南师范大学教育科学学报，2008，7(06)：5－10+17. 王玉国. 乡村教育的现实困境与未来之路[J]. 教育发展研究，2009(17)：49－51. 储朝晖. 全球化视野中的中国乡村教育边缘化问题研究[J]. 清华大学教育研究，2002(05)：45－50+87. 曲铁华，袁媛. 近代中国乡村教育实验理论标本价值探析[J]. 教育科学，2010，26(06)：6－10.

农村学校的功能体现,而农村学校是农村教育的运行载体。因此,在探讨农村学校问题时是以探讨农村教育问题为前提的。

《国际教育百科全书》对农村教育的定义是:为农村人口设计的机构和学习设施。提供学习设施可以由国家正规的学校体制,或者学习设施可以安排正规的条件加以组织。①

陈敬朴认为,农村教育是在农村地区对各个年龄段农村人口实施的包括农村学校教育(基础教育、职业教育、高等教育)与社会教育(社区教育等)在内的各级各类教育与各种形式教育的总称。②

陈忠镐指出,农村教育应该从中国现阶段教育实际出发,以县级以下的区域为范围,以社会经济发展状态与适龄人口为划分依据,使我国农村教育概念的界定与社会主义新农村建设的动态思考与认识相适应,更好地为农村教育的发展提供理论依据。③

廖其发认为,农村教育主要是指有农、林、牧、副、渔业等涉农产业及从事这些产业的农民的县(县及相当于县的区、市、旗等县级区域的总称)或县所辖的区域的教育,重点是指农民居住的乡村的教育。之所以如此界定,是因为在县域内的教育中,除了村教学点而外,县镇与乡村之间的教育往往交织在一起,难以分清。④

刘义兵、石娟立足社会学视角在考察留守农民的全面发展问题时指出,当乡村的精神文化发展陷入空心化、留守农民发展遭遇诸多困境时,传统的教育模式不再适用转型期的农村发展,构建符合留守农民的教育转型已成为迫切需要,主张建立农民教育发展的国家标准,并丰富教育内容及教育体系的保障机制。⑤

曲铁华、樊涛研究认为,"农村"和"农村教育"都是历史概念,产生于近代城乡二元结构形成的历史背景下。虽然"农村教育"在当下已经成为普遍使用的词语,但它却产生于一定的社会、经济条件之下,其存在和使用都具有一定的前提,并且随

① 胡森,波斯尔思韦特. 国际教育百科全书(第七卷)[M]. 贵阳:贵州教育出版社,1990.

② 陈敬朴. 农村教育概念的探讨[J]. 教育理论与实践,1999(11):39－43、57.

③ 陈忠镐. 农村教育概念界定若干问题探析[J]. 福建广播电视大学学报,2011(01):49－53.

④ 廖其发. 多元一体:中国农村教育的价值取向[J]. 中国农业大学学报(社会科学版),2015,32(01):106－118.

⑤ 刘义兵,石娟. 留守农民的全面发展与农村教育转型[J]. 中国农业大学学报(社会科学版),2015,32(01):131－136.

社会条件的变化而发生改变。农业、农民、农村三者的关系及其变化，导致“农村教育”具有广义和狭义之分，不同层面的“农村教育”含义指代了农村教育的不同形式。①

温恒福研究指出，农村教育这一概念有四种含义：（1）农村教育是指县和县以下地区的教育；（2）农村教育是指以农业生产为主的县和县以下地区的教育；（3）农村教育是指县以下（不含县城）地区的教育；（4）农村教育是指以农业生产为主的县以下的乡（镇）、村的教育。②

秦玉友从不同学科视角把农村教育分为四类：从地理学的视角看，农村是一个地理学概念，处于农村地区的是农村教育；从经济学的视角看，农村教育是经济落后的农村地区的教育，当农村经济与城市一样发达，农村教育投入与城市一样多时，行政区域下的农村地区的教育就不再是农村教育了，在这种取向中，农村教育是一个阶段性的概念；政治学视野中的农村教育研究，关注各级政府［中央、省（自治区、直辖市）、区、县、乡镇］在农村教育发展中的作用和各级政府相互关系的研究，从政策内容和政策运行过程中各级政府的关系来研究农村教育；文化视野中的农村教育，不仅要观察农村教育归属行政管理机构的行政级别发生变化以及农村教育外在物质条件的变化，而且要观察农村教育归属管理行政级别和物质条件后人们对许多教育问题的认知模式和价值观的变化。③

以上关于农村教育概念的研究与界定，为我们理解与界定农村学校这一概念提供了基本视角：从纵向上看，农村学校是一个历史性、动态性、发展性的概念；从横向上看，农村学校是一个具有多重含义的概念，应从地理、经济、政治、文化、社会等多个视角加以理解与界定。这也为我们进行农村学校改进的研究提供了诸多启示。在我国，各级各类区域划分多采用行政管理主导下的区域范围限定的方式进行，形成了以各级政府为主导的空间地域结构，不同区域在经济网络、服务网络、文化网络、资源网络等方面具有区域内部的一致性与适应性，也呈现出区域之间的发展差异性。为此，教育学研究视域中的农村教育应以政府主导下的区域划分为基本参考，结合各区域的地理

① 曲铁华，樊涛. 历史视角下“农村教育”含义辨析［J］. 四川师范大学学报（社会科学版），2014（03）：94－99.

② 温恒福. 农村教育的含义、性质与发展规律［J］. 教育探索，2005（01）：43－46.

③ 秦玉友. 农村义务教育质量研究：基于质量指标与底线标准［M］. 长春：吉林出版社，2011.

位置、经济水平、生产方式、教育发展状况综合确定农村教育与城市教育相对应的概念范畴。而在城市以外的各类县域地区，地理位置较为偏远，交通网络欠发达，经济发展水平落后，多以农村生产方式为主，教育管理多由县级政府统筹，各乡镇政府分管，教育质量、生源状况、师资水平、学校布局、经费投入相对落后，与城市教育存在显著差距，可称之为农村地区教育。①

三　农村学校

相对于城市学校而言，农村学校是农村地区教育的实践承载，是坐落于农村地区的学校，是进行农村教育的主阵地。在学校布局调整过程中，受学校规模、生源等因素影响，早期成立的由村级政府主办的学校多被撤销或并入各村所属的乡镇学校，部分地区并入了县级政府主管的县城学校，形成了以中心学校、九年一贯制学校为主体的区域性农村学校分布特征，教育管理权也随之出了“权力上移”。农村学校布局调整使得以乡镇为区域单位的教育资源在一定程度上得以整合、集中，但也呈现出一系列新的教育问题，直接影响着农村教育质量提升。

袁桂林认为，农村中小学布局调整的过程是教育资源优化配置的过程，要以农村义务教育阶段学龄人口的变动趋势为前提，同步进行师资力量的重组、办学条件的改善，在学龄人口预测、学校规模、班级规模和学校网点布局规划的基础上对教师、办学

① 王本陆. 消除双轨制：我国农村教育改革的伦理诉求[J]. 北京师范大学学报(社会科学版)，2004(05)：20－25. 范先佐. 义务教育均衡发展与农村教育难点问题的破解[J]. 华中师范大学学报(人文社会科学版)，2013(02)：148－157. 王嘉毅，赵志纯. 我国农村基础教育课程改革：问题与对策[J]. 教育研究，2010(11)：25－30. 张乐天. 论现阶段我国农村教育政策变革与创新[J]. 南京师大学报(社会科学版)，2006(03)：92－96. 杜育红. 农村教育：内涵界定及其发展趋势[J]. 华南师范大学学报(社会科学版)，2013(01)：19－22+157. 武晓伟，朱志勇. 传统与现代：文化哲学视域下的农村教育研究[J]. 湖南师范大学教育科学学报，2014，13(06)：65－71. 刘义兵，石娟. 留守农民的全面发展与农村教育转型[J]. 中国农业大学学报(社会科学版)，2015，32(01)：131－136. 郝文武. 集中力量分别发展落后地区农村两种教育[J]. 教育科学，1995(01)：10－13. 秦玉友. 农村小规模学校教育质量困境与破解思路[J]. 中国教育学刊，2010(03)：1－4.

条件等资源进行优化配置,以提高教育质量。①

朱小蔓指出,学校布局调整中的管理职责上移导致教育资源管理十分有限且管理方式行政化,使得许多需要直接对口进行细致、专业性管理的事物陷入了粗口径管理的困境,对教师发展专业管理和灵活指导可能被淹没在政府部门的条块化规章制度中,出现了教育管理行政化,管理人员脱离教育一线;教育管理力量不足,无力管理到交通不便、学校布局分散的山区学校等问题。②

范先佐认为,农村学校布局调整的直接目的是实现教育均衡发展,但应该充分考虑农村、山区的实际情况,科学安排教学点,正确认识教学点的作用,慎重对待教学点的撤留问题,并对保留的教学点给以足够支持,提高教学点的师资队伍和教育质量,解决农村地区教育经费短缺、师资不足、知识陈旧、编制紧缺、课程短缺等问题。③

雷万鹏、张雪艳在比较农村小规模学校优势与劣势的基础上提出:对于需要关闭的小规模学校,应在学生分流、校车服务、财产处置等方面实施配套政策;对于过渡期保留的小规模学校,应在校舍稳固、儿童安全、师资供给等方面保证儿童合法权益;对于永久保留的小规模学校,应在经费投入、师资配置、基建设施等方面实施倾斜性政策。④

郝文武指出,农村教育布局调整的应然前提是通过教育资源的重新分配,以期在集中、重组中得到优化,最大限度提高资源的使用效率,但学校布局调整后看似节约了很多资金,实然造成了教育资源大量闲置和浪费,并增加了农民教育负担。⑤

司晓宏在比较东西部地区基础教育差距的基础上提出,为确保农村教育优质资源均衡发展,要在财力资源配置上为农村学校提供基础性供给,在人力资源配置上促进

---

① 袁桂林. 农村中小学布局调整与资源优化配置的个案研究[J]. 教育学术月刊,2009(07):74-76、79.

② 朱小蔓. “以县为主”农村义务教育管理体制下的教师专业管理[J]. 2008(22):39-43.

③ 范先佐. 农村学校布局调整与教育的均衡发展[J]. 教育发展研究,2008(07):55-60.

④ 雷万鹏,张雪艳. 论农村小规模学校的分类发展政策[J]. 教育研究与实验,2011(06):7-11.

⑤ 郝文武. 对农村学校布局调整三个“目的”的反思[J]. 北京大学教育评论,2011,09(02):178-187.

优秀师资到农村从教,在信息资源配置上要建立公共服务平台促进农村教育优质资源共享,在资源配置理念上要提高现有资源的公平与使用效率。①

王嘉毅指出,制约农村学校教育发展的突出问题是农村教师队伍的整体素质不高,教师队伍结构性矛盾突出,教师待遇偏低、数量不足,教师专业培训与提高机制尚未建立。②

秦玉友指出,农村教育面临的许多质量困境与农村学校的“小”有关。在小规模学校中,许多农村教育问题表现得更加清晰。从目前来看,农村小规模学校教育质量困境主要表现在教师数量超编与素质困境、经费总量不足与效率困境、学校办学条件达标与更新困境、课程门数开齐与小科困境等方面。针对这些问题和农村小规模学校教育质量提升的各种有利条件,我国可以采取以下策略促使农村小规模学校教育的发展:从多个维度核拨小规模学校教育经费,建立学校编制底线和“走教”政策,平等地考虑提高小规模学校教师素质,推进农村小规模学校标准化建设,尝试农村小规模学校的学制改革。③

上述研究表明,在全力推进基础教育均衡发展,促进教育公平的国家意志下,对比城市地区的教育发展,我国农村地区的教育状况不容乐观,教育管理缺位、教育资源匮乏、学校分布不均、经费投入不足、教师资源短缺、师资素质不高、课程资源薄弱、农村生源流失、教育负担过重等问题集中反映出当前农村学校教育的落后状况,严重影响着农村教育的优质发展,并因此引发了诸多教育问题的出现,如学生辍学、转学、师资流失、学校空壳化、学校功能丧失等,加速了农村学校的衰落,也间接促进了农村家庭的城镇化迁移,造成农村家庭结构不合理,学生与青壮年家长流动性增大等社会问题的出现。改进农村学校、提供高农村教育质量已成为社会各界日益关注的重大问题,这既是农村学校本身发展的现实诉求,也是各级政府必须加以正视并亟待解决的客观事实,还是包括大学、社会基金组织等在内的机构应予以重点关注并支持的基础性社会发展障碍问题。

① 司晓宏. 优化教育资源配置,促进西部农村义务教育优质发展[J]. 教育研究,2009(06):17-21.

② 王嘉毅. 完善政策,提高农村教师队伍的整体素质[J]. 中国德育,2011(10):19-22.

③ 秦玉友. 农村小规模学校教育质量困境与破解思路[J]. 中国教育学刊,2010(03):1-4.

四 学校改进

学校改进最早产生于国外,迄今为止已有30多年的发展历史。在30多年的学校改进发展历程中,国外的学校改进经历了不同的发展阶段,积累了许多值得借鉴的成功经验,对提高学校办学质量、促进学生学业发展产生了积极作用。

国外研究对学校改进的概念界定存在较大差异,目前尚未形成统一的认识,且学校改进在不同国家、不同地区有着不同的含义。经济合作与发展组织(Organization for Economic Co-operation and Development),简称经合组织(OECD),在其资助的“国际学校改进支持项目”中把学校改进界定为:旨在改变一所或几所学校的学习条件或者内部条件所进行的系统的、持续的努力,其最终目标是更有效地实现教育目的。①

戴维·霍普金斯(David Hopkins)指出,学校改进是为提供优质教育而实施的改善学校能力的策略,在一般层面,学校改进的目的是使学校成为孩子和学生学习的更好的地方;在具体层面,学校改进实质为教育改革的特殊方法,通过改进“教学—学习”过程,提高学生的成就以及加强学校的管理变革能力。②

剑桥大学教育研究所的学校改进小组立足“实用性”视角,认为学校改进是教育变革的一种策略,它可以增进学生的学习成效;同时还能增强学校应对变革的能量,通过聚焦教学过程以及支持它的相关条件从而提升学生的学习成果;是在变革中为提供优质教育而提升学校能量的策略,而不是盲目、毫无批判地接受、实施政府的法令。③

通过上述几种代表性定义,结合当前国外学校经验来看,学校改进具有一定的本质特征:学校改进的最终目标是实现学校教育目的;学校改进是从内向外的全方位变革,学校的内、外部力量以学校整体作为载体进行全面的改革,其关注的不仅是学校内部多个层面、多种要素的持续发展,还有学校的发展与更大范围的社会变革相结合;学

---

① VanVelzen W, Miles M, Ekholm, Hameyer A U & Robin D. Making School Improvement Work: A Conceptual Guide to Practice[M]. Leuven, Belgium: ACCO, 1985: 48.

② David Hopkins. The Practice and Theory of School Improvement: International Handbook of Educational Change[M]. Netherlands: Springer, 2005: 02.

③ 波达林. 理论与战略:国际视野中的学校发展[M]. 范国睿,译. 北京:教育科学出版社,2002: 103.

校改进是持续的变革,不是开始、过程、结束的线性变革,而是由改进计划、计划实施、评估和反馈有序展开的循环过程。

我国香港地区学校改进的研究与实践探索也取得了重要的成果。如,香港跃进学校计划(1998—2001),一方面为促进学校改进提供专业支持;另一方面从以大学进行学术研究的角度,摸索和整理大学与学校协作推动学校改进的模式,通过大学团队良好的组合和适当的能量让计划取得良好效果。①

褚宏启认为,学校改进是学校组织的全面变革和深度变革,学校改进的艰巨性和复杂性决定了对学校改进的条件、过程和结果进行系统评估的重要性,教育行政部门的督导评估、社会中介组织实施的独立评价和学校自我评估对学校改进具有积极作用。②

孙素英指出,学校改进是实现学校文化变革的有效途径,在学校改进中应重视学校内部学生的声音,要根据学校改进的内容要求让学生以不同的水平层次和形式参与学校改进,使学生成为学校改进的参与者、研究者、反应者。③

周兴国立足农村学校改进难的角度指出,学校改进不能完全依赖外在行政力量及教育资源的投入,而是需要通过学校内部的资源调动和潜能激发,保证学校教育教学设施设备获得可持续的运行和使用。目前农村学校在改进中存在启动难、不具有可持续性以及“改而不进”等问题。为此,促进农村学校改进需要放弃传统的思维模式,教育行政部门应该为农村学校配备强力校长,在强力校长的领导下通过制度设计改变学校内部的结构关系,盘活农村学校的存量教育资源,促进农村教育向更高水平发展。④

励骅、白华研究指出,薄弱学校的存在是全世界共同面临的一个难题。在薄弱学校改进的过程中,国外采取建立统一的鉴别标准,制定专门的改进方案,提供资金和技术扶持,加强师资队伍建设,吸纳社会资源参与改进等手段,取得了良好效果。如:美国的跃进学校计划(Accelerated School),英国的“追求卓越的城市教育”行动计划

① 卢乃桂.能动者的思索——香港学校改进协作模式的再造与更新[J].教育发展研究,2007(24):1-9.

② 褚宏启.基于学校改进的学校自我评估[J].教育发展研究,2009(24):41-47.

③ 孙素英.学校改进中的学生赋权[J].中国教育学刊,2013(02):32-35.

④ 周兴国.农村学校改进问题与出路[J].中国教育学刊,2014(05):24-27.

(Excellence in Cities,简称 EiC 计划)等。①

从我国的学校改进现状、办学体制以及各层次学校的功能结构来看,学校改进应针对学校发展状况与学生培养要求而进行的促进学校优质发展的有效途径,既需要学校内部力量的多维变革与创新,也需要学校外部力量的多元整合与保障,形成以学校内部动力为变革主体,以大学力量为引领,以政府、社区力量为支持的、系统的、持续的学校质量提升合力,并构建配套的学校改进评价体系、改进计划、实践方案、资源输入等保障机制,使学校改进工作发挥实效。

五 “学校—社区互动”

学校—社区关系研究最早产生于国外,随着学校改进研究的深入,社区对学校改进的作用与功能逐渐被纳入研究者和政府的视野。美国国家学校公共关系协会(NSPRA)将学校与社区关系定义为: 教育公共关系是有计划、有系统的管理功能,旨在帮助改进教育机构的课程与服务,它依赖于全方位的双向交流过程,既涉及组织内,也涉及组织外的公众,目的是激发公众对组织的任务、目标、成果、需求的更好理解。②

艾尔伯特·豪勒德将学校—社区关系定义为:“这是学校系统各层面的一种系统化功能,它通过既定的活动方式,来争取公众对教育的支持,促使学生获得并保持最理想的学习成果。”③

我国著名社区教育研究者刘淑兰认为,学校与社区互动是指学校与社区和社区成员、机构组织之间的双向交流与合作关系。互动必然是双向的: 一方面,要使社区,包括成员、机构、组织理解、支持和帮助学校,以便有效地实施教育目标;另一方面,学校应该支持社区,面向社区,向社区开放,服务社区。形成学校与社区的互动,双向建立

---

① 励骅,白华. 国外薄弱学校改进的有效举措探析[J]. 比较教育研究,2009(06): 52-56.

② Evaluating Your School PR Investment (Arlington, VA: National School Public Relations Association, 1985), p. 48.

③ Albert E. Holliday, “In Search of an Answer: What Is School Public Relations?” Journal of Educational Public Relations 11(2nd Quarter 1988), p. 12.

良好关系,常需要形成两种有效的传播渠道,即从学校到社区和从社区到学校的传播渠道。①

黄崴、王晓燕认为,学校与社区关系是指学校为树立良好形象、提升学校影响力、获得更多的教育资源,运用各种信息传播技术与沟通手段,与社区进行良好合作与互动。学校与社区的关系是双向互动与合作关系,双向互动的内容应既包括社区对学校的理解、支持和帮助,也包括学校对社区的支持、开放和服务。”②

黄秋生、杨广晖指出,社区教育不能仅定位于生活范畴中,它应基本是学校、家庭、社区或工作园地,有其专业性的价值,是由学校教育、家庭教育和其他各种非正式、非正规教育共同组成的大教育的概念,即社区教育是终身学习的社会平台。③

李卫英、李鹤松基于社会学分析认为,从学校方面:(1)学校为社区所有,社区所治,社区所享。(2)学校为社区的生活中心,向社区开放,学校的设施、场地为全社区居民共享。(3)学校是培育儿童社区乡土观念的场所,培养有关社区发展的知识、能力和情感。(4)学校协助社区居民满足其需要,改善社区的生活,共同建设和发展社区。(5)学校影响社区的发展。从社区方面:(1)社区为学校所在地,它为学校提供发展背景,社区是学校教育的基础。(2)社区为学校提供价值基础,社区有助于学校实施教育方针,端正教育观念。(3)社区参与学校,支持学校,评估学校。(4)社区为学校提供教育教学资源,社区为学校提供良好的育人环境,使学生在与社会的接触中接受教育。(5)社区问题影响学校教育的推行。④

上述研究表明,学校与社区并非两个互不相干的系统,学校处于社区之中,是社区的内部活动之一,学校教育要考虑社区发展的要求,要承担起社区文化的传承与社区资源的整合。社区是学校教育的基础,学校内部的教育活动、学生以及学生家长参与的教育活动都存在于社区之中。社区的各种活动时时刻刻影响着社区内部的学校教育,影响着教师与学生以及学校教育的整体发展。因此,社区具有教育作用,对生活在社区内部的学生和居民来说,其人格、情感、智力、经验、知识、意志等多方面的发展都

---

① 刘淑兰. 学校与社区的互动[M]. 成都: 四川教育出版社,2003: 63.

② 黄崴,王晓燕. 学校与社区关系及其改善策略[J]. 教育科学,2006(05): 24-27.

③ 黄秋生,杨广晖. 论学校教育与社区教育的融合发展[J]. 南昌大学学报(人文社会科学版),2008,39(02): 158-160.

④ 李卫英,李鹤松. 学校与社区关系的社会学分析[J]. 四川教育学院学报,2007(03): 1-3.

需要学校、社区教育的共同参与。因此,学校与社区是紧密联系的有机体,依托社区,学校可以运用社区教育资源,与社区进行沟通互动,发挥教育的整体作用。同时,社区能够为学校发展提供多方面的支持与保障,确保学校教育良好展开。

六 原生态研究

“原生态”一词是最近几年国内的大众热词,也是学界颇有争议的一个前沿性的学术语。“原生态”概念的走红,并非偶然,它是国内外现实背景和国际学术思潮影响的产物。学界普遍认为“原生态”是由“生态”一词延伸而出,为本土构造的词汇,非舶来品,国外学者极少使用类似的概念。20 世纪 60 年代起,工业文明发展致使人类与自然的关系日趋紧张,地球自然生态与人类精神文明生态危机四起,全球化的进程使得世界同质化倾向越来越凸显。基于此,生态学与文化学、人类学等学科开始了交叉研究,“生态批评”由此成为西方的一种思潮。面对全球共有的生态环境危机、资源短缺困境,在国际生态思潮大背景的影响下,回归原生态,追寻原生态,保护原生态,通过原生态进行文化寻根逐渐成为国内学术研究领域的一种趋势,原生态研究成为国内学者们的研究热点问题。

要弄懂什么是原生态研究,要先弄明白什么是原生态。目前,对“原生态”概念的界定众说纷纭,许多学者根据自己的研究领域以及擅长学科阐释了自己对原生态的理解,并基于“原生态”衍生出了“原生态+”的产物,诸如原生态舞蹈、原生态文化、原生态音乐、原生态美术等。关于“原生态”的解读虽然存在争议,没有明确统一的界定,但当下存在两种大致能被大众较为接受的和认可的观点。一种观点是在学界中接受度最高的源于人类文化学领域给出的界定,因为学界最初对“原生态”的研究聚焦于少数民族地区传统文化的研究,从其地理位置的封闭性、文化本身存在的原始性入手,对少数民族的文化习俗与现代文明之间的差异进行比较,寻求文化的“原生态”。所以该学科认为:“原生态是指生物未受人工影响的原本的、原始的生存发展状态。”①

---

① 吴仕民. 原生态文化摭谈——兼谈少数民族传统文化的保护与发展[J]. 西南民族大学学报(人文社科版),2006(11):1-4.

“原生态是指自然环境中未受人为影响和干扰的原始结构或形态。”①“原生态是一个特指的历史和文化存续体,一个特殊的地方知识和民间智慧,一个特定族群的认知和认同依据,一个特别的文化表述范式,一个特色的艺术系统和技术魅力。”②总的来说,学者们给原生态做出的界定各不相同,但是其内核都认可原生态具有原始的、原初的、原生的、原思的、原型的、原真的、原住的、原创的、自然的等属性特征。另一种观点是大众社会对“原生态”的理解。大众对“原生态”的理解来自艺术类的原生态歌曲和原生态舞蹈作品,对“原生态”的理解更偏向于商业化和艺术化。因为此类原生态作品衍生出来的“原生态+”一词成为“较少被现代文明冲击或保持着较多原始生活习俗或民风”的代名词。③ 从大众的视角出发,“原生态+”产物或者项目是一种能让人感受到事物原初的、本真的内容,使人能感受到事物原生态的美。“原生态+”研究在当下依然处于初期阶段,没有明确清晰的概念体系和理论框架,更多的是用“原生态”的内涵尝试解读具有原生态属性的事物、事件或者活动,形成独立的、带有一定范围、具有学科属性的研究领域,即在某一领域进行原生态研究。

“原生态”呈现的是事物的原生状态,寻求事物的本真性、原生性、真实性,注重环境对自身的影响,倡导事物在发展过程中遵循自然规律演变。而教育作为一种影响人身心健康发展的社会实践活动,注重人的全面发展,关注个体的特色化成长与个性化形成,倡导尊重个体成长的自然规律,遵循身心发展的自然顺序,强调环境对教育的影响。“原生态”蕴含的价值取向与教育寻求的真谛不谋而合。因此,我们将这种倡导尊重规律、追寻事物本来面貌,寻回事物本真状态的研究方式称为“原生态研究”。

在教育学领域展开的原生态研究主要聚焦于以“原生态”理念作为一种价值取向去引导进行的教育研究,对当前教育研究起到启发或者引导作用。邱关军认为,原生态价值取向对当前的教育研究具有独特的启发意义:教育研究在其研究目的上更加具有家园感和本体感;教育研究在其研究内容的选择上更加关注处于原生状态以及与

---

① 张德勋,铁铮,李坚. 走近原生态文化[J]. 生态文化,2008(4):45-46.

② 彭兆荣. 如何认识原生态[J]. 当代贵州,2010(03):29-30.

③ 张云平. 原生态文化的界定及其保护[J]. 云南民族大学学报(哲学社会科学版),2006(04):67-70.

之关系密切的非原生状态下任何时空中教育形态;教育研究在其研究方法上更加强调研究者作为一种研究工具参与教育研究,更加强调现场感。① 基于以上分析,我们可知原生态研究尊重原生态的价值取向,尊重教育研究的基本规律,追求对事物发展的先验合理性解释,本着真实看待事物本真性的态度,探索事物本真状态时呈现的自然而然的规律;它反对在没有真正把握事物性质及其发展规律的前提下进行人为干扰与改造,防止破坏事物的本真状态,脱离事物和谐发展的轨道。它排斥不尊重教育事实、歪曲捏造教育实践的教育研究,主张关注真实的教育现象,走入教育现场,基于教育实践,关注生活体验,强调以人为本,促进人的全面发展。原生态研究应该关注学校一线阵地中的教育实际,重视学校日常教育活动中的教育现象,感受学校教学管理中的学校文化,观察师生交往互动中的点点滴滴,追求教育中的真、善、美。

原生态研究作为一种研究方式,为我们把握教育的本真性提供了独特视角。在确定研究目的时,会基于真实的教育实践活动,基于以人为本的理念,解决实践中遇到的教育问题与困境,实现人的全面发展;在挑选研究对象时,会更加关注在教育研究中被有意或无意忽略掉的那一部分领域与内容,关注研究对象最本真的样态,从其原初的样态进行研究,比如某些地区的某些独特的学校文化,或者原汁原味的教育样态等;在开展研究时,研究者既是研究主体,又是研究工具,需要借助田野调查、叙事研究等质性研究方法,将理论思辨与实证考察进行有效结合。原生态研究不仅仅是一种寻求解决教育问题的有效途径,更应该是一种探索发现教育实践规律的研究方法。

第二节 “学校—社区互动”农村学校改进研究的现状

农村教育一直以来深受政府、专家学者、一线教育工作者的重视。农村教育的发展与时代背景及社会现实发展紧密联系。农村学校的发展与改进是促进农村教育发

① 邱关军,么加利.教育研究的原生态价值取向分析[J].集美大学学报(教育科学版),2010,11(02):63-67.

展的极佳手段之一,所以教育界的专家学者们一直将农村学校改进研究作为重要的教育研究内容,并以此来促进基础教育、农村教育的发展。从"学校—社区互动"视角对农村学校改进进行分析研究是当代学者随着社会需求、社会现实特点、教育发展演变而提出的新思路、新视角、新途径,为农村学校改进、农村教育发展提供了新选择。在"学校—社区互动"视角下对农村学校改进研究的历史较短,以下将从已有的"学校—社区互动"农村学校改进研究的相关文献、农村学校改进研究的历史经验、农村学校改进研究的不足与反思三方面阐述农村学校改进研究的现状。

一 研究现状

当前,"学校—社区""学校改进"的相关研究已取得了一定数量的成果,这些成果包含已公开发表的学术期刊论文类研究文献、学位论文类研究文献和已公开出版发行的相关著作类文献。近年来,随着国际范围内相关研究的兴起,国内对此方面的研究也取得了一定的发展。我国学界对"学校—社区""学校改进"的相关研究主要集中于2000年以后,文献数量呈现出逐年递增的趋势,从总体来看,已有研究取得了一定研究成果,为本研究的展开奠定了基础。本研究在文献梳理过程中对有关"学校改进"与"学校—社区"的期刊论文类研究文献和著作类研究文献进行了分析,对该领域研究现状有了基本了解。

1. 期刊论文类研究文献状况

本研究以"学校—社区"为关键词,选定"哲学与人文科学""社会科学Ⅰ辑""社会科学Ⅱ辑"三大专业学科领域在中国知网(CNKI)进行主题类高级检索(发表时间为2000年1月1日至2021年11月19日),查询到的文献包括学术与特色期刊论文、硕士与博士学位论文、会议论文、报纸文章、学术辑刊论文五种类型。在全学科领域中相关文献总量为5 025篇,三大专业学科领域文献总量为4 056篇,占全学科领域文献总量的80.72%。从年度文献发展趋势来看,自2000年以来,年度文献数量基本呈现逐年上升趋势。其中,2001年至2005年,全学科领域相关文献712篇,专业学科领域相关文献598篇;2006年至2010年,全学科领域相关文献1 530篇,专业学科领域相关文献 1 174 篇;2011 年至 2011 年,全学科领域相关文献 2 783 篇,专业学科领域相关文献 2 284 篇。近 21 年的相关研究文献数量为 5 000 余篇,学界对其重视程度在逐渐上升。以“学校—社区”并含“互动”关键词,选定“哲学与人文科学”“社会科学 I 辑”“社会科学 II 辑”三个专业学科领域在中国知网(CNKI)进行主题类高级检索,查询到的文献总量为 464 篇。其中,全学科领域文献总量为 284 篇,期刊文献为 189 篇,硕博士学位论文为 42 篇;专业学科领域文献总量为 258 篇,期刊文献为 166 篇,硕博学位论文 40 篇;会议论文与学术辑刊文献均是 7 篇和 2 篇。上述数据表明,近 21 年来,国内关于“学校—社区”的相关研究已经取得了一定成果,但有待进一步加强。

以“学校改进”为关键词,选定“哲学与人文科学”“社会科学 I 辑”“社会科学 II 辑”三个专业学科领域在中国知网(CNKI)进行主题类高级检索,共搜集到相关文献 3 200 篇。其中,期刊文献 1 923 篇、硕博士学位论文 1 087 篇、会议论文 78 篇、报纸文章 107 篇、学术辑刊文献 5 篇。从时间分布来看增长趋势,从 2000 年开始相关研究逐年在增加,自 2012 年开始有了飞速增长,进入 2019 年后增长趋势趋于平缓;从“学校改进”相关文献来源机构来看,大学来源数量占比最重,其次是教育学院、研究院等科研机构,再次是中小学校。

上述数据表明,当前我国“学校—社区”“学校改进”相关研究虽然已经取得了一定的成果,但将“学校—社区互动”与农村学校改进相结合进行的相关研究依然少之又少,从“学校—社区互动”视角研究农村学习改进内容依然是个缺乏探索的领域,与之相关的研究仍有待于进一步加强。当前,学校—社区互动促进学校改进已成为国内外进行学校改革与教育优化的重要手段,虽然我国关于“学校—社区”“学校改进”的研究起步较晚,尚处于起步发展阶段,但学界近年来对此方面的研究已开始有较为全面的展开,这为本研究的开展奠定了基础,也对学校改进工作的具体实施产生了指导性作用。

2. 著作类文献状况

为尽可能集齐该领域相关研究的著作文献,积极推进本研究的进展,项目组购置了国内外相关研究图书 100 余部,并通过学校图书馆、电子文献数据库等渠道对相关图书、著作进行收集。收集到的图书内容涵盖了学校与社区关系、乡村文化发展、农村教育理论、农村教育发展报告、学校改进案例、教育政策、教师教育相关理论、教育管理模式、教师专业发展、校长专业发展、教育测量与评价、教育统计、教育史、国际学校改进研究、问卷统计与分析、校本课程开发与设计、课程与教学论、教育社会学等多个领域。但从数量上看,以"学校与社区""学校改进"为题材的著作明显少于其他学科与研究领域的著作。

以《学校与社区的互动》(刘淑兰,2003)、《三方合作与支持:学校改进的 U-A-S 模式探索》(马云鹏,金宝,2013)、《变革的挑战——学校改进的路径与策略》(迈克尔·富兰主编,叶颖等译,2013)、《薄弱学校的教学改进——大学与中学的合作研究》(胡定荣,2013)、《学校与社区关系》(唐·倍根、唐纳德·R.格莱叶著,周海涛主译,2003)、《优化学校教育——一种价值的观点》(克里夫·贝克著,戚万学等译,2011)、《学校管理的改进与创新》(毛亚庆,2013)、《社区教育模式与发展》(王秋绒,1997)、《教育共同体视域下学校与社区互动的研究——基于现代学校制度建设的思考》(陈红梅,2015)为代表性的几部著作、译著,立足不同视角,对学校与社区之间的关系、学校与社区互动促进学校改进的策略以及学校与社区互动、学校改进的理论进行了较为系统的研究,呈现出了当前学校社区互动促进学校改进研究的较高水平。

但通过分析上述文献资料可以发现,当前我国学校与社区互动促进学校改进的理论研究尚未达到较高水平,缺乏对学校与社区互动促进学校改进的一般性理论研究,尚未形成学校与社区互动促进学校改进的结构化模型以及与之相对应的运行与保障机制,也缺少针对于"农村学校改进"的学校与社区互动机制与实践路径研究。为此,在一般意义上构建学校社区互动促进农村学校改进的理论体系,在具体实践中探索学校与社区互动促进农村学校改进的有效途径,并针对我国农村教育的现实状况和发展需求建立有效的学校与社区互动机制和保障机制,已成为当前亟待解决的重大课题,也是本研究的意义所在。

二 研究经验

我国农村学校改进的理论研究与实践探索已有百年历史。它发端于 20 世纪二三十年代的乡村教育运动,晏阳初、梁漱溟和陶行知等人的实践探索,为我国后来的农村学校改进奠定了重要的理论与实践基础。而把"学校改进"作为专有术语和专门研究视域则在20世纪70年代以后。西方国家的学校改进大致经历了关注改进计划、重视改进效能和倡导全面改进三个阶段。我国学校则在经历了“学校革命”运动和“学校改革”思潮后，最终走上“学校改进”的道路。我国真正意义上的农村学校改进则是近十来年的事情。由于农村学校数量急剧减少，农村学校布局调整承受巨大社会成本，使农村学校改进成为当前迫切需要解决的重要研究问题。纵观国内外有关农村学校改进的相关研究，可获悉以下研究经验与借鉴。

1. “乡村教育”研究历史源远流长

实际上，作为传统的农业文明古国，中国的乡村教育古已有之。但是乡村教育研究进入人们的视域是伴随乡村生活现代化进程而开始的。1904年《癸卯学制》的实施，开启了中国现代学制的序幕。这也为之后中国乡村教育的研究与实践探索提供了某种制度上的支持。20世纪30年代前后梁漱溟、晏阳初、陶行知等有关乡村教育的主张和探索最有代表性，这也奠定了中国百年来乡村教育研究的理论与实践基础。近年来，随着我国城镇化的推进，尤其是农村学校的撤并和城镇学校寄宿制的实行，我国的乡村教育问题变得越来越突出。乡村教育由“文字下乡”转而变成“文字上移”，乡村教育由“为农”转而变成“离农”“脱农”与“弃农”。也正是在这一背景下，一些学者投身于我国城镇化背景下的乡村教育研究，在乡村教育研究方面做出了重要贡献。

2. 农村学校改进的理论研究逐步深化

西方国家的学校改进大致经历了关注改进计划、重视改进效能和倡导全面改进三个阶段；我国学校则在经历“学校革命”运动和“学校改革”思潮后，最终走上“学校改进”的道路。近十来年，是我国农村学校改进理论研究的活跃期。研究者从国外农村学校改进相关理论的介绍引进及其“本土化”，到我国农村学校改进“内生性”理论的生成及基于我国农村学校改进实践探索的“原生态”理论的建构，从深入探讨我国农村学校改进的特殊历史、社会、文化背景，到追问我国农村学校改进究竟“是什么”“为什么”“能做什么”“应该是什么”，从关注外部政策保障、硬件条件建设、经费投入，到追求内部的自省、自主、自觉，我国农村学校改进的理论研究逐步深化。

3. “学校—社区互动”理论研究与实践探索取得成果

无论是国内还是国外，对于学校的改进都极为关注社区的重要作用。尤其是我国经历了漫长的农业文明的洗礼，加之当前农村社会的剧烈变动和农村教育的深刻变革，社区在学校改进中一方面可以为其提供丰富的具有乡土特色的地域课程文化资源，另一方面也为学生提供了增进乡村文化情感的载体与平台，同时也是农村学校、教师、学生传播、传递、创造乡村文化的场域。我国学者关于“学校—社区互动”理论研究不仅关注、介绍国外的相关理论研究成果，同时也基于我国农村学校改进的实践生成了具有原生态特质的本土理论架构和实践模型。典型的如东北师范大学近年来实施的“师范大学—地方政府—中小学校(U－G－S)”合作教师教育模式。这些研究，不仅丰富了有关“学校—社区互动”研究的理论成果，也为农村学校改进提供了实践操作模式的借鉴与参考。

4. 农村学校改进的实践探索深入推进

目前，一些国家的学校改进研究主要集中在四个方面：一是辨识学校改进的关键要素，构建学校改进的概念框架；二是对学校改进项目的案例研究，提炼学校改进原则和经验；三是探讨先进国家学校改进研究成果的适切性；四是回顾和总结学校改进的研究和实践。在此国际背景下，我国农村学校改进的实践探索主要集中在五方面：一是调研分析我国农村学校改进的特殊性与现实性；二是构建我国农村学校改进的基本概念框架；三是借鉴国外发达国家农村学校改进的理论成果与实践经验；四是总结我国农村学校改进实践中的典型案例与区域经验；五是关注农村学校改进中的模式建构、文化建设、校本课程资源开发和教师专业发展共同体建设等。我国农村学校改进的实践探索在持续深入推进。

5. 农村学校改进的研究方法渐趋规范

纵观学校改进研究的历史可以发现，学校改进研究主要经历了实证主义、解释学、批判理论三个方法论阶段。到了信息技术时代，学校改进研究的方法论走向融合。近年来，在我国农村学校改进的研究中，大样本调查研究、典型案例分析、教育行动研究、田野研究、民族志研究等方法得到了很好的应用，并日趋规范。

三 研究不足

从国内外有关农村学校改进的相关研究经验出发，对其取得的主要成就进行分析评价，可从中发现需要改善的不足之处。

1. 农村学校改进研究的理论解释力尚显不足

尽管农村学校改进研究的理论成果不断丰富与系统化，但其关于农村学校改进“是什么”“为什么”“能什么”与“应该什么”的解释力仍显不足。已有相关研究还不足以科学解释“农村学校改进究竟是什么”“农村学校改进究竟是为了什么”“农村学校改进究竟能够改什么”“农村学校改进的应然价值追求应该是什么”等有关农村学校改进的根本性问题。

2. “学校—社区互动”实践指导力尚显微弱

任何理论都面临实践检验的客观必然性与实践应用的主观诉求。农村学校改进研究最终目的是将其成果应用反哺于农村学校改进实践。近年的农村学校改进研究尽管提出了诸多的理论架构、实践模型与具体策略，但面对我国农村地区经济发展不平衡、城乡二元结构矛盾突出、学校地缘关系复杂等问题，“学校—社区互动”相关研究的实践指导力尚显微弱。

3. 农村学校改进研究的价值引领力尚需增强

面对农村社会及文化变迁，农村学校改进究竟应走向何方，这是农村教育研究者与农村学校共同面临的方向抉择问题。一些研究者认为，农村学校改进的方向理应是现代化。而另一些研究者则坚持农村学校改进的“农村性”与“乡土性”。也有一些研究者认为，农村学校改进的现代化与“农村性”“乡土性”是相互统一、融为一体的。还有研究者认为，我国的乡村教育与乡村文化研究应突破价值预设，重新审视乡村文化的教育价值。关于农村学校改进，旧的话语体系正在被打破，新的话语体系尚未建立，农村学校改进研究的价值引领力尚需增强。

4. 农村学校改进研究的方法操作力有待加强

对我国近十来年农村教育研究方法特点的分析结果显示：思辨研究是我国农村教育研究领域的主要方法，量化研究呈现逐年上升的趋势，质性研究和基础研究比例很小。而研究者主要来自高校和教育研究机构。在农村学校改进实践需求面前，我国农村教育研究的方法操作力有待进一步加强。对此，应加强我国农村教育研究方法体系建设，倡导农村教育研究方法的多元化研究取向。

5. 农村学校改进研究的可持续发展力略显不足

农村学校改进研究可持续发展力，一是表现在农村学校改进研究问题来源于农村学校改进实际，研究过程结合于农村学校改进过程，研究成果应用于农村学校改进实践；二是表现在农村学校改进研究中特殊问题的解决与普适价值的推广；三是表现在农村学校改进研究应为农村学校改进的可持续发展提供价值引领、制度规约、长效机制保障、实践操作模型。综合以上的要求来看，农村学校改进研究的可持续发展力还略显不足。

在研究理念上，本研究将继续坚持农村学校改进的“公平性”主张与“现代性”目标追求；在理论架构上，将坚持在国外农村学校改进研究理论成果“本土化”与我国农村学校改进实践“内生性”理论建构相融合的取向；在研究内容上，将依据我国农村学校的社会文化背景与发展现实需求，关注农村学校具有地域文化特色的校本课程资源开发、农村学校教师专业发展共同体建设、农村学校改进实践模型的建构以及确保如上内容取得实效的相关制度建设等内容；在研究方法上，坚持大规模样本调研与微观典型案例分析相结合、理论研究与实践调查研究相结合、量化研究与质性研究相结合，实现多种研究方法综合、协调、系统加以运用。

第三节 “学校—社区互动”农村学校改进研究的内容

“学校—社区互动”是当下进行农村学校改进研究的新路径、新选择，为国家、为教育领域的专家学者研究农村教育、促进我国基础教育发展提供了新思路。将“学校—社区互动”与“农村学校改进”联系在一起进行相关研究，要在把握其概念的基础上，从“学校—社区互动”农村学校改进研究的研究对象、研究结构、研究目标三方面阐述其研究内容。

一 研究对象

“学校—社区互动”农村学校改进研究包含两个关键词，即“学校—社区互动”和

“学校改进”。对“学校—社区互动”农村学校改进的研究实质上就是对“学校—社区互动”和“学校改进”的研究。

1. 学校改进的研究内容

(1) 学校改进的内容

孙锦涛等人对中国首届国际教育效能与学校改进大会的主要观点进行了分析，认为学校改进内容包括校本管理、班级管理、课堂教学、师资水平与发展、学校设施、课程设置等多个方面，并阐述了学校改进中的学校与社区、校长与教师、教师与家长、校长与村委会、村民与学校之间的内在关系。①

张新平、褚宏启指出，学校改进主要围绕改善课堂与教学、促进教师专业发展、提升学校领导力、改进学校组织环境、获得外部支持五个方面的内容开展工作。②

胡定荣立足大学与中学合作的视角，认为学校改进围绕以教学为核心的整体改进，具体包括教学改进、教学模式改进、教材分析改进、学情分析改进、教学准备改进、目标改进、学法指导改进、学生课堂自主性改进、课堂反馈改进以及基于课例研究的教师教学效能改进几个方面。③

胡晓航、杨炎轩立足管理学视角，认为教育教学活动、管理活动与治理活动是学校改进的基本内容，学校改进的次序是：先改进治理群体，再改进管理群体，后改进教育教学群体。④

上述代表性观点总体呈现出了当前学校改进的具体内容维度，包括学校管理、学校课程与教学、教师专业发展、学校资源建设、学校改进支持体系、学校改进效能等多个方面，从政策层面具体到课堂教学层面，从教师教学层面深入到学生学习层面，从学校内部改进层面延伸到学校改进的外部支持层面，从学校发展的外部行政管理层面到学校内部的具体管理层面，等等。这些研究内容表明，学校改进是一项综合的复杂的学校变革事业，既需要学校外部环境的支持，也需要学校内部改进力量的提升，既需要

① 孙锦涛等. 中国首届国际教育效能与学校改进大会综述[J]. 教育研究，2005(12)：88－89.
② 张新平，褚宏启. 教育管理学通论[M]. 北京：高等教育出版社，2012：473－476、393.
③ 胡定荣. 薄弱学校的教学改进——大学与中学的合作研究[M]. 北京：教育科学出版社，2013：2.
④ 胡晓航，杨炎轩. 学校改进的基本内容、空间次序与群体策略[J]. 教育科学研究，2012(02)：33－37.

校外主体的多元参与，也需要校内管理者、师资、学生改进力量的整合，需要采用多视角、多元化的方法对学校改进的各项具体工作进行协调性的整体推进。但就学校教育质量提升来说，学校课程与教学改进、学校教师专业水平的提升则是学校改进的核心内容，直接决定着学校改进的质量以及学生的培养质量，也影响着社会、社区、家长等对学校的满意度，并间接成为学校改进的促进因素。

（2）学校改进的途径

在学校改进途径上，目前国外的研究多集中于州和学区参与改进薄弱学校方面。美国雷尼教育研究与政策中心（Rennie Center for Education Research & Policy at Mass INC）于2005年发表报告《达到能力：州改进薄弱学校和学区的角色蓝图》（*Reaching Capacity: A Blueprint For the State Role in Improving Low Performing Schools and Districts*）。该报告强调州在改进薄弱学校和学区中的重要作用，认为薄弱学校和学区最需要的是能力建设。因此，州应该在课程与专业发展、评估与使用数据以及学校领导这三方面提供支持与扶助。①

在实施效果方面，许多研究者研究了“重组、接管、关闭”等制裁策略的实施效果后，认为制裁策略并没有达到预期效果，对薄弱学校改进的作用甚小。2005年，美国州教育委员会（The Education Commission of the States，简称ECS）研究表明，州对薄弱学校和学区的接管并未对学生学业的持续提高产生显著影响，相反，制裁行为对薄弱学校的校长和教师产生了负面影响，加重了校长和教师的压力，使校长和教师产生了消极的工作情绪，严重阻碍了薄弱学校的改进。为此，多数州政府对薄弱学校的改进由最初的“制裁”转为“扶持”。②

张新平认为，在本质上，学校改进属于一种聚焦问题和解决问题的学校变革路径，抱持着一种问题中心的世界观，这些问题主要包括存在论意义上的问题、方法层面上的问题、评价意义上的问题。③

---

① Rennie Center for Education Research & Policy at Mass INC. Reaching Capacity：A Blueprint For the State Role in Improving Low Performing Schools and Districts［EB/OL］. http://www.renniecenter. Org / research _docs /0504 _Reaching Capacity. html，2009－07－18.

② Center on Innovation & Improvement. Breaking the Habit of Low Performance：Successful School Restructuring Stories［EB/OL］. http://www. centerii. org/ survey/，2009－08－17.

③ 张新平. 对义务教育优质学校及其建设路径的几点思考［J］. 教育研究，2015（04）：70－78.

沈玉顺基于对我国中小学学校改进丰富实践的分析，总结概括出学校改进的四种基本策略，即通过教育教学思想更新改进学校，通过管理革新改进学校，通过信息技术的应用改进学校，运用日常教育智慧改进学校。①

王嘉毅、程岭指出，“U－S”合作如今已成为教育发展的一大亮点，是促进学校改进的有效途径。“U－S”合作模式具有合作理念多元化、合作主体多元化、实践路径多元化的特点，能够充分挖掘学校经济潜能、社会潜能、政治潜能、文化潜能和教育潜能，为中小学校改进排忧解难。②

东北师范大学在实践中探索总结出的应用于农村学校改进“U－G－S”教师教育模式，将师范大学、地方政府和中小学校等三个教师教育实施的主体联合起来，三方遵循目标一致、责任共同、利益分享、资源优化的原则，在师范生实践教学、基础教育研究、在职教师培训、数字化资源平台建设等工作中开展系统性合作，实现共赢与共同发展。这是一个“三位一体”的合作型组织，在组织中充分发挥师范大学的研究与理论优势，充分调动地方政府的行政与管理优势，充分利用中小学校的实践基地优势，整合各部分的优势资源，从而实现教师专业发展，进而推动教学改善、学校改进，最终促进中小学校学生发展。③

马云鹏等探索提出的学校改进U－A－S模式的操作，是在大学、教育行政部门和相关学校共同参与下运行的。这一模式既不同于以大学研究者为主的“自上而下”的课题研究模式，也不同于以教育行政部门或学校为主的“自下而上”的运行方式。研究自一开始就是在大学研究者、教育行政部门和学校共同参与下设计、组织和运行的。其具体模式如图1所示。④

对我国农村地区学校改进而言，上述指导策略和实践策略具有可供参考的积极作用。在我国，学校的发展在很大程度上受到各级政府的直接影响，学校改进工作的成

① 沈玉顺. 学校改进实践策略解读——基于我国中小学学校改进实践的分析[J]. 教育发展研究，2010(18)：16－20.

② 王嘉毅，程岭. “U－S”及其多元化模式建构——兼述第五届两岸四地“学校改进与伙伴协作”学术研讨会[J]. 教育发展研究，2011(20)：39－43.

③ 刘益春，李广，高夯. “U－G－S”教师教育模式实践探索——以“教师教育创新东北实验区”建设为例[J]. 教育研究，2014(08)：107－112.

④ 马云鹏，欧璐莎，金宝. 从双方合作到三方合作：学校改进模式新探索——以鞍山市铁东区为例[J]. 中国教育学刊，2011(04)：25－28.

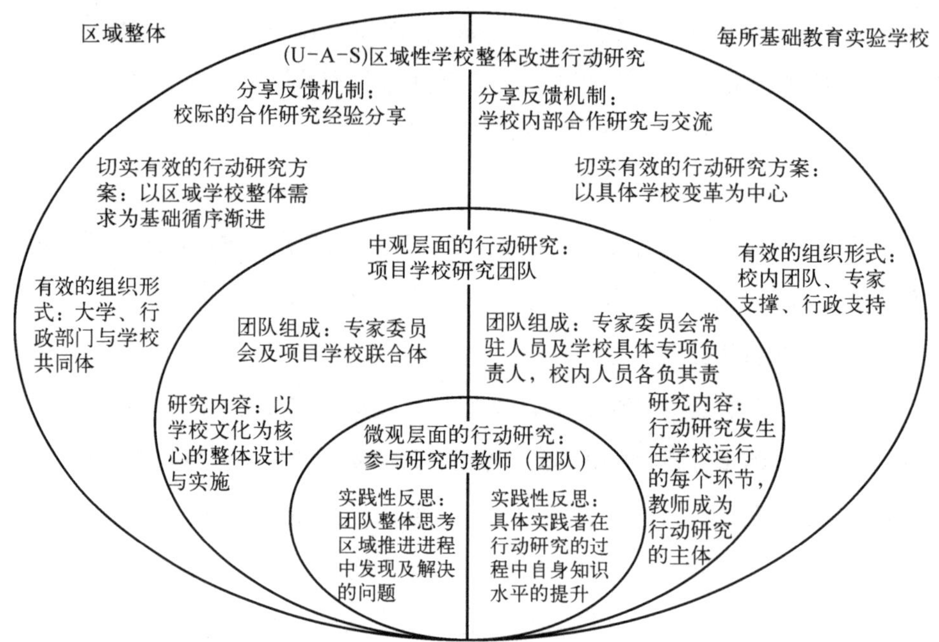

图1　学校改进整体推进模式图

效与各级政府、教育行政管理部门的作用密切相关。离开了政府的支持，即使学校自身具有强大的内部改革愿望与动力，也会在外部保障与支持力缺失的情况下“寸步难行”，或缺乏可持续的、长远的发展。因此，实现良好的农村学校改进，不仅要切实依据学校所处环境、文化、社区的实际状况为学校改进制定“量身定做”的改进方案，还要得到学校外部相关组织（政府、社区、家庭）的实际支持，结合农村学校自身的办学条件和学校发展水平，为其提供有益的外部保障，实现学校改进中“内因”与“外因”结合、互补，为农村学校改进提供最大化的发展空间和最有力的改进条件。这也是实现学校—社区互动，促进农村学校良好发展的必然选择。

2. “学校—社区互动”关系研究

学校与社区之间存在什么联系？为什么二者之间要有互动？对二者的关系研究基于什么理论基础？对二者的关系研究具有什么价值与意义？这些问题的解答需要对“学校—社区互动”关系进行研究分析。

（1）“学校—社区互动”的理论基础

互动理论强调学校的与社区的动态关系。社会学中的“互动”指人与人之间的社会互动,是个体与个体、个体与群体、群体与群体,通过接近、接触而发生的交互作用的方式和过程。① 刘淑兰认为学校与社区之间的关系是一种互动关系:一方面,要使社区,包括成员、机构、组织理解、支持和帮助学校,以便有效地实施教育目标;另一方面,学校应该支持社区,面向社区,向社区开放,服务社区,形成学校与社区的互动,双方建立良好关系,把学校带向生活,把生活引入学校,形成一股合力,共同培育学生和社区居民。②

结构功能理论强调学校与社区的相互作用。社会是一个统一的整体,它的各个部分的功能都彼此充分、紧密地联系在一起,倾向于形成平衡。③ 符登霞根据结构功能理论,认为学校和社区作为不同的社会实体,各自有着不同的功能,并在互动中在不同程度上影响着对方的发展,同时整合的功能又能促使社会的协调发展,可以说是“共赢”理念的最好体现,也是社会发展和进步的必然。④ 李卫英与李鹤松从结构功能主义的解释出发,发现学校和社区有着不同的功能,并从不同程度上影响着对方的发展,学校与社区的多功能协作关系是双方获得双赢的必要的基础,也是社会发展和进步的必然。⑤

社会交换理论强调学校与社区的相互交往。社会学中社会交换理论内涵最基本的诠释是:稳定的社会结构得益于有偿报酬和有价值的实际交换,并表现出一种平衡与和谐,可促进人们之间的互动,减弱失衡趋势。⑥ 刘淑兰认为,学校与社区之间通过资源的有序有偿交换很好地诠释了社会交换理论。学校和社区相对于各自的对方,都有自己的资源优势。学校具有较为丰富的智力资源,较强的师资力量和组织性强的密集人群学生,将可以在社区教育、社区精神文明和社区经济建设过程中发挥巨大的作用。社区拥有众多的机关、企事业单位等组织,相对于学校,社区也具有明显的教育资源优势,社区可以在学校的教育和管理过程中通过积极参与,提高学校教育效果和管

① [美] 文森特·帕里罗等著,周兵等译.当代社会问题[M].北京:华夏出版社,2002:29.
② 刘淑兰.学校与社区的互动[M].成都:四川教育出版社,2003.63.
③ [法] 埃米尔·涂尔干.社会分工论[M].渠东,译.上海:生活·读书·新知三联书店,2000:16.
④ 符登霞.学校与社区的互动关系研究[D].湖南大学,2009.
⑤ 李卫英,李鹤松.学校与社区关系的社会学分析[J].四川教育学院学报,2007(03):1-3.
⑥ Ronald. W. M. *Social Problems*, Chicago: The Dorsey Press, 1988: 50.

理水平。①

终身教育理论指出教育与社区的共同发展态势。赵奕一认为，随着终身教育和创建学习型社会的提出，我们认识到知识传承的所在不仅局限于学校课堂，更要注重学习的社会化，所以学校教育也必须积极地寻求社会的回应，为学生营造一个没有围墙的终身学习环境。②

教育生态系统理论强调教育与社区的系统关联性。美国教育家劳伦斯·克雷明强调，要把教育看成一个有机的、复杂的、统一的系统，教育生态系统中各因子(学校和其他教育者)都有机地联系着，这种联系又动态地呈现为统一与矛盾、平衡与失衡的状态。③

在陈红梅看来，教育生态学的许多观点给了我们有意义的启示：社会是教育的大生态系统，社区是社会的一个缩影，学校仅仅是这个生态系统中一个小小的“群落”，学校总是位于一定的社区之中，作为社会人的学生，是不可能脱离这样的“生态环境”生存的。④

（2）“学校—社区互动”的原则与作用

刘淑兰在《学校与社区互动》一书中总结了学校与社区良性互动的原则：资源共享原则、民主平等原则、法治规范原则、整体营造原则。⑤

杨昌勇、谢艳娟认为，学校与社区的公共关系建设，一般要注意以下几个基本原则：一是互惠互利原则；二是全员参与原则；三是全程服务原则；四是私交公益原则。还指出，在学校与社区的公共关系下，学校与社区的互动模式可分为单向非对称模式和双向对称模式，常态互动模式和非常态互动模式，直接互动模式和间接互动模式，日

---

① 刘淑兰. 学校与社区的互动[M]. 成都：四川教育出版社，2003：91－92.

② 赵奕一. 学校、社区同质共生　构筑终身教育同心圆——谈学校与社区融合互动的机制[J]. 中国农村教育，2010(03)：21－24.

③ Gremin L A. Changes in the Ecology of Education：The School and the Other Educators[M]//Husen T, ed. The Future of Formal Education：The Role Institution Schooling in Industrial Society，1980：23－26.

④ 陈红梅. 教育共同体视域下学校与社区互动的研究——基于现代学校制度建设的思考[M]. 湖北：华中科技大学出版社，2015：140.

⑤ 刘淑兰. 学校与社区的互动[M]. 成都：四川教育出版社，2003：91－94.

常随机互动模式和公关专题互动模式等四组共八种基本模式。①

王莉、郑国珍立足价值理论视角，认为农村学校与社区互动可以使农村社区资源使学校课程资源得以丰富；能够培养学生对社区的认同感和归属感，加速学生个体社会化的进程；能够促进教师专业发展；也能有效提升农村劳动力素质。②

上述研究足以说明，在不同的社会发展理论视域中，学校与社区之间都具有相辅相成的联动作用机制。有效的学校与社区互动能够实现学校与社区之间教育资源的优势互补和教育功能补偿，形成学校与社区之间的教育合力，实现学校功能与社区功能在多元维度上的互动、互为、互助作用。

二 研究结构

基于“学校—社区互动”视角进行教育实践研究是近几年才兴起的，因此与之相关的研究成果与实际经验少之又少，在学界没有可以借鉴的研究框架或者结构。基于教育学、社会学的相关理论和与对“学校—社区互动”农村学校改进研究的相关调查分析与实践准备，将“学校—社区互动”农村学校改进研究的结构划分为三大部分。第一部分为“学校—社区互动”促进农村学校改进的现实需求与基础理论研究；第二部分为“学校—社区互动”促进农村学校教学改进研究；第三部分为“学校—社区互动”促进农村学校改进的实践模型与长效机制研究。其中，第一部分为本研究的现实依据与理论基础，第二部分为本研究的重点，第三部分为本研究的难点。

1. “学校—社区互动”促进农村学校改进的现实需求与基础理论研究

这部分内容是本研究的基础。通过研制农村学校改进现实需求系列调研工具，形成农村学校改进需求调研工具包，为本研究提供工具基础。通过对国内外“乡村教育”以及农村学校改进的相关理论成果进行整理分析，并基于我国农村学校改进的实践探索与经验积累，建构具有我国农村教育特色的“学校—社区互动”促进农村学校

① 杨昌勇，谢艳娟. 公共关系视阈下的学校与社区互动模式[J]. 广西社会科学，2012(12)：174-178.

② 王莉，郑国珍. 农村学校与社区互动之价值探寻[J]. 大连大学学报，2009(02)：144-147.

改进的理论体系,为本研究提供理论基础。

2. "学校—社区互动"促进农村学校教学改进研究

这部分内容是本研究的重点。学校与社区互动是手段,农村学校改进是目的。学校与社区互动促进农村学校改进涉及多方利益主体,各方主体只有在目标一致、资源共建、行动协同、成果共享的前提下才能够确保农村学校改进取得实效并可持续发展。因此,本部分研究首先关注的是学校与社区互动中教师专业发展共同体建设问题;其次是厘定学校与社区互动中农村学校改进的内容载体,以及通过这些内容载体如何促进教师专业发展共同体建设;最后是为教师专业发展共同体中的各方主体提供发展平台与路径。

3. "学校—社区互动"促进农村学校改进的实践模型与长效机制研究

这部分内容是本研究的难点。无论是从国外农村学校改进的理论研究成果与实践探索来看,还是从国内农村学校改进的现状与面临的实际问题来看,抑或从本课题先前的相关研究经验来看,有关学校与社区互动促进农村学校改进的实践模型建构与长效机制建设都将是本课题研究的难点。实践模型的建构既需要高端、顶层的理论指导,又需要尊重现实的具体情况。尤其是我国农村学校改进,在理论研究尚显式微,同时又要面对我国农村社会发展的特殊性与农村教育的错综复杂性,而且实践模型建构实施之后,还必须建立一套行之有效、能够激发各方积极性的长效运行保障机制,才能够确保学校与社区互动促进农村学校改进的可持续发展。

三　研究目标

基于"学校—社区互动"农村学校改进研究的内容与结构分析,通过实践研究与理论梳理,本研究期待通过实现以下目标实现预期的研究意义与实践价值。

1. "学校—社区互动"农村学校改进研究的总体目标

基于我国农村学校发展的现实性与特殊性,在充分调查研究农村学校改进的客观需求基础上,厘定"学校—社区互动"促进农村学校改进的基本内容与价值取向,构建"学校—社区互动"促进农村学校改进的实践模型与长效机制,为我国"学校—社区互动"促进农村学校改进提供理论支撑与实践指导。

2. “学校—社区互动”农村学校改进研究的具体目标

从既定的总体目标出发，将总体目标细化为以下具体目标，提高研究目标的可行性、实际操作性，也使其更加易于研究者观察与自省。

（1）准确把握农村学校改进的现实需求与价值取向；

（2）梳理我国农村学校改进的理论研究成果与典型实践案例；

（3）构建“学校—社区互动”促进农村学校改进的实践模型与运行机制；

（4）建设“学校—社区互动”的农村教师专业发展共同体；

（5）促进国外农村学校改进研究成果的“本土化”与我国农村学校改进实践探索的“理论化”。

第四节 “学校—社区互动”农村学校改进研究的思路

“学校—社区互动”农村学校改进研究是在“学校—社区互动”视域下展开的学校改进研究。“学校—社区互动”作为一种新的研究路径或者研究方向，用于农村学校的实践改进研究，是教育实践的一次大胆尝试，也是教育研究的一次新突破。针对“学校—社区互动”农村学校改进研究需要达到的研究目标，基于设计的研究结构，选定了两大调研主题，即农村学校改进现实需求调查和学校—社区互动促进农村学校改进典型案例调研，经过筛查最终选定了主要调查地点——吉林省永吉县、吉林省通化县、吉林省长白山保护开发区池北区，主要以当地的教育行政人员、校长、教师、社区相关组织工作人员、农民代表及学生代表等为调查对象，并设计了研究思路。

一 研究方法与技术路线

本研究以教育行动研究为基本技术路线，遵循在农村学校教育情境中发现并提出研究问题，在农村学校改进实践探索中分析并解决问题，进而将研究成果应用反哺于农村学校改进发展过程之中。在教育行动研究技术路线实施过程中，同时辅以理论建构技术路线，为教育行动研究提供顶层设计，促进实践成果的理论升华。在两条技术路线相辅相成展开过程中，综合运用文献法、比较法、调查研究法、个案分析法、田野研究、民族志研究等多种教育研究方法。

1. 教育行动研究技术路线

（1）研制我国农村学校改进现实需求调查研究工具包。制定的研究工具需要对农村学生学校满意度、农村学校发展、农村教师专业知识、农村学校课堂教学、农村学生综合素养评价等方面进行调查。

（2）运用上述调查研究工具包，对我国农村学校改进的现实需求与主观诉求等进行调查研究。调查地区以我国东北地区为重点，并选取我国西部、中部及东部具有典型性的农村地区学校进行辅助调查。调查的对象主要为当地教育行政人员、校长、教师、社区相关组织工作人员、农民代表及学生代表等，形成调研报告与个案分析报告。

（3）产生学校改进研究的行动方案。依据调研结果，参照已有理论成果及实践经验，尊重当地学校发展现状及改进意愿，构建“学校—社区互动”农村学校改进实践模型及运行机制，形成“学校—社区互动”农村学校改进行动方案。

（4）教师专业发展共同体建设。在实施方案过程中，重点进行“学校—社区互动”农村学校校本课程资源开发、“学校—社区互动”农村学校教师专业发展共同体建设研究。

（5）理论与实践相辅相成。在学校与社区互动过程中，不断调整与完善行动研究方案，并总结教育行动研究实践成果，提升理论认识水平，反哺应用于农村学校改进实践探索之中。

2. 教育理论建构技术路线

（1）历史阶段梳理。梳理我国百年来重要历史阶段（20世纪30年代前后、改革开放以来）农村学校改进的理论研究成果，并例举分析典型个案，为本研究奠定理论基础。

（2）理论指导与价值引领。基于我国农村社会发展与学校教育的特殊规律，依据教育行动研究的相关研究成果及学校改进需要，构建“学校—社区互动”促进农村学校改进的基本理论框架，为本研究提供理论指导与价值引领。

（3）建构农村学校改进理论体系。在国外农村学校改进理论研究成果与实践经验“本土化”的基础上，促进我国农村学校改进实践探索经验的“理论化”，生成具有现实解释力与发展引领价值的、具有我国农村特色的“学校—社区互动”农村学校改进理论体系。

教育行动研究技术路线是本研究的明线，体现实践操作逻辑。教育理论建构技术路线是本研究的暗线，体现理性思维逻辑。二者具有内在的一致性和统一性，是同一研究过程中相辅相成的两个方面。

二 研究重难点

“学校—社区互动”农村学校改进研究是理论与实践相结合的教育实践研究活动，具有教育行动研究的特点与属性，但由于缺少与“学校—社区互动”相关的研究经验，本研究具有一定的挑战性。本研究划分为三大部分：首先是基础理论研究，做好基础理论的准备才能更好地推动实际调查研究；其次是将农村学校的现实需求与基础理论相结合，促进农村学校的教学改进研究，教育教学工作是学校安身立命的根本；最后是在调研过程中形成“学校—社区互动”农村学校改进的实践模型与研究机制，实现“学校—社区互动”对农村学校改进的促进作用。为确保研究的顺利进展，本研究需要突破以下的研究重点与研究难点。

1. 本研究的重点：“学校—社区互动”促进农村学校教学改进研究

在“学校—社区互动”促进农村学校改进中，需要各方利益相关者形成共同理念、确立共同目标，具有共同的价值追求，这样才能保证各方利益的最大化和整体发展的最优化。其中，教师既是主要实施者，也是学校与社区关系的经常性建构者，是农村学校改进的教育共同体中的最活跃主体性要素。因此，只有通过以教师为核心主体的教育共同体建设，才能推进学校与社区、学生、家长、教师与校长等相关主体的共同成长。另外，在学校—社区互动促进农村学校改进中，需要构建坚实而有效的实践操作平台。

本研究将以农村学校地域特色校本课程资源开发和农村学校教师教学方式改进为核心内容推进学校改进。

2. 本研究拟突破的难点:“学校—社区互动”促进农村学校改进的实践模式建构与长效机制建设研究

在国内外学校改进的案例研究中,我们发现:改进的启动容易,而持续发展难;改进的短期效益易得,而长远运行难;改进的形式设计容易,改进的实质变化难。究其原因,是没有建构起有效的实践操作模式与长效运行机制。本研究力求在“U-G-S”模式及其变式基础上建构出多种有效的实践操作模式,并形成一套确保农村学校改进可持续发展的长效运行机制。实现“学校—社区互动”上的横向融合、纵向联合及农村学校的内外部整合。通过学校与社区互动共同制定学校发展规划和实施参与式教学改革,推动学校的不断改进与发展。

三　研究创新点

“学校—社区互动”是促进农村学校改进研究的新路径、新选择,在本研究的实践推进过程中也证明了“学校—社区互动”确实能促进农村学校的实践改进,为农村学校的发展增添了新活力。因此,与其他教育实践研究相比,“学校—社区互动”农村学校改进研究是一个新型的研究方向,具有其他研究所没有的研究创新之处。

1. 研究视域上的创新

本研究在研究视域上确立了“学校—社区互动”纵向视域。以往研究更多关注学校与社区之间互动的横向关系,而缺失纵向视角立场。本研究在学校与社区互动横向关系建构基础上,将大学这一优质资源主体纳入研究与实践视域,丰富且提升了“学校—社区互动”的层次。

2. 研究逻辑起点的创新

本研究在研究过程中更加注重研究对象的现实需要,确立了基于农村学校改进现实需求调查的研究逻辑起点。以往研究更关注农村学校发展的落后性与差距性,而忽视了农村学校改进的现实需求与主观意愿。而本研究的逻辑起点是基于农村学校“内生性”的发展需求与改进愿望，尊重农村学校改进的自主性与自觉性。

3. 教师专业发展实践路径的创新

本研究注重农村学校的现实需求，重视学校的教学改进，而教师群体作为教学改进的实践主体，也成为本研究的重要研究内容之一。为了促进学校的教学改进，提高教师的专业发展，本研究确立了基于“同课异构”“区域校本研修”的教师专业发展共同体建设实践路径。从教育结果的影响方式来看，教师教学是影响学校教育结果的最重要因素。从学校改进的历程及经验来看，教师教学都居于学校改进的核心地位。因此，本研究明确提出以“同课异构”“区域校本研修”为基本实践路径改进农村学校教师教学，最终达到促进农村学校改进的目的。

4. 理论建构方式的创新

本研究是理论与实践结合较为密切的实践研究，在实践调查研究中离不开前期的理论研究。为了提高理论对实践调查的指导性，本研究要结合实际建构与创新相适宜的理论，明确基于实践探索的“内生性”学校改进理论建构方式，形成具有现实解释力和实践价值引领的、具有我国特色农村学校改进理论体系。为我国农村学校改进提供具有本土性、原生价值的理论指导与价值引领，将丰富我国农村学校改进的理论体系，增强我国农村学校改进的理论发展动力。

第五节 “学校—社区互动”农村学校改进研究的意义

农村学校改进是提高我国基础教育质量、促进我国基础教育均衡发展的重要战略举措，“学校—社区互动”是促进农村学校改进的必然路径选择。对“学校—社区互动”农村学校改进的研究是我国农村教育发展战略中的重要议题，是我国农村教育实践领域中迫切需要解决的重大课题，对教育发展具有深刻意义。

一 宏观意义

我国是世界人口第一大国,也是农村人口大国。农村教育在我国整个教育体系中占有极其重要的地位。2013 年 12 月 31 日,教育部、国家发展改革委员会、财政部联合下发《关于全面改善贫困地区薄弱学校基本办学条件的意见》,希望通过实施一系列措施彻底改变我国乡村学校贫弱的基本办学条件。然而,如果没有先进的教育理念引领,没有有效的教育实践探索和实实在在的教育效果的取得,我们就不能说农村教育实现了现代化。因此,农村学校改进依然是今后一段历史时期内一项重要任务,具有特殊的学术研究价值和实践探索意义。

1. 农村学校改进的社会现实背景

我国农村社会现实和教育特点决定了农村学校改进的特殊学术研究价值和实践探索意义。第一,中国经历了漫长的农耕历史,建构了丰富而牢固的农业文明。传统的农耕文化对我国社会的影响深刻而久远。第二,我国长期以来存在的城乡二元结构发展模式依然存在并根深蒂固,是我国社会现实生活和教育发展现状的重要影响因素。第三,随着我国城市化的加速推进,村落文化日衰,部分村小,乃至乡镇中小学也随之迅速衰落、减少,甚至消失。随之而来的是城镇中小学规模急剧膨胀,大班化教学、师资力量不足、“离农”“脱农”倾向、摆脱乡土文化等农村教育问题日趋突显。第四,伴随农村经济的发展,尤其是教育质量的逐步提升,农村教育由“文字下乡”走向了“文字上移”。在这一背景下,农村学校改进成为我国农村教育研究与发展中的重要命题。

2. “学校—社区互动”农村学校改进的意义

农村学校位于农村社区中,是农村文化的聚集地,围绕农村教育在农村学校与社区互动中,拓展了学校教育参与体和课程资源范围,促动了社区乡风文化建设等。首先,从农村学校的地缘关系看,学校与社区的时空关系最紧密。学校不是脱离社区的抽象存在,它总是依山傍水或坐落于村边地头,与社区保持着血脉相连的关系;也总是通过朗朗书声、上课钟声、操场的吵闹声、运动会的呐喊声、课程表、作业、奖状等学校要素渗透于,甚至规约着乡村社区的生活节奏与样式。正如 20 世纪 50 年代美国学者奥森所言：学校不应是游离于社会之外的文化孤岛，它应主动与社区架设各种桥梁，致力于解决社区的问题。其次，随着经济的发展和信息技术手段的广泛应用，农村学校越来越开放，越来越直面社区并不断扩大着“社区”的范围；反之，社区也对学校教育有着不可忽视的影响，以及因社区政府因责任意识增强而不断地试图介入，甚至一定范围内的高校也以反哺农村教育的自觉而参与到农村学校的教育活动之中。再次，伴随城镇化进程的加速，农村学校发展的自主与自觉意识明显增强，农村学校究竟向何处去的思考也使农村学校必然打开校门、拆掉围墙，主动走进社区，主动走入自然世界与社会文化场域。基于以上背景分析，农村学校改进应立足于现代化取向、乡村资源优势取向、儿童经验特点取向。因此，“学校—社区互动”的农村学校改进具有增益农村社区建设、改进农村教育、合拢文化传承等重要意义。

二 具体价值

基于“学校—社区互动”的视角对农村学校进行改进建设，是我国农村教育在社会发展、历史积淀、现实要求中衍生出来的必然发展路径，也是推动我国基础教育与农村、社区建设共同前进的发展策略，对农村学校、农村社区、农村教育均有实际的意义与价值。

1. 通过农村学校改进现实需求调查分析，理解农村学校发展特殊规律，把握农村学校改进主要矛盾与核心内容，为“学校—社区互动”促进农村学校改进提供逻辑与现实依据

农村学校改进必须尊重农村学校本身的现实客观需求与主观价值取向诉求。应通过调查分析，深刻理解与把握我国农村教育发展的特殊规律，确认农村学校改进中的主要矛盾与核心内容，进而厘定“学校—社区互动”促进农村学校改进的逻辑起点与目标追求价值取向。农村学校改进应以农村学校发展为直接目的，应以与农村学校发展相关的主体获益为价值追求。农村学校改进的路径多种多样，但基于我国农村社会发展的现实特征，“学校—社区互动”应是最基本的、最核心的路径选择。

2. 通过对已有相关理论研究成果进行系统梳理,以及对教育实践中的典型案例进行深度分析,为"学校—社区互动"促进农村学校改进提供科学、系统的理论依据与实践经验参考

其一,要对我国"乡村教育"研究与实践探索百余年历史进行整体梳理与分析;其二,要对二十世纪二三十年代的梁漱溟、陶行知、晏阳初等学者的思想观点与实践探索进行深入研究与总结分析;其三,要对二十世纪七八十年代以来的西方国家,尤其是美国学校改进的相关理论建构与实验研究进行本土化借鉴;其四,要对我国近十来年在农村学校撤并、布局调整、寄宿制实行等背景下进行的农村学校改进的理论创新与初步实践所积累的研究成果进行总结与提升,形成具有我国本土文化特色的农村学校改进理论体系。通过对已有相关研究成果的梳理、分析与提升,为本研究的进一步深入推进提供重要的理论依据与实践参考。

3. 基于我国农村社会与教育现实特点,构建"学校—社区互动"实践范式与运行机制,为农村学校改进提供实践操作模型与运行机制保障

基于我国农村教育现实特点,构建具有我国农村特色的"乡村教育"理论体系,尤其是在"乡村教育"理论指导下构建切实可行的"学校—社区互动"促进农村学校改进的实践范式与长效运行机制。"乡村教育"理论与农村教育学校改进实践是理论与实践的关系,在相互作用中相互反哺与提升。

4. 通过"学校—社区互动"教育行动研究的实施,为农村学校改进提供有效的内容载体与实施途径

本研究中拟构建的"学校—社区互动"实践范式是在以往"U－A－S""U－G－S"模型基础上的完善、丰富、变式与发展。本研究以区域特色校本课程资源开发、农村学校教师教学改进为基本内容载体,拟构建多样的"学校—社区互动"类型,提高"学校—社区互动"层次,建设农村学校教师专业发展共同体,这对于促进农村学校改进的自主性、自觉性与可持续性具有重要意义。

5. 通过对国外农村学校改进理论研究成果的"本土化",及对我国农村学校改进实践探索的"内生性"理论提升,有助于提高我国农村学校改进理论的解释力、实践力与价值引领力

通过对国外学校改进研究的理论成果梳理及典型个案剖析,并结合我国农村教育

现实特点与农村学校改进现实需求，解决我国农村学校改进的理论与实践问题，无疑可以使我国的农村学校改进研究充分发挥“后发”优势。但面对我国农村学校改进这一最具中国特色的教育课题，我们必须确立理论研究的“内生性”发展及本土实践经验的“理论化”提升理念，在本土实践中不断调整、丰富与发展，提高我国农村学校改进理论的解释力、实践力与价值引领力。

6. 本研究将根据我国农村社会发展与教育特点研制出一套“我国农村学校改进调研工具包”，为我国“学校—社区互动”促进农村学校改进提供工具与方法支持

本研究将研制出一套适用于我国农村学校改进的调研工具。该工具针对农村学生学校满意度、农村学校发展、农村教师专业知识、农村学校课堂教学、农村学生综合素养评价等方面进行调查。本工具是本研究的工具手段。

综上所述，本研究既有对国外相关研究成果的充分吸收与借鉴，也有对本国实践探索的经验总结与理论提升；既有结合本国特色进行的相关理论建构，也有针对现实特点和需求进行的实践探索；既有内容载体的规约，也有价值理念的审视；既有工具的开发，也有方法论的探索。因此可以说，本研究具有重要的理论价值与实践意义。

第二章

“学校—社区互动”农村学校改进基础理论研究

学校坐落于社区之中,学校是社区的重要组成部分。学校是社区的学校,学校教育是社区生活的特殊表现形式。社区包围着学校,社区是学校存在的物质环境载体。反之,社区也是学校的社区,社区生活是学校教育的延伸与拓展。因此,学校与社区紧密相关,学校教育与社区生活无法分离。“学校—社区互动”成为学校与社区生活紧密结合的实践样态,是促进农村学校改进的有效路径。人类社会最早的教育形态就表现为一种原始样态的社区教育。在漫长的人类历史发展进程中,教育始终是社区中的教育,社区成为学校教育的重要课程资源,成为人的成长与发展的精神寄托和情感归宿。然而,近年来随着我国城镇化进程的加速,以及以“撤点并校”为导向的农村学校布局调整负面效应的累积与显现,农村学校越来越远离农村,农村学校教育越来越远离农村社区,农村孩子越来越远离农村生活。学校应回归社区,教育应回归生活,农村学校应回归农村。“学校—社区互动”促进农村学校改进已经成为一种时代“疾呼”,成为农村学校发展的历史必然趋势。从“学校—社区互动”出发,进行农村学校改进研究的理论建构,是促进农村学校与社区发展的首要环节。

我国农村学校改进历经了从“乡村建设运动”到“美丽乡村计划”再到“乡村振兴战略”的农村教育战略转型,从空间嵌入到文化悬浮再到本体回归的实践样态变迁,从制度建设到资源保障再到人文关怀的制度变革。“学校—社区互动”农村学校改进研究的理论建构,在价值追求上,体现为回归农村与扎根乡土,记住乡愁与全人发展,校本特色与共同成长;其内容载体表现为学校文化建设与办学理念提升,教学模式建构与教师共同体发展,社区课程资源开发与社区建设规划指导;其突出的现实问题是学校与社区的“隔离”,农村学校教师“单向流动”,农村学校无“乡村”气息,农村学校改进“模式同一”;其发展趋势经历了从封闭、外铄走向互动、对话,从“P－T－A”“U－G－S”走向“U－S－C”,从“标准化”“自上而下”走向“个性化”“自下而上”的转变;其有效的实践策略是理解与审议、协同与生成、反思与提升。

第一节　“学校—社区互动”农村学校改进的历史演进

农村学校改进是提高我国基础教育质量、促进我国基础教育优质均衡充分发展的重要战略举措。我国农村社会现实和教育特点决定了农村学校改进的特殊价值和意义。首先,中国经历了漫长的农耕历史,积淀了丰富而牢固的农业文明。传统的农耕文化对我国社会的影响深刻而久远;其次,我国长期以来存在的城乡二元结构发展模式依然存在并根深蒂固,是我国社会现实生活和教育发展现状的重要影响因素;第三,随着我国城市化的加速推进,村落文化日衰,部分村小,乃至乡镇中小学也随之迅速衰落、减少,甚至消失。随之而来的是城镇中小学规模急剧膨胀,大班化教学、师资力量不足、“离农”“脱农”倾向、摆脱乡土文化等农村教育问题日趋突显;第四,伴随农村经济的发展,尤其是教育质量的逐步提升,农村教育由“文字下乡”走向了“文字上移”。从这一背景出发,谈论我国农村学校的历史演变进程,可将其分为三个阶段。

一　从“乡村建设运动”“美丽乡村计划”到“乡村振兴战略”：农村学校变迁的历史背景

百余年来,以“贫穷落后”“愚昧无知”“凋敝破败”为表征的“三农”问题一直是中国历史上每一个重要转型时期所必须面对、关注、研究和需要破解的重大难题。20 世纪 30 年代前后,正值民国时期工业化高速发展阶段。以梁漱溟、黄炎培、晏阳初、陶行知等为代表的中国先进知识分子,在全国进行了一场规模大、时间长、波及广、影响远的“乡村建设运动”。他们希望通过改造乡村的知识力、健康力、生产力和组织力,来解决农村长久积弊的“愚、贫、弱、私”等顽疾。在此历史背景下,我国乡村教育始见蓬勃发展。黄炎培以职业教育为改进乡村的根本途径;陶行知以乡村学校和教师为改造乡村的核心与灵魂;晏阳初以平民教育与乡村改造相结合,以“除文盲、做新民”为目的;梁漱溟以文化伦理为本位谋求乡村建设的和谐与统一。他们都希望通过乡村教育的改变达到“改造乡村、再造民族”之目的,最终实现中华民族的伟大复兴。可惜的是,这场改良运动持续不久便被日本侵华战争所打断。但是,这场针对中国农村实际所进行的具有本土性质的、原创性的、开拓性的实践探索,对中国后来,乃至今天的乡村建设与乡村教育发展具有重要的启发与借鉴意义。

改革开放以来,以经济高速发展为表征的中国社会发生了翻天覆地的变化。我国乡村教育出现了较大规模的变迁,从追求乡村经济发展,到乡村生态遭受破坏,再到乡村文化秩序失衡,以及乡村学校布局调整中的撤点并校,学校规模缩小、合并,甚至消失,生源流失、师资匮乏、质量下降、乡村教育功能不断弱化等现象的日益严重,已成为我国教育现代化进程中严重影响乡村教育质量提升、阻碍城乡教育均衡发展的重大难题。2005 年 10 月,党的十六届五中全会提出了“生产发展、生活宽裕、乡风文明、村容整洁、管理民主”①的建设社会主义新农村重大历史任务的具体要求。2012 年 11 月,党的十八大报告提出建设“美丽中国”②的执政理念。2012 年 12 月,《中共中央 国务院关于加快发展现代农业进一步增强农村发展活力的若干意见》提出“努力建设美丽乡村”③。至此,“美丽乡村”建设已成为中国社会主义新农村建设的代名词。美丽乡村建设离不开美丽乡村教育、美丽乡村学校、美丽乡村教师和美丽乡村学生。农村学校改进工作进一步受到各级政府的重视。2017 年 10 月,习近平同志在十九大报告中提出了“实施乡村振兴战略”④。2018 年 2 月,《中共中央 国务院关于实施乡村振兴战略的意见》指出,优先发展农村教育事业,以市县为单位,推动优质学校辐射农村薄弱学校常态化,统筹配置城乡师资,并向乡村倾斜,建好建强乡村教师队伍。⑤ 农村

① 中国共产党第十六届中央委员会第五次全体会议公报[EB/OL]. http://www.chinanews.com/gn/2012/10-09/4234917.shtml. 2016-07-08.

② 胡锦涛.坚定不移沿着中国特色社会主义道路前进 为全面建成小康社会而奋斗——在中国共产党第十八次全国代表大会上的报告[EB/OL]. http://www.gov.cn/ldhd/2012-11/17/content_2268826.htm. 2016-07-01.

③ 中共中央、国务院关于加快发展现代农业进一步增强农村发展活力的若干意见[EB/OL]. http://www.gov.cn/gongbao/content/2013/content_2332767.htm. 2016-07-08.

④ 习近平.决胜全面建成小康社会 夺取新时代中国特色社会主义伟大胜利——在中国共产党第十九次全国代表大会上的报告[EB/OL]. http://www.gov.cn/zhuanti/2017-10/27/content_5234876.htm. 2018-03-01.

⑤ 中共中央、国务院关于实施乡村振兴战略的意见[EB/OL]. http://www.gov.cn/zhengce/2018-02/04/content_5263807.htm. 2018-03-02.

学校改进作为实施乡村振兴战略的优先之举，成为破解农村教育问题的重中之重。

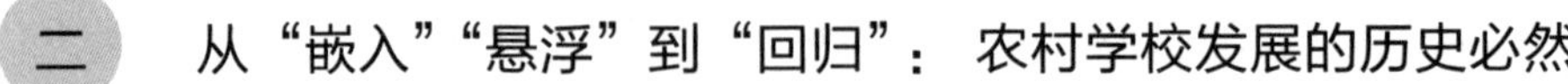

二 从“嵌入”“悬浮”到“回归”：农村学校发展的历史必然

乡村教育在我国教育现代化的百年历程中，大致经历了从“文字不下乡”到“文字下乡”，再到“文字上移”三个阶段，总体上经历了从“嵌入”到“悬浮”的历史变迁。①“文字不下乡”不等于乡下没有语言和不可交流，而是对中国农村教育落后现实的一种文化表征。但“文字不下乡”的乡村教育与村民交流则带有鲜明的“时间上的即时性”和“空间上的情境性”，这种乡村教育与村民交流维系了原始村落的情感性，滋养了熟人社会的内部交往关系。而“文字下乡”则带有鲜明的国家意志和行政色彩，是国家、社会、村落和人的现代化的前提。因此，“文字下乡”就是国家制度的下乡，就是文化传播与国家意识形态的下乡。中国百年的现代化进程，就是文字扎根于中国乡村社会每一寸土地的过程。这一过程外显为学校“嵌入”乡村之中。乡村学校逐渐成为中国农村的政治、文化、体育，乃至经济中心，成为中国乡村社会自然山水中的一道靓丽风景线。

但是，始于20世纪90年代的大规模撤点并校以及农村寄宿制学校建设工程的实施，单一考虑经济效益的农村学校改进模式致使大量农村中小学校急剧消失。这客观上导致了中国乡村的“文字上移”，其直接结果就是“嵌入”乡村的众多中小学校的土崩瓦解，农村学校开始“悬浮”于农村之上。其具体恶果就是农村孩子辍学可能性增大，道德行为风险增高，家庭教育成本负担加重，社区文化秩序紊乱，乡村社会荒芜，城乡差距扩大等。基于“实施乡村振兴战略”的整体思考，农村学校改进需要体现新时代的精神气质：一是要无条件保留符合农民幸福生活需要的村小以及教学点；二是要根据农村未来发展需要恢复或新建一批满足农民幸福生活需要的优质农村学校；三是农村学校应该葆有农村属性，即农村学校应该“回归”农村本身。

① 姚荣. 从“嵌入”到“悬浮”：国家与社会视角下我国乡村教育变迁研究[J]. 清华大学教育研究，2014(04)：27－39.

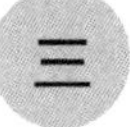 三 从“制度建设”“资源保障”到“人文关怀”：农村学校改进的制度变革

服务“三农”一直是我国乡村教育变革的根本，并长期以来作为我国城市学校教育的“附庸”而存在。纵观我国农村教育制度的百年的发展进程，我国农村教育制度的变革，是围绕城市教育与乡村教育关系以及两者在教育变革互动中的“利益冲突”与“力量对比”的变化中，不断地凸显农村教育制度历史地位变迁的。“利益冲突”与“力量对比”的变化，一方面是由城市与乡村经济结构与经济发展规律从根本上所决定的，另一方面则是由“公平”“质量”与“效率”基本价值追求目标所决定的。教育制度变革互动中的“利益冲突”与“力量对比”的变化，不仅直接推动了城乡教育关系，由“城乡分离，以农为本”，到“城乡对立，城乡二元并存”，再到“城乡统筹，城乡一体化”教育地位的历史发展变迁，也直接推动了乡村教育体制，由“以乡为主”的“地方负责、分级管理”，到“以县为主”的“地方负责、分级管理”，再到“城乡统筹”的“公共财政管理”的管理制度的历史变迁。同时，城乡教育制度变革的互动中“利益”与“力量”的此消彼长，乡村教育制度的角色，由城市学校教育的“附庸者”到城市学校教育的“竞争者”，再到城市教育的“并肩者”的历史转变。

改革开放以来，为了改变城乡学校教育“二元对立”的分离局面，乡村学校教育理念由“扫除文盲”到“普及教育”，再到“公共教育”的历史演变过程。1980 年 12 月，《关于普及小学教育若干问题的决定》提出“普及小学教育”①。1983 年 5 月，《关于加强和改革农村学校教育若干问题的通知》提出农村经济发展新趋势下“普及初等教育的任务和应采取的方针和措施”②。1984 年 12 月 13 日，《关于筹措农村学校办学经费的通知》提出“鼓励农民在自愿基础上集资办学和私人办学”，实行“人民教育人民办”的政策。③ 1985 年 5 月 27 日，《关于教育体制改革的决定》提出“以乡为主”，即“把发

① 中共中央、国务院. 关于普及小学教育若干问题的决定[N]. 人民日报，1982-12-03(1).

② 中共中央、国务院. 关于加强和改革农村学校教育若干问题的通知[J]. 中华人民共和国国务院公报，1983(12)：528-533.

③ 国务院. 关于筹措农村学校办学经费的通知[J]. 中华人民共和国国务院公报，1984(31)：1046-1047.

展基础教育的责任交给地方，实行基础教育由地方负责，分级管理的原则”。① 1986 年第六届全国人民代表大会第四次会议通过的《义务教育法》更是为“地方负责，分级管理”赋予了法律权威地位。1986 年、1990 年以及 1994 年国务院颁布《征收教育费附加的暂行规定》以及调整政策，补充了乡村教育经费，但是，政策执行与操作中却出现了“乱摊派、乱收费”的行为，并成为乡村学校教育的“负担”。1993 年 12 月 13 日，《中国教育改革和发展纲要》将“双基”确定为教育改革与发展的新的战略目标，为乡村学校教师的发展与农村教育结构的调整确定了新的方向。但是，“以乡为主”的“地方负责、分级管理”同样遭遇了“分税制”的“掣肘”，乡村学校教育经费“入不敷出”。1995 年颁布的《中华人民共和国教育法》、1999 年出台的《关于深化教育改革全面推进素质教育的决定》、2001 年颁布的《关于基础教育改革与发展的决定》均对教育经费的“三个增长”予以明确，并提出“逐步提高国家财政性教育经费支出占国民生产总值的比例”②。2001 年 5 月，《关于基础教育改革与发展的决定》提出了“以县为主”，即“地方政府负责、分级管理、以县为主的体制”。③ 2002 年 4 月 14 日，《关于完善农村义务教育管理体制的通知》进一步明确“以县为主”的体制。2003 年，教育部、国家发展改革委以及财政部联合发布《关于在全国义务教育阶段学校推行“一费制”收费办法的意见》，提出“一费制”。2005 年 12 月 24 日，国务院发布《关于深化农村义务教育经费保障机制改革的通知》，提出“城乡统筹”，即“经费省级统筹，管理以县为主”④，农村义务教育纳入公共财政保障范围，2010 年前实现“农村义务教育免费”。2012 年 9 月 6 日，国务院办公厅颁布的《关于规范农村义务教育学校布局调整的意见》，严格规范“撤点并校”，为乡村学校布局调整提供资源保障与专项督查，提高生均公用经费标准，职称晋升和绩效工资分配向村小学和教学点专任教师倾斜，推进农村教育信息化建设，为村小学和教学点配置数字化优质课程教学资源。⑤ 2015 年 6 月 1 日，国务院

---

① 中共中央. 关于教育体制改革的决定[J]. 江西教育，1985(Z2)：3－9.

② 中共中央、国务院. 关于深化教育改革全面推进素质教育的决定[J]. 教育部政报，1999(Z2)：301－310.

③ 国务院. 关于基础教育改革与发展的决定[J]. 教育部政报，2001(Z2)：319－327.

④ 国务院. 关于深化农村义务教育经费保障机制改革的通知[J]. 中华人民共和国教育部公报，2006(Z1)：76－79.

⑤ 国务院办公厅. 关于规范农村义务教育学校布局调整的意见[J]. 中华人民共和国国务院公报，2012(26)：54－56.

办公厅颁布的《乡村教师支持计划（2015—2020 年）》提出了“乡村教师支持计划”，提高乡村师德水平，拓展乡村师资渠道，提高乡村教师生活待遇，统一城乡学校教师编制，职称评聘向乡村教师倾斜，推动城镇优秀教师向乡村学校流动，建立乡村荣誉制度，为基本实现教育现代化提供坚强有力的师资保障。① 2018 年 1 月 31 日，中共中央、国务院印发了《关于全面深化新时代教师队伍建设改革的意见》，提出加强师德师风建设，不断提升教师专业素质能力，深化管理改革理顺体制机制，提高教师地位待遇，尊师重教蔚然成风，广大教师在岗位上有幸福感、事业上有成就感、社会上有荣誉感，教师成为让人羡慕的职业。② 2018 年 9 月 26 日，中共中央、国务院印发了《乡村振兴战略规划（2018—2022 年）》，提出“乡村振兴战略”，将“三农”问题作为全党工作的重中之重，将乡村建设成为“产业兴旺、生态宜居、乡风文明、治理有效、生活富裕”③的现代化乡村，为乡村教育、乡村学校、乡村师资建设确定了全新的方向与目标。围绕农民最关心、最直接、最现实的利益问题，促进公共教育资源向农村倾斜，让亿万农民有更多实实在在的“获得感”“幸福感”与“安全感”。纵观我国乡村学校教育制度的建设历程，我国乡村学校教育制度实现了由制度建设到资源保障建设，再到人文关怀制度建设。

第二节　“学校—社区互动”农村学校改进的价值追求

农村学校改进的价值追求是农村学校改进过程中所表现出来的基本价值倾向。基于“学校—社区互动”开展的进行农村学校改进，应在改进中体现农村、乡土、农村社区、农村学校、农村村民、农村子弟独具的特殊属性，从这些属性出发，发挥农村学校

① 国务院办公厅. 关于印发乡村教师支持计划（2015—2020 年）的通知[J]. 中华人民共和国国务院公报，2015(17)：6－9.

② 中共中央、国务院. 关于全面深化新时代教师队伍建设改革的意见[J]. 中华人民共和国国务院公报，2018(5)：16－23.

③ 中共中央、国务院. 印发乡村振兴战略规划（2018—2022 年）[N]. 人民日报，2018－09－27(1).

特有的风采，促进农村学校的发展，促进学生、促进村民的共同发展。加深农村、农村社区与农村学校、学生之间的联系，互相进步共同成长，是“学校—社区互动”下农村学校改进所追求的价值。

一　回归农村与扎根乡土

农村学校改进的基本前提是要厘清与把握农村学校的特殊属性，即农村学校姓“农”，而不姓“城”。农村学校应扎根乡土之中，具有乡土性。

首先，农村学校应在空间上回归并扎根农村学校社区环境之中。农村学校应该坐落于农村之中，被乡土文化所围绕，独具城市学校所不具备的乡土气息与乡土文明。要促进农村教育的发展，就要追根溯源，亲近农村的乡土文化，回归农村，然后才能谈及发扬与创新乡土文化，促进农村学校改进，促进农村教育发展。与城市学校相比，农村学校无论在硬件设施还是在文化软实力上都稍逊一筹，甚至相差甚远，这导致许多城市学校能够开展的教育教学活动在农村学校无法开展。但是，农村学校也拥有城市学校所没有的优势，能够结合当地的乡土文化与特色开展城市学校无法开展的活动与课程。我们要正视城市学校与农村学校之间的差异，合理规划安排农村学校的发展之路，力求发挥农村学校的乡土特色，走特色发展之路，走特色文化促进农村学校改进之路。因此，中国的农村学校应该置身于中国广袤的农村自然山水之中，应该主动甚至是刻意地远离城市的繁华与喧嚣，而且应该积极自主地扭转如当下现实在某种程度上所表现出的“弃乡进城”或“身在农村心向城”的现状。农村学校应将农村社区环境作为自身赖以存在的客观物质载体，加以细心看护、热爱、开发与建设。

其次，农村学校应该在时间上回归并扎根农村学校社区历史之中。学校与社区的发展几乎是同步进行的，学校的历史与社区的历史是不可分的，农村学校的发展史就是所在社区的发展史。农村学校应将自身置于社区发展的历史长河之中审视自身的前世今生，规划自身的未来发展与改进愿景。随着城镇化的发展，城市文化逐渐向农村广泛的扩散和渗透，潜移默化地影响着农村的生产生活方式，既提高了农村的对外开放程度，也改变了许多传统的本土习俗，淡化了乡土特色。从经济发展角度来看，城镇化有利于城市与农村交流，能缩小城乡发展差距，但是从农村教育的发展而言，这弱化了农村学校本来应该具备的乡土特色与乡土气息，使农村学校的发展走向了城市学校发展的道路，缺少了农村学校本来应有的乡土面貌。农村学校既然坐落于农村，就该合理开发与利用农村的乡土资源，发展自己的特色教育，就应该跟随农村发展的脚步，循着农村社区发展的轨迹，回归农村，扎根于农村学校社区之中，而不是随着城镇化走向城市学校的发展之路。

第三，农村学校应该在教育内容上回归并扎根农村社区生活经验之中。农村学校教育应该珍视农村本土的优势自然环境、良好的社区历史文化传统和悠久的农耕社会生活经验，避免教学内容成为农村孩子的"异己"精神世界，使农村孩子在文化准备与文化资本上的优势反而成为农村孩子前进的精神障碍。农村学校回归并扎根于农村，在学校文化上体现为亲近、认同、传承与发展社区文化；在教学方式上，体现为认识社区、走进社区、体验社区、建设社区；在课程内容上，体现为地方课程突出社区特色、校本课程突出社区元素。

二 记住乡愁与全人发展

农村学校改进的育人目标定位应体现"人为性"与"为人性"的和谐统一，并以"为人性"引领"人为性"。"人为性"指的是农村学校改进的育人目标定位要充分体现出农村教育的特殊属性。2013 年 12 月，习近平总书记在中央城镇化工作会议上指出，要"让居民望得见山、看得见水、记得住乡愁"。农村学校与"山""水""乡愁"有着天然的血脉关系，因此，农村学校改进的育人目标定位更应体现出在"记得住乡愁"这一要素上所具有的独特优势。

首先，应注重培养学生的亲情、乡情和家国情怀。农村子弟是农村发展的希望，而农村学校作为培养学生的场所，承担着传承乡土文化的重任，肩负着促进学生与农村情感交流的职责。因此，农村学校的育人目标要体现学生对农村文化的学习与传承，使学生既能接收城市文明，也能吸收本土的乡土文化，形成用文化建设家乡、用行动热爱家乡的意识。

其次,应注重培养学生形成与社区自然环境、村落民居建筑、社区邻里乡亲良好的物我关系与人伦关系。学生自小生活于村落之中,对农村的自然、社会环境村民、村子里的建筑有着天然的熟悉感,这利于学生与农村、与村民、与社区之间形成友好和谐的关系。良好的关系形成与培养决定着学生对农村有美好的印象和深刻的情感。学生与农村之间是否存在深刻的情感会影响到学生对农村的期待与依赖。让学生“记得住乡愁”就要加深学生与农村之间的课程联系与文化联系,加深学生与农村社区自然环境之间、与村落民居建筑之间、与社区邻里乡亲之间的良好物我关系与人伦关系。

再次,应注重村落故事、社区民俗和古老民族文化传统的讲述与传承。“记住乡愁”既包括乡村物质要素记忆,也包括乡村非物质文化记忆,而且二者往往融为一体、相互渗透,构成一个有机整体。为学生留住这些乡村记忆,才能让学生留得住乡愁。这既是对农村学校特殊属性的尊重,也是对农村学校学生情感记忆的尊重。农村学校改进的育人目标需要达到“人为性”与“为人性”的和谐统一,其中,“为人性”指的是农村学校改进的育人目标定位要指向农村学生主体的全面发展。通过“人为性”的发展加深学生与农村之间的情感联系,让学生“记得住乡愁”,在学生“记得住乡愁”的同时,要实现学生全面发展的育人目标,并通过“为人性”的发展促进“人为性”的发展。简单来说,就是农村学校改进的育人目标要做到“以人为本”,从人的发展出发,一切教育教学活动都是为了促进学生的全面发展。因此,农村学校改进不仅要关注学生全面发展育人目标的实现,还要重视从农村的本质属性出发,尊重农村的乡土文化与农村特色,将农村的发展与学生的发展结合起来,让农村的发展变化伴随着学生的成长进步。“农村学校”其本质属性落脚点在“学校”,所以“农村学校”改进同样必须尊重“学校”教育的基本规律,在尊重“农村”这一特殊属性的前提下,必须为“学校”教育着眼于人的全面发展这一本质属性服务。

三　校本特色与共同成长

一所学校的长远发展离不开其独特的办学理念与学校特色的形成。将区域文化特色与学校自身的历史办学传统与文化特色结合起来进行农村学校的改进,可以促进农村学校形成独一无二的办学特色与学校文化。每一个社区都有自己独特的历史文脉、乡贤名绅和自然山水,每一所农村学校都置身其中,并与其融为一体。这为农村学校特色办学提供了先天条件。因此,首先,农村学校改进应充分尊重社区文化传统,体现区域文化特色。区域文化是特定区域空间范围内历经长久积淀而形成的那些独具地方特色、传承至今并仍发挥作用的优秀文化传统,是特定空间区域内人们日常生活中体现出的独有生态、民俗、传统、习惯、文明等。它在一定的地域空间范围内与特定的自然环境相融合,因而深深地打上了地域特色烙印。区域文化是农村学校改进中取之不尽用之不竭的课程资源,是农村学校特色办学的重要前提与基本保障。其次,农村学校改进应充分尊重其自身的办学历史文化传统,体现学校文化特色。每一所学校,从创办至今都已形成一种本然存在的历史文化传统,积累了丰富的办学经验,形成了独特、优质而且相对稳定的办学气质和办学风格。农村学校文化包含其所处的自然环境、校园环境等物质要素,也包含校长的办学情怀与理念、教师的教学风格与品质、学校的整体风貌、班级的学风和学生的行为习惯以及与社区形成的互动关系等精神要素。因此,农村学校改进应对这些要素加以充分利用,使其进一步凸显“校本”特色,激发学校发展动力。

农村学校并非农村社区里的“文化孤岛”,农村学校改进并非学校在农村的“孤军作战”。在改进过程中,通过“学校—社区互动”将学校与农村社区密切联系起来,把当地独特的区域特色、乡土文化与农村学校的办学轨迹与发展历史相结合,形成农村学校特色,促进农村学校的特色发展,为农村社区的发展增添新活力。因此,农村学校改进应体现“学校—社区互动”,追求学校与社区的共同成长。没有社区的成长,学校的成长将是无源之水、无本之木。

第三节 “学校—社区互动”农村学校改进的内容载体

学校改进是一项综合的、复杂的学校变革事业,需要学校内部自身的努力和学校外部条件的配合与允许,只有内外部力量积极有效地合作,才能在最大程度上促进学校的改进。一般来说,提升学校的教育教学质量是一所学校进行改进的最主要目的。

就学校教育教学质量的提升而言，学校的文化建设与办学理念、学校的课程建设及课程资源开发与教学改进、学校教师专业水平的提升这三大方面是学校改进的核心内容，直接决定着学校改进的质量以及学生的培养质量，也影响着社会、社区、家长等对学校的满意度，并间接成为学校改进的促进因素。

一　学校文化建设与办学理念提升

构建农村学校的学校文化，提升农村学校的办学理念是农村学校改进建设中基本的、关键的内容之一。没有学校文化作为发展的奠基，没有办学理念作为发展的指导思想，学校改进是难以可持续发展的。在“学校—社区互动”引导下，从农村学校的发展历史，从当地的农村地域特色，从农村学校与农村社区之间互帮互助、共同成长的角度出发进行学校文化的建设，可以为农村学校改进提供源源不断的生命力；在学校文化形成的基础上，提炼与升华学校的办学理念，使学校文化成为办学理念的发展基础，使学校办学理念为学校文化的精炼提供活力。

从实体性与实质性思维的视角看，学校文化的内涵具有多义性。从历史性与地域性时空的视角看，学校文化的外延具有多重性。从认识论与方法论哲学的视角看，学校文化的属性具有多质性。从农村学校本体视角看，农村学校文化最活跃的要素是其历史性与地域性特征。因此，农村学校改进中的学校文化建设，一是要关注学校的历史文化传统，二是要关注学校的地域文化特色。农村学校文化建设是置身于农村特定的历史文化时空里对学校历史文化传统的继承、创新与整合，对学校地域文化特色的开发、汲取与彰显，使先进的、高品位的、具有鲜明特质的文化成为学校的强势文化和主导文化，并通过学校的制度文化、精神文化、行为文化和物质文化的建设，增强学校发展动力和文化自信，引领与规约学校的改进与发展。学校文化在长期积淀与凝练的基础上会逐步形成一所学校的办学理念。农村学校的办学理念往往是潜在的或是隐性的，农村学校办学理念的提升是农村学校改进工作的难点。可以通过“向下追问”与“向上追求”、“立足自我”与“参照他人”、“尊重历史”与“面向未来”、“着眼当下”与“躬身实践”、“学校自主”与“社区协同”等方式进行，使农村学校逐步形成清晰的、显性的、具有学校鲜明特色的办学理念。

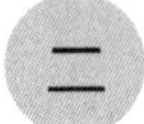 二 教学模式建构与教师共同体发展

如果说学校文化的建设与办学理念的提升是学校改进的基本内容，那么教学模式的建构与教师共同体的发展建设就是学校改进的基础内容。一所学校即使有深厚的学校文化与适宜的办学理念，如果没有与之匹配的教学模式和教师团队，学校想要发展进步也是极其困难的。教师是学校运转必不可少的关键条件，教学模式则是发挥教师价值最主要的物质载体。因此，农村学校改进要重视教学模式的建构，要关注教师群体的发展，促进教师共同体的形成与发展。

农村学校地处独特的自然山水脉络之中，校园周围或是青山绿水，或是田野农庄，这为农村学校建构“自然体验式”教学模式提供了无比优越的物质条件。另外，农村学校与社区具有天然的紧密关系，社区里的一草一木、一山一石、一人一事、一情一景都是学校的课程资源，这为农村学校建构“实践操作式”教学模式提供了无以替代的真实教学情境。再有，农村学校学生拥有独特的农村生活经验，养成了感性敏锐、想象丰富、意志坚强、探索欲望强烈、成功动机水平高等优秀品质，这为农村学校建构“问题解决式”教学模式提供了重要的主体经验准备。农村学校改进应抓住农村学校教学上的独特优势，积极建构属于农村学校本质属性、符合农村学校本体特性的教学模式。

教学模式的建构过程也是促进农村学校教师专业发展的过程。在构建教学模式的过程中，应积极促进农村教师专业素养结构的不断完善、道德智慧修养的不断提升、责任担当意识的不断强化、专业思维品质的不断自觉和专业情感态度的不断优化。建设基于“学校—社区互动”的教师专业发展共同体是促进农村学校教师专业发展的有效途径，也是通过引领教师专业发展实现学校教育质量得以根本改进的关键之举。作为促进教师专业发展的组织力量，教师专业发展共同体能够在“学校—社区互动”中联合中小学校、社区、地方政府、师范大学等多方教师教育力量，形成学校师资改进的外部教育合力。回归农村、走向社区的农村学校的教师专业发展不是教师个体孤立的发展，而是一个通过“学校—社区互动”所形成的教师共同体的发展。这一共同体既包括学校内部教师主体，也包括社区参与学校改进的社区成员，还包括指导农村学校改进的大学研究者等。同时，教师专业发展共同体建设能够激发学校内部的教师专业发展动力，在有效

的教师合作、学科合作、教学支持中形成教师赋权增能作用，强化教师的专业信念，在学校师资队伍中形成由内而外的教学改进动力，进而推动学校的整体改进。

 社区课程资源开发与社区建设规划指导

社区课程资源开发与社区建设规划指导是“学校—社区互动”促进农村学校改进的核心内容与关键要素。首先，农村学校改进应有鲜明的社区课程资源开发意识。社区课程资源开发的内容是丰富多彩的，既包括对社区历史文化传统资源的开发，关注社区古老的风俗习惯、历史人物、建筑古迹等，也包括对社区正在发生的现实存在的当下资源的开发，关注社区正在发生的变化、当下存在的问题、村民的现实日常生活等，同时包括社区可能发生的未来的变化等。社区课程资源开发的过程是学校对农村社区文化的重新认识与再发现的过程。只有重新且深入地认识农村社区，洞察农村社区的变迁，才有可能了解学生所承载的文化的内在逻辑，进而消解文化断裂的问题。① 其次，农村学校改进应有鲜明的社区建设规划指导意识。农村学校是农村社区中最活跃的文化主体，社区的规划、建设与发展应体现学校的意志与智慧。因此，农村学校不是仅仅把农村社区作为课程资源单向地进行开发与索取，而应以社区的主人身份积极参与社区建设的规划与指导。这不仅会增强学校在社区建设与发展中的影响力和话语权，同时也因社区建设体现了学校意志而进一步丰富了社区中可供学校利用的教育课程资源。

第四节 “学校—社区互动”农村学校改进的现实问题

“学校改进并不是一个静态的理想目标，而是一个动态的不断追求卓越的过

① 刘淑兰.学校与社区的互动[M].成都：四川教育出版社，2003：63.

程。”①农村学校在学校改进过程中，学校会逐渐形成改进的价值取向与技术和方法，但由于其动态性、变化性和不确定性决定了学校改进进程会充满挫折与困境，在这一过程中，凡是与农村学校改进相关的群体都会遇到因为改进而产生的一系列问题。比如，农村学校改进是从自身出发牵引而出的自下而上的改进，还是国家教育行政部门或者高校教师牵头的自上而下的改进。从不同角度展开的农村学校改进所取得的改进效果和所遇到的问题是不完全相同的。在农村学校改进过程中遇到的这些现实问题，如果处理不到位，还有可能会出现并非“改进”而是“改退”的现象，造成改而不进的局面。② 因此，在“学校—社区互动”指导下开展的农村学校改进研究需要预判并正视改进中可能会出现的问题，并积极尝试突破困境，以期实现农村学校改进的良好进程和态势。

一 学校与社区“隔离”

首先，学校主动“筑墙”隔离社区。筑墙隔离社区往往是学校的无意识行为，一道围墙已经渐渐固化为学校身份的重要标识。在村里乡间，看到一道围墙便意味着学校的存在。一道有形之墙将学校与社区从空间上隔离开来，形成一墙内外两个不同世界。同时也构成了墙里墙外两个不同的精神世界：墙内是朗朗书声、秩序井然，代表着“知识世界”与“规则意识”；墙外则衣食住行、春耕秋收，代表着“经验世界”与“自然规律”。这样的泾渭分明，使学校获得了强烈的“存在感”，但同时也让农村学校与农村、与农村社区之间产生距离。现实中看起来是一堵围墙的距离，但在内心深处却是一个世界与另一个世界之间的距离。这样的距离感是农村学校虽然身处农村，却不能很好地被农村独有的乡土文化所感染与渗透，削弱了农村乡土文化以及农村社区对农村学校的积极影响作用。

其次，学校积极“筑路”逃离社区。学校的“筑墙”行为只是在空间上隔离了学校

① 夏绿蒂·丹尼尔森. 学校改进之框架——提高学生成就[M]. 陈萍，覃云云，译. 北京：中国轻工业出版社，2005：58.

② 汤颖. 农村学校改进中的价值困境及突破条件[J]. 教育评论，2017(01)：40－43.

与农村社区之间的联系，而“筑路”行为则超越了空间，开始从行动上斩断学校与农村社区之间的羁绊。由于师资力量薄弱、生源锐减、教育投入不足等原因，农村学校教育质量远远低于城区学校。农民想方设法帮助孩子逃离农村，农村学生家长为了照顾孩子也不得不背井离乡逃离农村，农村教师因待遇低、生活条件艰苦等，逃离农村即成为改变命运的重要选项。学校不得已筑起的逃离之路，引导农村学校教育逐渐演变为“厌农”“离农”与“拒农”的教育。农村学校的“筑路”行为导致农村学校的教师、学生，农村的人口数量在不断减少，使本就发展薄弱的农村学校教育得到重创，使农村自身的发展延续受到消极影响。当农村学校的数量越来越少的时候、当农村学校的师生人数越来越少的时候，就是农村教育停滞不前甚至倒退的时候。农村的孩子是农村延续发展的希望，如果越来越多的农村孩子逃离农村，不再回到农村，那么农村、农村社区、农村学校将会失去生命力与活力。农村学校的减少、合并，甚至消失有教育外部的社会原因，但不能否认的是，学校教育自身存在的很大程度的主观诉求。

二 农村学校无“乡村”气息

首先，农村学校“乡村”特征属性丧失。我国是传统的农业文明古国，漫长的农业文明历史积淀滋养了农村学校浓郁的乡村气息。农村学校总是坐落于自然山水之中，课程内容总是与乡村生活样态密切相关，学生也总是保持一种淳朴之中的“文”与“质”的兼美。这些乡村气息构成了农村学校乡村特征属性，是农村学校历史文脉中的典型符号与核心要素。但在信息化社会的快速发展与城镇化进程的深度推进过程中，农村学校的这些乡村特征属性在渐渐丧失。一所坐落于农村依赖农村与农村社区发展关系密切的农村学校失去了“乡村”特征属性，那么它还是一所农村学校吗？农村的发展还会为它带去活力吗？它能保持可持续发展吗？答案是否定的。丧失“乡村”气息的农村学校就如失去水的鱼，终将失去自己的生命。

其次，农村学校乡村文化资源遮蔽。农村学校赖以存在的物质载体是农村广袤肥沃的土地与风景秀美的自然风光，赖以发展的精神动力是千百年来传承下来的乡村历史文化传统、区域特色文化资源、乡土校本课程、现场体验与实践操作的教学方式。但在改革开放进程中打破我国长久以来形成的城乡二元对立社会结构的同时,传统的乡村文化遭到遮蔽、解构、破坏。农村学校赖以存在的物质载体与发展的精神动力遭到双重威胁。乡村文化资源的遮蔽使农村学校失去了赖以生存的根本基础,失去了能汲取营养的力量源泉,也失去了成长进步的物质基础与精神支撑体。

三 农村学校教师“单向流动”

首先,在“中心文化”与“边缘文化”的“逐鹿”中徘徊。农村学校教师“不是逃离了农村教育,就是在逃离农村教育的路上”,虽然是一句调侃之言,却是农村教师当前集体“现实意愿”的真实写照。而长期以来,我国城市学校教育一直处于学校教育的“核心地位”,相对而言,农村学校教育则长期处于“边缘地位”。而“中心文化”所形成的优质教育资源聚合效应,则不断吸引着政策资源、基础设施资源、资金投入等教育资源流向城市,同时,“中心文化”对“边缘文化”的排斥作用,也阻碍着优质教育资源流向处于“边缘地位”的农村。因此,农村学校优质教师集体作为农村教育优质资源的核心力量,则必然流向城市学校。同时,政策资源、基础设施资源,以及资金投入的持续支持,城市学校教育的“领土领地”的不断扩大,对优质教师资源的争夺愈加激烈,农村优质教师资源也必然成为他们争夺的对象,大批优质的农村优秀教师被城市学校的丰富待遇吸引而集体流向城市,形成了城市学校教师愈来愈充裕,而乡村学校教师愈来愈匮乏的“马太效应”。

其次,在身份认同“危机”与职业精神“挫败”的“两难”中艰难前行。农村学校“乡村教师”身份难以被认同。拥有“专业人”身份认同的教师致力于用自己的专业知识与能力实现公共福祉,他们能抵制住权力与金钱的诱惑,追求专业实践本身内在的美德。而教师身份认同,离不开教师个体的专业发展与自我突破,离不开学生、同事以及学生家长等社会人际关系的认同。但是,农村学校教师的专业发展,深受农村政策资源、制度资源以及资金投入不足的影响,难以实现教师个体“专业人”身份的认同。农村学校改进,深受城市文化与技术的改造的影响,严重脱离了乡村文化,甚至与乡村文化相冲突,割裂了农村学校教师与乡村的情感纽带断裂,农村学校“乡村教师”身份,成为农村学校教师群体"难以启齿"的职业"尴尬",成为农村教师个体"不足外人道"的精神"负担"。农村学校教师在专业身份认同"危机"与职业精神"挫折"的双重威胁下艰难前行,农村学校教师"单向流动",即流向更利于实现身份认同与职业精神与操守恪守的城市学校教育的"中心文化"。

四 农村学校改进"模式同一"

首先,农村学校改进等待于"被标准化建设"。改革开放以来,我国出台了一系列旨在保证与促进义务教育质量提高的政策文件。2014 年 8 月,教育部印发《义务教育学校管理标准(试行)》,启动了相应的实验区工作。2017 年 12 月,教育部印发《义务教育学校管理标准》,希望逐步形成"标准引领、管理规范、内涵发展、富有特色"的良好局面,着力解决人民日益增长的美好生活需要和学校发展不平衡不充分问题。在一系列利好政策的支持与保障下,广大农村学校已经基本实现了"硬件"方面的标准化建设目标。但"软件"方面的标准化建设尚需打通关键的"最后一公里"。一些农村学校还没有充分发挥自身积极主观能动性,将标准化建设起来的"硬件"转化为学校发展的动力资源,依然在等待政策上的"软件"标准化建设。农村学校的物质基础与条件的改善不是农村学校改进的重点,提升农村学校的软实力,构建农村学校的学校文化、办学理念、教师团队、教学模式等才是农村学校改进的关键。

其次,农村学校改进依赖于"被帮助被代替"。农村学校改进是我国农村地区精准扶贫的重要内容之一,在政策的保护与政府的"同情"中,农村学校的"被帮助被替代"心理严重。农村学校改进的过程,是一个充分认识和挖掘农村学校优势,提升农村学校的合作互动能力,推进农村教育公平发展和质量提升的过程。只有激发农村学校各个层面的改革创新愿望,积极主动在育人理念和方式、教学内容和方法等多个方面开展创新型探索和转型性变革,农村学校改进的目标才可能有效实现。一些农村学校尚未摆脱历史上形成的"等、靠、要"心理,甚至严重依赖政府与他者的"被帮助被替代",农村学校改进任重而道远。所以,农村学校改进不应该只是自上而下的行为,应该是农村学校自身渴望成长进步、壮大力量、提升教学质量的自下而上的自身行为与国家教育行政部门、高校教师团体牵起的自上而下的行为相结合。农村学校改进的成功需要农村学校、农村社区、政府、高校教师团体的协同合作。

第五节 “学校—社区互动”农村学校改进的发展趋势

一 从封闭、外铄走向互动、对话

我国农村社会现实和教育发展特点决定了农村学校的先天封闭性。首先,我国经历了漫长的农耕历史,积淀了丰富而牢固的农业文明。传统的农耕文化对我国社会的影响深刻而久远。其次,我国长期以来存在的城乡二元结构发展模式依然存在并根深蒂固,是我国社会现实生活和教育发展现状的重要影响因素。另外,我国农村学校长久以来教育目的已经异化为“离农”“脱农”“拒农”甚至“反农”。歪歪斜斜的围墙不仅把农村学校与外面的世界对立起来,同时也把自身拒绝于农村之外。2010 年 6 月《中小学教师国家级培训计划》全面实施,这是提高中小学教师,特别是农村教师队伍整体素质的重要举措。2013 年 12 月,教育部、国家发展改革委员会、财政部联合下发《关于全面改善贫困地区薄弱学校基本办学条件的意见》,希望借此彻底改变我国乡村学校贫弱的基本办学条件。2018 年 1 月,《中共中央 国务院关于全面深化新时代教师队伍建设改革的意见》要求“大力提升乡村教师待遇”。我国农村学校发展在师资素质提高、学校建设经费、政策制度等方面都得到了较好的保障,开始由封闭走上外铄发展之路。

任何事物的发展,内因都起着决定性的作用。当前,我国农村学校改进正在自主走向“学校—社区互动”之路。首先,从农村学校地缘关系看,学校与社区的时空关系最紧密。学校不是脱离社区的抽象存在,它总是依山傍水,或坐落于村边地头,或掩映于青松翠柏之间,与社区保持着血脉相连的关系。也总是通过朗朗书声、上课钟声、操场的吵闹声、运动会的呐喊声、课程表、作业、奖状等学校要素渗透于,甚至规约着乡村社区的生活节奏与样式。其次,随着经济的发展和信息技术手段的广泛应用,农村学校已经越来越开放,农村学校越来越直面社区并不断扩大着"社区"的范围;反之,社区也以对学校教育强烈的需求与高质量的多元需求而反作用于学校,以及社区政府因责任意识增强而不断地试图介入,甚至一定区域范围内的高校也以反哺农村教育的自觉而参与到农村学校改进之中。另外,伴随城镇化进程的加速,农村学校发展的自主与自觉意识明显增强,农村学校究竟向何处去的思考也使农村学校必然打开校门、拆掉围墙,主动走进社区,主动走入自然世界与社会文化场域。基于"学校—社区互动"的农村学校改进成为现实必然与历史趋势。

二　从"P-T-A""U-G-S"走向"U-S-C"

综观国际教育发展大势,学校、家庭和社区教育正逐步走向一体化。20 世纪 50 年代,日本在借鉴欧美学校改进经验基础上成立了"家长—教师协会"(Parents-Teachers Association,简称"P-T-A")。"P-T-A"是由学生家长和学校教师组成的互相学习、共同开展活动的社会教育团体组织,其目的是加强学生校外生活指导,改善和充实社区的教育环境。日本"P-T-A"教育团体组织借鉴于欧美又超越欧美,并逐步形成了日本特色。日本"P-T-A"全国协会成立于 1952 年,其下属机构是都道府县的"P-T-A"协议会、市町村的"P-T-A"联合会和基层的"P-T-A"组织。日本各级"P-T-A"组织开展的活动丰富多彩,有效促进了学校、家长和社区的互动与合作,为解决日本基础教育中长期存在的"不登校""欺侮"等顽疾做出了重要贡献。

在学校改进过程中,我国充分吸收了西方国家学校改进的先进实践经验,21 世纪初提出了具有中国本土特色的"U-G-S"(University-Government-School,简称"U-G-S")模式,将大学与地方政府纳入教师教育体系,社区内的大学与政府的角色得以转变,成为中小学教育的主体。我国城乡差异显著,农村学校具有鲜明的农村特殊属性,在农村学校改进过程中,逐步形成了符合农村实际的"U-S-C"(University-School-Community,简称"U-S-C")模式。这种以中小学为核心、上联大学、下入社区的农村学校改进模式,既积极主动联合区域内的大学加入学校改进中,又充分开发社区内的特色教育资源作为校本课程,为农村中小学改进提供了有效的机制保障。

 从“标准化”“自上而下”走向“个性化”“自下而上”

我国学校教育体制先天决定了农村学校教育改进是基于国家“自上而下”的战略宏观规划的顶层设计引领下的,并由不同层级政府主导的“模式化”的、“标准化”的农村学校教育的完善性建设。农村学校教育的改进,特别是“模式化”与“标准化”的建设,标准的书桌与座椅、教具、多媒体教室、交互式白板,规范化的教学程序与流程、模式化的教学管理,以及标准化的课程教学资源,使得农村学校教育成为复制城市学校教育的“翻版”,犹如镜子中的“影子”。农村学校教育严重脱离了乡村教师赖以生存与延续的“乡村文化”,丧失了乡村教师鲜活与灵动的“乡村气息”,割断了乡村教师与乡土、乡村、乡民的天然形成的“情感纽带”,农村学校成为漂流在乡土田园间的、与周边环境格格不入的“文化孤岛”,农村学校的教师与学生,更是成为生活在两个“精神世界”的“双面人”。

学校教育不是“模式化”的工厂生产“机器”,教育的对象更不是“标准化”的工厂生产的“产品”,而是具有鲜活生命与鲜明个体差异的“人”,教育促进人的全面发展。因此,农村学校教育改进,要充分尊重教育对象作为“人”的个体差异性与发展性。农村学校改进,要根植于具有鲜活乡土田间的“乡村气息”的“乡村文化”,增进农村学校教育与乡村社区的情感深度交流,强化教师、学生与乡村生活文化的融合与互动,培育教师与学生的扎根乡村“乡村情怀”,成为真正的“乡村人”、真实的“乡村教师”,为农村学校改进提供文化动力。农村学校改进,要以农村教育“改进者”的主体身份与地位,不断主动地发现、认识和超越自我,提出学校改进愿景,规划学校发展未来。① 农村学校改进,要深刻挖掘隐藏在乡间风土文化中的课程文化资源,为农村学校改进提供丰富的特色化、个性化教育资源,形成具有乡村特色的、特征的学校“个性化”的基层实践形态。

① 李广.“学校—社区互动”促进农村学校改进研究[J].教育研究,2018(04):75-79.

第六节 “学校—社区互动”农村学校改进的实践策略

农村学校改进是一个动态的、曲折的、不断发展变化的漫长过程。在改进过程中，会因为各种各样的突发情况而阻碍学校改进的进程。这些突发问题的解决与否会直接或间接影响到农村学校改进的速度与效果，甚至会因为“学校改进”带去“学校改退”的后果。因此，我们要积极面对农村学校改进进程中遇到的现实问题，积极探索推进“学校—社区互动”下农村学校改进的实践策略。

一 理解与审议

理解与审议是“学校—社区互动”农村学校改进的起始准备阶段。理解是对客观事物本质属性的认识与把握。基于“学校—社区互动”的农村学校改进，首先，应对农村学校改进的本质属性加以认识和把握。农村学校改进，一是要突出农村学校的“农村”特殊属性；二是要促进农村学校的“学校”教育目标的全面实现；三是要推动农村学校从内到外的全方位变革。农村学校的改进与农村独有的“乡土”性相结合，在农村的乡土文化中汲取营养，与农村、农村社区、农村社区资源、村民之间形成互帮互助、共同进步发展的良好关系，有这样的良性互助交往关系才能促进农村教育的积极发展。其次，应对农村学校改进的时代背景加以认识和把握。当前农村学校改进是在中国特色社会主义时代背景下进行的，我国农村社会教育的主要矛盾已经转化为人民日益增长的优质教育需要和不平衡不充分的教育发展现实之间的矛盾。农村学校改进是满足我国广大农村地区人民幸福生活需要的重要举措。再者，应对农村学校改进的基本路径加以认识和把握。农村学校改进的路径多种多样，基于我国农村社会现实和农村教育发展现状，“学校—社区互动”是其中的有效路径之一。学校与社区互动是学校与社区和社区成员、机构组织之间的双向交流与合作关系。互动必然是双向的：

一方面,要使社区,包括成员、机构、组织理解、支持和帮助学校,以便有效地实现教育目标;另一方面,学校应该支持社区,面向社区,向社区开放,服务社区。① 理解的过程是学校、社区、政府以及大学多元主体之间的互动过程,在多元主体相互充分理解的基础上,讨论并形成学校改进规划,研制并选择学校改进方案,评议并预判学校改进预期效果。

审议是多元主体共同对学校改进计划进行审查评议,对方案的科学性、适切度进行选择、判断的过程。通过共同对方案的审议,增进对多元主体彼此需求及各自所能提供资源和进行援助的了解,以便共同完善与确定学校改进方案。审议为农村学校改进的成功实行带去了更多的保障,是解决农村学校改进过程中遇到的问题与走出困境的必不可少的手段。

二 协同与生成

协同与生成是“学校—社区互动”农村学校改进的主体实施阶段。协同是在学校改进过程中以农村学校为核心,通过积极主动整合社区课程资源、政府教育行政资源、城市学校优质教学资源以及大学教育研究学术资源等,有效推进学校改进方案落实的过程。学校改进方案的落实是一个多元主体协同实践的过程,在这一过程中,农村学校既是协同的启动者,也是协同的目标指向。农村学校所在社区,包括当地政府教育行政部门、手拉手城市学校、开展教育学术研究的大学科研机构等,协同主体在这一过程中各自发挥优势,形成合力,共同促进农村学校改进目标的实现。

生成是在农村学校改进过程中,协同的多元主体根据学校改进实践中不同的问题情境自主调整与完善学校改进方案与实施策略的过程。生成可分为两种情况:一种是学校改进方案制定中预设的可能出现的问题确实出现了,而采用备用方案的情况;另一种是学校改进方案制定中不曾预想到的问题出现了,需要及时提供新方案的情况。无论是哪一种情况的出现,都需要协同的多元主体灵活地优化学校改进方案,创

① 段会冬,莫丽娟.农村社区:农村特色学校建设的文化源泉[J].现代教育管理,2012(06):35-39.

造性地实施学校改进方案。

协同与生成在农村学校改进过程中是相辅相成、相互促进的。在“学校—社区互动”改进路径的指导下,农村学校通过“协同”将一切可利用的社区资源、学校资源、社会资源、大学资源、政府资源化繁为简,整合为一,为农村学校改进的开展做足准备,为“生成”的展开奠定基础。“生成”的形成也取决于“协同”时整合而成的资源,有的资源生成的问题好解决,有的资源生成的问题需要不断地尝试判断与思考,进而促进资源的更新与扩充。因此,协同与生成是农村学校改进过程中不断循环往复的步骤与阶段,是促进“学校—社区互动”农村学校改进的重要实施策略。农村学校不是农村自然山水中的“文化孤岛”,农村学校应以社区“文化中心”的自信和自主,积极主动进行多元主体协同,促进自身发展。同时,农村学校也不是农村教育中的“被教育者”,农村学校应以农村教育“改进者”的主体身份与地位,不断主动地发现、认识和超越自我,提出学校改进愿景,规划学校发展未来。

三 反思与提升

反思与提升是“学校—社区互动”农村学校改进的阶段性回顾与审视。在思维方式上,反思是指向于过去已经发生的事物,是对农村学校改进所发生的行为、事件,产生的思想、观点等进行反省式思考。简言之,要反思初心,反思过程、反思效果,具体而言,一要反思农村学校改进的初心,追问自身是否依然在路上;二要反思农村学校改进的过程,追问自身是否把握住了正确的方向;三要追问农村学校改进的效果,追问自身是否实现了目标。通过反思,学校改进中的多元主体会更加清晰地看到自身源于何处,当下处于何种现实境遇之中,并对当前学校改进现状进行审视与评判。在“学校—社区互动”农村学校改进的过程中进行“反思”,能给农村学校带来改进学校的信心与勇气。学校改进不是一蹴而就的,而是一个循环往复而又无比复杂的漫长过程,而且改进的效果也具有阶段性,是需要时间来证明与发现的。这种积极的改变是潜移默化的,不能轻易地被观察到,需要一定量的积累才能达到质变,看到进步的成果。因此,在学校改进过程中不断“反思”,就能不断发现与感受到学校改进给农村学校带来的变化，这些变化将为漫长的改进之旅带来无尽希望。

提升在思维方式上是指向未来的，是对农村学校改进现状的超越与对未来愿景的规划。提升最本质的特点是创新。简言之，提升就是要总结经验，建构理论，创造未来。具体而言，一要总结农村学校改进中的实践经验，形成阶段性成果；二要在农村学校改进实践基础上建构理论，提高学校改进的理论指导水平；三要规划农村学校改进愿景，指明未来发展方向。在“学校—社区互动”农村学校改进过程中进行“提升”，能让农村学校看到改进的进步与取得的成果。因为学校改进效果的滞后性，农村学校很容易忽视自己在改进过程中取得的细微进步，总是看不到进步会让农村学校产生自我怀疑，甚至中断改进、半途而废。而阶段性的“提升”，使农村学校看到了当下的自己与改进之前的自己之间的区别，每一个小阶段的区别累积起来就是巨大的进步，就是学校改进取得的阶段性成果。因此，在学校改进过程中不断“提升”，在“反思”的基础上不断地提升与发展，就能不断地总结出农村学校改进过程中取得的胜利与成果，使农村学校改进保持可持续发展的状态。

反思指向过去，提升指向未来，农村学校改进永远在当下现实的路上，是一个基于过去、创造未来的伟大工程。“学校—社区互动”就是这一伟大工程的基石与纽带，以此确保农村学校改进这一伟大工程的稳步、扎实、持续、有效推进。①

---

① 本章内容摘录自作者 2018 年 4 月发表于《教育研究》和 2022 年 3 月发表于《教学与管理》的两篇论文：李广．“学校—社区互动”促进农村学校改进研究［J］．教育研究，2018(04)：75－79．李欣桐，李广．农村学校改进：历史背景、现实问题与发展趋势［J］．教学与管理，2022(07)：1－6．

＊发表于《教育研究》上的论文系教育部人文社会科学重点研究基地重大项目《“学校—社区互动”促进农村学校改进研究》（项目编号：15JJD880007）的研究成果。

第三章

“学校—社区互动”农村学校改进计划研制

计划是指用文字和指标等形式所表述的，在未来一定时期内组织以及组织内不同部门和不同成员关于行动方向、内容和方式安排的管理文件。① 计划工作是一座桥梁，它把我们所处的这岸和我们要去的对岸连接起来，以克服这一天堑。②

“学校—社区互动”农村学校改进研究需要各农村改进校在具体改进实践中落实。为了改进实践的顺利开展，必须研制科学可行的改进计划。在计划的研制过程中，既要兼顾“学校改进”的普遍性，又要把握“学校—社区互动”以及“农村”的特殊性；既要坚持计划中的“顶层设计”，又要做好实践中的“摸石头过河”；既要完成阶段改进的目标任务，又要建立持续发展的长效机制。

“学校—社区互动”农村学校改进计划的内容由五部分组成，分别为“学校—社区互动”农村学校改进发展基础分析、“学校—社区互动”农村学校改进行动思路、“学校—社区互动”农村学校改进内容维度、“学校—社区互动”农村学校改进保障措施以及“学校—社区互动”农村学校改进愿景规划。其中，发展基础分析是农村学校改进的基石，行动思路是农村学校改进的路径，内容维度是农村学校改进的焦点，保障措施是农村学校改进的条件，愿景规划是学校改进的导向，五者有机统一于“学校—社区互动”农村学校改进研究之中。

第一节 “学校—社区互动”农村学校发展基础分析

“学校—社区互动”农村学校改进计划研制过程的首要任务是发展基础分析。农

① 周三多，陈传明. 管理学[M]. 北京：高等教育出版社，2014：101.

② 哈罗德·孔茨，海因茨·韦里克. 管理学（第九版）[M]. 郝国华、金慰祖、葛昌权等，译. 北京：经济科学出版社，1993：66.

村学校改进不是纸上谈兵、沙上建塔,必须也必然要建立在特定基础之上。但是,农村学校改进的发展基础并不具有完全的直观性,因此,对它的理解与把握必须借助客观的调查分析,必须建构科学的方法体系,必须开发专业的调查工具。

从哲学层面上讲,农村学校改进的基础分析要抵制三种错误:一是形而上学的错误,即孤立静止地审视农村学校的改进,将农村学校视为教育孤岛,主观切断农村学校与农村社区的客观联系,将改进视为孤军奋战,将工作任务全部交由单一主体独立承担;二是唯心主义的错误,即过度夸大"学校—社区互动"的作用,忽视农村学校改进中的物质资源与客观局限;三是英雄史观的错误,即将改进的成功寄托于领导、专家或校长等极少数人物,漠视改进中其他实践主体的作用。为避免三种错误的产生,要坚持辩证唯物主义与历史唯物主义的方法论去认识改进学校的基本情况。只有这样,才能正确把握学校改进发展基础的维度及其联系,形成学校与社区的互动。

从实践层面上讲,农村学校发展基础的分析必须借助专业的调查工具。在本研究的具体实践过程中,项目组完成了"学校—社区互动"促进农村学校改进的相关《调研手册》的编制。《调研手册》中明确了每一次调研的主题、调研人员信息、调研安排、调研注意事项,并且有详细的资料搜集目录和深度访谈提纲,以及对调研资料编码和存档的具体要求。该手册被实际运用到已开展的几次调研实践之中,展现出较强的科学性和适用性。

一 基本情况

农村学校发展问题解决的根本思路是具体问题具体分析,逐步开展改进实践,这既是对农村学校改进客观规律的顺应,也是对农村学校改进主体差异的尊重。

"学校—社区互动"农村学校改进的基本情况主要涉及自然环境、社区资源、历史传统以及学校特色四个方面。

1. 自然环境

将自然环境作为"学校—社区互动"农村学校改进发展的基础,是由农村学校与自然环境紧密的依存关系决定的。

从纵向看，自然环境对文明的产生与发展有重要影响。这种影响在人类文明的早期就显露端倪。环境影响文明产生，底格里斯河与幼发拉底河、恒河、长江与黄河孕育了古老的人类早期文明；同时，环境影响文明的发展，尤其是地理上空间封闭与开放在很大程度上影响了文化的传播融合，古希腊的斯巴达与雅典城邦因自然地貌在文明初期就产生了显著的发展差异，而这种差异随着历史的发展呈现愈发多样化的趋势。

从横向看，农村学校所处的自然环境是一种绝佳情境。相较于城市学校，农村学校置身于农村自然环境之中，充盈着独特而浓郁的乡土气息，其中的地理风貌、动物、植被等均保持着相对自然原生的样态，是人类认识自然与回归自然的绝佳情境。同时，农村的自然环境保留着与之相契合的社会生产方式，有助于农耕文明成果的保存、传承与创新，又是人类认识顺应自然与改造自然的现实情境。

2. 社区资源

将社区资源作为“学校—社区互动”学校改进发展的基础，是“‘学校—社区互动’学校改进研究”的题中之义。

农村学校既是文化凝聚点，又是教育辐射点，凝聚的是农村社区的文化，辐射的是农村社区的教育。农村学校坐落于农村社区之中，是社区教育服务重要资源，这种空间联结与教育属性，蕴含着农村学校激发与调动社区资源教育功能的可能与必然。而“学校—社区互动”就是要唤起这种资源意识，发掘这种资源价值，优化这种资源配置，加速这种资源流动。而要做到以上四点，就必须为“学校—社区互动”农村学校发展寻求“真”资源。

首先，要调查社区资源的流动现状。社区处于特定的国家地区中，也处于特定的自然环境中，更处于特定的人文历史中，不同的政策法规、地质风貌、风土人情是社区发展多样性的必然物质样态。物质的丰富性即资源的丰富性，天然地促成了学校社区互动的朴素形式，是学校与社区资源敏感性与流动性的原始表现。

其次，要发现社区资源的流动潜力。对资源流动潜力做判断的基础是对可流动资源的全面了解：一是要全面认识显性的农村社区资源，明确各类资源的类别、特征、价值及其所有者、管理者、监督者、使用者；二是要积极开发隐性的农村社区资源，将优质的隐性资源显性化。

最后，要建立社区资源的流动常态。只有常态化的社区资源流动才能成为“学校—社区互动"农村学校发展的真正基础,也只有真正可以形成常态化流动的社区资源才能真正被纳入"学校—社区互动"农村学校发展的社区资源基础。

3. 历史传统

将历史传统作为"学校—社区互动"农村学校改进计划研制的基础,是因为历史传统是学校发展的精神基因。

学校的发展不能突破空间的三维性,也不能突破时间的一维性。这意味着学校无法逆时而动,无法将现代理论应用于历史实践或通过观测未来的结果做现在的决定,但可以与时偕行,从对历史的扬弃中总结经验,指导现实实践,引领未来发展。这是学校历史传统的形成因素,也是学校历史传统的存在意义,更是学校历史传统的价值导向。

调查与分析学校的历史传统,不是要提自抬身价,沽名钓誉。学校的改进发展将融入学校的历史传统,学校的历史传统就是曾经的改进发展,二者本就是辩证统一的。因此,应善于从学校的历史传统中发现改进发展的方向,并慎重选择学校的改进发展方向以将其镌入学校的历史传统。

学校在历史发展中,会自然地逐渐生成学校的原生传统,随着这种原生传统逐步发展,研究者、教职工、监护人、社会团体、行政部门等会反思并追问学校历史传统的内涵、形成机制。影响学校历史传统的因素较多,如学校所处的自然环境与社区环境,学校的建立、停办、迁移,学校历任的校长、教师、学生等,都会对传统的形成产生重要作用,这些也是学校新的历史传统——改进实践的影响因素。

4. 学校特色

将学校特色作为"学校—社区互动"农村学校改发展基础,是对学校作为改进与发展主体的尊重。在分析学校特色的过程中,要注意"名"与"实"的关系。

第一,要有名有实。对学校特色的凝练重在突出其核心,也往往是其凝练思想的依据,例如幸福教育、科技教育等等。"橘生淮南为橘,橘生淮北为枳。"学校特色之实围绕其名这个核心,受到学校多种具体因素的影响。在本研究中,学校改进之名由于选择了"学校—社区互动"这一路径,也形成了鲜明特色。因此,特色是生成的,不能因同名而舍弃,即认为别人已经做过了,那就不是本校的特色,也不能因同名而照搬,即认为学校特色要同名同实,不能直接机械地套用。

第二,要名副其实。学校特色不是移植的,也不是空降的,要有牢固的基础,要有生成的土壤。学校特色不是一种对外部诉求的应对,也不是学校之间竞争的策略,而是学校建立发展中的必然属性。学校客观受动与主管能动发展的独特实践,必然造就学校的独特性质。这也是学校生成其特色的可能性与必然性。

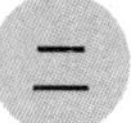

二 发展优势

发展优势是一个相对概念。从学校内部看,是校内差异中发展引领作用的因素;从学校外部看,是校际差异中更具发展优势的因素。以矛盾论的视角审视,学校的发展优势仍属内部矛盾,包含着在矛盾运动中起决定作用的主要矛盾的主要方面,同时也是多种矛盾形成发展合力的和谐状态。因此,“学校—社区互动”农村学校发展基础中发展优势不是一味地拔高优势,使农村学校成为改进中的“偏科生”,而是在发展中要两点论与重点论相结合,统筹兼顾,形成农村学校的全方位的改进。

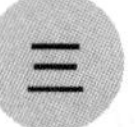

三 改进需求

农村学校必须制定科学的改进需求。农村学校改进的现实需求与主观诉求是本项研究的逻辑起点与现实依据,是学校与社区互动的关注焦点与主要领域,是学校改进成果价值的取向来源与评价基础。以往的研究,更关注的是农村学校发展的落后性与差距性,而忽视了农村学校改进的现实需求与主观愿望。因此,“学校—社区互动”农村学校改进研究要尊重农村学校改进的自主性与自觉性,将逻辑起点确立为基于农村学校“内生性”的发展需求与改进愿望。

“学校—社区互动”农村学校改进必须兼顾各主体的改进需求以形成的“真”需求。学校变革的主体是多维的,其中包括实践者主体与研究者主体:前者包括中小学教师、校长、家长、社区人士和教育行政人员;后者包括从事教育理论、教育政策及相关研究的人群，主要是来自高校和科研机构的教学与科研人员。并且这种划分会随着合作时间的推移达成实践者与研究者双主体的统一。① 实现“学校—社区互动”农村学校改进需求是多元主体的愿望，其中包括农村学校中的教职人员及学生、农村社区中的各类人员以及参与学校改进研究的高校专家团队。相较以往研究关注学校与社区互动的横向关系，本研究将大学这一优质资源纳入研究与实践的纵向视域，丰富并提升了“学校—社区互动”的关系与层次，也使形成的改进需求更加真实科学。

四　存在问题

农村学校存在的问题是农村学校改进的焦点，是学校无法回避且必须突破的方向。想要在实践中科学解决学校的现存问题，就必须注意以下两方面。

第一，要正视问题，直面问题。学校是否存在问题？存在那些问题？这两个问题所蕴含的是问题矛盾的普遍性与特殊性。问题无处不在，具有客观性，绝不能唯心地逃避与否定。问题具有普遍性，其广泛存在于学校的各个方面，学校的改进不是解决所有存在的问题，而是要解决全局性的、根本性的、紧迫性的问题；问题具有特殊性，农村学校的问题存在于特殊的问题中，农村学校存在多种问题，城乡裂隙问题、文化冲突问题，发展模式问题等等，其通过特殊的、具体的存在问题展现出来。农村发展存在问题的普遍性使幅员辽阔的国土上的各种农村学校改进经验的积累具有意义，使改进经验的交流借鉴成为可能；农村发展存在问题的特殊性则使改进工作需要具体问题具体分析，增加了改进的难度。

第二，要辩证看待，辩证处理。农村学校发展的道路是曲折的，但方向是前进的。这条路指向的正是问题从存在暴露再到解决不断曲折前进的过程。在这个进程中，要抓住农村学校存在的主要问题，通过主要问题的解决带动次要和衍生问题的解决，推动各主体解决问题能力的发展，突破农村学校发展的困局。

① 杨小微，刘良华. 学校转型性变革的方法论[M]. 北京：教育科学出版社，2011：122 - 123.

第二节 “学校—社区互动”农村学校改进行动思路

思路,即思想路线,是思考的条理脉络。“学校—社区互动”农村学校改进行动必须有清晰的行动思路,必须在头脑中建立农村学校改进实践的清晰图景,必须提炼科学理念指导下的行动目标、行动原则、行动理念。

一 理论指导

从宏观层面讲,学校改进必须坚持马列主义、毛泽东思想以及邓小平理论、三个代表重要思想、科学发展观、习近平新时代中国特色社会主义思想组成的中国特色社会主义理论体系的指导,必须坚持走新时代中国特色社会主义的发展道路,必须坚持立德树人的教育根本任务;从微观层面讲,学校改进必须坚持教育学原理、课程论与教学论、教育管理理论、教师教育理论、学校改进理论等具体理论的指导。

理论不是既定的,而是反复无限的认识的结果。目前农村学校改进研究呈现理论解释力尚显不足、实践指导力尚显薄弱、价值引领力有待提升、方法操作力有待加强的现状,这也是本研究试图建立“学校—社区互动”农村学校改进模式的背景与原因所在。在本研究中,“学校—社区互动”是一种理论践行,更是一种理论探索。

在理论中,以乡村教育、农村教育、农村学校的内涵为基础,以学校改进理论中改进内涵、改进内容与改进途径为依托,以“学校—社区互动”的基本内涵、理论基础、基本原则与主要作用为主线,以教师专业发展共同体建设为补充,形成系统全面的“学校—社区互动”农村学校改进的指导理论。

二 行动目标

“学校—社区互动”农村学校改进实践不仅需要科学系统的指导理论，同时必须形成共同的目标，形成“志同道合”的共同体。这是“学校—社区互动”农村学校改进汇聚动力、激发潜力、形成合力的必然条件与重要前提。

行动目标具有多重意义，按照时间划分可以分为远景目标与近景目标，按层次划分可以分为宏观目标与具体目标。要结合学校自身基础以及发展需求合理制定农村学校的改进行动目标。

1. 远景目标与近景目标

“学校—社区互动”农村学校改进行动目标是近景目标与远景目标的统一，是完成农村学校改进项目与促进农村学校可持续发展的统一，是指导农村学校具体实践与提炼农村学校改进模式的统一。

在具体实施中，应立足基础，循序渐进。如在农村学校校本课程建设目标中，基础薄弱的学校可以将形成典型课例确定为近景目标，而将形成系统的农村学校校本课程及其教材开发确定为远景目标。校本课程开发基础较好的学校，则可将针对基础的课程优化发展作为近景目标，并制定更具挑战性的远景目标。

学校改进无法一蹴而就，需要有计划、分步骤来逐步实现。这就要求在行动目标制定过程中必须辩证认识并处理农村学校改进的近景目标与远景目标的关系。第一，近景目标是远景目标的基础，远景目标的实现依托于近景目标的实现，远景目标是近景目标的导向，没有远景目标，近景目标的将变得迷茫或短视；第二，近景目标中包含远景目标，近景目标中包含远景目标的部分内容，远景目标包含近景目标，远景目标是多个近景目标内在一致的体现；第三，近景目标可以转化为远景目标，近景目标的相继实现推动远景目标的实现，远景目标可转化为近景目标，远景目标可以通过拆分和进一步修正形成近景目标。

2. 宏观目标与具体目标

学校改进是宏观改进与具体改进二者的结合。二者相对独立：宏观目标设计学校改进的宏观层面，实现农村学校的整体改进，具体目标是学校内各个层次具体的改进。二者又相互依存：宏观目标的实现依赖于各个具体目标的实现，具体目标的实现要受宏观目标的影响。

宏观目标是基于我国农村学校发展的现实性与特殊性，在充分调查研究农村学校改进的客观需求基础上，厘定“学校—社区互动”促进农村学校改进的基本内容与价值取向，并构建“学校—社区互动”促进农村学校改进的实践模型与长效机制，为我国“学校—社区互动”促进农村学校改进提供理论支撑和实践指导。

具体目标是准确把握农村学校改进的现实需求与价值取向，梳理我国百年来农村学校改进的理论研究成果与典型实践案例，构建“学校—社区互动”促进农村学校改进的实践模型与运行机制，建设“学校—社区互动”的农村教师专业发展共同体，促进国外农村学校改进研究成果的“本土化”与我国农村学校改进实践探索的“理论化”。

三 行动原则

“学校—社区互动”农村学校改进行动必须坚持多元协同与共同发展相结合的原则，坚持专家指导与学校实践相结合的原则，坚持重点突破与整体优化相结合的原则，坚持理论成果与实践案例相结合的原则。

1. 多元协同与共同发展相结合的原则

多元协同的本质是多元主体共同发展和博弈，共同发展依托于多元主体协同构建的发展共同体。“学校—社区互动”农村学校改进的根本立足点是学校与社区的多元协同与共同发展。

多元协同的关系并非天然的，共同发展的趋势并非自在的，这种关系与趋势的形成必须建立于人对科学发展的合理认知基础上。多元协同是对联系的普遍性的认同，是对形而上学世界观的抨击，必须首先认识到多元主体间联系存在的客观性。共同发展不是此消彼长的对弈，而是各自发展的阶段性成长。

在“学校—社区互动”农村学校改进行动中坚持多元协同与共同发展，必须坚持以建立高效的互动机制，形成以学校与社区为主体的开放包容的发展共同体为发展的首要任务。其根本途径是形成多方可达成的共同发展目标。

2. 专家指导与学校实践相结合的原则

实践是“实践—感性认识—理性认识—实践”循环往复、不断前进的过程，是理论与实践共同发展的过程。伟大的理论指导伟大的实践，伟大实践又凝练出伟大的理论。在新时代，在新型城镇化建设进程中，学校必须完成科学的改进，研究必须凝练科学的理论。

学校改进行动是多重实践的统一，包含学校改进的实践、学校文化建构的实践、学校课程与教学优化的实践、教师专业发展的实践、学生全面发展的实践。为了科学高效地开展上述实践，必须继承前人的思想成果，因此必须有相关领域专家的参与。同时，专家的参与将更深入地开发学校实践的理论价值。“学校—社区互动”是农村学校改进的有效路径，在以之为核心的理论体系的指导下，在高校研究者的悉心指导下，通过农村学校与社区的努力践行，“学校—社区互动”农村学校改进研究一定能够取得丰厚成果。

3. 重点突破与整体优化相结合的原则

从矛盾论角度，事物的发展存在普遍而又特殊的矛盾结构。矛盾的普遍性原理指出，实物的矛盾具有普遍性，事物是矛盾运动的统一体，要以联系发展的观点解决问题。矛盾又具有特殊性，其中主要矛盾及其矛盾主要方面最具影响力。因此必须坚持两点论与重点论相结合，采取重点突破与整体优化相结合的原则。

在“学校—社区互动”农村学校改进中，重点突破与整体优化将以农村学校与社区的长效互动的构建为核心，以农村学校与农村社区的改进发展的落实为追求，以农村学校与农村社区的具体难题的破解为抓手，形成包括文化、课程、教学、教师、学生在内的多维的、科学的、系统的农村学校改进。

4. 理论成果与实践案例相结合的原则

研究以成果为标志。“学校—社区互动”农村学校改进研究，既重视研究的理论成果，又重视学校的实践成果。理论部分主要包含五个子课题，分别为“学校—社区互动”促进农村学校改进理论研究、“学校—社区互动”促进农村学校改进现状调查研究、“学校—社区互动”促进农村学校教师专业发展共同体建设研究、“学校—社区互动”促进农村学校教学改进研究以及“学校—社区互动”农村学校改进模式与机制研究。最终将形成“学校—社区互动”促进农村学校改进理论体系，这是本研究的主要成果。

实践案例主要由农村学校在改进实践中形成,包含“学校—社区互动”实践案例,农村学校特色文化建构案例、农村学校校本课程案例、农村学校特色教学模式案例、农村学校教师专业成长案例以及农村学校学生成长案例。

“学校—社区互动”农村学校改进研究的理论成果与实践案例相辅相成,是在农村学校改进实践中形成成果的抽象凝练与具体样态。

四 行动理念

2016年2月,习近平在江西视察时指出,发展理念是发展行动的先导。目前,农村正在面临过新型城镇化的转型,学校发展也必须做出变革。“学校—社区互动”是促进农村学校改进的有效路径,也是一次针对农村学校改进的重要理念探索。贯彻“学校—社区互动”学校改进行动理念,就要做到尊重学校原创精神,贡献大学理性智慧,实现多方共同发展。

1. 尊重学校原创精神

学校改进行动是矛盾运动的过程,在矛盾运动中,外部矛盾只能为矛盾运动提供条件,内部矛盾才是决定力量。在本研究中,研究者们秉持与传播“尊重原创、内在提升”的总体原则,激发“教育价值新思维”“教育内容新思维”“教育范式新思维”与“教育文化新思维”①,力图开发学校原生态教育资源,凝练学校原生态教育思想。

尊重学校的原创精神,要认可学校具备实践主体地位。农村学校改进虽然依托于“学校—社区互动”农村学校改进研究项目,但其宗旨并不是希冀通过外力干预以推动学校发展,而是要形成学校的原生的自我革新。因此,必须通过多种途径保证农村学校在改进实践中的主体地位。学校必须认识自身作为社区内教育机构成分的功能独特性,社区必须保证其发展规划与决策的民主开放性,研究者必须坚持研究过程与成果的严谨科学性。

在改进中,社区与研究者必须尊重学校原创精神,学校更须自尊。学校不能屈居

① 李广. 秉持“创造的教育”理念 推进一流师范大学建设[J]. 东北师大学报(哲学社会科学版),2019(01):136-141.

于社区规划之中，也不能荫蔽于专家指导之下，必须主动与社区建立互动关系，主动参与社区发展，主动寻求理论支持，主动落实改进实践，主动培养发展能力，主动反思改进过程，主动建构长效机制。

2. 贡献大学理性智慧

传统的“学校—社区互动”农村学校改进关系只有横向的农村学校与农村社区的联动，如今，研究者的参与为学校共同体增添了互动的深度。高校专家为“学校—社区互动”所贡献的理性智慧集中体现于以下三方面。

第一，提供教育理论指导。教育理论是教育活动规律的重要组成部分，是对教育现象与教育规律的概括。科学的教育活动必须在教育理论的指导下开展，高校专家是教育理论研究最主要的群体，具有丰富的理论知识储备与实践转化能力，可以为“学校—社区互动”提供系统前沿的理论指导。

第二，提供丰富改进经验。学校改进是一种特殊的实践活动，有自身运行的客观规律，也表现出特殊的实践样态。高校专家以项目为纽带，深入地对农村学校改进进行研究，积累了丰富的学校改进经验，对改进工作的开展具有重要作用。

第三，提供改进精准把脉。对于农村学校改进中的部分问题，学校与社区可能会当局者迷，一些农村学校中长存的问题成为学校与社区的“最熟悉的陌生人”。这一方面是由于长期的接触致使对特定问题的敏感性的丧失，另一方面是由于对该问题的认识与理解不够深刻。高校专家的“局外人”身份与理性智慧很好地弥补了这种不足。

3. 实现多方共同发展

通过“学校—社区互动”机制的建立，社区文化资源将涌入学校，促进农村学校的改进。这将使学校的教育文化、历史文化与管理文化的联系更为协调，学校的课程整合、课程开发与课程实施与社区文化的联系更为紧密，学生的素养提升、情感体验与生活经历的联系更为统一。

通过“学校—社区互动”机制的建立，学校教育资源将走进社区，推动农村社区的发展。其基本方式有三：一是通过宣传活动向社区成员传播文化知识与教育理念；二是通过交流活动丰富社区成员的文化生活与娱乐生活；三是通过意见征询活动使社区成员参与社区的发展规划与未来变革。

第三节 “学校—社区互动”农村学校改进内容维度

“学校—社区互动”农村学校改进的内容维度包括文化建构、课程体系、教学方法、教师发展、学生成长五部分。这五部分既相对独立又紧密联系，涵盖了学校活动的主要方面。

一 学校文化建设

农村学校的文化建设既是学校的基础工作，又是首要工作，在农村学校建设中具有全局指导性。从具体内涵来看，学校文化是学校历史文化、学校环境文化、学校课程文化和学校教育理念的集合；从组成特性来看，学校文化是环境融合性、文化传承性、课程适应性的统一；从形成阶段来看，学校文化是历史传承、专家诊断、特色塑形、辐射传播的循环。因此，农村学校文化建设必须明晰文化定位、文化背景、文化发展、文化价值与文化主张。

1. 文化定位

文化具有丰富的内涵，学校的文化建设必然有其基本定位。“学校—社区互动”农村学校文化建设，从横向上看是世界文明、中国文化、区域文化与学校文化的具象，从纵向上看是古代文化、近代文化、现代文化的传承，这一横一纵即学校文化定位的可能性空间。而要在可能性空间中实现其现实性，需要改进主体更为能动的文化选择。文化定位要兼顾区域、校长、教师、学生四个方面。

第一，区域有着独特的区域文化，这是学校文化定位的客观基础。这种文化是在域内原生与域外交流中逐渐形成的。但随着信息化社会的形成，文化的跨区域交流更加便捷且频繁，区域文化受到冲击，农村社区的区域文化也显示出“离农”与“脱农”的发展取向。农村学校作为区域内最活跃的文化教育要素，必须坚定其“为农”性、“利农"性。

第二,校长是学校管理的最终决策人,是学校文化定位的引领者。农村学校的文化定位一定要基于学校发展史中历任校长对文化的选择、传承与创新,同时更要基于现任校长的人文素养与科学素养、研究能力与管理能力、理性反思与教育情怀,对学校文化进行深刻认知和精准把脉。

第三,教师是学校文化的活跃部分,代际文化传递的专业群体,学校文化定位的核心力量。文化归根结底是人的文化,农村学校的教师是学校文化的主要传递者。在农村学校文化定位中,必须尊重教师的主体性,调动教师的积极性,激发教师的创造性。

第四,学生是学校文化的传承者。学生自进入农村学校,就受学校文化的影响教育,并会在社会实践中进行学校文化的辐射传播。农村学校文化的定位必须关注学生的需求,同时也不能超越学生的生活实践与生理心理接受水平。

2. 文化背景

文化背景是学校文化建设实践的基石,是学校文化建设成果的基因,是学校文化建设评价的基准,是学校文化建设工作的基调。可以从以下四方面分析农村学校文化背景的内涵。

第一,中华文化源远流长,并在历史的长河中不断地进行着文化传承、文化选择、文化创新、文化融合和文化交流。学校是中华文化传承、选择、创新、融合与交流的重要场所,也在发挥教育的文化功能的同时形成了学校自身的文化。中国在长期的农业生产劳动中,曾创造出辉煌的文明成果。农村学校改进中的文化建设课程可以从这些成果中有效汲取发展力量。

第二,农村学校改进实践需求存在校际差异,这种校际差异源于该校所处社区的民族文化、社区规模、劳动方式、发展水平等各方面差异。

第三,学校的历史发展是实践主体在发展的可能性空间中做出的历史性选择,是农村学校发展的客观基础,是农村学校文化的影响因素。

第四,校长在学校文化的形成当中起重要作用,校长的文化素养、教育素养、管理素养是学校文化的重要背景和改进重要动力来源。

3. 文化发展

农村学校的文化并非一成不变,其自形成以来,就处在不断发展完善的进程中。

农村学校的文化处于持续发展变化的状态，但也有相对稳定性，这是文化发展阶段性特征的表现。研究农村学校的文化发展，必须调查与分析学校的文化发展历程，划分学校文化发展阶段。农村学校的文化发展阶段可以从萌芽阶段、尝试阶段、创立阶段、完善阶段、发展阶段来认知。这些阶段划分并非机械的，可以根据农村学校文化发展具体情况进行调整。

4. 文化价值

文化价值体现了文化主体对文化客体的满足。农村学校的文化价值具有鲜明的为农性。这种为农性体现为学生社会参与的提升，体现为对教师专业发展的推动，体现为对社区发展的助力，体现为对区域文化的传承。

5. 文化主张

对学校文化的选择与凝练，是文化最核心的部分。文化主张必须要原生态化。学校的文化主张既不是跟风，也不是移植，更不是空降，学校必须提出原生态文化主张。文化主张的原生性来源于学校内部因素，社区外部力量有助于形成“学校—社区互动”的文化共鸣。文化主张必须鲜明，教育理念、育人宗旨、育人目标、教育特色等，都应鲜明地体现学校的文化主张，并且语言凝练，表述明确，重点突出，便于识记。

二　课程体系建设

自现代学制形成以来，“给各地留伸缩之余地”是学制制定的重要思路之一，这种导向为学校保留了自由发挥的空间，为学校课程体系建设提供了基础。课程体系的建构必须贯彻国家三级课程体系，即促成国家课程、地方课程、校本课程三位一体。“学校—社区互动”农村学校改进课程体系建设的主要工作是立足农村社区课程资源，开发农村学校校本课程。

1. 背景分析

课程内容具有鲜明的时代性，无论其内容与形式，都受到时代的支持与限制，这是课程体系建设的背景。“学校—社区互动”农村学校改进课程体系建设的背景应主要聚焦于以下四个方面。

第一,顺应社会发展趋势。社会发展趋势是课程体系建设的宏观背景之一。我国自完成新民主主义革命任务后,便开始了中国特色社会主义道路的探索,形成了毛泽东思想与中国特色社会主义理论体系,开辟了中国特色社会主义发展道路。农村学校课程体系建设必须继承优良传统,又要响应新时代中国特色社会主义发展的时代召唤,同时,中国特色社会主义发展成果也将为农村学校课程体系建设提供政策、理论与实践支持。

第二,彰显区域文化特色。农村社区区域文化是农村学校课程体系建设的重要资源,社区内的民风民俗、区域历史、杰出人物、民间传说等都是重要的社区文化资源形式。此外,社区人力资源、社区物质资源、社区环境资源也是课程体系建设的重要资源。“学校—社区互动”农村学校课程体系建设是区域文化的彰显,根植于建设过程中对区域课程资源的整合。

第三,传承学校课程历史。农村学校将国家课程与地方课程做校本开发,是校本课程建设的一个思路,这个过程凝聚了历代教职人员的思考与汗水,蕴含着学校课程体系建设的丰富经验。传承学校课程历史必须扬弃课程开发成果,总结课程经验,形成课程开发策略。

第四,满足学生发展需求。农村学校课程建设的最终目的与根本目的是促进农村学校学生全面发展。学生发展的需求有内外之分,外部需求主要体现为社区对学生发展提出的要求与期盼,内部需求主要体现为学生对自我发展的选择与建构。“学校—社区互动”课程体系建设必须利用互动机制满足学生发展的多层需求。

2. *发展历程*

课程是农村学校存在的必备要素,课程是在发展中不断修正的。“学校—社区互动”农村学校课程体系的构建要注意以下三个问题。

首先,要具备辩证态度。一是不能全盘否定,为了体现农村学校校本课程的现代性而割断与历史的联系,造成课程“离农”与“脱农”;二是不能过度肯定,将正确的“为农”“利农”课程开发导向变为课程体系建设的负担。

其次,要科学梳理历史。农村学校历史的梳理具有较大的难度:一是由于条件的限制对学校历史发展记录的水平较低;二是学校的废弃、重建、迁移与合并增加了农村学校发展历史的复杂程度;三是学校主体对学校发展梳理的意识与能力较弱。

最后,要发掘历史价值。在梳理农村学校课程发展历史时,必须秉持历时性原则。

梳理课程发展历史要史论结合，总结农村学校校本课程开发的历史经验，发现农村学校校本课程开发的历史问题，避免农村学校校本课程开发历史解读的错误，总结农村学校校本课程开发的历史规律。

3. 课程体系

“学校—社区互动”农村学校课程体系是对国家课程、地方课程与校本课程的纵向深入，同时也是对各学科课程的横向结合。

从纵向看，课程必须围绕中国特色社会主义发展，这种发展必须依靠三级课程体系。目前，国家课程与地方课程仍然是农村学校课程的主体，学校主要工作是进行校本化课程推进。但由于国家课程与地方课程的丰富性、选择性以及针对性，农村学校校本课程开发不足，目前还是以艺术体育类相关课程为基本导向。

从横向看，各科的课程必须紧紧围绕“为农”“利农”。现行的各科教材在内容上较多地反映了城市生活的内容，对农村生活较少涉及。而形式多样的农村社会生活，使农村社区具有丰富的课程资源，这对于传统文化传承和语文民族化都有重要意义。从课程丰富性和学生需求来说，仍需要反映农村社区特色的校本课程的介入。

4. 评价要点

“学校—社区互动”农村学校课程体系建设评价的主体具有多元性。在课程评价过程中，必须关注课程与社区联系的紧密性与课程对学生发展的促进性，关注教师与学生对课程的体验与反馈，还需要高校专家对课程体系构建的科学性进行判别并加以改进。

“学校—社区互动”农村学校课程体系建设指向的评价方式具有多样性：既要关注课程效果的学生学业成就评价，又要关注学生课程体验的自我报告评价；既要关注课程的量化评价，又要关注课程的质性评价；既要关注对课程的科学性评价，又要关注对课程的人文性评价。

三 教学体系建设

1. 教学模式

“学校—社区互动”农村学校教学模式建构必须以农村学校自身长期教育教学工

作的经验与反思为基础。农村学校的教学模式不是移植的，其根植于长期的教学实践；农村学校的教学模式建设不是浅表的，其生成于深刻的积累反思；农村学校的教学模式不是普适的，其服务于农教的“为农”“利农”。

“学校—社区互动”农村学校教学模式构建必须形成与农村学校课程体系建设相呼应的样态。农村学校中的课程与教学是分不开的，没有无教学的课程，也没有无课程的教学。美国学者古德莱德曾提出五类课程，即理想的课程、正式的课程、领悟的课程、实行的课程以及经验的课程。而从正式的课程转化为领悟的课程，再转化为施行的课程，都需要教师对教学模式的熟练掌握与个性化使用。

“学校—社区互动”农村学校教学模式构建必须兼备操作性与科学性。操作性与科学性的基础是教师教育教育理论的学习储备、教育习俗性认识的积累以及教育经验的总结反思。因此，必须在促进教师专业发展的同时，保证教学模式建构的原生性。此外，还要借助高校专家的力量优化教学模式。

2. 教学范例

典型教学案例是教学模式建构的基础，也是教学模式实践的典范。在“学校—社区互动”农村学校教学体系建设中，教学典型案例具有以下三种功能。

（1）展示原生态教学样貌

教学典例是原生态教学样貌的展示。农村学校教学体系的构建必须以原生的教学样态为基本素材，教学典例是对农村学校所积累的原生态教学样貌丰富素材的筛选，是最能代表农村学校原生态教学样貌的真实课例，是教学体系建构原生性与真实性的体现。

（2）展示原生态教学模式

教学典例是原生态教学模式的应用。农村学校教学典例的形成过程与教学模式的构建过程是同一个过程。在这个过程中，通过反复、学习、探索与创新，教师将教学模式构建的成果不断运用到日常教学实践中，也将日常教学实践的反馈运用到教学模式构建的推进。典型教学案例就是在这种相互促进中形成的原生教学模式的最佳实践课例，是教学理论性与实践性的体现。

（3）展示原生态教学思考

教学典例是原生态教学思考的载体。教学模式与课堂教学并非浑然一体，教师必须经过对教学模式的学习、认识与反思，才能将其用于指导课堂教学实践。教师对教学的认识通过教学设计、教学过程、教学反思、专家点评等，以教学典型案例为载体外显，梳理并形成文字，有助于对教师教学模式理解的诊断与修正，有助于对教师教学模式使用的交流与借鉴，有助于对教师教学模式反思的培养与形成，是教学指导性与能动性的体现。

四 教师团队发展

百年大计，教育为本；教育大计，教师为本。教师发展决定着学校文化、课程与教学建设的质量。“学校—社区互动”农村学校教师的发展必须明确农村学校教师的培养目标、培养层次、培养途径与培养载体。

1. 培养目标

教师团队发展必须有明确的发展目标，这是由目标对教师团队发展的导向作用、评价作用以及调控作用决定的。发展目标对教师团队发展具有导向作用，是农村学校教师队伍整体建设与个人发展方向确立的依据；发展目标对教师团队发展具有调控作用，是对教师团队发展过程与阶段调节与修正的参照；发展目标对教师团队发展具有评价作用，是对教师团队发展质量与效率检验与评价的标准。

发展目标要立足国家教育中长期发展规划，加强师德建设，提高教师业务水平，建设高素质教师队伍。《国家中长期教育改革和发展规划纲要(2010—2020年)》提出建设“师德高尚、业务精湛、结构合理、充满活力的高素质专业化教师队伍”的具体目标，是本项目计划中教师发展目标制定的根本依据。在此框架下，农村学校必须与农村社区进行更密切的政策互动，省、市、区、县等各级部门必须落实相关教育政策。

2. 培养层次

教师团队本身就具有复杂的结构。依类型划分，教师团队具有教育家型教师、教学名师、骨干教师等多层次的能力结构；依教龄划分，教师团队具有新入职教师到成熟教师间多水平的生态结构；依关注划分，教师团队具有“非关注”“虚拟关注”“生存关注”“任务关注”“自我发展关注”等多阶段的发展结构。① 因此,必须结合农村学校教师团队的具体结构,为具有不同层次结构的教师队伍设立有整体的团队发展方案,为不同层次间的教师设立联动的互助发展方案,为不同层次中的教师提供有针对性的个人发展方案。

3. 培养载体

主要以改进项目为依托,教师团队通过学校文化建设、课程体系构建以及教学模式构建参与工作,辅以高校专家指导和个人反思研修促进自身发展。

在学校改进中,可以根据学校自身情况,按照不同的具体发展目标,依据各学校的人员结构,组建具体的研究团队。

五 学生成长建设

1. 基本理念

必须以科学的学生观为指导,以“德、智、体、美、劳全面发展的社会主义接班人”为学生发展目标,尊重农村学生发展的主观诉求,以学生—学校—社区互动发展为取向开展“学校—社区互动”农村学校学生成长建设。

2. 主要目标

目标必须具备引领性。学生成长目标设定要符合国家以及地方对学生成长提出的要求,结合学生的生理心理发展水平,不断探索、关注学生的最近发展区,不断使教育为学生成长服务,不断引领学生的成长。

目标必须具备全面性。学生的发展是全面的发展,是德、智、体、美、劳五者有机的统一。在农村学校学生发展目标制定中,曾出现过过度强调劳动教育的历史时期,而目前的农村学校学生成长目标又显示出“离农”“脱农”的取向,这都违背了发展的全面性。贯彻学生发展目标的全面性,必须坚持学生德、智、体、美、劳的全面发展,必须坚定农村教育“为农”“利农”的价值取向。

① 叶澜,白益民,王枬,陶志琼.教师角色与教师发展新探[M].北京:教育科学出版社,2001:276-321.

3. 活动内容

学生成长主要依托各种活动的开展。“学校—社区互动”农村学校学生成长除了要依托传统的教学活动，还要依托学校向社区开放以及学生走出校园进入社区的互动活动。

第四节 “学校—社区互动”农村学校改进保障措施

“学校—社区互动”农村学校改进的顺利实施不是自然发生的，其成功离不开多种措施的保障。其中，最为重要的保障措施是组织保障、政策保障、机制保障、经费保障。

一 组织保障

1. 农村学校的组织保障

农村学校自身的组织建设是“学校—社区互动”的主要保障。在改进过程中，农村学校必须采取主动变化，依据学校自身的组织结构，依据农村学校改进的具体任务，做出有相应的组织结构调整。校长负责统领工作，具体的文化建设、课程体系、教学方法、教师发展、学生成长等方面也都要专人负责并形成团队，展开清晰的分工合作。

2. 社区的组织保障

社区作为组织保障，其基础是社区内各级各类行政组织构成的社区管理系统。在“学校—社区互动”机制的构建中，相关机构也应做出相应的变化，如在互动机制建构初期组建专门的工作组，在互动机制形成后，将学校与社区的长效互动纳入组织的工作任务，指派专门的人员负责。

3. 高校的组织保障

如有高校参与“学校—社区互动”学校改进,高校也要形成改进项目组。高校专家必须深入“学校—社区”最真实的情境中,了解社区的自然情况、文化,学校的环境与文化,校长与师生的情况,因此必须设立项目组。在组内除专家入校外,往往还有研究生驻校辅助,驻校研究生可以为学校提供信息,沟通学校与专家,并可以将农村学校改进与自己的学术研究相结合。

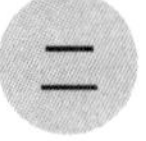

二 制度保障

“学校—社区互动”农村学校改进研究需要多种制度的保障,主要是在国家与地方制度规约下,以各主体制定的各种制度文件为载体。

首先,农村社区教育管理机构必须制定相关文件明确农村学校研究的项目性质与实施规划,这是“学校—社区互动”农村学校改进的纲领性制度。其中必须对参与改进多方的权利与义务、改进工作的内容与流程等进行明确地规约。其次,农村改进校必须研制本校的改进计划与实施方案,对学校内部改进行动进行制度规约。最后,高校也必须编写项目的研究计划与实施指导,对入校时间与频率、团队规模等进行规范。

三 机制保障

学校虽然坐落于社区中,但学校与社区间的联系并不是天然的,在农村学校改进过程中,必须主动建立“学校—社区互动”机制。“学校—社区互动”机制是“学校—社区互动”农村学校改进研究的重要内容,是学校与社区长效互动发展的根本保障。除互动机制外,还要形成改进中各主体的评价机制。在“学校—社区互动”农村学校改进的过程中,必须形成评价机制,对改进过程与改进结果进行监督与修正。此外,还应建立“学校—社区互动”农村学校改进的激励机制,通过多种激励手段提高改进工作的质量与效益。

四 经费保障

“巧妇难为无米之炊”,学校改进离不开经费的支持。农村社区政府要将国家教育政策落到实处,才能实现农村学校的改进发展;学校要积极对接国家、地方与社区提供的公益性支持,主动与社区的企事业单位、社区团体进行合作。

第五节 “学校—社区互动”农村学校改进愿景规划

从内涵的角度来讲,愿景是人们对自己所要创造的未来勾勒出的一幅清晰和形象的图景①。从功能的角度来讲,愿景是具有激发力的,一种自尊的源泉,且它能创造成员的共同意愿。② 从实践的角度来将,愿景是一个就组织远程上应该变成什么样子,以及清晰达成此目标的可行方法。③ 因此,“学校—社区互动”农村学校改进愿景规划必须具备以下基本特征,促进预期实践成果的达成。

一 基本特征

“学校—社区互动”农村学校改进愿景规划是学校改进活动可持续发展建设的重要依据,改进项目能否顺利、有效的推进与发展规划的设计是否科学、合理、长效息息相关。为“学校—社区互动”改进的有效推动,其规划应具备长远性、战略性、有效性。

① 马丁·希尔伯. 愿景与工具——整体性人力资源管理[M]. 石伟、王忠译. 北京:中国劳动出版社,2004:9.
② Tichy N and Devanna M. The transformational leader[M]. NY:John Wiley,1992.
③ Kotter J P. What leaders really do[J]. Harvard Business Review,1990,68(3):103-111.

长远性是指“学校—社区互动”农村学校改进愿景规划必须产生长远的影响,必须内含长效的机制,必须引领持续的发展。“学校—社区互动”农村学校改进是一个持续的过程,改进主体愿景的规划必须避免“短见”的错误。要形成长远的农村学校改进愿景,一是要了解国家、地方、农村社区发展规划的外部助力;二是要调动农村学校改进的内部动力;三是要开发农村学校自身的发展潜力;四是要提高农村学校改进愿景的管理能力。

战略性是指“学校—社区互动”农村学校改进愿景规划必须提供发展的战略引领。愿景的制定既要紧密结合国家的教育发展战略,又要展现学校自身发展的战略眼光;既要立足学校的教育现实,又要超越学校的教育现状。

有效性是指“学校—社区互动”农村学校改进愿景规划必须具备实现的可能。理论是实践的先导,农村学校改进愿景规划是否有效,与农村学校改进研究的成熟与否有关。一要科学制定学校改进愿景的概括性内容,不能做空想主义者,将愿景打造成乌托邦;二要具备实现改进远景目标与方法的结合,不能割裂发展的连续性,将其实现的可能性寄托于未来的发展,有效的改进愿景是方向与方法的结合。第一,是要明确改进规划的决策主体。规划的内涵多元,主体虽然多元,但是存在一个改进规划的决策主体,其负责愿景的规划决策,在愿景推进过程中发挥主导作用。第二,是要有可行的改进方法,可持续发展力略显不足。

二 主要形式

“学校—社区互动”农村学校改进研究的效果推进,需要落实到其研究成果的达成。其实践成果应该具备以下形式:

一是过程记录。主要包括改进中会议研讨的影像资料(录音、录像、照片)、相关文件的正式稿以及讨论稿、工作简报、媒体传播。

二是学校文化。主要包括学校文化主张、学校文化推广的计划方案、关于学校文化发展的整理资料、学校物质文化建设与精神文化建设成果。

三是校本课程。主要包括校本课程体系、校本课程教科书、校本课程活页教材、校本课程实施成果等。

四是教学模式。主要包括教学模式的具体内涵、教学模式的理论基础、教学模式实施原则、教学模式实施方法、教学模式实施成果。

五是案例集。主要包括学校特色文化案例,校本课程案例、教学模式课例、教师发展案例以及学生成长案例。

六是档案袋。主要包括教师发展档案袋与学生成长档案袋。

七是社会影响。社会影响是“学校—社区互动”的必然成果。一是通过新闻报道在社会中形成教育舆论;二是通过社区公益性服务产生教育影响;三是通过学校改进提升在农村社区内的社区形象与影响力;四是通过交流推广学校教育经验。

第四章

“学校—社区互动”农村学校社区课程资源开发

学校是通过传递知识、提供学习服务以教育人、培养人的专业化社会组织，是教育人、培养人的专门机构。[①] 社区是社会学中一个从空间形式反映人们生活的概念，是学校所处的一个外在社会环境。“学校—社区互动”是现代学校与社区关系的重要表现形式，也是学校进步和社区发展的必然要求和最终选择。基于我国学校系统正在经历以建立现代学校制度为标志的重大变革和转型，“学校—社区互动”顺势成为农村学校开发社区课程资源的重要实践机制。整合学校与社区的一切教育资源，加强学校与社区的互动沟通，在推动学校与社区合作的基础上促进学校对社区课程资源的开发利用，从而推进农村学校整体层面的改进。

农村学校对当地课程资源的开发前提是要有课程资源意识，明确农村社区课程资源的独特性和价值性；重新审视农村学校与当地社区的互动合作的必要性，明确农村学校与社区合作开发课程资源的重要价值，促进学校将社区资源转化为学校可利用的课程资源，从而弥补学校自身发展的不足，促进学校的发展以及社区的进步。

第一节 “学校—社区互动”农村学校社区课程资源的类型与价值

开发农村社区所蕴含的课程资源，促进课程资源社区化，社区资源课程化，实现学校与社区课程资源共享，是学校与社区互动价值之一。要推进农村学校对社区课程资源的开发，首要的是对课程资源的内涵及类型这些最基础的问题进行分析了解。什么是课程资源？什么是社区课程资源？农村社区有哪些可供学校开发利用的课程资源？

---

① 李兴洲．学校功能与现代学校制度建设［M］．北京：开明出版社，2007：18.

农村社区课程资源开发的价值和意义是什么？这些都是我们需要解决的最基本的前提性问题。

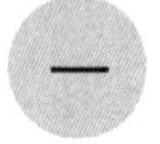

一　课程资源概述

课程资源属于课程的下位概念，与课程内容、课程实施条件紧密相连。梳理国内外的教育理论发现，在国外课程理论的发展进程中很早就有关于课程资源的论述，而最初对课程资源的研究衍生于对课程来源的研究。最早对课程资源的研究是美国学者泰勒，其在所著的《课程与教学的基本原理》一书中论及各类课程来源及其选择利用的条件时，认为任何教育主体在制定教育目标时，都应该考虑到课程的各种来源，每种课程来源都具有可取的价值，即对学习者本身的研究、对当代校外生活的研究、学科专家的建议以及利用哲学和心理学选择目标①。具体到我国教育界而言，我国是2001年新课程改革以后才逐步开始使用"课程资源"这个词的，以前我们最常用的是"教育资源"。教育资源在汉语中常被解释为两方面意义：一方面是指构成教育活动所需要的各种事物，包括人、财、物、知识、经验等；另一方面是指，教育满足一个国家或地区的经济与社会发展的状况，即教育本身的状况。②

部分研究者从宏观角度出发论证了课程资源的基本概念框架，即从广义和狭义层面提出了对课程资源的不同界定。广义的课程资源指有利于实现课程目标的各种因素，它涉及物质层面、观念层面以及制度层面的各种资源，狭义的课程资源仅指形成课程的直接因素来源。③ 也有研究进一步从课程和课程编制的角度探讨课程资源的内涵，即课程资源是课程设计、实施和评价等整个课程编制过程中可资利用的一切人力、物力以及自然资源的总和。④ 在此基础上关于课程资源内涵的探讨进一步细化和具体化，如提出课程资源不仅是教材，还包括各类教学设施和实践基地，包括社会资源和

---

① 拉尔夫·泰勒. 课程与教学的基本原理[M]. 施良方译. 北京：人民教育出版社，1994：3.
② 范兆雄. 课程资源概论[M]. 北京：中国社会科学出版社，2002：3.
③ 吴刚平. 课程资源的开发与利用[J]. 全球教育展望，2001(08)：24－30.
④ 徐继存，段兆兵，陈琼. 论课程资源及其开发与利用[J]. 学科教育，2002(02)：1－5+26.

丰富的自然资源及信息化课程资源。①

目前人们对课程资源的理解一般是指有利于实现课程目标的所有因素，是指形成课程的要素来源以及实施课程的必要而直接的条件。② 吴刚平认为，课程资源的概念有广义和狭义之分。广义的课程资源指有利于实现课程目标的各种因素，狭义的课程资源仅指形成课程的直接因素来源。③ 从上述界定可以看出，课程资源包含的内容十分丰富，从教学设施的硬件设施到软件环境，从课程内容到课程实施所必须的空间、时间等，都属于课程资源的范畴。④ 虽然当下未能形成一个让所有人都认同的课程资源概念，学界也尚未达成对课程资源的统一界定，但一般均接受课程资源是形成课程的要素来源以及实施课程的必要而直接的条件。这一定义包含了课程形成或开发各个环节所要利用的课程资源，也说明了课程资源的丰富性和必要性，有利于人们今后对课程资源内涵和外延的认识和界定。

二 社区及社区课程资源的内涵

社区课程资源一词由“社区”和“课程资源”两个概念组合而成，可通过对这两个概念进行分析来对其进行概念界定。“社区”一词是伴随着工业化和城市化的推进首先出现于西方社会的，但作为一种社会生活共同体形式，却古已有之，是一个历史范畴。社区是社会生活的基本组织单位，是以共同居住的地域为基础，具有共同的社会联系和价值认同的社会生活共同体，是一种地方性社会。据美籍华裔社会学家杨庆堃教授统计，“社区”一词共有 140 多种定义。⑤ 例如《社会心理学词典》对社区的解释为，指人们在某一限定地域内的集中居住区。人们在这里可以通过一系列的相互作用

① 中华人民共和国教育部制定. 基础教育课程改革纲要(试行)[N]. 中国教育报,2001-07-27(002).

② 朱慕菊. 走进新课程——与课程实施者对话[M]. 北京：北京师范大学出版社,2002：11.

③ 吴刚平. 课程资源的理论构想[J]. 教育研究,2001(09)：59-71.

④ 李同胜,初铭铜,辛丽春. 乡村学校本土课程资源的开发与利用研究——以沂蒙山区为例[M]. 北京：教育科学出版社,2015：13.

⑤ 陶铁胜. 社区管理概论[M]. 上海：上海三联书店,2000：2.

使自己的许多日常需要得到满足。一般认为,社区是将文化和社会联系起来的一个主要环节,甚至是决定性的环节,它能够反映文化、社会和个体之间的联系,故可被认为是文化的缩影。社区的规模可大可小,小到一个小村庄,大到一个大都市,只要符合上述情况,均可被称为社区。① 教育学中引入社区的概念,主要是伴随着学校教育功能的扩展和社区建设的发展而来的。现代学校制度的建设,使得社区与学校的关系由隔绝走向融合。因此,刘淑兰在《学校与社区的互动》一书中指出:一般而言,社区是从事一定的社会活动,具有某种互动关系和共同文化维系力的人类群体及其活动区域。社区一般包括以下四层含义:

其一,社区是一个人文区位,是社会空间与地理空间的结合,如村落、集镇等。

其二,社区的存在总离不开一定的人群。人口的数量、集散疏密程度以及人口素质等,都是考察社区人群的重要方面。

其三,社区成员具有共同利益和共同的行为规范、生活方式及社区意识、如共同的文化传统、民俗、归属感等,这些方面构成了社区人群的文化维系力。

其四,社区的核心内容是社区中人们的各种社会活动及其互动关系。②

按照课程资源空间分布的不同,大致可以把课程资源分为校内课程资源和校外课程资源。一般就利用的经常性和便捷性来讲,校内课程资源的开发和利用占据主要地位,校外课程资源则更多地起到一种辅助和补充作用。③ 校外课程资源包括学生家庭、社区,乃至整个社会中可用于教育教学活动的设施和条件以及丰富的自然资源。显然,社区课程资源在内涵上与课程资源一致,仅在外延上指代社区以内,学校和家庭之外的那部分课程资源。据此来理解,可以认为社区课程资源是校外课程资源的一部分,是学生是学生生活、交往和经常活动的区域内的课程资源。④ 从根本上来看,社区课程资源是一个地域性的课程资源概念。值得注意的是,社区课程资源不等同于社区资源。社区资源是指社区内一切文化、人力和物力资源。只有那些被纳入学校课程范畴,被学校或课程开发者加以开发或利用的社区资源才会成为

① 黄育馥. 人与社会—社会化问题在美国[M]. 沈阳: 辽宁人民出版社,1986: 113.

② 刘淑兰. 学校与社区的互动[M]. 成都: 四川教育出版社,2003: 62.

③ 钟启泉,崔允漷,张华. 为了中华民族的复兴 为了每位学生的发展《基础教育课程改革纲要(试行)》解读[M]. 上海: 华东师范大学出版社,2001: 403.

④ 丁锐. 社区课程资源开发与利用的行动研究[D]. 东北师范大学,2004.

社区课程资源。

 农村社区课程资源的主要类型

《基础课程改革纲要(试行)》在提及社区课程资源时指出,积极开发并利用校内外课程资源。学校应广泛利用校外的图书馆、博物馆、展览馆、科技馆、工厂、农村、部队和科研院所等各种社会资源以及丰富的自然资源。由此可以推断出,以学校为主体积极推进社区课程资源的开发和利用,也是基础教育课程改革的必然要求。农村社区存有大量丰富的课程资源,成为农村学校弥补自身课程资源不足的重要来源。

段兆兵将农村课程资源界定为:农村地区所拥有的、在课程设计、实施和评价等不同环节可供利用的一切人力、物力、财力、思想、经验、知识和活动的总和,既包括支持课程设计、实施和评价等整个课程编制活动的条件,也包括形成课程的直接因素来源。① 近年来,学界许多学者对课程资源的类型划分做了相关研究,依据不同的划分标准可以将课程资源划分为不同的类型,按照此分类方法,农村社区课程资源也有不同的划分标准。农村社区课程资源就其功能特点的不同,大体上可分为素材性课程资源和条件性课程资源两大类。② 前者的特点在于直接作用于课程,成为课程要素的直接组成部分;后者的资源特点在于并不构成课程本身的主要来源,但是在一定程度上影响着课程实施的水平和范围,构成影响课程实施的整体大环境。具体而言,就农村社区课程资源存在形态的不同,可分为人力资源、文化资源和物质环境资源。③

1. 社区人力资源

社区人力资源主要指农村社区内在知识、技能等方面有专长的人才及具有一定社会影响力的群众组织,如农村社区中各国家机构的工作人员、企事业单位的工作人员、农村中的能工巧匠、专才名士、民间艺人、学生家长,乃至社区居民等各类人力资源。

① 段兆兵.课程资源开发与利用——原理与策略[M].芜湖:安徽师范大学出版社,2011:318.

② 王聿泼.社区课程资源的开发及其价值——基于基础教育课程改革的思考[J].教育发展研究,2004(11):24-27.

③ 工莉,郑国珍.农村学校与社区互动之价值探寻[J].大连大学学报,2009,30(02):144-147.

人与人之间的沟通交流是学校与社区互动的最基本的要素，对社区人力资源的合理利用是开发社区其余课程资源的前提和条件，在这个由“人”构成的社会当中，注重对人力资源的开发利用尤为重要。

2. 社区文化资源

社区文化资源是指相对固定地域中生活的人们在社区这个特定的地域性社会生活共同体中长期从事物质与精神活动而形成的历史传统、风俗习惯、地方语言、行为规范、生活方式以及社区成员的心理特质和价值观等。① 农村社区在长期的历史发展和社会进步中，形成了具有浓郁地方特色的乡土文化资源，反映了农村社区生活的独特性，构成了丰富多彩的社区文化资源。农村社区的民风民俗、乡土历史、民间文化，乃至社区内的风俗习惯和生产生活方式都是农村社区文化课程资源的重要组成部分。农村学校通过对社区文化的筛选、传承及创新，使得社区的文化课程资源得以发挥价值和作用。

3. 社区物质环境资源

社区物质环境资源指以具体的物质形态存在的，如农村社区的自然地理资源、道路、公共设施、医疗单位、商店银行、社会团体以及社区内的国家机构等。它们以具体的形态存在着，能够弥补学校课程资源的不足。而对农村社区而言，其得天独厚的自然资源成为社区物质环境资源开发的重要来源。农村社区有着广阔的田野、无尽的山川、多彩的植被、丰富的物种以及宽阔的生存生活空间等，这些免费的天然物质环境资源蕴涵的教育价值和课程价值无法估量。

以上对农村社区课程资源的分类参考了目前学界的相关研究，可能存在着不周全和不严密之处，但是可以作为一个分析农村社区课程资源的参考性框架。

四　农村社区课程资源的价值分析

农村社区课程资源的主要价值在于弥补农村学校课程资源的不足，在于丰富和补充农村学校课程资源。农村社区存在着大量丰富的本土课程资源，这些资源的开发对

① 李松林，金志远. 学校的社区教育属性及其功能分析[J]. 职教论坛，2006(19)：49－52.

提高农村中小学的课程实施水平，促进农村学校的个性化发展不仅是必要的，而且是可行的。特别是在当前乡土文化被遮蔽、农村学校被边缘化的背景下，立足农村教育现实、挖掘农村社区课程资源的教育价值，对促进农村学校的改进具有重要的现实意义和实践价值。

农村社区课程资源有其自身的特点，其原生态性（意在突出农村社区课程资源的原始性和待开发性）、地域性（不同地区的农村社区课程资源，具有自身不同的特点和价值）、亲和性（农村社区课程资源对农村学校师生而言具有熟悉性和亲和力）等特点在一定程度上证明了其成为农村学校可开发的重要土壤源泉，成为农村学校改进的重要突破点。具体而言，农村社区课程资源的价值有以下几点：

第一，农村社区课程资源能够丰富农村学校课程内容。农村社区课程资源蕴藏着丰富的育人价值和课程元素，做到对农村社区课程资源的发现和开发，不仅能够弥补农村学校课程资源的欠缺和不足，还有利于学校开发出独具特色、符合学校发展实际和学生成长实际的课程资源，促进农村学校特色校本课程的建设。在弥补国家课程资源不足的基础上，充分发挥地方课程资源和学校课程资源的价值优势，丰富学校课程内容和课程形式。

第二，农村社区课程资源能够促进农村学校特色建设。当前，乡村学校相对于城市学校来说处于劣势的地位，不具备其优越的教育设备和师资条件，缺少丰富的信息资源优势，缺少学生成长的良好家庭环境等。但乡村学校也有自己得天独厚的自然资源优势、人文资源优势和学生成长环境优势，因此，要充分挖掘利用自身优势，走特色化发展之路。① 农村社区课程资源在促进农村学校人才培养模式特色化以及学校资源开发、课程建设和文化发展个性化方面有着得天独厚的利用价值。

第三，农村社区课程资源能够促进农村教师专业发展。当前关于农村教师专业发展动力和途径的相关研究尚未形成完善的体系。从农村社区课程资源开发的视角切入，激发农村教师的课程主体意识，让农村教师学会发展、提取、利用社区课程资源，将其融进课程理解和课程实施之中，不失为促进农村教师专业发展的有效路径。在激活农村教师的课程主体意识，培养农村教师课程资源开发的实践能力方

① 李同胜，初铭铜，辛丽春. 乡村学校本土课程资源的开发与利用研究——以沂蒙山区为例［M］. 北京：教育科学出版社，2015：33.

面，农村社区课程资源成为农村教师发展的动力来源，推动着农村教师自身的进步和发展。

第四，农村社区课程资源能够促进农村学生健康成长。教育的最终目的指向人的发展和进步，农村社区课程资源开发的最终目的也在于通过学校课程的优化来促进学生的健康成长和全面发展。“乡村学校本土课程资源的开发利用的目的在于避免乡村学生知识基础欠缺、乡土情感淡漠、精神人格趋同，更好地促进乡村学生全面、充分、个性化的发展。”①农村学校对社区课程资源的开发，不论是为了弥补学校课程资源的不足，还是为了开发个性化的校本课程、塑造独特的校园文化，其最终目的都在于通过学校课程的完善促进农村学生的健康成长，提升农村学校人才培养质量的提升。

综上所述，农村社区课程资源对于促进农村学校的建设和发展，促进教师的专业成长以及学生的全面发展有着重要的价值。农村社区课程资源的开发在弥补农村学校课程资源不足、打破农村学校课程资源困境、推进学校整体发展等方面有着重要的现实意义和实践价值。

第二节　“学校—社区互动”农村学校社区课程资源开发的理论逻辑

社区课程资源的开发和利用成为农村学校改进的重要途径之一，其目的在于通过对农村社区本土课程资源价值的挖掘来实现农村学校课程的建设与改进。农村学校社区课程资源开发要以开放的视野、敏锐的目光看待社区课程资源，不应局限于学校，更不应局限于课堂，而应该主动发现社区课程资源，走进社区课程资源，从而开发利用社区课程资源。是什么原因让农村学校在开发社区课程资源时选择了学校与社区互动的实践机制？又因何使得学校一步步为实现自身的目的而走向社区？本节将从理论与实践相结合的角度阐明“学校—社区互动”农村学校社区课程资源开发的理论逻辑。

① 李同胜，初铭铜，辛丽春. 乡村学校本土课程资源的开发与利用研究——以沂蒙山区为例［M］. 北京：教育科学出版社，2015：25.

一 “资源困境”——农村学校社区课程资源开发的现实需要

农村教育该往哪儿去？农村学校如何走出自身的课程资源困境？农村学校如何实现自身的特色化建设？这些问题已成为我国目前农村教育领域亟待思考的方向性问题。农村地区基础教育改革建设的成败事关我国基础教育发展的质量。农村学校面临的发展困境也是我们进行农村学校改进的切入点。那么，就课程建设而言，农村学校的“资源困境”具体体现在哪儿方面？

首先，国家课程体系的“城市化倾向”使农村学校难以保障农村社区课程资源。长期以来我国城乡二元结构化已经成为我国社会发展的基本特征，城市是现代化和工业化的载体与中心，城市的发展方向代表着先进、富裕和社会的高度文明。所以，学校教育培养目标和价值取向总体上呈现出“城市化倾向”。但由于城乡之间的经济社会发展速度不一致，城乡教育必然在发展上也存在不一致。“城市化倾向”的国家课程体系的设立在课程内容和课程资源的配置上自然而然呈现出与城市学校丰富的物质资源相匹配的课程取向。由此，城市教育主导着农村教育，掌握着国家课程的价值取向。农村学校的课堂中，学生在其使用的教材中不仅看不到与他们实际生活直接相关的课程内容，还被与其生活关系遥远的现代社会工业化发展的“城市化符号”所充斥，农村学校在硬件资源和软件资源不充分的条件下难以实现课程资源配置的同步化。

其次，新课程改革的推进使得农村学校被动地面临着更大的课程资源需求。“课程资源”是新课程改革提出的一个与“教育内容”完全不同的重要概念。教育部于2001年颁布了《基础教育课程改革纲要(试行)》(简称《纲要》)，《纲要》明确指出：“要积极开发利用各种自然资源、社会资源、信息资源以支持新课程的实施，开设综合实践活动课作为必修课，要充分发挥本地、本校优势而开发乡土课程、校本课程。”这些都体现了新课程对社区课程资源开发与利用的要求和倡导。新课程改革倡导的课程资源观，同样要求农村学校树立全新的资源观，多方面开发利用课程资源，全方位确保课程目标的实现。农村学校再也不能简单地将课程资源狭隘地理解为课程计划中规定的学校所开设的科目及其对应的教科书中的知识，而应该树立起课程资源意识，积极开发利用各种课程资源。

最后，农村学校的发展困境和发展需求面临着更大的课程资源困境。在整个教育体系建设趋向"城市化"的境遇下,农村学校如何打破自身的困境从而实现未来的发展?对农村学校整体面临的发展困境而言,限于师资水平、生源差异、设施薄弱、地缘封闭、政策落后、资金匮乏、社区支持不足等学校内部与学校外部多元劣势因素的综合影响①,预示着农村学校改进是多方面因素综合作用的结果。但就农村学校的课程建设而言,课程资源的开发和利用无疑是最便捷、最直接、最可靠的方式。农村学校要想突破自身在课程建设和课程改革方面的发展困境,建立适合学生发展的课程内容和课程实施方式,意味着需要开发更多更广阔的配套课程资源。随着课程改革的推进,农村学校越来越有意识地倾向于对课程内容的重新定位和认识,明确认识到课程资源的开发不仅对学校实施国家课程具有必要性,而且对农村学校转化、调试国家课程,乃至开发校本课程都具有重大意义。

二 "社区资源"——农村学校社区课程资源开发的土壤源泉

农村中小学固然存在着课程资源缺乏的现实样态,但同时农村社区也有着自身独具特色的课程资源优势。乡村地域文化中长期积淀而形成的地域、民俗文化传统,以及乡村生活现实中原本就存在着许多合理的文化因素,有着对于乡村生活以及乡村生活秩序建构弥足珍贵的价值成分,换言之,乡村地域文化中原本就潜藏着丰富的教育资源。② 然而,农村社区这些宝贵的课程资源的价值并没有完全被发挥出来,这与农村学校没有发现并重视这些课程资源有很大的关系。对农村学校而言,其所在社区本土资源丰富,独具功能特色和教育价值,其对社区课程资源的开发不仅能够将农村社区的资源优势转化为教育优势,还能够促进农村学校的特色化发展。

首先,社区课程资源的存在是农村学校打破资源困境的物质前提。一直以来,由于农村学校和教师的课程意识薄弱,忽略了农村社区课程资源的教育价值和开发意义。其实细细分析中国农村社会的过去、现在和未来,特别是从教育资源的视角出发

① 凌云志,郎志辉. 基于核心素养的农村学校改进的思维方式[J]. 教育理论与实践,2017,37(20):3-6.

② 刘铁芳. 乡村教育的问题与出路[J]. 教育观察(中下旬刊),2013,2(04):5-8.

去看待，就会发现农村社区实际上存在着大量优质的、待开发的课程资源。总结而言，农村社区不仅不缺乏课程资源，反而存在大量的具有原生态教育价值的课程资源，这些客观存在的物质构成了农村学校打破资源困境的物质前提。农村社区拥有得天独厚的自然资源，大自然是一本关于学生健康成长的百科全书，蕴藏着巨大的教育财富；农村社区蕴藏着丰富的人文资源，不论是乡土历史、民间文化，还是民风民俗，都能转化为宝贵的课程资源；农村社区还拥有丰富的生产生活实践知识，这些知识和文化是农村孩子认识生活、融入社会的源头活水。这些宝贵的原生课程资源的存在是农村学校一笔宝贵的财富，是农村学校实现自我发展的土壤源泉。

其次，社区课程资源的价值是农村学校打破资源困境的动力前提。从农村社区课程资源存在的前提下，探讨其具备哪些待开发价值的问题。从哲学层面来考察价值，价值的定义是客体对主体需要的满足关系，其实质不是单单从主体或者客体的角度来考察对方，而是主客体之间一种需要与被满足的关系。正如马克思所说，“‘价值’这个普遍的概念是人们对待满足他们需要的外界物的关系中产生的”。因而，在这里我们所讨论的社区课程资源的价值是指其对于满足学校改进需求的具体价值。只有学校发掘社区课程资源的具体价值，比如补充丰富课程内容、加强教师专业发展、拓展扩宽课程主体和实践场域等与学校当前的需求有着密切关系的价值属性，才会催生农村学校对其进行开发利用的决心。换言之，学校不仅得清楚社区有什么样的课程资源，还得将课程资源的价值与学校面临的资源困境对应匹配。

最后，社区课程资源的开发是农村学校打破资源困境的实践前提。“课程资源同其他一切功能性资源一样，无论其存在形态、结构，还是其功能和价值，都具有潜在性，即它不是现实的课程要素和条件，必须经过课程实施主体自觉能动地加以赋值、开发和利用，才能转化成现实的课程成分和相关条件，发挥课程作用和教育价值。”①课程资源的开发就是寻求一切有可能进入课程，能够与教育教学活动联系起来的资源，并在实际利用过程中挖掘课程资源的教育教学价值。农村社区中，有许多富有课程资源的事物、思想、知识和活动由于各种主客观原因未能进入学校的课程活动，但是如果没有学校主体活动的介入，社会课程资源永远将以自身的原本形态存在着，无法发挥出

① 黄晓玲. 课程资源：界定 特点 状态 类型[J]. 中国教育学刊，2004(04)：38－41.

独特的教育价值，从而解决农村学校的资源困境。因此，社区课程资源的开发是农村学校打破资源困境的实践前提，只有开发主体有计划、有步骤、有目的地对社区课程资源进行开发，才算从实践方面解决实际问题。

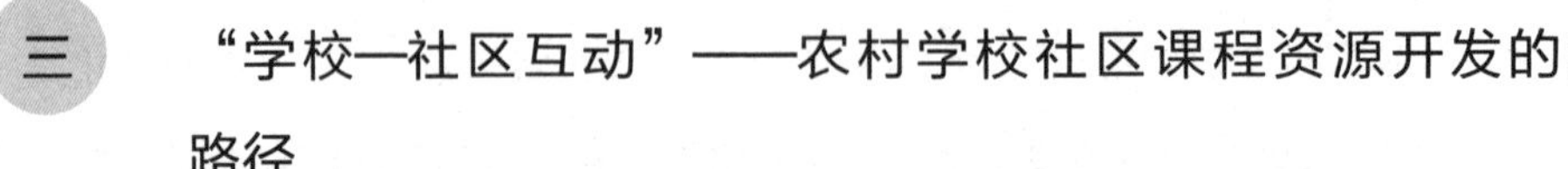

三 “学校—社区互动”——农村学校社区课程资源开发的实践路径

社区有资源，学校有需求，那么最为现实的问题就是学校选择怎样的实践路径去开发社区课程资源？“学校—社区互动”，就是倡导学校借助社区的力量、在与社区互动过程中实现自身对课程资源的开发。“在突破瓶颈，实现资源共享、互利互惠，为社会提供更大公共利益的价值取向引导下，学校与社区两类异质社会组织，必然会对对方的教育资源有着更丰富和强烈的需求，这是典型的需求引导型互动。”①说到底，最直接的原因就是学校和社区在资源上有着强烈的互动意识和互补倾向，学校与社区互动是为了引进社区丰富的课程资源以破解学校的发展难题。

首先，“学校—社区互动”开发社区课程资源有其现实需要。“学校教育延伸到社会不仅仅是教育空间上的拓展和教育主体的增加，而且是人在教育成长中不可或缺的过程。将学校教育的各项活动根植于校外生活是回归教育的本原。”②不论是社区课程资源对学校解决自身困境有着极大的价值和作用，还是社区助力学校发展从而实现合作共赢的美好局面，都充分说明了学校与社区两个不同的行为主体都有与对方合作的现实需要。对学校而言，其最基本的现实需要是借助通过与社区的良好互动，达到对社区资源的转化和利用，从而实现学校各个层面的改进和发展；对社区而言，学校是社区的文化中心和知识圣地，社区也需要借助学校的教育资源来促进自身的发展，通过学校的建设发展提升社区的精神文化建设。所以不论是从学校出发，还是从社区考虑，双方都有其互动合作的现实需求。

---

① 陈红梅. 教育共同体视域下学校与社区互动的研究——基于现代学校制度建设的思考［M］. 武汉：华中科技大学出版社，2015：01.

② 刘莉莉. 学校在与社区互动中发展［J］. 教育发展研究，2012，32(20)：46－49+56.

其次,“学校—社区互动”开发社区课程资源有其理论基础。我们所提倡的基于“学校—社区互动”开发社区课程资源的实践机制,不是突发奇想,更不是权宜之计,而是具有其坚实的社会学、教育学、哲学等多种学科理论基础,有其深刻的思想渊源和深厚的理论根基。社会学中常见的互动理论和结构功能理论,都倡导学校和社区作为不同的社会行为主体在社会中进行良性互动,从而促进社会的协调发展;终身教育理论倡导知识传承不仅局限于学校课堂,更加注重学习的社会化,现代教育制度的建立要注重学校与社区的融合互动;教育生态系统理论表明了教育是一个有机的、负责的、统一的系统,教育生态系统中各个因子(学校和其他教育主体)都有机地联系着,需要保持彼此间的统一和平衡……因此,众多学校的理论基础都能为“学校—社区互动”开发社区课程资源提供理论支撑,其符合教育规律,也符合目前学校发展和社区建设的实际情况。

最后,“学校—社区互动”开发社区课程资源有其实践经验。纵观国内外相关研究,虽然有关学校与社区互动的研究成果并不丰富,但是也有一定的借鉴基础。尤其是国外关于学校与社区互动的研究,不再侧重于强调学校与社区互动的理论意义和实践价值,因为各方早已达成共识,因此国外近些年的研究更加注重在现实具体的情境下探索学校与社区互动的实践操作策略,并且在其教育实践中非常注重学校与社区的合作和沟通,已经树立了不少成功的案例。例如,美国学校从很早开始就注重对家长课程资源的开发,注重服务性学习课程的建设,乃至在社区内建立高效的联结各个主体的社区学习系统。就国内目前的研究而言,也有部分学校已经有意识地把理论与实践结合起来,运用理论去解释实践现象,乃至指导实践的开展,不少学校与社区互动的案例投入课程资源的开发与利用、课程改革、校本课程设置以及学校管理的相关领域之中。例如,某些学校在课程资源开发的过程中已经意识到了社区的重要性,开始尝试与社区各类主体产生联系,共同助力学校的课程资源开发。因此,“学校—社区互动”开发课程资源有其一定的实践经验,具有可操作性。

四 “学校改进”——农村学校社区课程资源开发的目标追求

学校改进最早产生于国外,迄今为止已有30多年的发展历史。纵观国内外相关研究，可将学校改进具有的共同本质特征总结如下：学校改进的最终目标是实现学校教育目的；学校改进是从内向外的全方位变革，学校的内、外部力量以学校整体作为载体进行全面的改革，其关注的不仅仅是学校内部多个层面、多种要素的持续发展，还试图使得学校的发展与更大范围的社会变革相结合；学校改进是持续的变革，不是开始、过程、结束的线性变革，而是由改进计划、计划实施、评估和反馈有序展开的循环过程。农村学校社区（区域）课程资源开发是农村学校改进的重要内容领域之一，目的在于通过对社区课程资源的整合和利用来促进农村学校的课程与教学改进，实现农村学校的可持续发展。

首先，学校改进是进行社区课程资源开发的重要目的之一。学校改进关于学校整体的发展和进步，是一项系统性、综合性的工程，包括学校管理、学校课程与教学、教师专业发展、学校资源建设、学校改进支持体系、学校效能改进等多个方面，从政策层面具体到课堂教学层面，从教师教学层面深入到学生学习层面，从学校内部改进层面延伸到学校改进的外部支持层面，从学校发展的外部行政管理层面到学校内部的具体管理层面，等等。在这些关于学校改进途径的研究中，我们可以得出学校改进的切入点是多方面的。但是，课程是教育的心脏，一切教育目标的达成最后都要落实到课程上。农村学校课程的建设在很大程度上依赖于社区课程资源的开发和利用，因此农村学校社区课程资源开发成为学校改进的重要内容之一，是带动农村学校改进的一个着力点。

其次，社区课程资源的开发利用关涉到学校改进的多方面内容的实现。学校改进的内容涉及方方面面，不过当前对农村学校而言，教师专业发展、学校课程设置、课堂教学方式变革和校园文化建设或许更加紧迫和重要。社区各类课程资源的开发关涉到农村学校改进多方面内容的实现。比如，对社区教育局、教师进修学校、地方高校等相关机构人力资源的开发有利于促进学校教师专业发展；对社区内文化资源的开发不仅可以补充农村学校课程内容，促进校本课程的开发，还关联到学校文化的建设；社区内物力资源的开发有利于学校提升教学环境，从而促进课堂教学方式的改善；等等。所以，社区课程资源的全方面、多层次的开发有利于学校改进工作全方位开展。

最后，学校改进和社区课程资源开发在目的上具有一致性。不论是农村学校改进，还是农村学校对社区课程资源的开发，其最终目的都在于促进农村学校的发展，最终完善对农村学生的培养。从这一点上来看，二者具有目标的高度一致性。

五 “学生成长”——农村学校社区课程资源开发的价值实现

教育最终的目的指向人的发展和进步。农村学校对社区课程资源进行开发，完善修补自身的课程体系和课程内容、实现课程目标，最终都是为了通过课程目的的实现达到培养全面发展的人这一目的，从而实现学生的健康成长。研究农村学校所在社区课程资源的类型和特点，引导学校开发挖掘其教育内涵、课程价值以及相应的利用模式，是提高乡村学校课程管理和课程实施水平，促进学生学习质量提高的有效措施，为乡村学校提高人才培养质量奠定坚实的基础①。总而言之，课程资源开发最终的落脚点和目的都在于促进农村学生的成长和发展。

首先，农村社区课程资源的开发为农村学生提供了适宜的课程内容，有利于夯实学生的学习基础。农村社区课程资源的开发在一定程度上弥补了国家课程给农村学生带来的“负担”，国家课程由于其以“城市化”倾向为主导，课程内容让农村学生产生一定的陌生感和不适宜感，“前概念”的缺少，使得农村儿童在学习这部分内容时往往显得“无所适从”。农村社区课程资源由于其地域性和亲和性，其所涉及的内容都是农村教师、学生，乃至家长所熟悉的内容，如果能够将其开发用以调适、补充课程内容，在一定程度上有利于夯实农村学生的学习基础。

其次，农村社区课程资源的开发为农村学生提供了多彩的成长环境。农村社区课程资源，蕴藏着多种多样的课程价值，这些社区课程资源的开发对丰富学生的精神世界，营造多彩的成长环境十分必要。“乡村学校注重本土课程资源的开发和利用，根据当地的文化习俗、经济发展特点，依据本区域学生的生活现实及兴趣爱好，组织实施个性化的教育教学活动，有利于促进乡村学生的个性化发展。”②本土课程资源的开发和利用，可以使农村学生在学校和社区的良好互动中找到更广阔的成长舞台。

最后，农村社区课程资源的开发为农村学生提供了成才的多种可能性。学界在追问农村教育到底应该向何处去之时，我们也在思考到底应该给予农村学生什么样的成

① 李同胜，初铭铜，辛丽春. 乡村学校本土课程资源的开发与利用研究——以沂蒙山区为例[M]. 北京：教育科学出版社，2015：26.

② 李同胜，初铭铜，辛丽春. 乡村学校本土课程资源的开发与利用研究——以沂蒙山区为例[M]. 北京：教育科学出版社，2015：29.

长方向和成长可能性的问题。如果我们遵守"教育培养目标的城市化",那么跳出"农门"就是农村学生成才的最优价值选择。但对大多数农村学生而言,农村教育的正当性应该在于为学生提供生存和生活最基本的帮助,为学生提供适宜自身的发展机会和选择机会。农村社区课程资源的开发在一定程度上激发了农村学生的学习热情和学习潜力,为他们提供了成才的多种可能性。

第三节　"学校—社区互动"农村学校社区课程资源开发的内容维度

社区课程资源开发是农村学校改进的重要一环,是社区资源与学校课程被有效结合并合理利用的主要方法之一。农村学校在进行社区课程资源开发时,应将学校发展与社区进步巧妙结合起来,一方面帮助学生运用所借助的课程资源平台,运用所学的相关课程知识参与到真实的社会(主要在社区)生活中,增强学生对社区的认同感和归属感;另一方面,有利于促进社区文明程度和文化水平的提升,从而推动整个社区的建设。基于课程角度,从"学校—社区互动"的实践机制中倡导对社区课程资源的开发,需要把对课程资源的开发主要运用到课程定位、课程开发、课程实施及课程评价的每一环节。

一　课程定位——立足社区资源,完善课程体系

现代学校教育跟随着国家主流意识形态的演进而发展变化,很多内容是脱离农村生活且倾向于城市的,课程内容的设置主要以培养现代工业社会所需要的合格人才为主,反映农村实际生活和乡土文化的占极少数。所以,为了促进农村学校的发展,其校本课程的内容设定不应"悬搁"于农村社区鲜活的土壤之外,使学生远离农村社区的生活实践场域和民间技艺。把"学校—社区互动"作为农村学校校本课程建设的新视角,社区资源、居民力量都可为农村校本课程建设和改进提供服务。在立足农村社区、

立足社区资源的基础上，农村学校校本课程的内容定向应考虑以下几方面：①

1. 乡土知识和乡土文化占主导

乡土知识，在一定程度上是人们在本土生存的必备基本知识，带有因地制宜的适用性，是用来解决本地区生活问题的一种基本观念、处理事情的原则和判定是非对错的习惯性依据。“乡土知识为当地社区解决生产生活问题提供了最基本的策略，尤其是对于贫困地区来说，乡土知识体系已成为了村民赖以生存的根本，它是维系社区内和社区间人与自热、人与人、人与社会和谐关系的重要基石。”②“在国家课程的共同知识成为学生课本获得的情况下，农村校本课程要区别于国家课程，就必须立足于农村，利用农村社区的独特资源，形成‘乡土味’的课程。”③进而使农村学生在本土化的校本课程知识的学习中领略乡土文化的独特韵味，激发其对乡土文化的学习热情。从这个角度来看，乡土知识和乡土文化应该主导农村校本课程的开发，以乡土知识和乡土文化为抓手建设课程内容，使学生对本土文化从文化认知到文化认同，从学习知识到培养文化素养，从学习课程到学习社区。

2. 农村技术和民间技艺为补充

现有课程内容里面并不缺条理清晰的教科书式的知识，但是缺乏实际动手操作内容的引导。目前，国家课程由于其自身性质和课程体制无法摆脱考试——这一外部评价制度的事实，因此注重知识传授的标准化和准确性。而农村校本课程既有“农村”的特殊性，又有校本课程的自由度，所以农村学校校本课程要想跳出城市学校校本课程“翻版”的身份，就须立足于本土的课程资源和教育实践。“与城市最大的不同是农村人有土地、懂种植，农村手艺人有技术、会修缮，民间艺人有绝活、可传承。”④因此，在社区课程资源的开发与利用上，应该做到以下两点：其一，把农村课程资源的开发纳入农村乡土知识教育当中，乡土知识和乡土文化应该成为课程内容的主要部分，以

① 孙玉红，李广.“学校—社区互动”视角下农村校本课程定位分析——以河南省信阳市郝堂宏伟小学校本课程实践为例[J].教育理论与实践，2016，36(32)：41－44. 此文系教育部人文社会科学重点研究基地重大项目“‘学校—社区互动’促进农村学校改进研究”(项目编号：15JJD880007)的研究成果。

② 何丕坤，何俊，吴训锋. 乡土知识的实践与发掘[M]. 昆明：云南民族出版社，2004.

③ 孙玉红，李广.“学校—社区互动”视角下农村校本课程定位分析——以河南省信阳市郝堂宏伟小学校本课程实践为例[J].教育理论与实践，2016，36(32)：41－44.

④

此培养学生对家乡的热爱,对家乡的归属;其二,把农村课程资源开发与农村学生的前途联系起来,为那些升学无望的学生开发一些有利于他们将来就业的课程资源,从而为农村的建设培养出实用性的人才。① 这必然要求我们注重农村技术和民间技艺的教授和传承。对农村地区来说,培养懂得家乡、热爱家乡、有知识、有技艺的青年接班人应是更为重要的价值追求。

3. 劳动教育和实践知识为特色

我国教育的培养目标一直强调要培养德、智、体、美、劳五育并举的全面发展的人,但反观我国目前的教育教学实践,在国家课程、地方课程、学校课程三级管理体制的课程体系下,许多学校的劳动课竟成为空无课程。城市学校由于劳动课程资源的缺乏和开发难度,难以为学生创造并提供相应的社会实践机会。农村学校因所处区域的特殊性,有着城市学校无法比拟的土地资源和劳动资源的天然优势,所以农村学校的改进过程中,开发此类课程资源是一件意义深远的事情。除此之外,农村社区还拥有丰富的生产生活实践知识,这些宝贵的课程资源正是农村学校的优势所在,应该大力弘扬。在我们深度调研的这几所农村学校之中,有几所学校巧妙利用了学校的土地资源,建立劳动教育基地,让学生切身实地地感受劳动教育的魅力。当然,在开设社区课程资源,拓展课程内容开展劳动教育和普及实践知识的过程中,也需要加强家庭、学校、社区之间的互动和交流。

4. 学校—社区—家庭联动的活动为增益

学生成长与发展的影响因素来自方方面面,所以学校、社区和家庭等单一教育主体必须联合起来,共同担负教育孩子的任务,营造良好的教育环境,合力促进学生成长。对农村学校而言,应该主动挖掘家长和社区资源,搭建沟通学校与社区与学生家庭之间沟通的桥梁,积极开展家庭教育和学校教育结合的相关活动。例如,吉林省通化县快大茂镇中心学校,在每年的校园运动会与校园艺术家活动中,都让家长积极参与到孩子们的活动中,学校因此与社区取得了良好的沟通与联系;吉林省永吉县黄榆九年一贯制学校积极邀请学生家长进校园,为孩子们讲授种植知识、传授种植技艺,让家长成为校本课程的实施主体之一,与学校一起为孩子们营造良好的学习环境。这种

---

① 段兆兵. 课程资源开发与利用——原理与策略[M]. 芜湖: 安徽师范大学出版社,2011: 9.

学校、家庭、社区之间的良性互动，牵紧了学生与家长之间的情感关系，加强了学校与家长之间的沟通往来，实现了学校与社区居民之间的互动共建，有利于整个社区的文化建设和良好风气的形成。这种教育共同体的形成与发展实现了学校与社区的良好互动。

二 课程教材——学校社区联动，整合社区资源

在我们调研的这几所学校中，校本课程开发是学校利用社区课程资源的最主要的方式，也是课程开发环节中最重要的实践任务。调研的案例学校都立足于本土课程资源开发了各具特色的校本课程。教材的开发是一个科学严谨的过程，选编什么样的教学内容，选择怎样的组织结构，使用什么样的呈现方式，都是需要清晰考虑的关键点。教材开发的过程需要不同专业的人士相互配合。其中，学校和社区应共同扮演校本教材内容的提供者，学科专家主要扮演校本教材内容的组织者，社区人士应该扮演校本教材内容的助力者，共同完成教材的内容选择、组织和编排工作。因此，在校本教材的开发过程中，学校应该尽力整合学校与社区可供开发利用的一切社区资源，共同开发完成校本教材。

1. 校本教材建设应遵循的基本原则

校本教材作为校本课程的物化载体，是师生从事校本课程教学活动的主要材料和依据。校本教材的开发和建设应该遵循以下几项基本原则：一是基础性，即校本教材必须反映校本课程基础的概念和法则；二是系统性，即校本教材必须遵循各门学科及各部分教材的系统性；三是适切性，即校本教材应适合区域、学校发展和学生身心发展特点；四是社区性，即校本教材应和社区实际相结合，从而有利于学生接触社区现实。① 目前农村学校大多开发了自己的校本教材，部分学校还做到了独具特色，但同时也存在较大改进空间。课题组在进行实地调研之后总结发现，目前农村学校校本教材主要是由校长组织相关骨干教师在学校内部自主编撰完成的，校本教材的编写依然归于学校内部管理范畴，开发的整个过程完全由学校这个单一主体独立完成，教材开

① 钟启泉. 确立科学教材观：教材创新的根本课题[J]. 教育发展研究，2007(6)：6.

发的适切性和社区性在开发过程中体现得较为薄弱。

2. 校本教材改进应整合多元主体

校本课程的建设需要一支强有力的团队给予支持，源源不断地贡献智慧和力量。农村学校缺乏高校、教育科研机构及科研人员的专业指导与帮助，所以校本课程开发的重任就落到了广大农村教育实践者身上。因此，加强师资培养、积累人才优势就显得极为重要。其次，为充分发挥社区课程资源优势，编写科学可靠的校本教材，不应把开发主体限制在学校之内，而应基于学校所在的社区，整合社区范围内的人力资源，并综合利用社区不同主体占有的各种课程资源，如文化资源、物力资源以及经济资源等。

社区之中，不乏在知识、技艺等方面有特殊长处的个人或群众组织，如村民中的能工巧匠、民间艺人，甚至学生家长等。在学校与社区互动过程中，他们是最好的传道者和授业者，理应成为学校借助的重要力量。就校本课程的长远建设来看，学校也应当借助外界力量编写更为科学、充实的校本教材，尤其在编纂涉及区域文化和地方特点的教学内容时，更应借助社区内相关专才名士、机构单位的力量，共同促进校本教材的改进。

3. 校本教材改进应明确角色定位

“由于农村社区课程资源的多样性和丰富性，因而农村课程开发和利用的主体也应该是多元的。当然，在此过程之中，学校是引领者，教师是资源开发的执行者，学生是参与者，家长和社区人士是积极支持者和帮助者。”①具体到校本课程开发，在此过程中，学校教师应当作为开发的主体，但是必须进行多方面的合作，如与区域内其他学校的教师、学生、课程专家、社区管理人员、相关行业人员、民间艺人、学生家长等展开合作。需注意的是，在整合社区多元人力资源的同时，也应当明确不同身份的参与者的角色定位。农村学校作为校本课程开发的主体，最为了解学校需求和学生需求，知道应当选编什么样的内容进入校本教材；学科专家作为教材编写领域的专业人员，知道如何科学化和系统化学校选编的课程内容，知道遵循什么样的逻辑和心理顺序去组织课程内容；社区人士作为校本教材开发的助力力量，可以在任何环节助力校本教材开发，为教材编写贡献出自身的一份力量，从而确保校本教材开发的社区性。当然，要

① 段兆兵等著，课程资源开发与利用——原理与策略[M]. 芜湖：安徽师范大学出版社，2011：348.

整合区域内如此众多的人力资源，必须建立起学校与社区互动的机制和平台，确保学校有机会、有平台、有能力地获取帮助和整合资源。

 课程实施——校内校外合作，丰富教学模式

课程实施指的是校本课程付诸实践与走进课堂、向学生传授的过程。但课程实施的目的不应止步于学生对于知识和技能的掌握，还应注重学生情感态度和价值观的培养。“知识、技能的学习不是被动地接受，而是积极主动建构的过程，其学习不仅出现在学校情境中，还出现在家庭、社区等学校外情境中。”①由于农村学校部分课程目标和课程内容的特殊性，其校本课程实施不仅要帮助学生了解基本知识，掌握基本技艺，还要培养学生对农村社区、对乡土生活、对乡土文化的热爱之情。基于上述考虑，农村学校相关课程的实施不能局限于狭小的课程教学，还应包括社区活动与家庭活动。在此过程中建立起校内校外合作的桥梁，丰富教学模式，让课程影响渗透到社区和家庭之中，从而将学校教育、家庭教育和社区教育有机地联系起来。

1. 共建课程实施主体

一般而言，目前农村学校课程的实施主体是学校的任课教师，社区人士很少涉入学校的教育教学领域。“与城市相比，农村教师的专业化水平不高，但农村教师具有专业性和社会性两种身份，是教师，还可能是农民、牧民、手艺人，这种社会性身份在课程建设中具有明显优势。”②由于农村学校自主开发的课程内容实践性和生活性较强，并且本就是依据社区课程资源而选择开发的课程内容，因此在课程实施的过程中更应该整合校内校外的人力资源，共建课程实施主体。在此过程中，我们首先要在社区内挖掘相关机构工作人员、学生家长与民间艺人等人力资源。由于农村社区生活具有较强生产实践性，部分学生家长可能是种地能手、经商能人，或者从事的行业涉及社会生活的方方面面，其中不乏行业精英和专才名士。学校可以邀请学生家长，就某些行业的

① 杨翠蓉，刘健. 学校、社区、家庭三方联动达成校本课程三维目标——以镇湖实验小学“苏绣艺术”课程实施为中心[J]. 苏州教育学院学报，2014(06)：19－22.

② 孙玉红，李广.“学校—社区互动”视角下农村校本课程定位分析——以河南省信阳市郝堂宏伟小学校本课程实践为例[J]. 教育理论与实践，2016，36(32)：41－44.

基础知识及基本能力开设讲座，帮助学生了解社区、拓展视野、丰富知识；农村的广阔社区中还藏有很多民间艺人、技术专家，学校也可邀请他们为同学们“传道授业”，拓宽眼界，让学生感受民间技艺的魅力和文化；另外，教育专家也是极为重要的人力资源，学校可以邀请更多的资深专家来校做专题报告，指导学校课程的开发实施。总而言之，学校应尽力挖掘社区内丰富的人力资源。

2. 拓展课程实施场域

首先，社区是学校教育实践的场所，社区为学校提供了良好的教育教学环境；其次，社区的环境和生活，弥补了学校教育固定场所的局限，为学生提供了认识乡土文化与感受乡土技艺的各种实践机会。对农村学校而言，积极利用独特的空间优势和地域资源，打通课堂内外、学校内外的界限，打开教室通往社区的通道，开放学生的学习空间和活动场地，拓展校本课程的实施场域，让学生在一个广阔天地里学习课程知识，让教师在一个广阔土地里传授课程内容，有利于相关课程实施效果的提升。“教学活动应符合学生的自然本性，尊重、爱护每一个学生纯洁天真的自然天性，为他们提供一种适合其自由地展示自己的天性及其个性、情感、人格的生活空间和生活氛围，引导他们能够真正地热爱、享受属于自己的生活，深刻感受和体验到人之为人的价值和意义。”①在农村，天空田野、山川河流、劳动现象等都变成了学生学习、求知、感悟生活的课堂。学校应巧妙利用农村社区的地域优势，在相关课程实施过程中以课堂教学为中心，向生产生活的各个领域拓展，带领学生走向自然、走向家庭、走向社区，在活动中感悟，在实践中创生。

3. 丰富课程教学模式

教学模式是组织化、系统化了的教学方法和教学策略。教学模式包括教学过程和教学方法的描述，对学习者所要完成的学习内容、学习活动和学习结果进行考量。目前农村学校大部分课程在实际教学中采用的主要模式仍旧是课堂教学，在教学方法上还存在着重讲授、轻实践的偏好。把农村学校相关课程教学放在“学校—社区互动”的大背景下考虑，课程的实施应根据课程内容的属性和内容定位选择不同的教学模式，创生出具有自我特色的农村学校课程教学模式。如吉林省永吉县黄榆九年一贯制学校的董校长对学校教学模式的创新提出了自己的见解：学校今后在校本课程实施

① 王攀峰. 论走向生活世界的教学目的观[J]. 教育研究，2007(01)：6.

方面希望依托“葫芦彩绘”特色教学实践，争取建构出理论联系实际、学校联结社区的“123”教学模式，从而有机整合学校教育、家庭教育和社区教育，有力加强“学校—社区互动”。“123”教学模式中，“1”即一个项目，即“葫芦彩绘”；“2”即两个基地，一是乡村少年宫，二是科普种植园，这是依托的两个主要教学基地，兼有室内教学和户外实践两个维度；“3”即教师、学生、家长三方参与，共同为学生特长发展服务。当然，我们希望在今后的发展中，学校与社区在沟通交流中能够充分发挥各自优势，建构出丰富多样的校本教学模式。

四 课程评价——全员积极参与，实施多元评价

“评价是人类有意识活动的一个表征。评价的实质在于促进人类活动的日趋完善，是人类行为自觉性与反思性的体现。”①现代的教育评价强调评价主体的多样性，因此要建立个人、学校、家庭相结合的综合评价制度，让家长、社区共同参与学校评价。农村学校对社区课程资源开发的主要形式目前多集中于补充完善国家课程、校本课程的开发以及学校特色文化建设。在学校课程及相关活动的开展中，“评价”永远是一个绕不开的话题。因此，在课程评价方面应该积极推进“全员积极参与，实施多元评价”。

1. 从评价主体来看，倡导评价主体多元化

“农村学校校本课程的实施鲜有专家学者、大学教授参与其中，都是运用社区资源、发动社区人员力量、协助学校教师共同进行的知识传授、经验讲授或者实践操练。农村校本课程实施目的在于培养学生熟知地方文化知识、了解民间技艺、热爱家乡文化，跟考试不建立联系，不勉强学科专家、专家制定者做出外部评价。指导教师可以评价学生的参与态度、学习方法等，技师可以评价学生的学习兴趣、学习效果等，参与家长可以评价学生学习愿望、学习习惯等，社区教育委员会可以评价学生学习目的等。”②农村学校课程的实施效果应该由谁来评价？如何评价？评价体系和评价标准

① 张华.课程与教学论[M].上海：上海教育出版社，2000：372.

② 孙玉红，李广.“学校—社区互动”视角下农村校本课程定位分析——以河南省信阳市郝堂宏伟小学校本课程实践为例[J].教育理论与实践，2016，36(32)：41－44.

是什么？这些亟待解决的问题本身就是值得研究的大问题，我们应当把学校教师、学生家长、学生自身，乃至与课程相关的社区人士都视为课程评价的主体，打破学校教师的“绝对权威性”，从多主体角度去看待学生学习的结果，这有利于从不同角度去促进学生的学习。但要注意，在倡导评价主体多元化的同时，不能为了实现所谓的“多元化”而“泛化”评价主体。

2. 从评价方式来看，倡导评价方式多样化

目前各农村学校对课程的考核方式未能跳出纸笔测试的“旧笼子”，这种只针对考试结果的评价不利于学生发展，也违背课程评价的初衷。其实，对学生来说，尤其是关于校本课程的评价，关键不在于最终测评结果的好坏，更应该注重学习过程中的真切体验和实践感受，因此现场汇报、小组活动、实践报告、小论文等多种形式应该逐步进入校本课程的评价体系。李臣之教授认为，校本课程开发评价的一般方法应该指向多元决策，具体有：档案袋评定、公示和综合评定等三种方法。① 其实评价的形式千差万别，关键是要注重学生在此过程中的成长变化。在实际评价过程中倡导多样化的评价方式，慢慢去调试和改变只看重“分数”的纸笔测验方式。当然，这些理念的实现前提是我们要加强学校与社区的互动联系，充分利用社区的教育资源，建立起双方合作体系下的评价机制，合理确定评价内容和评价体系。实际上，由于课程评价在整个课程的开发链条上属于终端环节，评价的进行还依赖于前面几个环节的顺利进展，它们是有机的统一整体。

第四节　“学校—社区互动”农村学校社区课程资源开发的实践策略

“学校—社区互动”是农村学校进行社区课程资源开发的重要实践路径之一。一方面，“学校—社区互动”有利于推动农村社区成员的整体素质发展，丰富农村社区成

① 李臣之. 校本课程开发评价：取向与实做[J]. 课程·教材·教法，2004(05)：19－24.

员的生活，宏扬和传播地方文化；另一方面，“学校—社区互动”能够促进社区成员为农村学校建设献力献策，构建良好的学校、社区文化氛围。“学校—社区互动”的开展离不开学校课程的建设与实施，为推动其顺利进行，应将农村学校的课程资源开发与利用作为学校课程建设和实施的重要保障，积极探寻适应的实践策略。

一 拓展区域文化，展现学校办学特色

区域文化为学校精神文化的发展、学校文化品牌的塑造提供了土壤，为开发富有区域特色的校本课程创造了条件。基于当地的区域特色文化，使区域特色融于校本课程开发中，不仅有助于拓宽区域文化，也为学校办学特色的塑造奠定了基础。

1. 融入区域文化，实现学校文化传承

区域文化资源是一座丰富的文化资源宝库，其内涵博大精深，作为校本课程开发资源之一，要取其精华，弘扬区域特色，传承传统文化。学校要了解区域文化的历史渊源，领悟文化传递的思想和精神。学校文化建设要体现学校培育学生的目标，传承优良道德思想，彰显学校特色的文化。结合传统文化与区域文化，用丰厚的历史文化推动学校文化的发展，构建丰富多彩的校园文化。在课程开发上，要使国家课程规范化、地方课程拓展化，将区域文化资源与学校的学校文化整合，开发学校特色校本课程。优秀区域文化与校园文化的融合，可以培养学生的情感价值观，促进学生了解家乡、热爱家乡。

2. 整合区域文化，促进教师专业发展

区域文化与校本课程的融合过程是教师自身专业素养不断锻造的过程，区域文化与学校文化的整合史就是教师专业发展成长史。首先，教师要了解区域文化资源，尤其要对区域义化资源中的教育因素和文化因素有深入的认识与理解，挖掘区域文化资源中的精神理念，将其融入学校的课程文化中，形成学校的特色校本课程发展观念。其次，为教师提供可利用的资源进行校本课程开发，合理整合区域教育文化资源，融入学校的校本课程理念，使区域文化资源与学校发展现状巧妙结合，设计学校校本课程开发的可行性方案。其三，为教师提供特色校本课程开发的相关培训，提高教师的理

论基础，改变教师的课程发展观念，为学校打造具有扎实、专业素养的教师团队。

3. 聚焦区域文化，定位学校发展方向

一所具有独特办学风格的优质学校，是教育发展的需求，亦是人才培养的需要。学校特色的建设，要依据不同学校的自身优势和特点，构建个性化办学思路。区域文化承载着丰厚的文化资源、物质资源和人力资源，将学校特色办学的发展思路与挖掘区域文化特色资源相结合，可为学校大特色建校提供新路向。首先，聚焦区域文化资源进行校本课程开发，赋予理论化的校本课程以鲜活气息，使校本课程更能突显其独特性风格。因此，区域文化资源成为校本课程开发的外部资源，而校本课程成为区域文化资源传承和发展的重要载体。其次，以区域文化资源作为校本课程建设的切入点，将区域文化资源潜移默化融入校本课程开发过程中，根据学校的实际情况和区域文化资源优势，开创具有独特风格的校本课程，在充分展现一所学校的办学特色的同时，将本区域的特色文化发扬光大，开拓区域文化的影响力。

二 学校社区互动，合理利用社区资源

社区服务于学校，为学校提供社区资源；学校服务于社区，为社区提供教育资源。在国家教育方针政策不断推进的基础上，学校和社区的互动协作日渐增加，双方关系日益紧密。学校和社区之间的良好互动，为学校合理利用社区资源开辟了良好的空间，也为社区资源的合理化发展提供了新选择。推动社区资源的资源化利用，要加强学校社区互动，要善于开发与利用社区资源，规划学校发展愿景，提供丰富课程资源，提高学校办学效能。

1. 主动了解社区，规划学校发展

学校是一个有理念、有组织的专业教育机构，学校作为特殊群体，应与社区建构双向互动的关系。应通过科学的方法和手段来开展社区资源调查，了解社区有利资源及其分布状况，促进学校长期的发展。首先，政府和教育行政部门应高度重视学校与社区互动，加强宣传力度，完善管理运行机制。学校在对社区有了清晰的了解与把握后，应该合理利用社区资源，将社区拥有的资源有计划、有设计地引入学校的课程建设与

教学实践，使学校与社区之间发生深层次的联系，促进学校与社区之间的互动建立。其次，把社区资源与学校的校园文化建设结合起来，突出学校的区域特色，形成自身与其他地区学校不一样的独特之处，这是学校发展特色道路的有力捷径。再次，利用当地的社区资源开发课程资源，将社区资源引进学生的日常教学课堂中，使学生的日常生活与学习生活合理结合，通过课堂让学生了解当地的区域文化，热爱家乡，热爱本土文化，促进学生的课堂学习，达到双赢的效果。学校的发展要立足于社区教育资源，要基于社区资源有利于创办一所有特色的优质学校。

2. 善用社区资源，提高办学质量

社区资源分为显性资源和隐性资源，显性资源包括经济、物质、设备等，隐形资源包括政策、信息、服务等。善用社区资源，可以促进办学质量的提高。首先，创办一所学校，需要建设校园环境，社区能提供经济、物质、人力、政策的扶持，帮助学校构建特色品牌的校园环境与文化氛围。其次，丰富的课外实践活动依赖社区服务，学校可利用社区资源开展课外实践活动，培养学生的实践能力、自理能力和合作能力。再次，学校开展多元活动，让家长、社区积极参与其中，建立并完善多元互助管理体制。社区拥有丰富多彩的物质资源、文化资源、人力资源，学校合理充分利用社区资源，开展礼仪文化传承、实践拓展训练的活动，锻炼学生心理素质与身体素质，能进一步提升学校办学效能。

3. 丰厚课程资源，提升教育品质

社区资源能为学生提供丰富、多元的学习环境，促进学生全面发展。首先，多样的课外实践活动，体验式、拓展式的教学活动，增加学生的课外生活，加强学生之间交流，培养学生的集体荣誉感。其次，在社区实践活动中，让学生用所学知识探索社会。经验来源于生活，要做到学以致用，更好地传递服务精神与社会责任感。为此，相关部门要加强教育评价制度的改革，树立正确的教育观；社区要为学生提供全面而优质的教育服务；学校要利用人力资源，邀请社区人才，实现教师“1+x”共同体，学生增长学识、开阔眼界。

三 大学与小学合作，专家促进发展

建立大学与小学合作机制，是快速促进小学发展的有效路径。在大学与小学合作的学校改进过程中，大学是改进的研究者，农村小学是改进的主体，学校教师是改进的参与者。为推动学校发展建设，双方需要构建民主、平等的合作关系，充分利用双方的优势，在改进中互相促进、互相成长。在大学与小学合作过程中，要增加小学教师与大学教师沟通交流的机会，提升小学教师从实践操作上升到理论认知。

1. 构建互惠关系

在学校改进活动中，要注重大学与小学之间的相互学习与平等互惠，建构大学与小学有机合作的共生关系。如“导师制管理”，每位大学教授引领一位小学教师，更有针对性地指导小学教师提高专业能力，提升专业水平。首先，在大学与农村小学合作过程中，双方应处理好各自的职责，构建平等互惠的关系。在学校改进过程中，大学教师作为改进的研究者，小学教师作为改进的参与者，以不同的方式认知参与改进中，共同促进学校向优质学校发展。其次，要创设大学教师与小学教师的平等对话空间，这有利于大学教师的理论知识和学校教师实践经验的有效结合，解决实践中的问题，引导教师科研探究能力，促进学校改进。

2. 加强专题培训

为促进大学与小学之间的高效合作互助，应该为教师提供专题培训。首先，在学校改进过程中，校本课程开发作为学校改进的路径之一，其理论知识培训有助于教师在活动中对校本课程开发理念、课程设计、实施方法、评价体系等方面的知识的理解，增强教师的课程设计、科研能力、反思能力，提高教师理论知识的专业培养。其次，在整个改进活动过程中，大学教师以报告或研讨等方式对小学教师进行理论培训与指导，能加快更新小学教师的教学理念，创新适合学校发展的教学模式。因此，在专题培训过程中，大学专家应注重理论与实践案例的结合，对教师从理论层面到实践方面的操作进行针对性指导。教学实践活动以听课评课、同课异构的形式展现，专家从课程目标、设计课程、教学模式等方面，在课堂教学环节中渗透校本课程理念，促进教师理论知识的发展。如开展“高级研修班”，满足教师的专业需求，以专题的形式由理论到实践操作，提升教师理论水平。

3. 建立交流平台

大学与小学的双方合作，需要相互磨合，建立良好的交流平台能促进双方友好往来的关系，共同努力构建学校发展的愿景，互相支持、互相理解。首先，借助平台，在合作交流中及时发现问题,解决问题,能增进大学与小学之间的情感,使双方之间减少隔阂,有利于营造良好的合作氛围。其次,小学要合理利用大学资源,借助大学教师提供理论指导,小学教师整合教学经验,为大学教师提供科研素材,双方都能在合作中得到共赢,既助推小学教师科研水平,也提升大学教师的科研能力。再次,通过友好的交流平台,双方能共同为学校设计规划、发展,有利于维护彼此之间的关系。如“互动小分队”,小学教师定期与大学教授沟通交流,以日志的形式分享近期的困难与迷惑,增进大学教授与小学教师之间的合作关系,提高大学与小学合作的工作效率。

四 强化课程意识，提升校长执行能力

学校课程开发离不开学校教育思想及办学宗旨的指导,而作为学校教育思想、办学宗旨的创造者与实践者,校长对校本课程开发的重要性不言而喻。为推动校本课程的发展,发挥校长在校本课程开发中的主体作用,校长需不断拓展自己的课程专业理论知识,更新课程观念,在实践中不断地探索和创新。同时,校长也需要借助校内外各方通力合作,充分调动教师参与课程开发的积极性,构建课程领导组织,共同规划、设计和制定学校的课程发展理念。

1. 凝练办学理念,确立课程发展观

办学理念是学校发展的灵魂,明确了学校的办学目标和育人目标。校长作为学校的主要领导者,引导全校师生共同推动学校发展。首先,校长应该具备丰厚的理论知识,引导教师将办学理念与课程理念融合,开发符合学校办学理念的课程体系。校长提出的学校办学理念代表学校发展蓝图与育人目标,体现学校发展的愿景。其次,校长要树立科学、合理的课程发展观,这凝聚着学校的办学思想及校长情怀,是学校课程发展必不可少的的发展依据。再次,课程开发的主体是校长、教师、学生等,校长具有决策课程开发的权利,教师与学生具有课程开发的参与权,应建设平等互助的关系,有效落实学校课程发展理念,积极调动师生参与课程开发,教师根据已有的教学经验和理论知识建立课程,学生根据自身兴趣爱好进行学习,师生共同建构开发符合学生特长的校本课程。因此,课程理念对办学理念的凝练和课程的发展具有动态的、可持续

的影响作用，校长需要明确课程发展观，积极发挥课程领导力的价值和作用。

2. 塑造课程愿景，形成学习共同体

推动课程的可持续建设需要根据学校自身发展现状，制定符合学校的课程发展愿景规划。首先，学校要以学生的德、智、体、美、劳全面发展为课程发展观的目标，以师生课程发展愿景为课程发展观的计划和步骤，与校长的教育情怀与心愿相结合，构建学校课程发展蓝图设计。校长作为学校最高领导人，应统一规划学校课程发展方向，以期实现课程目标、课程内容、课程方案，培养全面发展的学校。其次，在学校课程愿景建构过程中，学校创建组织团结协作、互助和谐的学习共同体，学生、教师、家长都作为课程参与的主体，调动参与者的积极性，在学习共同体中不断反思、不断超越自我，更新自身的课程理解，发挥集体的智慧和力量。学习共同体的形成，将师生的愿景寓于校长愿景中，使之合二为一，有利于用简朴的语言描绘深远的学校课程发展愿景，有利于师生在课堂教学实践中领悟课程。

3. 加强沟通合作，提高课程整合力

课程开发是一个循环提升的过程，需要政府、社区、家长、教师、学生的支持与配合。首先，多方合作力量是学校开发课程的动力源泉，良好的伙伴合作关系为课程开发提供交流平台。校长应与课程专家、专业学者、大学、科研机构建立合作伙伴关系，在交流合作中挖掘教育者的智慧，为教师课程开发提供动力。其次，校长应充分利用校内资源、专家资源、社区资源，有效整合利于学校发展的资源，以凸显办学特色为目的，开发校本课程。再次，开发满足学生个性差异的课程，有利于学生各方面能力的全面培养；合理分配校内外教育资源、师资力量、教学活动、科学评价，有效提高课程开发的质量；加强多方沟通合作，确保课程计划有效落实，实现课程育人价值。

五 提高教师素养，推动课程有效落实

教师是校本课程的参与者、开发者和实施者，在校本课程开发过程中，教师综合素养是教师有效开展课堂教学活动的基本条件，也是促进教师专业发展的关键因素。因此，要从以下几个方面提高教师的综合素质。

1. 更新教师课程观念，明确课程开发价值

首先，在校本课程开发的过程中教师需要转变、更新自己的教育观念，要发挥自己在校本课程开发中作为组织者、实施者和评价者的作用，树立起全新的课程观，赋予教学以新的理念。其次，学校应通过组织教师自主学习、参与培训、外出实践等各种方式，推动教师夯实校本课程理论基础，更新课程观念，开阔课程视域，丰富知识结构，积累实践成果。教师拥有扎实的专业知识和精湛的理论知识，为成功开展课程开发提供了理论基础。再次，教师要成为开发者，必须增强课程综合素养和人文意识，融入科学的课程观、民主观。教师课程观念的转变对校本课程开发具有重要的促进作用，能树立起明确的校本课程开发意识与课程观念。

2. 提高教师科研能力，参与课程开发过程

校本课程的开发离不开教师科研能力的辅助。首先，校本课程开发的顺利开展，需要教师拥有扎实的理论知识和较好的科研能力，教师要系统地学习校本课程开发的理论、课例研究的理论、课程设计的理论以及课程实施的实践知识等相关知识。这些理论基础辅助教师制定校本课程开发的方案和策略，在实践教学中，不断地学习、不断地反思，促进教师对校本课程设计的能力，提升教师的科研能力。其次，教师的科研意识能推动课程开发质量的提升。提高教师科研意识，使之善于思考，积极与专家沟通交流，完善自身的理论知识结构，结合理论与实践设计适切的课程目标，开拓丰富的课程内容，推动教师的科研能力的发展。只有在校本课程开发实践中不断反思，才能提升教师的教育行动研究能力，提高校本课程开发的质量。

3. 培养教师综合素质，全面提高改进质量

校本课程开发离不开教师的参与，其综合素质影响着校本课程的质量。首先，校本课程开发是一个循环、持续的过程，教师作为开发主体，在整个课程开发方案的设计到实施过程中得到了不断反思，不断改进，不断创新。其次，在这个认识与实践循环往复的过程中，教师从课程的开发者、设计者、实施者、评价者的转换中，增加了课程理论知识，提升了课程理念，自身的综合素养得到了锻炼与提高。再次，在课程实施中，教师团队探索有效的教学方式，多样的教学方法，多元的评价体系，构建了学生发展各自特长的校本课程，在完成学校课程体系建设的同时，也完成了自身专业能力的提升。教师在校本课程开发过程中充分发挥自己

的主观能动性，自觉地完善自我、提升自我。校本课程的开发，提高教师的专业知识和专业能力。在校本课程开发中，教师得到了发展，校本课程开发也得以顺利开展。

第五节 “学校—社区互动”农村学校社区课程资源开发的保障条件

在“学校—社区互动”机制建立下，农村学校与农村社区有了合作联系，将社区资源引进学校课程建设，并开发成课程资源，促进了农村学校的课程建设与发展，实现了农村社区资源的合理利用。为保障社区资源被合理有效开发成农村学校课程资源，需要具备以下三大条件。

一 形成课程资源开发运行机制

保障机制为课程资源开发提供物质基础和精神支持。构建农村学校地域文化课程资源开发的保障机制应从政策、课程体系、家校合作入手，从课程资源根源上进行管理与设计，使农村学校社区资源开发有序开展与实施。

1. 制定有效实施策略

农村学校课程资源开发中所涉及的师资配置、课程开发与实施、课程评价和教材编写等，需要宏观指导和具体实践共同完成。首先，从教育主管部门层面来看，课程资源开发需要考虑到学校条件和文化背景造成的差异，尽量完善农村学校课程资源，开发适合学校的课程体系；其次，从学校层面来看，课程资源开发首先要考虑地方文化的独特性，从而形成与之相契合的地方文化课程开发策略；再次，从大学与小学合作层面来看，课程资源开发要考虑到学校的领导作用、教师的主导作用以及学生在课堂中的主体作用，制定一套协调性强的课程资源开发策略，使其全面地为农村学校课程资源开发发挥保障作用。

2. 创立资源共享体系

首先，建立课程资源开发管理数据库，拓宽农村学校校内外课程资源的共享渠道，充分发挥网络资源的作用，提高课程资源使用效率，实现不同的课程目标服务，不同的学科可以运用同一种课程资源。其次，提倡校本课程资源开发和利用成果共享，集中财力和人力，统一使用和管理，保证在一定区域内，加强校际资源共享，从而缓解教育资源短缺的问题，提高课程资源的利用效率。再次，通过校际友好互动与交流，调整课程资源配置，有利于提高教师的专业素质和综合技能，促进学校办学特色的形成。

3. 构建家校合作机制

社区拥有丰富的人力资源和文化资源。在农村校本课程资源的开发过程中，学校、教师、学生应充分挖掘社区中的课程资源。首先，借助社区中各界人士的力量，如专业艺术工作者、教育工作者、文化馆的研究员等。学校邀请相关专家以讲座、讲学的形式来校授课，让专家们走进学校课堂，拓展学生的视野。其次，学校应有效地利用校外教育资源。农村学校要充分地利用社区的各种机构、场所和环境，如科技馆、图书馆、科研院、少年宫、艺术培训中心等的设施、文化艺术活动资源，使学生课程活动得以延伸与拓展。再次，社区有关部门适当与学校合作建立相对固定的活动基地，整合各种课程资源。

二 树立课程资源文化自觉意识

地方文化应成为农村学校课程资源的重要来源，在保障农村学校课程资源独具特色的同时，利于农村学校彰显办学特色。社区中传统艺术课程资源的挖掘是农村学校课程开发的一种新尝试，不仅丰富了课程资源，充实了课程内容，构建了课程体系，也促进了地方文化意识的树立，扩大了地方文化的影响力。

1. 强化课程资源开发的意识

农村学校只有意识到地方文化课程资源统整的重要性、必要性和迫切性，才能够切合本校的实际情况，进行适应自身发展的课程资源开发，将课程资源开发落到实处。学校要培养教师课程资源开发的自觉意识，构建自上而下的统一机制，唤醒教师及学生重视地方文化的意识，鼓励及扶持地方文化课程资源的丰富与发展。首先，农村学校需建立完善的课程实施机制，依据学校实际情况，分层次地将课程资源开发细化，确立课程资源开发的具体方向，提升课程资源开发的适用性和有效性。其次，由学校组织，向教师普及正确的课程资源开发的理论知识，逐步提高教师课程资源开发的理性认识水平。再次，教师应自觉树立正确的课程理论观念，通过自主学习明确地方文化课程资源开发，是一个持续的、开放的、长期的过程，应结合自身专业特点，实现地方文化课程资源开发意识的觉醒。

2. 营造地域传统文化的氛围

农村学校在对地方传统文化进行课程资源开发的同时，还要为地方传统文化创造浓厚的艺术氛围，使其形成一种潜在的文化氛围，让学生在这种环境里对地方传统文化有初步的接触、了解。首先，学校可以结合自身地域特色，利用社区资源优势，创造一种浓厚的传统文化氛围，形成教师及学生初步理解地方传统文化，为课程资源开发奠定基础。其次，农村学校可以通过实践的途径，组织学生展开一系列社区实践活动，针对每一项实践活动制定完善的方案，使学生学以致用、学有所用，将地方传统文化与学校相关课程进行有机结合。再次，学校可以将地方传统文化以手工、绘画、视频的形式展现出来，让学生接触并且熟悉本地方的艺术及其发展历史，增加学生学习及研究地方传统文化的兴趣，增加其对地方文化的归属感。

3. 更新共同师生教育的观念

教师应注重将地方文化内涵融入到课程资源开发中，把地方文化作为一种知识体系进行传授，挖掘和开拓传统文化教学资源，并寻找相关专业的交叉点，以此来拓宽课程的广度和深度，利用其方法，达到知识融会贯通的效果。首先，教师要对知识进行加工理解，使之以新的面貌再次呈现在学生的视野中。其次，课程资源开发统整后，更多关注学生自己对知识掌握、吸收、创作的能力，使学生通过独立思考、亲身实践，逐渐掌握地域传统艺术的风格及内涵，并以此来提高学生学习的主动性与积极性。

三 建设课程资源多元支持体系

参与课程资源开发的主体应包括相关的课程专家、学科带头人、专业教师、学生及相关社会机构。农村学校的课程资源开发以学校、教师、学生、社区机构、专业人士为主体，提高了学校课程的可控性，可以更直观地了解学生因地域、专业及个体等因素产生的差异，以便及时调整课程的适应性。因此，课程资源开发需要扩大参与主体的范围，积极构建课程资源开发的多主体支持系统，确保课程资源开发的顺利进行。

1. 加强社会资源开发的力度

农村学校课程资源开发的顺利实施需要借助社会力量的支持，尤其是人力、资金、空间、资源等，将这些社会资源融入学校现有的课程资源之中，这不仅是对资源的良性利用，更能有针对性地弥补学校资源的不足之处。因此，合理地使用社会资源，并有计划地对社会资源进行开发，是支持地方文化课程资源开发的一项有力举措。首先，学校应该搭建一个地方传统艺术传承的平台，吸引社会相关人员及机构参与其中，不仅要为课程资源开发提供便利，更要为地方传统文化的传承拓宽道路。其次，学校构建专家、学者广泛联系的机制，以讲座、座谈、实践活动等多种方式来加强社会与农村学校之间的联系，同时也为学校今后的发展赢得良好的社会声誉。最后，建立学校与社区合作关系，组织学生观摩与传统文化相关的文化赛事，如参观艺术展览、大型展演、礼仪庆典活动等，不仅能丰富学生的课余生活，还可进一步完善农村学校与社区资源的共育机制。

2. 树立课程资源整合的原则

学校课程资源开发应传承地域文化知识，弘扬地域文化意蕴，提高学生的专业能力，促进个性发展，开拓学生文化思维，激发专业潜能，体现学校课程的地域特色。首先，将地域传统艺术资源合理的组合在一起，不仅要传承艺术形式本身，更要体现其丰富的地域文化内涵。其次，地方文化课程资源需要一种良好的导向，引导学生树立良好的学习信念，同时促使地方文化的有效传承。基于地方文化补给的课程资源开发的筛选与统整，二者依次进行挖掘与成长。因此，学校进行课程资源筛选是对地方文化课程资源开发的有力保障。

3. 建立地域文化课程资源库

需要梳理地域文化资源，按已用、未用两类资源类型进行分门别类，形成一个完整的地域文化资源系统。首先，地域文化资源库不仅要注重形式上的独立，也应关注个体之间的内在联系，农村学校应将各门类艺术形式融汇其中，使艺术资源既相对独立又彼此关联，形成一个立体交叉的有机整体。其次，文化形式不同，其传承的最佳方式也不尽相同。随着科技的不断提高，地域文化课程资源库可以在原有保存方式的基础上，建立网络地域文化课程数据库，利用现代化手段，将无声文献和有声文献进行整合，为地域文化留下更为完整的研究资料，同时也为学校课程资源开发共享提供有利条件。

第五章

“学校—社区互动”农村学校改进典型案例分析

农村学校寻求改进之路，不仅需要宏观教育政策引导、教育制度变革推动和学校改进理论指导，还需要来自基层农村学校自下而上的改进实践探索。“学校—社区互动”农村学校改进研究重点考察了来自吉林省通化县、永吉县、安图县的六所农村小学，其中包括六年制小学和九年一贯制小学，分别为以满族撕纸为特色的通化县快大茂镇中心小学、以满族刺绣为特色的金斗朝鲜族满族乡中心小学、以草编为特色的二密镇葫芦套学校、以泥塑为特色的永吉县口前镇春登中心小学、以科普教育为特色的永吉县黄榆学校、以种植为特色的安图县红丰小学。这些农村学校作为农村教育的先行者，正视学校发展需求，重视区域潜在资源，积极开展校本课程开发，努力寻求农村学校未来发展进路，并最终形成了各自鲜明的办学特色，为农村学校的发展与改进提供了丰富且宝贵的原生话语和实践思路。

第一节 “撕”课程：撕出来的创造

快大茂镇中心小学创建于 1977 年 8 月 15 日，从最初的 130 多名学生到现在的 1600 多名学生，其发展逐渐壮大。快大茂镇中心小学坐落于吉林省通化县快大茂镇，快大茂镇是全国知名的满族乡，拥有千年的满族文化积淀。在这里，满族文化遍地存，处处溢满满族情，快大茂镇中心小学也饱含浓郁的满族风味，校内建立占地了 300 平米的“民俗器用陈列馆”、占地 200 多平米的仿古室外满族老宅和满族油坊体验馆。“撕”课程是快大茂镇中心小学特色校本课程。快大茂镇中心小学是一所普通的农村镇小，但是因为“撕”课程，这个学校有了自己的特色，有了自己的文化品牌，有了自己的发展道路，成为众多农村学校中的特色学校，成为他校学习的榜样。

一 “撕”课程的背景分析

快大茂镇中心小学的“撕”课程源于该校成立的春蕾系列活动，以当地的地域资源和民俗文化为依托，结合学校的发展需求，构建课程资源。

1. 学校发展历史与文化特色

快大茂镇中心小学在建校之初师生人数较少，经历了并校、撤校、搬迁、建校的过程，于2010年才彻底扎根，拥有了自己独立的教学楼与校园。多年来，学校秉承“勤勤恳恳做事，呕心沥血育人”的办学精神，努力提高办学质量。学校领导班子带领全体“镇小人”一起努力，不怕困难，团结协作，积极忘我地工作，以不懈的“镇小精神”，克服重重困难，创造了令人瞩目的“镇小奇迹”。

快大茂镇中心小学是快大茂镇一所教学质量和教学环境较好的学校，因此学校周边和快大茂镇所辖自然村的适龄儿童都来此就学，这是学校主要的生源。在2007年分散教学时期，仅有24个教学班，998名学生，到2017年8月，已发展到36个教学班，1 667名学生，最小班额为36人，最大班额为54人，至2018年7月，有35个教学班，学生1 577名学生。多年来，快大茂镇中心小学致力于特色办学。1996年，学校开始进行教育改革。学校十分重视国家课程的教学，对于第一课堂的实施，快大茂镇中心小学把它放在核心的位置，因为第一课堂的教学是对学生基本素养的培养和保证，是学生发展特长的重要积淀。在第一课堂基础上，为了发展学生特长，创建学校特色，快大茂镇中心小学将艺术教育提上了议程，并放在“第二课堂”的位置来发展，开展多姿多彩的课外活动，努力做到使学生边玩边学，在学中玩，在玩中学，注重学生的全面发展。在“第二课堂”中，快大茂镇中心小学开设了“春蕾系列”活动，从“春蕾系列”活动出发为学生打造了五彩纷呈的活动课堂，并创新了学校文化，以浓郁的书香文化、朴素的民俗文化和多元的生态文化为特色，重视满族撕纸文化传承教育，凸显办学特色。

2. 学校办学理念与现实需求

稳固的地基是高楼大厦拔地而起的关键，学校的办学理念就好比楼房的地基，是学校长远发展的核心所在。快大茂镇中心小学的办学理念是学校在不断地办学实践中凝练而成的，主要源于1998年的一项课题研究。1998年，快大茂镇中心小学承担了中央教科所白天佑教授负责的课题“中国大成美育实验研究”。在课题实践中，快大茂镇中心小学参与了多次实验研究，在实验中对美育教育有了自己独特的见解，把对学生的特长培养与发展，提高学生综合素质作为学校发展的重要环节，并逐渐演变为学校发展的特色招牌，在学校前进步伐中使艺术教育占据了先导地位。在发展演变中，快大茂镇中心小学确立了“以行政、教研、科研三线联动为机制，以艺术教育为先导，全面启动，全程管理，全面实施素质教育，全面提高教育质量”的办学理念，明晰了“以德立校，依法治校，质量强校，科研兴校，特色活校”的办学目标，秉承“轻负担、重质量，培养具有实践探究能力的创新人才”的教育思想，勇于创新，大胆改革，促使学校各项事业持续和谐发展。

文化铸就内涵，特色彰显活力。一切都是为孩子的终生发展做奠基，让孩子成为全面发展的综合型人才，是快大茂镇中心小学的一贯坚持的办学理念。将学生培养成全面发展的人才，要求快大茂镇中心小学对学生实施全面教育，注重对学生的艺术教育，培养学生的艺术特长和艺术情操。以“以生为本，为学生的终生发展奠定基础”为培养目标，开发了以“满族剪(撕)纸”为龙头的系列校本课程，以“满族撕纸”为基点，将学校的精神文化、课程文化和活动文化融入具有镇小特色的“撕”课程中，成就农村孩子快乐学习的梦想，实现教师自主发展的飞跃，打造了快大茂镇中心小学这所农村学校独具特色的办学品牌。更重要的是，学生在师者的引导下，不仅学习传统技艺，传承中华传统文化，也锻炼了动手动脑能力，对形成正确人生观和价值观具有重要意义。因此，快大茂镇中心小学的办学理念在“撕”课程的发展历程中精简提炼为“剪成文化，撕出创造”。“剪成文化，撕出创造”是结合学校的发展历史和发展追求，对学校“以行政、教研、科研三线联动为机制，以艺术教育为先导，全面启动，全程管理，全面实施素质教育，全面提高教育质量”办学理念的感悟与升华。

“剪”成文化——让学生在浓郁的民俗文化氛围中学习满族剪纸，传承中华传统文化遗产，逐步形成快大茂镇中心小学独特的校园文化特色。“撕”出创造——引导孩子在剪的基础上打破传统，撕出个性，培养动手动脑能力和创新精神，不仅是一种开放包容的现代教育思想的体现，更是一种教育方式的全新转变。这一理念明确了满族撕纸不再只是一门特色校本课程，而是引导学生学习和传承传统文化、促进学生全面发展的重要载体，承担着弘扬家乡文化、满族传统文明的重要职责，同时也是快大茂镇中心小学为之奋斗的终生目标。

快大茂镇中心小学在自己的办学理念和办学思想的基础上，结合自身实践经验与发展追求，紧跟世界“如何保障民族文化本土化”的研究课题，积极响应党和政府提出的“中国民间文化遗产保护工程”，努力保护满族民族文化本土化，完善并拓展本校的满族撕纸校本课程，构建完整的“撕”课程体系，引导学生追溯满族民族文化，以满族撕纸为途径传承满族文化，让学生爱上民族文化，主动弘扬中国的传统文化。这是快大茂镇中心小学的办学追求，也是其发展的现实定位。

3. “撕”课程的提出与发展

“撕”课程的提出是快大茂镇中心小学发展的必然选择。它的出现离不开当地满族文化的熏陶与环境的滋养，离不开快大茂镇中心小学师生对满族文化的热爱与追求，更离不开国家教育改革的推进。2001 年教育部下发《基础教育课程改革纲要（试行）》，校本课程在全国各地的各个学校如雨后春笋般冒出，“撕”课程亦然。

“撕”课程的出现源于一堂美术课。2001 年，快大茂镇中心小学副校长在该校下辖的村小里听了一节美术课，因为学生忘带剪刀，美术老师将本该讲授用剪刀剪的满族剪纸课堂转变成了用手撕的撕纸课堂。学生的一次意外促使教师突发奇思妙想，也让早就被遗忘在历史长河中的满族撕纸技艺重现人间。于是，满族撕纸开始受到快大茂镇中心小学的重视，并把它作为学校春蕾系列活动的一门特色教学活动开展起来。2004 年，学校成立“春蕾少儿满族剪纸协会”，聘请专家和艺术家作为协会的成员。2006 年，学校被命名为“全国少儿满族剪纸教学基地”和“全国民间美术传统校”。该校在艺术家和学校师生的共同努力下，将满族撕纸课程进行普及推广。2005 年出版师生作品集《艺术的荷塘》。2008 年，出版校本教材《少儿满族剪纸读本》，正式将“满族剪纸”列为学校美术课的教学内容，成为学校课程体系中的一分子，规定全校一至五年级每周有一个课时的撕纸课，而不再只是作为一门活动课程而存在。同时，以快大茂镇中心小学为基地，将满族撕纸辐射推广到周边的各个兄弟学校，大大拓宽了满族撕纸的宣传力度。2017 年，快大茂镇中心小学又出版了《小学生撕纸技艺教程》，将十几年来关于满族撕纸的教学经验融入其中，这是快大茂镇中心小学对自己工作的一次总结，也是对满族撕纸文化的传承宣扬。

“撕”课程的开发与实施为快大茂镇中心小学打上了满族文化的烙印，让快大茂镇中心小学成为传承中国传统文化的、发展典型的、独具特色的、得天独厚的特色校。以“满族剪(撕)纸”活动特色为基础,构建开放式的“撕课程”课程体系,既发展了学生的个性和特长,又打造了以“撕课程”为特色的办学品牌,顺应了当前国家提倡传统文化传承,树立文化自信的号召,满足了学生终生发展的需求,呼应了学校的发展追求。

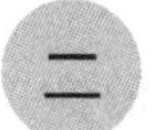

二 “撕”课程的理念与目标

随着“撕”课程的不断发展,撕纸成为快大茂镇中心小学的文化品牌和特色课程,从最初的活动课程到校本课程,再到学校的美术课程,它的地位与重要性无可替代。“撕”课程发展到今天已经不仅仅是一门课程,而是一个课程体系。“撕”课程不再只是满族撕纸的单一课程,而是以“撕纸”为主干,紧密联系学校其他 50 多门活动课程,组成一个课程群,贯连教学内容和目标,形成内容庞大而丰富的课程体系,甚至将语文、数学、英语、信息技术、体育、美术等国家课程也融入“撕”课程体系之中,开发撕纸整合课程,这是快大茂镇中心小学目前正在尝试并且努力的方向,也是其办学理念的发展与升华的体现。

1. “撕”课程的基本理念:以“撕”为美,美在“撕”情

以“撕”为美,在撕纸中感受美、创造美,培养学生的民族文化自信。快大茂镇中心小学从一堂美术课的意外发展出了以满族撕纸为主体的“撕”课程体系,丰富了学校的教学内容,充盈了师生们的精神世界,收获的不仅仅是撕纸的技艺,还有对撕纸的热爱,对民族文化的向往,对美的欣赏。撕纸本就是一门传统的艺术技艺,具有浓厚的文化底蕴和崇高的艺术价值,其中折射出来的关于“美”的内涵与价值是值得我们去推崇与学习的。所以,以“撕”为美,传递的不仅是撕纸作为艺术品的美,还有撕纸背后的文化之美、传统之美、民族之美。

美在“撕”情,在撕纸中体味撕纸背后蕴藏的古老文明与传统文化,感受民族文化的美好,学会以美传情。“满族撕纸”因其独树一帜的民族特色、朴实祥和的乡村特色,以及浓郁的区域特色,浸润着中国的传统文明之美,传递着中国的传统文化与民族

价值观念，是引导学生学习中华传统文化、感受民族文化，培养学生热爱祖国、热爱民族、热爱家乡之心的重要途径，也是能促使学生自我表达、自我追求的重要载体。快大茂镇中心小学从满族撕纸出发，从“撕”课程出发，立足于学生实际，引导学生在理解掌握撕纸的基础技法的基础上，遵从内心，撕出内心想要表达的想法，透过撕纸，对自己的内心美的体验和感悟表达出来，撕其“形”，传其“神”，延其“意”，传达自己内心对美好事物的追求，对美好情感的向往，以及对美好创造的体验，即美在“撕”情。

2. “撕”课程的目标①

一剪一撕皆成品，亦传亦创方为教。“撕”课程已经深入快大茂镇中心小学的骨髓，成为快大茂镇中心小学教书育人的重要路径与依据，肩负着重要的育人目的。因此，快大茂镇中心小学从“把立德、树人作为教育的根本任务，全面实施素质教育，培养德智体美劳全面发展的社会主义建设者和接班人，努力办好人民满意的教育”的教育方针出发，为营造独特的满族撕纸文化校园，构建民主平等的师生关系，创造和谐愉悦的课堂氛围，快大茂镇中心小学把“以撕纸为起点出发，努力挖掘学生的天赋才能，充分发展学生的个性与才华，教师隐主导于无形，学生品自信于其中，培养实践性人才”作为“撕”课程的总目标。“撕课程”注重对学生创造力的挖掘与培养，关注学生在撕纸过程中的参与度，注重对学生在撕纸中表现出来的创造精神与批判思维的培养。这是“撕”课程所追求的意义。

在“撕”课程总体目标的基础上，快大茂镇中心小学还设置了具体的教学目标。即在专家引领下，积极探索，构建快乐“撕课程”教学模式，全面提高课堂教学质量和效益。通过教研活动带动全校教师走进创建“快乐课堂”的行动之中，让教师在活动中发展，在活动中提高，在活动中焕发活力，醉心其中，实现快乐课堂最优化。进一步创新教学常规管理方式与学生评价制度，建立符合“撕课程”课堂教学改革要求的教学质量监控体系，全面提升学校教学常规管理水平。基于这一教学目标衍生出了实际的实施目标：

一是了解家乡文化历史和“满族剪（撕）纸”艺术的渊源，激发学习“满族剪（撕）纸”的兴趣，培养对民族文化的自信心，树立传承家乡民俗文化的责任；

① 刘洁，王雅慧. 撕课程 撕出来的教育[M]. 长春：长春出版社，2018：33－34.

二是了解“满族剪(撕)纸”表现手法,掌握剪“撕”纸基本技法;

三是培养学生的学习兴趣,使学生受到美的感染和熏陶,提高观察思考、动手实践等综合能力,锻炼学生的意志;

四是通过实施“撕课程”,让学生体验成功的快乐,培养热爱生活的情感。

从撕纸出发,快大茂镇中心小学打造了自己的文化品牌;以撕纸为主,快大茂镇中心小学生成了自己的学校文化(满族撕纸特色文化)。“撕”课程的发展对快大茂镇中心小学的发展至关重要,“撕”课程的目标也是快大茂镇中心小学的发展目标。

三 “撕”课程的结构与内容

从2001年发展至今,“撕”课程从一门课衍生成了一系列的课程——“撕”课程系列,构建了以“满族撕纸”校本课程、“撕系列”活动课程、“满族撕纸”整合课程以及传统文化主题教育为主要内容的“撕”课程体系。从内容结构上看,“撕”课程囊括了活动课、艺术课、文化课三大领域的课程体系,结构相对完整;从具体内容上看,“撕”课程包含了50多种课程,内容丰富多彩。因此,“撕”课程在很大程度上满足了不同学生的成长需求,为学生的个性培养与发展提供了资源与空间。

1. “满族撕纸”校本课程

“满族撕纸”校本课程是“撕”课程的主体部分。2008年,由学校教师自主编写的校本教材《少儿满族剪纸读本》出版,意味着“满族撕纸”作为校本课程开发开始进入初始阶段,“满族撕纸”校本课程被正式纳入学校美术教学计划,标志着“满族撕纸”正式进入快大茂镇中心小学课程体系。2018年《小学生撕纸技艺教程》的出版,使撕纸课程教材建设更加完善。基于教材,孩子们在教师的指导下,或以满族民间传说、英雄人物和民俗故事为背景,或以现代生活及校园生活为场景,撕出自己所理解的撕纸作品,通过撕纸来了解家乡历史,了解古老的传统文化。撕纸作为民族艺术,给学生提供的不仅仅是文化的熏陶、技艺的传承,还让孩子们通过撕纸创作把传统文化与现代文明相互勾连,推动了文化的传承发展,激发了学生的创造能力、想象能力、思维能力,同时也提高了学生的学习兴趣以及对祖国传统文化的热爱之情。

目　录

《小学生撕纸技艺教程》封面与目录

2. "撕"系列活动课程

"撕"系列活动课程包含50多种以"满族撕纸"为主开发的"春蕾系列"活动课程，以及以"传承传统文化"为主题的主题活动。在"满族撕纸"课程的带动和引领下，"满族刺绣""种子拼图""树叶粘贴"等"春蕾系列"活动课以传承和发扬民间传统文化为目标，利用当地丰富资源、环境，从学生的兴趣需求出发，编写相关的校本教材，建立并丰富和"撕"系列活动课程。同时，从该课程出发，组织与之相互呼应的文化主题活动，共同搭建"撕"系列活动课程。

3. "撕课堂"跨学科整合课程

为了呈现多元化的课堂结构，打破各学科间的界限，弥补国家课程实践性的不足，从2016年年底，快大茂镇中心小学开始尝试将"满族撕纸"与语文、音乐、信息技术等国家课程进行跨学科整合，努力将满族撕纸与其他学科相融合，通过综合不同学科的知识与教学方法，将两门学科呈现在同一课堂之中，希望通过这样的方式提高学生的学习兴趣和学习成绩。到2018年年中，快大茂镇中心小学已成功尝试了撕纸与音乐（《过新年》）、撕纸与信息技术（《海底世界》）、撕纸与语文口语交际（《大话西游》）三种类型课程。

4. 传统文化主题教育活动

快大茂镇中心小学秉持“剪出文化，撕出创造”的办学理念，努力弘扬与传承中华民族的传统文化。为了将优秀的传统文化活动融入校园文化中，学校以满族撕纸为起点，成立“春蕾少儿满族剪纸协会”，并编写出版满族撕纸系列的校本教材，开设撕纸课程，建立“民俗器用陈列馆”，举办“民俗文化传承教育研讨会”。这些举措都是为了给学生们营造独特的校园民俗文化氛围，给学生带来潜移默化的影响，让祖国传统文化走入人心。因此，“传承传统文化”的主题教育活动以多种形式呈现，比如“茂山杯”满族剪纸传承研讨会的举行，“传承传统文化共享快乐童年”校园艺术节的开展，满族民俗故事演讲比赛的出现，还有红领巾解说队、师生参加社会公益或传统文化宣传活动等。

四 “撕”课程的开发与实施

最初“满族撕纸”在2001年作为快大茂镇中心小学活动课程出现，而对其进行校本课程创建的实践探索始于2007年，从引入满族剪纸到发掘“满族撕纸”技艺，从开展撕纸课外活动再到“满族撕纸”校本课程的创建，十几年的历程可分为五个阶段。

1. 初创阶段：开发课程，成立剪纸协会(2007—2008年)

2001年的“课堂意外”引发了快大茂镇中心小学对满族撕纸的重视与热情。学校先后多次邀请通化师范学院王纯信教授和长白山满族剪纸传承人倪友芝等民俗专家针对快大茂镇中心小学进行指导，鼓励教师向民俗专家们学习满族民间剪纸技艺，同时成立“春蕾少儿满族剪纸协会”，在学校课外活动中传授撕纸相关知识。随后快大茂镇中心小学开始着手进行满族撕纸的发掘探索，尝试开发“满族撕纸”校本课程。2008年出版的由本校编写的《少儿满族剪纸读本》，标志着“满族撕纸”校本课程的初步形成。

2. 完善阶段：创建团队，培养师资力量(2009—2011年)

其间，学校组建满族剪纸教师工作室，由专家型教师张杰为主导，带领快大茂镇中心小学美术组老、中、青三代教师组成教师梯队，勇于实践，大胆研究，以满族文化传承教育为切入点，完善校本课程教材《少儿满族剪纸读本》，使撕纸课程教学逐步走上正轨。

3. 提升阶段：寻求突破，借助校外资源（2012—2013 年）

2012 年，满族撕纸校本课程的实施取得了一定的成果，快大茂镇中心小学为了满族撕纸课程的长远发展，开始针对当下的现实情况，邀请民俗学者和教育专家来校调研，针对满族撕纸课程的内容、教学情况存在的问题和弊端提出改进意见，制定课程建设和学校发展的改进方案。

4. 推广阶段：走出校门，传扬撕纸文化（2014—2017 年）

其间，快大茂镇中心小学整理课程创建材料，结合满族撕纸课程与教学现状，在专家的指导下，完成了校本教材《小学生撕纸技艺教程》的编写和出版工作。《小学生撕纸技艺教程》的出版是快大茂镇中心小学对“满族撕纸”校本课程的总结与归纳，发展了“满族撕纸”课程的同时也扩大了满族撕纸的影响力。满族撕纸课程发展至今，已被快大茂镇中心小学从校内推向了校外，从县内推向了县外，从市内推向了市外，从省内推向了全国，并通过参加国家非遗进校园研讨会，将满族撕纸推向了全世界。

5. 反思阶段：开拓创新，注重教学科研（2018 年至今）

2018 年，快大茂镇中心小学开始对满族撕纸的发展进行反思，撕纸课程未来的发展道路该何去何从，撕纸该如何继续发展，是快大茂镇中心小学需要深刻考虑的问题。快大茂镇中心小学立足于当前发展现状，全面总结反思“满族撕纸”校本课程的创建历程，深度思考未来“满族剪纸”校本课程发展方向，构建“撕”课程体系，彰显文化底蕴，突出内在品味，努力形成学校教育特色。这些思考最终将成果转化，即《“撕课程”——撕出来的教育》一书，这是快大茂镇中心小学对自己实践经验的总结，也是对特色办学探索的升华。

快大茂镇中心小学高度注重满族撕纸课堂的教学，因此制定了相关的实施策略与方法。首先，快大茂镇中心小学成立了满族撕纸校本课程开发研究工作小组，负责满族撕纸的发展与研发工作。其次，制定实施“满族撕纸”校本课程开发的目标，将实现目标作为实施的动力。对于学生，要达到“拓展学生更广阔的发展空间，拓宽知识领域，培养学生学习意志品质、实践能力，发展个性和特长”的目的；对于教师，要实现“在校本课程的开发与实践中学会反思、勇于创新，成为实践的研究者，研究的实践者，促进教师整体专业化成长和发展”的目标。将目标落实到实际的课堂教学之中就体现为把撕纸课纳入学校的美术课程体系，全校使用同一教材、同一教室——民俗器用陈列馆，保证每周一节撕纸课，甚至每个班级的班主任都参与到班级的撕纸学习当中，确保学生能及时得到指导。

“满族撕纸”课程的开发与实施是快大茂镇中心小学发展文化特色道路的必经之路，也是快大茂镇中心小学“文化立校”的重要途径与依据，助力打造快大茂镇中心小学的特色文化品牌。

五 “撕”课程典型教学案例

案例简介：“满族撕纸”校本课程是“撕”课程系列中的龙头课程，其教学案例最为典型，最能代表“撕”课程取得的教学实践效果。现选择“满族撕纸”校本课程的一堂教学课作为案例来分析。课程名称为“父亲节的礼物”，授课时长为40分钟，授课对象为快大茂镇中心小学二年级的学生，授课地点为快大茂镇中心小学“民俗器用陈列馆”内多功能教室，授课教师为快大茂镇中心小学美术教师。

课程名称：《父亲节的礼物》。

教学目标：

1. 使学生基本理解基础的撕纸手法与技法，能熟练运用掏剪法来进行撕纸创作。

2. 通过父亲节的礼物来激发学生的情感体验和创作思维，培养学生对父亲的感恩之心，以及对撕纸创作的想象力和创作力。

教学准备：PPT课件、彩纸。

教学过程：

环节一：新课导入——父亲节到了，你要送爸爸什么礼物？

在新课导入的环节，教师以父亲节的礼物引发学生思考：该送什么礼物呢？我能为爸爸做点什么呢？爸爸需要我做什么呢？在学生思考的基础上，教师诱导学生通过撕纸来表达自己的内心，让自己对爸爸的情感通过撕纸表现出来，把撕纸和对学生的道德教育、情感教育巧妙地联系在一起，在实现课堂教学目标的同时，正确引导学生对亲人的情感体验和表达。

师：咱们同学都知道啊，上个礼拜我们过了两个节日，同学们知道是哪两个节日吗？你说（用手掌指向左侧方向学生提问）。

生：父亲节和端午节。

师：父亲节和端午节，是不是？（学生回答“是”）那我们上周过的父亲节其实是跟美国人一起过的，我们中国人有自己的父亲节（学生发出“嗯???”的声音表达疑问），我们有自己的父亲节。那我们中国人的父亲节是哪一天呢？（学生摇头表示不知道）那么我们中国人管自己的父亲叫什么呢？

生：爸爸！（齐声）

师：叫“爸爸”，所以中国人把父亲节定在每年的8月8号。你们知道为什么要这么定吗？你说（手掌指向正前方提问）。

生：因为爸爸。爸爸……

师：没想好，嗯，心里知道怎么回事，但是不知道怎么说出来。你再想想，你来说（提问旁边的女生）。

生：因为“爸爸”和“8”很相近，所以是8月8号。

师：嗯，好，因为“爸爸”和8月8号的读音相近，对不对？（学生答“是”）所以8月8号，好不好记？

生：好记。

师：好。那么我们都知道了中国人的父亲节是哪一天，哪一天？

生：8月8号！

师：今年的父亲节还没到呢，那等今年的父亲节到了，大家能不能给爸爸重新过一次中国人的父亲节？

生：（齐声答）能！

师：那在父亲节你想对父亲怎么表示一下呢？（加上肢体动作手臂挥动）怎么给爸爸过呢？学生陷入了思考，教室安静了。

环节二：教师引导——如何撕出自己想要送给爸爸的撕纸作品？

在这一环节，教师注重的是在撕纸技法上对学生的引导。那么该如何引导学生进行撕纸创作呢？授课教师选择是给学生提供参照物。在学生对自己的撕纸创作有了思路后，教师借助PPT来展示其他班同学们的撕纸作品，通过别人的作品来告诉学生撕纸的技法和技巧，以及可能出现的错误和问题。对学生而言，“我要比他们撕的还要好！”是大多数学生的内心独白，因此这一环节大大提高了他们撕纸作品成功的可能性，同时也激发了学生的想象力和竞争意识。

教师拿起播放PPT的遥控器。开始播放课前准备好的课件。

师：怎么撕呢？我们看大屏幕，看一下其他同学撕的好作品。（还未开始播放）那么刚刚你们说的这些要为爸爸做的事是老师让你们做的，还是你们自己想做的呀？

生：自己想做的。

师：一会儿呢，咱们作品完成后要签名，对不对？

生：对！

师：签名之前，你要在上面写下一句话，是你自己想要为爸爸做什么是不是，自己想要做什么，一会儿结束了我们要记得写上，然后签名。（开始播放课件）我们看一下，这是二年一班的朱同学撕的。他在给爸爸洗脚，能不能看出来是爸爸啊？能不能看出来？（学生集体摇头）

师：看不出来。首先，他没有辫子，头上没有辫子，对不对，如果他把头发撕出来就更好了。但是你能看得出爸爸是男生，对不对？首先他能让人第一眼认得出是男生，这做得很好。还有呢？能不能看出爸爸做的动作是什么呢？

生：坐着！

师：那你能撕出侧着的动作吗？（学生边点头边答“能”）

师：那你们太厉害了，我觉得太难了，你们真棒！那“我”在哪儿呢？朱同学把自己撕好贴在哪里了？能不能找到？在这儿呢（教师用手指出位置）。这是给爸爸端的一盆水，这是他的头，这是他的身体，这是他的手。虽然我们看不清，但是他把他自己想做的事情撕出来了，所以他很用心，很努力，我们应该向朱同学学习。我们做不到撕得很像，但是不管怎么样，我们也要把自己想要做到的撕出来。如果用这种掏剪法撕是不是就更好一些？（学生回答“是”）看下一幅，这是赵同学撕的，撕的是什么呀？

生：我给爸爸捶背。

师：你看这"捶"字，撕得对不对？"捶"字少了个——（学生回答"缺了个提土旁"）好，尽量不写错别字。他给爸爸捶背，他撕的爸爸的动作是什么样的？

生：坐在那儿。

师：坐着的。爸爸是这样坐着的。他给爸爸捶背时他的两只手是这样的，他的两只手都这样捶对不对？撕得很好，但是他有一个缺点。

生：看不出眼睛、嘴巴、鼻子。

师：对，看不出五官。这个作品撕的太小了，老师手放这儿，这头还没有老师手指头大。所以我们撕作品的时候一定要注意——（学生回答"撕大一点"）对，撕大一点。把作品撕满，是不是？刚刚这两位同学撕的爸爸坐着的动作是不一样的，那么让你撕的话，你是不是还能跟他们的不一样？能不能？

生：能！

师：一定要做到跟他们不一样才行。这个是商同学撕的，他写的是："我考了双百，爸爸高兴极了！"看这卷子上是双百，你好好学习，爸爸自然就高兴了，他认为这是送给爸爸的最好的礼物！是不是？（学生回答"是"）那我们也要向他学习。谁能说一下，这幅作品哪个地方能做得更好一些？你来说。

生：把卷子再撕一下。

师：把卷子撕一下，怎么撕？如果是你的话，你要怎么撕？

生：把卷子撕出答案来。

师：撕出答案来，这好难呀！这地方太小了，能不能撕出字来啊？（学生齐齐摇头）不能撕出字来。我们看着像是给爸爸拿了一个手机或者一杯水是不是，那么这卷子应该再——（学生回答"大一点"）对，大一点，我们可以撕上"100"是不是？我们看这一幅同学撕的，他撕的给爸爸洗脚，刚才我们看到有同学撕正面的、侧面的，那他撕的是侧面的，但是他的手没看出来是吧？我们可以把他的手撕出来，从这儿撕出来对不对？（学生回答"对"）把两只手撕出来，就和刚才的不一样了。好，看下一幅。李同学说："我帮助爸爸扫地。"她帮助爸爸扫地，她爸爸是给谁扫啊？

生：帮妈妈。

师：妈妈是给谁干活？（学生摇头）妈妈给谁干活呢？妈妈给大家干活，那扫地是帮妈妈扫，还是帮爸爸扫的？是给我们这个共同的家扫的，对不对？所以说，你扫地是为了让爸爸歇会儿是不是？应该这样写：“帮助爸爸扫地是帮爸爸吗？”是你应该自己做的，对不对？（学生回答“对”）

师：好，我们再看这三个人。这是爸爸，这是妈妈，这是“我”。那这三个人里谁撕得最好？

生：妈妈。

师：这掏剪法掏得最好，那她撕的她自己没用掏剪法？

生：没用。

……

教师和学生在屏幕前互动，学生回答教师指导，其余学生认真观看。教师说到重难点时，和所有学生一起互动，使大多数学生都参与进来。示范的学生在教师的指导下慢慢说出了自己的答案，找到连接点后先撕角、后撕边，并在教师和同学的指点认识到在不能先撕角的情况下如何撕才能撕出来效果。

教师指导学生使用掏剪法的片段

环节三：学生实践——我要动手创作送给爸爸的父亲节礼物！

这一环节是本堂课的关键环节，体现了学生对本课内容的理解和运用。撕纸只是手上的动作，但是撕纸背后的思考和理解才是学生在课堂上最大的收获，这也是教师所追求的教学目标之一。

师：我们在撕的时候也容易像李同学一样，撕着撕着就忘了用掏剪法把作品给掏出来，是不是？所以撕的时候一定要注意。好了，我们看了这么多的作品，看了这么多同学要给父亲过一个中国的父亲节，他们做了那么多事情，那你能不能用自己的方法撕出不一样的作品来？撕出你要为爸爸做的事情来，作品里要有爸爸，还要有——（学生回答"我自己"）还有你。可以没有妈妈，但是必须要有你和你爸爸，用什么方法？（学生回答"掏剪法"）对，我们用掏剪法来撕。现在我们就用掏剪法来撕——（学生回答"作品"）撕你要为爸爸做什么，好不好？（学生回答"好"）开始动手！

学生开始拿起桌上的纸张撕自己的作品，教师关掉屏幕，露出黑板，为一会儿把学生的作品粘贴在黑板上做准备，并在黑板正上方写上"用掏剪法撕"五个大字和主题"父亲节"三个字。做完准备工作后，教师走入学生中，耐心指导学生们撕纸。对于没想好如何撕的学生，以鼓励为主，诱导他产生自己的思路，对于有了想法的学生，赞美他并提出自己的建议；对于遇到困难的学生，辅助他解决问题。教师边看学生撕纸边给出建议："其实爸爸也是可以有头发的，爸爸的头发可以是一根一根的。""无论撕谁，尽量眼睛撕小一点。""撕的时候一定要把眼睛、耳朵撕出来。"

学生撕纸片段

环节四：作品展示——这是我送给爸爸的父亲节礼物！

这一环节是对学生撕纸作品的展示，直观的作品加上作品创作者自己的解读，可以让我们直接领会作品的内涵。这是对学生本节课教学效果的体现。

10分钟后，已经有学生完成了自己的作品，纷纷举手示意教师，教师开口提示其他学生加快速度：“已经有同学撕好了，作品上不要忘了写上你要为爸爸做什么，别忘了签名。完成了的同学贴到黑板上。”完成的同学陆续去粘贴自己的作品。课堂接近尾声之际，教师让学生在教师两侧排成两列，依次上前介绍自己的作品。学生边介绍，教师边点评、鼓励、赞美。

环节五：教师总结——让撕纸作品变成现实的礼物！

到这一环节，课堂基本进入尾声，教师的总结给这节课起到了画龙点睛的效果。用撕纸作品作为父亲节的礼物只是课堂教学的内容，但是在教学背后教师更希望学生能把撕纸作品变为现实礼物。学生在这堂课中学会的不仅仅是撕纸，还有感恩。

师：这些事还没真的做呢，是不是？（有学生回答“做了”）有的同学经常做这些事对不对，你们是最好最孝顺的孩子！没做的同学回去后也把这些事做了，好不好？让爸爸也享受一下，让爸爸舒舒服服地过一个父亲节，好不好？

生：好！（满脸真诚与激动）

通过本课学习，教师所追求的不仅仅是教会学生使用掏剪法进行撕纸创作，更重要的是让学生学会通过撕纸来表达自己的内心情感和思考，这是“满族撕纸”课程的中心主旨，也是快大茂镇中心小学“撕”课程体系循序渐进培养学生动手能力、思考能力、创作能力的表现。

六 “撕”课程实践效果分析

“剪成文化，撕出创作”是快大茂镇中心小学历时20多年凝练而成的办学理念，是快大茂镇中心小学发展壮大的灵魂。满族文化、满族撕纸是快大茂镇中心小学学校文化发展的源泉，是快大茂镇中心小学的代名词，满族撕纸因快大茂镇中心小学重现光彩，快大茂镇中心小学也因满族撕纸成为特色文化学校，并且在区域内具有极高知名

度。所以,“撕”课程的建设与发展同快大茂镇中心小学目前取得的骄人成绩息息相关,其实践效果从各个层面影响着快大茂镇中心小学的发展。

从学校文化来说,快大茂镇中心小学以“满族撕纸”为基点,将学校的精神文化、课程文化和活动文化融入“撕”课程中,以“满族撕纸”为媒介构建充满中国传统文化氛围的学校文化。一般来说,学校文化从结构层次上可以分为物质、精神、制度、行为四个层次,然后从各个层次来分析构成要素。① 从其组成类型来看,可分为教育文化、校园文化、教室文化、教师文化、学生文化、课程文化等,进而分别揭示其特征。② 从快大茂镇中心小学目前的学校文化来看,它崇尚中国传统文化教育,力图通过中国传统文化的熏陶使学生获得道德教育、心理健康教育、文化教育,宣扬中国的传统文化与传统美。这是快大茂镇中心小学除国家课程外的主流教育文化,因此快大茂镇中心小学在校园文化建设、教师文化建设、走廊文化建设上都与满族传统文化息息相关。因为快大茂镇本身就是满族文化之乡,所以快大茂镇中心小学主要打造的就是满族文化校园,校园里建有满族老宅、满族油坊,走廊、墙壁、教室都装饰着满族撕纸作品,甚至一楼整条走廊都绘制了《西游记》主题系列的壁画。在这样浓郁的满族传统文化氛围中,师生们在潜移默化中就对满族文化有了深刻的认识与见解,再加上学校打造的以“满族撕纸”为主体的“撕”课程文化,更是保证了快大茂镇中心小学“剪成文化,撕出创造”办学理念的落实。从这一点来看,“撕”课程推动了快大茂镇中心小学学校文化的发展。

从课程开发来说,“撕”课程的出现奠定了快大茂镇中心小学特色文化学校的地位,也给快大茂镇中心小学成功打造了特色品牌,使快大茂镇中心小学有了发展的方向和目标。“撕”课程从2008年的一门独立的校本课程,发展成今天的以“满族撕纸”为主干、包含50多种活动课程的课程体系,无论从量上还是质上来说,都迈出了巨大的一步,这不仅仅是快大茂镇中心小学在课程开发上取得的进步,也是快大茂镇中心小学在学校文化建设上取得的成功。但是,“撕”课程的开发还不成熟,“撕”课程旗下只有“满族撕纸”校本课程有了相对成熟的教材、教师和教学经验,而在其他50多种活动课程、主题教育活动方面缺乏实践,尤其是在整合课程方面进展甚少。

---

① 石中英.学校文化建设要有大视野[N].中国教育报,2006-06-20(005).

② 倪筱荣.论校本文化及其建设路径[J].教育学术月刊,2012(11):37-39+42.

从教学方式来说,“撕”课程在传统的教学方式的基础上提出了撕纸跨学科整合的模式,为快大茂镇中心小学传统的教学方式提供了新的途径。但是,整合教学有利有弊,对音乐课、信息技术课、口语交际课有所帮助,而对数学、英语等学科来说却不适合,这也是“撕”课程未来需要继续努力的方向。

从教师发展来说,“撕”课程对教师提出了更大的挑战。随着“满族撕纸”校本课程的发展,撕纸已经成为快大茂镇中心小学教师群体必须学会的技能之一,“撕”课程的发展促进快大茂镇中心小学教师群体撕纸技法的提高,促使教师专业技能的成长与提高。

从学生成长来说,学生除了掌握了满族撕纸这一门技艺,还通过撕纸课程获得了许多成长。首先,学生通过“撕”课程树立了热爱祖国文化、热爱家乡的意志与品格,了解了传统文化、家乡历史,培养了热爱家乡的真挚感情,对家乡民俗文化产生民族自豪感,增强了作为家乡人的一种文化自信。相信未来不管他们走到哪里,望不见山,看不见水,但一定记得住那一纸“撕”出的美丽乡愁。其次,通过撕纸,学校传承了“满族撕纸”,使学生在撕纸创作中将生活与文化相结合,在满绣文化故事中了解了人性的美丑,学校通过撕纸批判了人性的丑恶,揭示了生活的美好,提高学生对人性的认识,使学生受到了良好的思想教育和道德教育。其三,撕纸注重学生个人的思考与创作,考验学生的耐力与自我承受能力,学生要想撕出好的作品,就得耐心、细心、会思考、沉着冷静。因此,撕纸的过程就是学生自我梳理内心的过程。其四,撕纸要求学生学会观察身边的一草一木,用撕纸的形式将自己观察到的内容表现出来,这个过程是学生将自己的形象思维与逻辑思维交替转换的过程,在培养学生观察力、想象力、创造力的同时,也锻炼了学生的大脑,启迪了学生的智慧。

一剪一撕皆成品,亦传亦创方为教。“撕”课程是快大茂镇中心小学发展特色文化道路的有力保障,是快大茂镇中心小学撕出来的创造!

第二节 “绣”课程:绣出民族风采

吉林省通化县金斗朝鲜族满族乡中心小学,坐落于吉林省通化县县郊 10 公里外金斗朝鲜族满族乡，依山傍溪，良田万亩。金斗乡作为满族文明发祥地之一，拥有深厚的历史文化积淀。基于此得天独厚的区域社区资源，金斗朝鲜族满族乡中心小学充分挖掘校内外物质形态资源与精神形态资源，积极开展特色校本课程开发，以满族刺绣为载体，历经十余载实施及改进，满绣校本课程“绣”课程得以不断完善。

一 “绣”课程的背景分析

1. 学校发展历史与文化特色

（1）百年村小的历史变迁

通化县金斗朝鲜族满族乡，最早由境内山形似“斗”的金斗山得名。据考证，金斗伙洛系满语地名，满语口语“金斗”是敞亮之义，“伙洛”为“山沟”，即敞亮的山沟。金斗朝鲜族满族乡是1983年12月27日经吉林省人民政府批复成立的，位于通化县中部，乡政府所在地距县城10公里，通沈高速公路穿境而过(但没有高速公路出口)。东南与快大茂镇、西与英额布镇、北与四棚乡和二密镇接壤。全乡幅员面积106平方公里，总耕地面积1.78万亩，其中水田7800亩，旱田10000亩，林业用地面积8559.5公顷，森林覆盖率80%。全乡辖金斗、金星、广信、砬缝、北沟共5个行政村(其中金星村、广信村为朝鲜族村)，23个自然屯，36个居民组，总户数1972户，总人口7612人，其中朝鲜族1570人、满族956人，占总人口的33%，是全县两个少数民族乡之一，也是15个乡镇中幅员面积最小的乡镇。

金斗朝鲜族满族乡中心小学坐落于金斗朝鲜族满族乡，始建于宣统二年(1910)四月，当时名为奉天省通化县信禾乡金斗伙洛乡立第三国民学校；民国十三年(1924)七月，改名为奉天省通化县第四区立第三小学；民国十九年(1930)八月，改名为奉天省通化县金斗伙洛四区三校；1942年11月1日，改名为通化县快大茂村金斗街屯国民学舍；1949年，改名为吉林省通化县金斗完小；1978年，改名为通化县金斗中心小学；1983年，改现名为通化县金斗朝鲜族满族乡中心小学。2007年，新建校舍，校舍占地面积8600平方米，建筑面积2483平方米。现有6个教学班，97名学生。在岗教师25人，其中男6人，女19人，50岁以上7人，35岁以下4人，平均年龄45.5岁。其中高级教师3人,一级教师15人,二级教师6人,特岗教师1人;拥有本科学历的有8人,拥有专科学历的有17人,学历达标率100%。现有县级骨干3人,市级骨干1人,省级骨干1人。

(2) 浓郁风情的满族刺绣文化

满族是中国最古老的民族之一,最早关于满族的记载可以追溯到公元前22世纪,经历几度兴衰与沧桑变幻,在漫长的发展历史过程中,不断吸收汉、蒙、回等民族的文化,形成了特色鲜明的满族文化,特定的生存环境与民风民俗,也形成了视觉色彩艳丽、风格淳朴粗犷的极具民族特色、地域特色的满族艺术,拥有剪纸、撕纸、刺绣等艺术表现形式。满族刺绣源于满族人民的生产劳动,距今已有三百余年的历史。[①] 满族刺绣是旧时满族妇女从小就要学习和掌握的一种技艺。女孩待嫁要用刺绣品陪嫁。刺绣图案取材多样,如花鸟、人物故事、词语诗篇、山水屋舍、吉祥纹样、几何图案等,反映了满族人民对自然神力的崇拜及对美好生活的憧憬。观赏性与实用性兼备的满绣在满族人民的服饰、家居用品上随处可见,俨然成为满族文化符号之一,集中映射出满族人民独特的创作思维与审美追求。满绣形式多变且工艺繁琐,受东北地域发展制约而没有得到进一步发展,现已被列为非物质文化遗产。传统工艺在时代形势下面临诸多问题,满绣在不断发展变革的同时也急需保护与传承。金斗朝鲜族满族乡中心小学坐落于满族文化发祥地和聚集地之一的吉林省通化县,坐拥来自社区的深厚的满族文化的历史积淀,在见证时代沧桑巨变的同时,沉淀并传承着精美瑰丽的满族刺绣文化。

2. 学校办学理念与现实需求

(1) 学校办学理念

金斗朝鲜族满族乡中心小学办校基本理念:绣满幸福生活,绣出美好人生。金斗朝鲜族满族乡中心小学秉承此办学理念,统整地域文化课程资源,开发校本满绣课程“绣”课程,利用校本课程向学生传授满族刺绣技艺。让学生初步了解满族民族风俗习惯、人文特点及历史文化,传承满族优秀民间手工艺,发扬满族中国优秀传统文化,培养学生创新能力与动脑思考习惯,陶冶学生的艺术情操与审美品味,养成学生耐心、细心、认真、毅力等优秀品质,助力成就学生健康的审美意趣与健全人格,为学生的艺

① 王焯. 满族刺绣与非物质文化遗产的保护[J]. 满族研究,2009(04):100-102.

术人生奠基。

（2）学校现实需求

金斗朝鲜族满族乡中心小学作为农村学校，受农村自身经济发展水平及地域环境的制约，在学校的办学条件、学生管理和教师管理等方面均存在问题。

农村学校地理位置及人员性质导致生源人数、质量逐年下降。由于金斗朝鲜族满族乡中心小学校址距县城较近，大部分有条件的家长在县城购房定居，并就近选择县城学校就读，导致金斗朝鲜族满族乡中心小学生源逐年下降，每学期入学学生数不足 80 人。此外，伴随城市化进程加快，多数在校学生父母外出务工，学生的教育与监护工作主要由文化水平有限的祖父母、外祖父母承担，这些监护人（包括父母）对孩子的学业问题通常采取不过问、不理会的态度，顺其自然，或力不从心，长此以往学生在学习习惯的养成、心理健康的健全发展、学生安全与监管等方面均存在一定问题，家庭教育的严重缺失也致使学校教育中的各环节面临着挑战，因此对学校教师提出了更高的要求，教师需要最大限度发挥自身职能，在学校教育中加强针对学生的行为管理。

学校特色校本课程师资后继不足，学校部分教师初现职业倦息。金斗朝鲜族满族乡中心小学的满族刺绣校本课程，从教材编写、教学实施到课程评价都由满绣传人 C 老师等人完成，满绣课程师资严重不足。同时面对学校生源越来越少，面对这样的学生和家长，面对教学效能低效，有些教师对自身专业发展，对学校的发展前景抱有消极态度，存在着等靠思想。面对此种状况，学校急需优化教师专业发展环境，创建教师专业能力提升平台，加强与高校之间的交流合作，让农村学校教师接受先进教育思想，拓宽专业视野，提高自身专业水平。

学校满绣校本课程初见成效，但缺少理论指导，课程规划、实施过程与教材编制等方面急需完善。满绣校本课程开发自 1996 年开发伊始，面向全校学生，以优秀的中国传统文化满绣为内容载体，通过研究探索满族刺绣文化、技艺、针法等，由浅入深，由繁到简地将满族刺绣文化融入学生学习生活，从小培养学生传承民族文化的使命感和责任感，至今培养学生数百名，积累大量丰富教学经验与成果，已初见成效，但课程实施也凸显出课程本身存在的问题：课程整体规划需要进一步的理论指导与理论支撑，自编满绣校本教材应继续将科学性与趣味性相结合，需要课程专家进一步梳理教材内容、明晰组织逻辑。

3. “绣”课程的提出与发展

金斗朝鲜族满族乡中心小学以学校百年发展历史积淀为基础，统整地域特色文化教育资源，紧密依托少数民族乡的地方优势，结合乡域的民俗艺术特点，以满族刺绣传统工艺为载体，积极开发了满绣特色课程——“绣”课程，进行了系列传承和弘扬满族民俗文化的实践探索，用一针一线穿接历史，感受古人以针线绣绘锦绣山河的艺术魅力。

（1）思想萌芽期：以课题研究为途径探索满绣文化

1996年至2005年，金斗朝鲜族满族乡中心小学以满族刺绣为课题，先后两次参加国家级“中华传统美德”课题实验，参加“九五”国家教育部重点课题“学校、家庭、社会三结合传统美德教育系统实验研究”，2001年仍以开发传承满族刺绣文化为重点，继续申报参与“十五”国家教育部规划课题“中华民族传统美德教育理论与实践的深化研究”等多项研究课题，取得了良好的实验效果。在课题实验过程中，通过研究探索满族刺绣文化、技艺、针法等，为“绣”课程开发过程中前期知识选择打下研究基础。

（2）实践探索期：以第二课堂为载体传承满绣文化

2006年至2007年，金斗朝鲜族满族乡中心小学将满族刺绣课程设置为学校第二课堂活动项目，“绣”课程雏形初现。满绣课程由满族刺绣传人执教，重点负责传授满绣针法，在各班主任的具体指导和执行下，满族刺绣工艺以第二课堂形式继续传承。经过两年第二课堂的教学实践，金斗朝鲜族满族乡中心小学教师和学生都对满族刺绣这一传统技艺产生了浓厚的兴趣，学校掀起了满族刺绣学习热潮，教师基本掌握了刺绣常用针法，兴趣小组的学生大都能完成精致的刺绣作品，从小培养学生传承民族文化的使命感和责任感，将满族民族文化传承扎扎实实发扬下去。

（3）发展成熟期：满族刺绣作为金斗朝鲜族满族乡中心小学本课程弘扬满绣文化

2008年3月，学校将“满族刺绣”定为校本课程。金斗朝鲜族满族乡中心小学在全校1~6年级开设了校本课程，每班每周一节课，正式纳入课程表，安排专人任课。注重教师培训，聘任满绣传人为专任教师，教师作品多次被吉林省博物馆、吉林省二人转博物馆收藏；修建满绣研修基地、满绣展馆，2010年8月，学校成立满族刺绣研发小组，同年10月授牌“通化师范学院满族刺绣少儿传承基地”，2014年开始修建满族刺绣展馆;编制校本教材,授课教师遴选符合学生兴趣和学生需求的内容,遵循学生身心发展特征进行合理组织,面向每一名学生,由浅入深、由繁到简地将满族刺绣文化融入学生学习生活。

(4) 整合提升期:统整社区优质资源,开拓国际交流合作

一是统整社区优质资源,学生家长作为社区人力资源的主体,是支持学校校本课程开发实施的社区资源重要组成部分。金斗朝鲜族满族乡中心小学整合家校群体,开展家长学校,推进家长主动参与学校活动,通过举办"小手拉大手"活动开展满族刺绣传承和保护,学生教家长进行刺绣,让家长也掌握一些简单的刺绣针法。家长的广泛参与,使满族刺绣的传承力度更进一步。二是加强国际交流,2015 年 10 月,澳大利亚澳中文化促进会会长陈贺义来校参观指导学校满族刺绣情况。2016 年 2 月 8 日,澳大利亚澳中文化促进会陈贺义会长把授课教师的满族刺绣作品《草船借箭》赠送给了澳大利亚墨尔本艾斯本黛尔学校。

"绣"课程开发至今,金斗朝鲜族满族乡中心小学师生刺绣作品已达 1 200 余件,培养学生 300 多人,48 件学生满族刺绣作品在通化县快大镇中心小学民俗展馆中布展,7 件学生满族刺绣作品在通化县职教中心布展,2 幅学生作品在通化市江南社区布展。

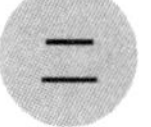

二 "绣"课程的理念与目标

1. 课程理念

(1) 继承优秀满族刺绣传统文化与技艺。金斗中心小学校坐落在满族朝鲜族乡,拥有最原生、最纯粹、最丰富的满族刺绣资源。为了让学生能继承和发扬满族民间刺绣的优秀传统,了解满族的风俗习惯、人文特点及历史文化,学校开设了"满族刺绣"校本课程。

(2) 借助特色校本课程陶冶学生的艺术情操。通过学生观摩满刺绣艺术作品和亲自动手进行刺绣,提升自身审美修养,培养耐心、细心、认真、毅力等品质;在独自完成刺绣的整个过程中,培养学生的独立思考能力、正确的审美能力和动手操作的实践能力;通过刺绣活动,培养学生积极的生活态度和对美好生活的追求。

(3)将学生创作成果惠及区域及生活。刺绣作品作为学生学习阶段性成果,作品不仅是学生技能技艺的直观体现,同时也具有实用性和观赏性,学生的满绣作品由开始的自我欣赏,逐渐发展到学生的家庭生活之中,用满绣装点生活,开办学校展览、参加各级各类的比赛,丰富、宣传社区特色文化,惠及社区经济文化发展。

2. 课程目标

(1)总体目标

通过本课程学习,使学生了解满族的风俗习惯、人文特点及历史文化,继承和发扬满族刺绣文化。

通过本课程学习,进一步陶冶学生的艺术情操;提升审美能力,培养学生耐心、细心、认真的优良品质,以及对大自然的热爱、对美好生活的追求。

通过“小手拉大手”活动,越来越多的家长接受满族刺绣,让刺绣用于生活,真正体现出其艺术价值和实用价值。

(2)具体目标

根据年龄特点将学生分为低、中、高三个年段,课程目标按照由易到难、由平面到立体的原则螺旋上升式编排。

低年段,让学生在初步了解满绣针法、用料,简单操作的基础上,对满绣作品的制作背景、制作方法等相关知识有所了解,要求学生做到针法准确,轮廓清晰即可。

中年段,要求学生针法疏密有致,绣面平整,在掌握基本的刺绣方法基础上,能自己创作作品。学生能说出作品的背景、创作手法,与说话训练相结合,激发学生对满绣的喜爱之情。

高年段,要求学生刺绣作品要求针法细腻,排线紧密,作品平整美观,表现力强,做到精细、精致、精深、精美,学生能创作出有创意的作品,作品创作与写作训练有机整合,在介绍作品的同时,挖掘作品的深刻意义。

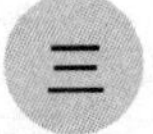

三 “绣”课程的结构与内容

课程内容主要以教科书为载体,金斗朝鲜族满族乡中心小学“绣”课程自编满绣校本教材一本，内容包括满族刺绣简介，满绣工具、针法及绣法，满族刺绣工艺基本步骤，满族刺绣内容，满绣生活用品及满绣图样设计六个大方面，教材中穿插针法教学，由易到难编排，并在每一章附有大量历史史实与满族民间故事，语言生动丰富，通过图文结合的方式有序呈现课程内容。具体内容为：

第一，满族刺绣的历史沿革。追溯满族刺绣工艺的起源、演变与发展，以及科普与满绣有关的民间传说。

第二，满族刺绣的工具、针法及绣法。详细介绍满族刺绣所用工具，如图案（花样）、绣布、绣针绣、绣线、绣绷、剪刀等的材质及用途，简单介绍满绣各种针法，介绍满绣基本流程，即图样设计—选择材料—拓印图样—绣布上绷—绣制作品—整理装裱。

第三，满族刺绣工艺特征。介绍满族刺绣的题材，如萨满崇尚、神话传说、东北二人转故事、民俗风情、吉祥纹样、山水楼台、田园蔬果、花鸟草虫、几何图形等，列举满族刺绣的种类，总结满族刺绣内容丰富，色彩艳丽，冷暖对比强烈，构图细腻、温和，具有朴实的情感和吉祥如意寓意的艺术特征。

第四，萨满文化。介绍满绣题材重要来源之一，也是满族的宗教信仰文化，讲解萨满教的主要宗教活动、萨满服装与装饰以及图腾演变。

第五，满族富贵吉祥图案。图案的设计与生活息息相关，无不蕴涵着吉祥如意的含义，涵盖了民间百姓所有的美好愿望。介绍满族人民对美好生活向往的意愿，将“富贵”“吉祥”“如意”等美好期盼用一针一线嵌入到山水、花鸟、草虫、人物、文字等元素中，绣制成精美的刺绣作品。

第六，满族习俗与满族传统节日。从满族服饰、住所、礼仪、婚俗、育儿、饮食、丧葬、禁忌几个方面阐述满族人民特有的民族风情，并着重介绍最具民族传统的颁金节、中秋节、二月二龙抬头等满族节日的由来以及节日习俗。

第七，生活中的满绣：枕头顶艺术、多彩的香包、生活中的杯垫。事例列举学生们生活中常见的带有满绣装饰的枕头顶、香包、帽子、披肩、枕套、台布、门帘、鞋垫、杯垫等生活用品，联系实际生活，为学生提供创作主题与题材，将所学活用于生活，从而收获满足感。

第八，满族刺绣的保护和传承以及师生作品赏析。展示了近年来师生优秀作品，并简述了满绣这一古老技艺的现实问题，如满族刺绣濒临失传的境地，满族民间刺绣的独特韵味等,呼吁学生们认真学习满绣技艺,保护、传承这一古老的民间技艺。

针法教学为“绣”课程教学重点,也是“绣”课程的内容主体,金斗朝鲜族满族乡中心小学根据学生身心发展的特征将学生规划为低、中、高三个学段,并合理安排课程内容。低年段(1~2年级)学生的满绣课程以了解传统满绣文化、满绣基本流程以及进行创作的基本美学概论,针法教学中首先教授穿针引线,让学生掌握回针绣、顺针、小辫针等针法,在授课教师辅助下完成简单的轮廓式刺绣。执教教师根据学生掌握的实际情况灵活操作,在针法训练的同时,金斗朝鲜族满族乡中心小学为低年段学生增设满绣欣赏课,让学生在初步了解满绣的针法、用料、简单操作的基础上欣赏优秀的满绣作品,使学生对满绣作品的制作背景、制作方法等相关知识有所了解,激发学生热爱生活、观察生活,对今后创作充满信心。

中年段(3~4年级)学生经过2年的针法训练,能较为熟练地掌握运针方式,在针法教学上增加学习压针、锁针、网格针、松针、山形绣等针法,训练学生独立完成刺绣。增加学生创作的内容比重,新增学生对作品解读环节,让学生能说出自己作品创作的背景、意图、创作过程和作品的意义及用途,将学生口语表达与技艺训练整合起来。

高年级(5~6年级)学生已经积累4年满绣的操作经验,技法运用及创作思维都日趋成熟,重点加强压针针法的精细化指导,并学习锁针、水线针、插针、乱针、打籽儿绣、盘金绣等针法,在熟练掌握所有针法的基础之上,学生能自主搜集、设计自己喜欢的图案,根据创意进行创新设计,绣出具有自己风格特点的作品,把作品解读环节改变为作品的写作环节,学生在写作的时候介绍自己的作品,挖掘自己作品的深刻意义,横向整合学科,使得学生写作能力与刺绣技法能力得到提升。

四 “绣”课程的开发与实施

为了满足学生需求,要重视社会的需要,传承优秀中华传统文化,继承满绣工艺,金斗朝鲜族满族乡中心小学结合自身地域文化特色,整合社区自然、人力、物力资源,积极开发以满绣为主题的“绣”课程,开发与实施过程如下。

1. 制定课程目标

基于金斗朝鲜族满族乡中心小学社区环境的独特性，农村学校与城市学校之间的资源差异性，满族刺绣亟待传承与发展的迫切性，顺应地域特色与优势，提出“绣”课程的课程目标：通过课程学习使学生了解满族的历史文化、风俗习惯，增加民族认同感与文化自信；继承和发扬满族刺绣文化，进一步陶冶学生的艺术情操，提升审美能力，培养学生耐心、细心、认真的优良品质和对传统文化的热爱、对美好生活的追求，并以本课程为沟通社区的有效手段，通过学校与家长合作的“小手拉大手”活动，使越来越多的家长接受满族刺绣，让刺绣用于生活，真正体现出其艺术价值和实用价值。

2. 选择课程内容

金斗朝鲜族满族乡中心小学“绣”课程的课程内容可为满族文化、满绣针法、创作与展示三个维度。(1) 满族文化：金斗朝鲜族满族乡中心小学所在的朝鲜族满族乡拥有丰厚的绣发展历史积淀，为校本课程开发提供了充足的内容支持。以满族刺绣为主题，深度发掘相关课程资源，以满族刺绣为载体，延展满族历史溯源、发展脉络、文化特点、风俗礼仪、宗教信仰等诸多地域文化的专题介绍，是对国家课程的有益补充。(2) 满绣针法：“绣”课程本质为学生实践课程，需要学生在课堂中亲自参与实践刺绣，掌握满族刺绣针法是“绣”课程的核心内容。金斗朝鲜族满族乡中心小学为获取蕴藏在当地的更为优质的课程资源，充分开发学校周边社区资源，安排满绣教师外出研修，聘请当地满绣民间艺人进校执教，将满绣特色的回针绣、顺针、小辫针、压针、锁针、网格针、松针、山形绣、水线针、插针、乱针、打籽儿绣、盘金绣等针法，由简到难地教授给低、中、高不同学段学生，并通过长期课堂训练加以巩固，使学生最终熟练掌握所有满绣针法。(3) 创作与展示：“绣”课程每节课都请同学们上前展示自己所绣制的作品，同时对自己的创作意图、构图设计、配色方案、针法利用加以说明。学校成立满绣展览馆，常年展出大量教师、学生的优秀满绣作品，有效促进学生的手脑结合与沟通交流。

3. 编制校本教材

校本课程教材与国家统编教材组成了我国现代教材体系，课程改革的深化发展也大大促进了校本教材的发展，校本教材作为校本课程重要的课程资源，是课程开发实施质量的重要向导。金斗朝鲜族满族乡中心小学根据“绣”课程自编《满族刺绣教材》，具体包括满族与满绣文化、满绣工具、满绣艺术特征、满绣经典纹样、生活中的满绣、优秀师生作品合集六大部分，由 12 个具体章节组成，每一章节包含知识讲解、练习巩固、扩展阅读、作品欣赏四大系统，配有满族历史文化传说，内容取材均来自学生日常生活，图文结合，素材丰富，以练促学，具有本土性、独特性、实用性与美观性的特点。

4. 总结教学模式

金斗朝鲜族满族乡中心小学在数年的满绣校本课程实践探索中总结出七环节教学模式：背景文化介绍—作品欣赏—针法介绍—实践操作—创作指导—作品展示—探讨交流。教师讲授新课前，以本节课所涉及的有关满族历史文化、歌谣传说、民间故事等为导入，导入内容大多与学生生活实际相联系，学生有经验、易代入、善思考；教师再展示本课主题刺绣作品，经过学生质疑、教师讲解等环节，再向学生介绍新的针法；随后学生们就所学新知进行实践，对个别学生，教师加以单独指导；学生大致掌握针法后，教师指导学生运行针法进行创作，对经过学生对构图、配色、主体布局后创作的作品进行展示，并以小组为单位，选择部分学生对自己的作品进行解读，说明自己的创作取材、创作理念、运针方法等；最后教师做本节课总结。

该教学模式环节完整，导入环节介绍满绣及满族文化，普及区域民族特色知识，充分调动学生积极性；作品欣赏内容、形式丰富，拓宽学生艺术视野，不同风格、材质的作品与学生产生不同的共鸣，优秀作品赏析可促使学生在感悟作品的同时建构自身审美观念；知识讲解与联系紧密配合，教师指导突破难点；教师创作指导意为引导，发掘学生创造潜力，保护学生创新意识；作品展示与交流探讨目的在于促使学生展示、表达自己的内心想法，强化学生的作品意识，学生解读自己设计、构思过程，训练学生审美意识的建构与表达。

五 “绣”课程典型教学案例

案例简介：金斗朝鲜族满族乡中心小学满绣校本课程案例《雏菊绣》，授课时长为 45 分钟，授课对象为金斗朝鲜族满族乡中心小学六年级学生，授课地点为金斗朝鲜族满族乡中心小学教室，授课教师为金斗朝鲜族满族乡中心小学刺绣教师。本课运用七环教学模式，内容为教授学生满绣针法中的“雏菊绣”针法。

课程名称：《雏菊绣》

教学准备：PPT课件、绣针、绣线、绣布、绣撑

教学过程：

师：(唱)“春季里来柳枝长，大姑娘窗前绣鸳鸯。”

这是过去满族女性日常生活的真实写照。满族刺绣起源于满族人聚集的广大农村，满族少女用双手绣出各种纹样，使其最终成为满族最具特色的民间艺术，经久不衰。刺绣是满族妇女传统的民间手工工艺之一。绣品主要为日常用品，那么都有哪些呢，我们来一起看一下。这些是什么？(展示图片)

生：旗袍、披肩、围裙、香囊、镇头顶。

师：除此之外，大家还知道哪些刺绣日用品？

生：鞋子。

师：对，鞋子。看，老师今天穿的鞋子就是刺绣作品，还有老师的裙子也是。由于刺绣在满族家庭中普及，绣品逐渐成为必备的家庭陈设品及姑娘的嫁妆。刺绣多以山水、花卉、动物、果品为素材，纹样主要为福禄、禧寿、富贵、吉祥等，反映了满族妇女对大自然的热爱及对美好生活的向往。满族民间刺绣的传承至今已经有三百多年的历史了，一些老艺人的逝去，使满族刺绣的一些作品和一些针法已经失传。手工刺绣非常慢，耗时间，现代机械的发展迅速，机器刺绣非常快，逐渐替代了我们传统的手工技艺。所以，满族刺绣的历史与传承更需我们来完成，让我们结合我乡的地域优势，更好地发扬和传承满族刺绣，用一针一线来承接历史，做一个满族刺绣的传承人。我们来看一下，有哪些我们利用传统的满族刺绣的针法设计出的现代工艺产品。这是什么呀？

生：鞋子、小挂饰、钱包、抱枕。

师：这也是我们现在正在开发的一个项目，这些都是我们同学自己绣的。好，下面我们来看两幅作品，它们和老师手里的这幅作品有什么相同的地方？

生：都是由花瓣组成的。

师：这些花瓣是怎么绣的？对，都是由一种针法组织成的小花，一朵一朵的，非常好看。那它（这种图案）是怎样进行刺绣的呢？我们都说，要想学好刺绣，首先要学习针法，所以这节课我们来一起学习雏菊绣。（板书：雏菊绣）

以上为本课的导入环节，授课教师在着装上精心准备，穿着带有满绣工艺装饰的服饰，为学生直观地营造出满绣情境，充分有效沟通学生与学习内容之间的联系。在这一环节中，教师对满绣工艺和满族文化进行了讲解与扩展，从学生的生活经验入手，以生活中常见的满绣用品为例，同样引导学生从生活入手，激发学生的学习兴趣。

师：什么是雏菊绣呢？我们来看（PPT 展示），也就是说，它绣出来的这一朵小花，像什么一样？像一朵非常漂亮的小菊花，对不对？是由许多花瓣组成的一朵小花，非常漂亮。那怎样来进行绣制呢？同学们可以根据刚刚老师演示的图片来尝试一下。注意，要在你的绣布上合理组织一下，看怎么设计比较合理。

（学生现场尝试绣制。）

师：好，同学们都进行了尝试，现在和老师一起学习一下雏菊绣的正确针法。（PPT 针法展示）从布的底下穿针到上面，再从底下针眼的旁边向上挑针，到你所需要花瓣大小的地方，然后穿上来，这样就形成了一朵小花瓣。以此类推，就形成了一朵非常漂亮的小花。学会了吗？我们再来看一次。先从布的下面穿上来，向上挑针在需要花瓣大小的地方，然后在花瓣顶端的地方用线压过去，这样一个小花瓣就完成了。（播放视频）我们再来看一下视频演示的针法。我们看一下，挑针，在需要花瓣大小的地方，在花瓣顶端压线，这一片小花瓣就绣好了。注意，两只手一定要配合好。我们可以绣一片整个的花瓣，如果被叶子遮挡了，我们也可以绣半个。现在同学们再用挑针的方法来试一试。

此环节为教师对本节课的针法进行细致介绍，先由 PPT 进行展示，学生经过过去 6 年的训练，已经初步掌握刺绣基本技能，根据所示图案，学生具备一定的思考、模仿能力，让学生根据图片先自行尝试绣制，通过思考和运用所学经验，自发地进行针法探索，在学生对针法进行充分思索后，再细致讲解雏菊绣针法的运针细节。

（学生动手进行刺绣，教师巡视指导示范。）

师：花瓣大小一定要一致，松紧度要拉紧，在压线的时候，注意不要压得太长。老师在这里再教大家一个简单的运针方法，（板书绘制针法图）从布下起针穿针到上面，将线绕一圈到之前的针眼部位穿下去，然后在花瓣顶端用线压住。刚刚的方法是挑针，这种方法是直接绕线，一个挑，一个绕。大家选一个自己喜欢的方式，花瓣中心也可以用其他的针法把花蕊装饰一下，会更好看（现场示范绕线法）。

（学生再次动手进行刺绣，教师巡视指导示范。）

师：我们来看一下这位同学绣的，你是用的是哪一种方法，是挑针还是绕线？

生：我用的挑针方法。

师：你认为挑针比较简单，对吗？我们一起来看一下。她这幅绣得比较好，花瓣大小很匀称。

师：好，同学们一起想一想，我们要创作一幅作品的时候，画画的时候也是一样，我们应该先干什么？

生：应该先构图。

师：没错，先构图。然后呢？小组讨论一下，利用我们今天学习的雏菊绣针法，绣制一个什么样的作品，先干什么，后干什么，然后会用到哪些针法。一会儿老师要找同学分享一下。

（学生们进行小组讨论。）

此环节为七环节教学法中的第四、第五环节：实践操作与创作指导。创作与实践紧密相连，互不可分。学生在实践的同时便开始创作，创作必然伴随着学生创作。学生经过自主思考、教师讲解后对雏菊绣针法有了充分的认识，然后进行动手尝试绣制，绣制过程即为创作过程。教师走下讲台，深入学生中进行巡视并做出指导，强调创作步骤，引导学生利用所学不同针法装点自己的创作作品。

《雏菊绣》课堂教学片段

师：谁来说一下？

同学 A：首先要构图，其次选择线的颜色，然后开始绣。

师：没错。要先把构好的图画在绣布上，然后再选择合适的线色，再利用不同的针法进行绣制。那么老师想问，你绣制的这幅作品，都想用到什么针法呢？不单单利用我们这节课学到的雏菊绣针法，还能用到我们以前学习过的针法，你想到用什么针法来配合绣制作品呢？

学生 B：可以用到轮廓针和水线，顺针和松针。

师：用松针来绣地上的草，很好。还有没有？

学生 C：还可以利用打籽儿绣来绣花心。

师：非常好。用打籽儿绣来绣花心，把绣好的小花装饰一下，会更加漂亮美观。雏菊绣在日常生活中的应用非常广泛，比如说装饰衣服、鞋子和挂饰等，我们来欣赏一下优秀的雏菊绣作品（播放 PPT 和音乐）。这几幅作品运用了打籽儿绣、轮廓线、压线、小顺针来装饰。现在，同学们可以在刚刚绣制的基础上再次进行创作，看谁创作得最好。

（学生配合音乐进行雏菊绣创作，教师巡视指导。）

师：同学们可以在同组中互换作品来看一看，评价一下，选出最好的到前面进行展示。

（学生们进行组内讨论。）

学生 D：我的作品花瓣和叶子部分是用雏菊绣针法绣的，花茎是使用轮廓线绣的，小草是用松针绣的。

师：非常好，尝试了不同的针法。下一组同学。

学生E：我的作品花瓣部分是用雏菊绣针法绣的，茎部分是用水线绣的。

师：很好，因为时间关系没有绣完，但花瓣部分大小非常匀称，很好。下一组。

学生F：我是用雏菊绣绕线的方法绣的，叶子使用倒针，花茎使用水线，另一朵花茎使用水线。

师：好。同学们普遍来说都能够按照老师今天教授的方法进行绣制了。还有一点老师需要强调，同学们在构图的时候需要注意，花怎么可能有完全大小一样的，构图时应该注意花的大小高低之分，这样会更好看。同学们这节课都绣制得非常认真，只有在认真的基础上才会绣制出完美的作品。我们再来看一下，老师展出的这两幅图片有什么不同。

生G：第一幅图是单层的雏菊绣，第二幅图是双层的雏菊绣。

师：没错。在外圈一层雏菊绣的基础上在里圈又绣制了一次，最后绣成一朵完整的小菊花。回答得非常好。第一幅是单雏菊绣，第二幅是双雏菊绣。我们可以在单雏菊绣上用不同颜色的线使它富有变化，绣出不同颜色的小花。在双雏菊绣中，内层也可以使用不同的颜色，体现花瓣颜色的过渡和渐变，使花瓣更好看，也使作品更加完美。那么，同学们就利雏菊绣绣制一幅作品，当做本堂课的作业。期待同学们的表现。这节课我们就上到这里，下课。

学生的《雏菊绣》作品

本环节为“七环节教学法”中的第六和第七环节：作品展示和探讨交流。本节课程进入后半程，此时在教师的巡视指导下学生们已经基本完成雏菊绣针法，并在教师的引导下纷纷展示自己的作品，说明自己的创作意图及创作方法，分享创作过程中针法、色彩、构图、内容的组织编排。本环节意在反复巩固过去所学习的针法技能,在此基础之上进一步强化作品创作时必备的美学原理,在技艺娴熟的基础上生发出艺术美,在分型表达中激发学生潜意识中的审美意识,培养审美思维,提高对对象事物进行审美加工的艺术处理的基本能力。

六 “绣”课程实践效果分析

“绣”课程自开发实施至今年逾数载,成果丰硕,在学校文化建设、校本课程开发、教学方式总结、教师专业发展、学生成长方面,都初见成效。

学校文化本质上是一种组织文化①,学校文化建设与办学理念设计是学校办学的全局性、指导性工作,金斗朝鲜族满族乡中心小学充分体现自身的文化自觉,基于本土满族文化,经取舍、综合、转化等过程,聚焦于满族传统刺绣工艺,提出“绣满幸福生活、绣出美好人生”的学校文化理念,构建满绣学校文化。学校开设满绣校本课程,建设满族建筑风格的满族刺绣展览馆,用学生满绣作品装点教师与走廊,用满族刺绣绣制学校各类标识、社会主义核心价值观标语等,学校建筑设计、整体布局、教室内外布置、墙面走廊文化均带有浓郁的满族风格。学校文化个性鲜明,特色突出,办学理念以人为本,意在传承,基于历史,着眼于学生,乃至于满族文化传统的未来发展,正确引导学生对民族文化的认同与包容,帮助学生形成正确的人生观与积极健康的生活方式。

金斗朝鲜族满族乡中心小学“绣”课程的开发实施从地缘文化优势特点入手,根植于满族发祥地的厚重满族文化,基于学生自身和社会发展需要,积极开发以满绣为主题的“绣”课程,深度挖掘区域环境内的满族刺绣历史文化,整合满绣元素,自编校本课程,经过十余年的实施与探索,培养掌握满绣工艺的学生300余人,继承优秀中华传统文化,促进农村区域文化发展,推动学校文化建设,并经过多年教学实践经验,提出七环节教学模式,即“背景文化介绍—作品欣赏—针法介绍—实践操作—创作指导—作品展示—探讨交流”教学模式。教师根据满绣教学文化传承的学科属性,通过

① 陈学军.学校文化是什么[J].教育研究与实验,2015(03):14-19.

七环教学法,通过背景介绍让学生了解满族独特文化,通过作品展示展现满绣审美取向,通过精讲针法,反复巩固练习,使学生正在实践中掌握刺绣基本针法技能,最后在展示与分享环节培养学生的创作思维与语言表达能力。

教师是校本课程开发与实施的主体,校本课程是教师专业成长的基石与平台。在“绣”课程的开发与实施过程中,教师作为课程的策划者与执行者,不断树立建构新的教学观念与教学策略,并随着课程实施的深入,更加深刻地理解区域民族文化与学校特色文化建设,增强了对学校的归属感;在动态的教学活动中,教学内容促使教师不断积累与满绣相关的知识,逐渐习得大量的满绣知识与技能,并在执教过程中不断进行梳理,划分知识领域,提高教学能力;提高科研能力,积极将自身角色转为“研究者”,教师在校本课程开发过程中,为满族课程开发需要,需研制课程体系,编制校本教材,要求研读大量课程理论、课程开发理论等学术书籍,相关理论学习对提高教师专业能力来说是至关重要的。

金斗朝鲜族满族乡中心小学“绣”课程以满族刺绣这一独特艺术形式为载体,以学习满绣为手段,经过十余年的满绣教学,学生对满族民俗文化已基本了解,掌握了大量的满族刺绣针法,学会纹样设计和图案拓印的基本方法,合理运用色彩搭配,以绣布为画纸,以绣线当彩笔,能够依据图案纹样选择适宜针法进行刺绣。通过刺绣,学生学会了相互协作,沟通交流,取长补短;在刺绣过程中磨炼生意志,静心修身,增强手眼协作;学生以满绣技能为基础,不断提高自身审美意趣,从满绣中发现美、感受美、创造美、表达美,从创作作品中获得满族感与幸福感;通过对满族刺绣的学习,增强学生对民族文化的理解与认同,审视民族传统与现代艺术的审美差异,形成传承和弘扬中国优秀传统文化的意识。

第三节 “编”课程：编出乡土文化

“编”课程是二密镇葫芦套学校的一门特色校本课程。葫芦套学校坐落于吉林省通化县二密镇葫芦套村,是一所全日制农村小规模学校,距通化市不足10公里。“葫芦”与满语“伙洛”谐音，在满语里是“沟壑”的意思，因为这里三面环水，一面傍水，沟壑之间距离较近，易于相通，因而得名“葫芦套”。因葫芦套村的自然环境，葫芦套村大力发展种植业，处处都是各种庄稼农作物，学校四周也被农田环绕，是一所名副其实的田野里的学校。这样的物质环境给学校发展草编课程创造了条件，草编所需的原材料，田野里、村庄里应有尽有。基于自己的乡土优势发展独具农村特色的草编课程使葫芦套学校不仅发挥了自身优势，也打造出了一块合情合理、可持续性发展的文化招牌。“编”课程编出了农村的乡土文化，也编出了葫芦套学校的特色之路。

一 “编”课程的背景分析

葫芦套学校经过多番考察与思量，结合自身实际情况和当地环境，自主建设草编课程，并将草编课程作为学校的特色校本课程。

1. 学校发展历史与文化特色

葫芦套学校是一所因撤并而形成的农村学校。葫芦套学校前身为是葫芦套乡的中心小学，在1998年与葫芦套乡中学合并，更名为葫芦套学校，使之成为通化县第一所九年一贯制学校。2003年，葫芦套乡把孤砬子小学、清沟子小学与葫芦套学校合并，扩大了葫芦套学校的规模。2011年8月，学校又被改制成为一所六年制小学。历经三次合并改制，葫芦套学校现有6个教学班，在校学生不足百人；在职教职员工25人，其中高级职称3人，中级职称20人，县级骨干校长1人，省级骨干教师1人，县级骨干教师5人。葫芦套学校占地面积7 104平方米，教学楼建筑面积1 900平方米，生均建筑面积20余平方米。从成立以来，学校通过不同渠道不断地改善学校设施设备，使教学楼防水保暖系统有了保障，拥有了实验室、图书室、卫生室、计算机网络教室等多功能教室。从目前来看，葫芦套学校的办学条件基本达到标准化建设水平，能够满足学校正常的教学需求。

十几年来，葫芦套学校坚持从严治校、科学管理，坚持美化绿化学校环境，致力于打造园林式校园。自2004年起，葫芦套学校秉承“有资金时争取做优，没资金时努力做成”“循序渐进、逐年改造”“积微变而成巨变”的原则，在学校领导的带领下，全校师生发扬艰苦创业、无私奉献的精神，自筹资金，自己动手，走劳动实践与绿化结合之路，向着“让美化与经济并存，劳动与收获同在”的目标迈进，努力打造园林式校园。同时，学校从德育建设、教学管理、校园建设等方面入手，从校园绿化、美化、教育化角度出发，合理设计、布局，建设和谐有序的校园环境，发展独具乡土气息和吃苦耐劳、勤学好问、热爱劳动、积极向上思想的墙壁文化、走廊文化、板报文化、劳动文化，朴实、坚韧、纯粹的乡土性就是葫芦套学校拥有的最独特的特色。

2. 学校办学理念与现实需求

作为一所条件有限的农村小规模学校，葫芦套学校教职人员学会了依靠自身力量为学校做一些力所能及的事情，比如铺水泥路、焊葡萄架、搭大棚完善学校硬件环境，种蔬菜水果给食堂提供食材，栽种花草树木美化环境等，凡是师生们能自己完成的事情都做了。这在许多学校看来是不可思议的。学校不仅成了学生上学、教师上班的地方，还是他们共同需要装点的家；学校不再只是学习、工作的地方，而是师生们共同成长的第二个家。基于葫芦套学校这样的发展背景，其办学理念十分注重学生和教师的成长，一切都是为了师生们的幸福着想，一切都以师生们的发展为宗旨，因此，葫芦套学校的办学理念定位于“为学生的终身发展和幸福奠基，为教师的职业成功和幸福搭台”。

葫芦套学校的办学理念具有独特的意义，核心意义是为学生智慧和人格的同步发展创造最佳的环境与条件，使在学校接受教育的所有学生都有理解幸福的思维，有创造幸福的能力，有体验幸福的境界，有奉献幸福的品格——拥有提高生命质量的高素质，从而造就高品位人才，促进个人与社会的和谐发展。其中，“幸福奠基”是指要造就与培养具有幸福感、有创造幸福能力的人，更强调引导学生树立正确的幸福观，让学生在创造幸福人生的同时，能为人类社会文明带来裨益。而“教师的职业成功”就是把课堂、班级、学校这三个载体有机地结合起来，营造出适合学生身心健康成长的良好环境。在课堂上，教师要鼓励学生张扬个性，敢于阐述不同观点，倡导互帮互学；在班级里，教师要创造条件，引导学生自主管理，确立班级奋斗目标，强化团队意识，以此来培养学生的凝聚力、创造力、上进心、责任心、宽容度、成熟度，促使学生树立时间观和效率观，从而形成浓郁的成长气息；在学校中，教师要力求创造一个适合教师与学生共同主动发展的生存环境，同时，通过实行家庭访问制、编辑家校联系手册、开展社区服务和组建学生教育教学辅导基地等有效手段加强学校与家庭、社区之间的联系，把办学理念推广、渗透到家庭以及社区。让每一位教师都能在和谐的校园里幸福工作，让每一个学生都能在校园里快乐学习、幸福成长。

葫芦套学校的办学理念是基于自身的成长经历演变而成的，诉说的不仅仅是学校的办学思想，还有学校的发展需求。学校之所以会提出这样的理念，不仅仅是为了师生的成长，还为了学校的建设与成长。相比其他学校，葫芦套学校物质资源短缺严重，在其他学校已经开始发展学校文化、精神文化的时候，葫芦套学校还在为学校的环境建设、基础设施设备的搭建而努力，因此，满足葫芦套学校自身的环境建设、设施配置问题是当务之急。其次，因为地处乡村，交通不便，工作环境又简陋，许多年轻教师不愿意来葫芦套学校就职，造成了学校师资队伍青黄不接，学校面临着教师队伍老龄化严重的局面。同时，因为学校经费有限、资源有限，难以承担派遣教师外出培训学习的费用，制约了教师学习成长的机会，妨碍了教师的专业发展。这些是目前葫芦套学校急需解决的问题，也是葫芦套学校想要发展壮大必须解决的现实需求。

3. “编”课程的提出与发展

葫芦套学校开发草编课程源于一次农收。2014 年，学校的王禄林老师在农收的时候发现玉米叶在田地里随处可见，即使被晒干后用于烧火或者给家禽的垫窝都用不完，那多余的玉米叶怎么处理呢？王老师琢磨了一番，觉得可以把玉米叶作为编织品的原料，把草编课程开发成学校的一门校本课程。王老师把自己的设想向校长做了汇报，并在全校大会上解说了自己的观点。学校认可了王老师的思考，并组织人员专门考察向学校能否把草编作为校本课程进行开发，考察之后才下定决心开发“编”课程。校领导考虑到了学校的现实情况，知道学校即使成功开设了类似于国画、舞蹈、书法等之类的艺术课程，也会因为请不起授课教师，承担不起相应的经费开支而不了了之。因此，学校要想开通校本课程，就必须从课程发展的可持续性出发，既要达到发展学校特色校本课程的目的，也要实现学生学习一技之长的目标，就这样“编”课程因其低成本性、艺术性、乡土性被提上了议程。2014 年春天，学校领导班子在进行实地考察后，根据当地资源优势，立足区域文化特色，本着传承与发展的理念，确定将玉米叶编织作为学校的校本课程，并列入课表由专职教师任教，开始实施教学。

草编距今已有 7 000 多年的历史，其根植于民间，有着深厚的民俗文化底蕴和独特的人文色彩。2008年,草编正式入选了国家非物质文化遗产名录,成为国家非物质文化遗产,得到了更多的保护与发展。草编具有独特编制方式,能把生活、自然与人类的发展相结合,唤起人们对生活的热爱、追求和对美好生活的向往,利于培养学生身心健康发展。因此草编课程是以培养学生实践能力、审美情趣和创新精神为核心的一门综合性学科,对学生张扬个性,全面提升综合素质有着深远的意义。这完全符合葫芦套学校的办学理念与培养宗旨,也符合葫芦套学校的办学条件,“编”课程从提出之时就注定了它会成为葫芦套学校的特色校本课程。

从2014年提出开始,“编”课程不断得到发展,四年间形成了“编”课程具体的教材《葫芦套小学草编教材》。教材尚未出版,总结了学校开设草编课程以来的实践经验,目前依然在摸索与完善过程当中。整个年级使用的是同一本教材,具体的教学内容由草编教师自己根据学生情况来确定,根据学生的接受程度来传授学生草编技艺。这种情况也从侧面表明葫芦套学校的“编”课程发展依然不够成熟,草编教材与课程尚未形成体系,“编”课程还有非常大的发展空间。

二 “编”课程的理念与目标

学校的草编课程理念是学校办学理念“为学生的终身发展和幸福奠基”的延续。“编”课程秉承“以‘人的发展’为核心,发展学生的个性特长,提高学生的审美能力,培养学生的实践能力,创新能力和综合能力,把学生培养成为拥有健康的人格,热爱生活,多才多艺的复合型人才”的理念。从这一理念中可以看出,学校把学生的素质培养与综合发展作为学校培养的重要目标,一切都以学生的发展为主。

学校的办学理念与草编课程的理念同宗同源,学校的培养目标与草编课程的目标也是同宗同源,只是草编课程的目标比较具体,是依据学校培养目标结合草编课程而提出来的。葫芦套学校的培养目标从学生主体出发,主要划分为以下九个方面:

第一,培养习惯。对小学生来说,主要培养他们良好的做人习惯、做事习惯、学习习惯和生活习惯。

第二,培养责任。培养每个孩子负责的意识和尽责的精神,让每个孩子都有责任心,是学校教育追求的终极目标。

第三,培养心灵。学校教育最重要的就是教育学生学会善良和宽容,培养有爱心的人。

第四,培养诚信。诚信乃人立身之本,也是做事的基本准则;诚信是一个人身上最宝贵的品质,也是构建和谐社会的重要基石。诚信社会从诚信教育开始。

第五,培养合作意识。“整个一生,我们都有赖于从一些人中获得友爱、赏识、尊重、道义支持和帮助。”学会合作共处是现代教育的重要支柱,也是一个人最重要的生存能力。

第六,培养健康身心。健康是生活的出发点,也是教育的出发点。通过教育,使学生具备“强健的体魄、健康的心态、丰富的情感和坚强的意志”

第七,培养生存技能。“所谓教育,就是能力给与的设计,教育的本意,是要把他们培养成有本领、有能力。”教给学生谋生的技能,培养生存的能力,是学校教育的重要职责。

第八,培养艺术修养。“生命的最高目的是造成一些非物质的东西”,艺术教育的目的是“完美人性的培养”。它是我们构建精神世界最有效的手段,是关系人的全面发展的“系统工程”。

第九,培养创造品质。创造性素质是人的重要素质,是人的各项素质的核心。创造力的培养是现代教育的生命线。培养学生的创造力是教育教学最重要的责任。

葫芦套学校重视培养目标的多元化,注重学生的日常生活习惯的培养,注重学生的品行培养,相比于学业目标,葫芦套学校更加注重德育目标的达成,因为葫芦套学校坚信只有先成“人”才能成“才”。基于这九大目标,“编”课程目标定位是:

第一,通过观察、搜集、欣赏、了解家乡草编工艺品制作发展,感受我们家乡文化的源远流长,以及劳动人民的聪慧才干,提高学生的审美情趣。

第二,通过对学生“编、掐、钉”等方面的指导与培训,让学生经历设计和制作作品的过程,体验动手实践的过程和成功感,让他们在参与传统文化的传承与发展中,提高文化品位和人文素养。

第三,通过动手操作,培养学生的创造性思维能力、艺术欣赏能力和实际运用能力，增强对社会生活的敏感性和洞察力，从而培养他们关心生活、热爱家乡的品质，成为全面和谐发展的个体和群体。

“编”课程的理念与目标实际上是葫芦套学校办学理念与培养目标的缩影，都是以促进“人的发展”为唯一宗旨。

 “编”课程的结构与内容

1. “编”课程的结构

从课程结构来说，构成教材系统的基本要素一般考虑以下三点：(1) 逻辑系统或顺序性。(2) 心理系统或顺序性。(3) 学习本身顺序性。① 目前葫芦套学校的“编”课程还尚有完善空间。“编”课程从2014年开始提出，之后通过授课教师自己琢磨编出了目前的校本教材《葫芦套学校草编教材》，其性质更倾向于课程讲义。除了这一本教材，葫芦套学校的“编”课程没有其他的教材和教辅材料，一本教材通用于全校，没有年级与学段的划分，教授的内容完全取决于授课教师，教师会根据自己的教学经验和学生学习的具体情况进行内容调整。

课程结构注重课程内部各要素、各成分、各部分之间的有机结合，要有具体的关于不同学段的课程整体规划，同时有配套的教材进行教材之间的整合。② 从这一点出发，“编”课程就有更多的空白需要去填补，仅有教材是不够的，还要有对本课程的整体规划与设计。

2. “编”课程的内容

“编”课程注重实际操作能力的培养与实践动手的过程，因此在课程内容方面，集中体现在校本教材《葫芦套学校草编教材》一书中。这本教材以玉米叶编织为主，分为两大部分，即草编相关通识知识和草编基本技法。一共分为五个章节，具体章节内容为：第一章讲解草编常识，从什么是草编、草编的历史、玉米叶的编织方法三个角度来解析；第二章讲解三股辫；第三章以动物编制为主，主要介绍小鱼和小鸟、蝴蝶的编

① 钟启泉. 国外课程改革透视[M]. 西安：陕西人民教育出版社，1993：19.
② 廖哲勋. 课程学[M]. 武汉：华中师范大学出版社，1991：67－68.

制;第四章以玉米皮花编制为主,主要讲解花球、姑娘、葫芦、花的编制;第五章以缝制作品为主,介绍了垫花样盘法、茶杯垫的缝制、坐垫的缝制,还有拖鞋的缝制。从内容难易程度来说,教材符合从易到难的教学规律,但是没有具体的年级、学段划分。从内容的饱满程度来说,关于草编的历史介绍、编制方法太单一,草编不仅仅只有玉米叶编织,还有其他类型的编织,因此“编”课程需要丰富其课程内容。从教材划分上来说,“编”课程应该做出具体的调整,不能全校通用一本教材,必须从教材上就做出学段划分,而不是教师自己做出划分,这不符合教学规律,也违背了课程结构的标准。

四 “编”课程的开发与实施

葫芦套学校的“编”课程从2014年由学校领导提出,发展至今有了一定的开发成果,它的发展大致经历了四个阶段。

1. 背景研究阶段

这是“编”课程的萌芽阶段,最初学校有了把草编课程作为校本课程来开发的想法后,便开始组织教职工收集与草编历史背景、艺术发展相关的资料,打算把草编的历史发展作为起点开发“编”课程。

2. 艺术考察阶段

该阶段是学校对草编历史、草编文化有了一定程度的了解后采取的第二步计划。开发草编课程,得有专职的草编教师,但是葫芦套学校没有任何教师在之前接触过草编,于是学校决定走访民间艺人,向艺人们学习草编技艺。2014年里葫芦套学校的领导团体一行4人,前去拜访通化市农广校校长、草编艺术传人万丽梅校长。万校长被葫芦套学校的诚意所打动,决定把自己的草编技艺教授给葫芦套学校的张亚梅、李秀杰老师,为学校培养草编教师,同时每周抽出一节课的时间到葫芦套学校亲自给学生们上课,此举激发了学生对草编的兴趣,也为葫芦套学校的草编教学解了燃眉之急。万校长的举动使葫芦套学校的“编”课程得到了极大的发展。这一阶段是“编”课程初步形成的时期。

3. 课程发展阶段

该阶段是"编"课程大力发展时期。在这一阶段学校的两位草编教师多次走出校门进修草编学习,带回了更多的草编知识与技艺。2014 年 10 月,张亚梅老师和李青杰老师前往通化市农广校劳动实践基地培训半个月;2015 年 6 月,前往通化市关东文化市场观摩非物质文化作品展;2016 年 9 月,则在通化市师范学院参加了国家级传承非物质文化遗产为期一个月的培训。这几次培训给"编"课程的发展带来了许多积极影响,在提升了教师草编技艺的同时,丰富了"编"课程的教学。学校受这几次培训的启发,利用网络资源进行现代草编艺术的欣赏和评价。组织学生开展各种形式的展览、展销活动,推动了"编"课程的发展。

4. 课程丰富阶段

这一阶段,学校的草编课程基本定型,有了校本教材《葫芦套小学草编教材》,师生们的草编作品甚至能作为艺术品售卖。为了推动"编"课程的发展,学校还制定了相关的原则作为草编作品日后的发展方向。学校表示,草编制作必须遵循四大原则:(1) 时代性:作品要富有时代特,突出于生活间的联系。(2) 民族性:传承民间艺术传统,体现民族特色,增强民族自豪感。(3) 趣味性:适合学生的年龄特点,寓教于乐。(4) 创新性:培养学生的实践能力和创造能力。这些原则是在"编"课程已经有了一定的发展基础后提出的,是"编"课程成熟的标志。

"编"课程的实施分为两个阶段。第一阶段是"编"课程发展初期,学校草编教师的草编技艺还未成熟,难以承担起学校的草编教学,因此该阶段是由草编民间艺人万丽梅校长为学生们上课。万校长深入浅出、幽默风趣的课堂讲授让学生们爱上了草编,对草编产生浓厚的兴趣,这为后期学校的草编教学奠定了良好的基础。在学校的两位草编教师可以独当一面之后,学校的草编课程教学做出新的调整,开始大力实施"编"课程。首先,积极培养学生对家乡草编的兴趣,兴趣是感受力的基础和前提,孩子只有对草编感兴趣了,才会注意看,注意听,耐心体验、观察、感受,才会对家乡的工艺草编产生日益深厚的感情。其次,在引导学生有兴趣的基础上,加以提炼和升华。引导学生了解家乡草编历史和发展的相关知识,认识一些编织的材料;教给学生一定的手工编织技法;让学生进行手工加工和创作。再次,开展多种多样的展览,鼓励学生不断进步,不断提高。教师的表扬能在一定程度上帮助学生建立一种自信,而周围同学的赞扬与认可能在更大程度上让这个学生产生自信，最终培养学生手工编织这门艺术的基本感觉。学校面向全体学生，每周对每个班级开设一节草编课，并且成立兴趣小组，学生根据自己的兴趣爱好自愿报名，利用课余时间深入学习草编技术，开展班级交流评比。同时，学校还组建草编社团，选拔优秀学生进行更深的草编艺术研究，进行情境化的教学尝试，把单一的作品变成情境化作品。这些都是在草编教学中衍生出来的实施策略。

草编校本课程的开发与实施，传承了中国非遗文化，让草编艺术走进每个孩子的生活，使他们开阔视野，增长体验，提高学生审美情趣和综合素质。

五 “编”课程典型教学案例

案例简介：“编”课程是葫芦套的特色校本课程，包含葫芦套学校的文化特色，通过其教学案例能较深刻地体会到草编课程中蕴含的乡土文化。现选择“编”课程的一堂教学课作为案例来分析，课程名称为《葫芦的编制》，授课时长为 40 分钟，授课对象为葫芦套学校四年级的学生，授课地点为葫芦套学校草编教室，授课教师为葫芦套学校美术教师。

课程名称：《葫芦的编制》。

教学目标：

1. 使学生了解草编的基础编制手法并能熟练运用编制手法进行独立编制作品，掌握编制葫芦的方法。

2. 对葫芦的编制手法进行创新，编制其他的作品，培养学生的创新思维和动手操作能力。

3. 通过编葫芦体验草编与日常生活中的联系，感受生活中的美好。

教学准备：玉米叶、剪刀、细线、卫生纸团、PPT 课件。

教学过程：

环节一：新课导入——《葫芦娃》的启发

在新课导入的环节，教师以动画片《葫芦娃》引出本节课的教学重点——葫芦。

四年级的学生依然处于天真烂漫的阶段，直接就进行葫芦编制的教学会使学生觉得枯燥乏味，影响课堂教学效果，因此，借由孩子们都认识并且喜爱的动画形象类进行教学会达到提高兴趣、联结经验的效果。

师：同学们好，请坐！上课之前，老师先请大家看一段动画片（教师操作多媒体，播放视频）

教师播放了动画片《葫芦娃》的第一集视频，学生看得仔细认真。播放期间教师询问："这部动画片叫什么？"学生齐答"葫芦娃"。

师：葫芦娃一共有几个？

生：七个。

师：他们都有什么本领啊？

生：千里眼、顺风耳、变大变小、喷水、喷火（学生争先恐后地回答）。

师：对，还有一个有宝葫芦。好（关掉视频），那位老爷爷得到一颗神奇的葫芦种子，通过细心地照料，它长出了葫芦藤，结出了葫芦。今天老师把老爷爷请到了咱们教室，（教室从讲桌第下搬出来草编的小屋，是仿照葫芦娃里老爷爷家做的小屋）同学们跟他打声招呼好不好？（学生回答"好"）老爷爷说"同学们好"，你们要怎么说？

生：老爷爷好！

师：好，那么老爷爷的葫芦架也被请到了现场，（说着又从桌底抬出了草编的葫芦架，架上挂满了七彩的小葫芦）看看我们葫芦藤上的这些小葫芦，可不可爱啊？

生：可爱。

师：非常地可爱！其实啊，我们用玉米叶编织的方法也可以编出小葫芦。今天我们就来学习小葫芦的编法，同学们喜不喜欢呀？

生：喜欢。

环节二：教师引导——如何编制小葫芦

在该环节，教师借助多媒体课件播放了课前制作好的编织小葫芦的视频。这一环节注重的是教师的教和学生的学，基于学生对视频教学的理解，教师边编制葫芦边讲解，在教授编制手法的同时也指出了编制时可能会出现的问题和遇到的困难，加深了学生对葫芦编织的理解和学习。

师：下面我们就来看看怎么来编织小葫芦，（教师播放课前录制好的编织小葫芦的短视频，视频里有分步骤解说）大家注意看，注意听。

“葫芦的编法：

准备材料：宽一点的玉米叶、两个卫生纸团（一大一小）、一片细玉米叶、细线

步骤：首先，将玉米叶浸湿、扭转、对折，将大的卫生纸团塞进玉米叶扭转处，包好；第二步用线系好，将多余的线剪掉；然后将小一点的纸团用细玉米叶系住，放到前面做葫芦的上半部分，将卫生纸包好，用线系紧，将多余的线剪掉。葫芦口处，大家把多余的叶片剪掉，把长的那片玉米叶留住作为葫芦上面的衔接处，也可以用线。这样，漂亮的小葫芦就做好了！”

师：葫芦上面的线啊，刚刚课前等待的时候我让大家编了小辫子，咱们就可以用小辫子代替上面的线。看明白了吗？

生：看明白了。

师：下面我们看一下做葫芦的步骤，我们一起来做一下，好不好？

生：好。

师：好，现在拿出你们的卫生纸，先做个纸球。看一下你们玉米叶的宽度，大约做一个多大的卫生纸球才合适，不要太小了，不然你的葫芦太瘪，看着像没长成似的。你先团一个，大一点的，别太小，不够用再来点纸（师生共同一起做纸球）。

师：好，现在，同学们拿出你们的玉米叶，拿宽的，从中间的位置这样扭一下（教师在讲台前边解说边示范）对折，看没看到？做成老师的这个样子，然后调整一下，让它外面鼓出来。里面能包空气，然后把你的卫生纸团放到里面，把它包好。包的时候，我们一定要注意不能露出卫生纸，包严实。如果你觉得你的卫生纸团太小了，拿出来再调整一下，你们的这片叶都挺宽的。做好之后呢，你们拿着线把小葫芦根部系好，一定要包好再系紧线。要是一个人不方便，可以两个人合作，像系鞋带一样系个死扣，然后把多余的线

剪掉。第一步做好了吗？你们做得很快！拿起来让老师看一下！把它捏圆一点！来，老师看一下，都跟上了吗？做完之后要是觉得不圆，你再给它捏一捏。上面的葫芦呀，咱们要做的小一点，所以你要搓的卫生纸团也要小一点，比上一个相对小一点，然后接着包。包的时候注意，我们刚才编的小辫，把它放在卫生纸球的中间，也给它包上，这样比较结实，然后一起捏到葫芦上面，包好。千万不要露出卫生纸。往下调整一下，想要好看就得不断地修整。调整好后，把上面这个也系上，上面这个一定要系紧。系完之后，我们把这个口剪一下，不要太短，这个小辫给它挪出来，不要剪掉了。看，老师的这个小葫芦就做好了。看你们能不能也做出一个可爱的小葫芦。

（教师完成自己的作品后走入学生中间观看学生制作葫芦并做出指导。）

师：做好的同学可以把葫芦放到葫芦架上来，这一层是给你们准备的，做好的过来挂上吧学生纷纷上前挂葫芦。

师：做完的同学等等其他的同学，先坐着。做完的同学都挂上去，那个叶留着，一会我们还有作用呢。有问题可以问老师。

师生编织葫芦的片段

师生编织完成的葫芦

环节三：学生实践——编葫芦的启发

这一环节是本节课的重点环节，是对学生学习完葫芦编织手法后的检查，也是学校开设草编课的重要目的之一。学生学会编织葫芦的方法，并能运用这种方法编织创作出其他的作品才算是达到了这节课的教学目标,才能对学生的创作力与想象力有所提升。

师:大家想一想,用编葫芦的方法能不能再编一些和它很相似的东西呢?用这种方法还可以做什么?大点声(提问学生)。

生1:还可以做大葱大蒜。

师:大葱大蒜,还可以做什么?

生2:做粽子。

师:做粽子,也可以。还有呢?你说。

生3:做饺子。

师:做饺子,饺子不太好做(学生说“包子”)。包子也行。你说。

生4:做辣椒。

师:嗯。还能做什么?你说。

生5:青椒。

师:做青椒,你说。

生6:做苹果。

师:做苹果。嗯,它们都是圆一点的。我们来看一下我们生活中的蔬菜(播放课件)茄子、辣椒、大蒜、番茄,还有什么?(学生说“黄瓜、南瓜”)它们都可以用这种方法来做吗?

生:可以。

师:你想做什么呢?现在给大家时间,咱们就用编葫芦的方法创作其他的作品。小组先讨论一下,你们想做什么,两个人一组。先想好做什么,然后去前面拿玉米叶,你需要什么颜色的就拿什么颜色的。想好的同学到前面来拿玉米叶。

(学生纷纷上前拿需要的玉米叶,拿到玉米叶后回到位置创作自己的作品。教师在学生之间巡回,观察学生的创作,并做出相应的指导。)

师:大家可以看看图片,会不会对你有启发。你要做什么就得先想好,里面的卫生纸要把它搓成什么形状。

学生创作的场面很热烈，大家斗志昂扬，有的做红辣椒，有的做青椒，有的做萝卜，有的做茄子，有的做水萝卜，有的做番茄，有的做粽子，有的做大葱……陆续完成作品后，学生将作品放在了老爷爷的房顶上。

环节四：作品展示——我的创作

这一环节是对学生编织作品的展示，栩栩如生的作品就是学生对这节课学习效果的最好的体现。

师：好，坐好。看看同学们的作品，太聪明了，你们！让我们来看看你们都做了什么。这是什么？谁做的？

生7：彩椒。

师：这是什么？

生：水萝卜。

师：看来还是挺像的，都认出来了。这个是什么？

生：茄子。

师：这个呢？

生：辣椒。

师：这个呢？

生：大蒜。

师：黄色这个是什么？

生8：香蕉。

师：香蕉？没太看出来。

生：再宽点就好了。

师：再宽点，同学提意见了。这个是什么？

生：西红柿！草莓！

师：更像草莓。粉色的这个是什么呢？大家没看出来。谁做的？（有学生举手）你做的你说。

生9：我做的萝卜。

师：水萝卜是不是？你做的水萝卜，这颜色看着就像了，这个尖给它塞在里面就更好了。

……

学生创作的编织作品

环节五：教师总结

课程进行到这里就进入了尾声，教师在课程结束之前对学生的表扬就是对学生进行草编学习和创作的最好鼓励。

师：好了，今天看到同学们真的是非常非常地聪明，真棒！给自己鼓励一下（学生拍手鼓励自己）。你们是最棒的！希望以后咱们在学习其他的编法的时候大家还能创作出咱们都没创作过的作品，好不好？

六　“编”课程实践效果分析

“编”课程从2014年提出开始，一直秉承着以人的发展为核心，培养复合型人才的理念。在这样的理念指导下，葫芦套学校的“编”课程取得了非常显著的教学效果，同时学校也因为“编”课程突出了学校的文化特色，做出了葫芦套学校特有的文化品牌——富有乡土文化气息的园林式校园。

从学校文化上来说，葫芦套学校注重宣扬与传承乡土文化，大力发展国家非物质文化遗产，并借助“编”课程来促进形成自己的乡土特色发展学校品牌与特色，在促进乡土文化发展的同时也推动了学校的发展。因此，“编”课程的开发与实施对葫芦套学校的文化发展与学校成长非常重要，是学校深远发展的重要基础与力量源泉。但是目前学校对乡土文化的理解依然不够全面和客观，只是从学校的校园建设、校本课程建设方面进行发展，而没有具体的精神方面、理论上的指导，缺乏科学性与客观性。

从教学方式来说，葫芦套学校使用最多的还是“教师教授—学生实践—教师指导”的模式。“编”课程毕竟是一门手工操作的课，注重学生的动手操作能力，所以教师的随堂指导和学生的积极操作是每一堂课必不可少的环节，“编”课程的课堂教学不能拘泥于一般的教学模式，以导致课堂纪律难以维持，课堂气氛极为热烈，看起来比较散漫。因此“编”课程的教学方式仅适用于类似于草编课程这样的手工课堂，但是也要注意课堂纪律的维持。同时，手工编织可以是单人操作，也可以是多人操作，多人操作还能培养学生的团结意识与合作能力。葫芦套学校的“编”课程缺乏在小组合作方面的教学，这或许会是“编”课程日后考虑的教学方向。

从教师成长来说，“编”课程是葫芦套学校教师面临的一个重要挑战，因为在课程开发之前教师是没有接触过草编的，开设一门从未接触过的课程意味着教师要学习新的知识，接受新的领域，极大增加了教师的工作压力。但是“编”课程开设8年了，发展态势逐年向好，甚至成为学校的特色文化品牌，这离不开教师的付出，离不开教师的学习成长，是教师专业素养与技能成长的体现。“编”课程给葫芦套的草编教师提供了学习成长的机会，促进了教师职业素养的提升和专业技能的发展。

从学生成长来说，“编”课程为学生的成长带来了巨大的影响。工艺草编的编织让学生经历设计、选材、制作的过程，体验动手实践的过程和成就感，领略手工艺品独特的文化内涵，让他们在参与传统文化的传承与发展中，提高文化品位和人文素养；同时，草编还锻炼了孩子的动手能力、创造能力，培养了孩子细心、静心、耐心等良好的品性。草编的活动，使学生受到美的感染和熏陶，提升了学生的审美、观察、动手等综合能力，锻炼了学生的意志品质，发展了学生的个性，让学生更多地体验到了成功的快乐，享受到了愉快的童年生活，培养了他们热爱生活、热爱家乡、热爱乡土文化的情感。

一切都是以“人的发展”为核心，一切都是为了学生的成长、教师的发展。“编”课程的开发与实施让葫芦套学校向自己的这一理念和宗旨迈进一大步。“编”课程的发展是葫芦套学校的成长,是学生的成长,是教师的成长,也是乡土文化的成长。

第四节 “塑”课程:塑出地域风情

吉林省吉林市永吉县春登中心小学是一所依靠打造特色艺术课程来促进自身发展的农村小学。多年来,学校立足于所在社区的地域课程资源,为了建设学校特色的校本课程文化和课程内容,不断挖掘地域课程资源,开发出了草编、泥塑、剪纸等独具特色的校本课程内容。其中,“塑”课程独树一帜,一度成为学校的校本特色。“塑”课程,塑出地域风情;“塑”课程,塑出学校特色;“塑”课程,塑出学生发展。

一 “塑”课程的背景分析

1. *学校发展历史与文化特色*

吉林市永吉县口前镇春登中心小学位于永吉县口前镇西北部,距镇政府所在地约九公里。北有淙淙流水,南临开阔平原,东有广袤田野,西邻绵延丘山。学校始创建于1920年,历经民国、伪满和新中国三个历史阶段,有过官学、初小、完小三个发展时期,为原春登乡下辖的达屯、金三、繁荣、务本等十一个村屯培养了大量的有文化、有思想、有作为的人才,为春登经济繁荣、社会发展做出了不可磨灭的贡献。学校占地面积1.5万平方米,建筑面积3 280平方米。拥图书室、微机室、实验室、多功能室、舞蹈室等专用教室13个。现有53名教职工,14个教学班,小学部240余名学生,幼儿园100多名孩子。其中,具有本科以上学历的教师24人,中共党员13人,特岗教师16人,拥有高级职称的教师5人,拥有中级职称的教师24人。春登中心小学是永吉县规模较小的乡村小学。2012年以前,春登中心小学是全县唯一一所校舍不是楼房的农村中心学校,办学条件和全县其他乡镇小学对比较为薄弱。2014年,政府及教育局投资

400余万元，为学校建成了1 937平方米的教学综合楼。近两年，县教育局先后为学校铺设960平方米幼儿园操场，配备150套新桌椅和幼儿园床，配备10台电教设备，新建了科学探究馆、电子琴房，增添300多件音体美器材，学校教学设备配备率达到100%。2014—2015年，学校坚持勤俭办学，把节省下来的资金用于美化绿化校园，改建舞蹈房、泥塑和藤编教室，为老师配备办公柜，增添大小型儿童玩具和图书以及电脑、打印机等。如今学校各种功能室齐全，各种实验和活动设施设备完善，学校和政府的不断努力使学校的办学条件从根本上得到改善，学校办学条件到达了县城学校办学条件水平，满足了学校的教学需求。

近年来，学校的文化建设也取得了显著的成果。按照学校文化创建方案，结合校情，基本上完善了学校文化系统，校园文化正在孕育、提炼、形成。逐步形成了以中华传统文化为核心，以特色文化为落脚点，打造班级文化、办公文化、走廊文化、活动文化、课程文化、环境文化为支撑，重点突出学校的特色办学，以情育人，让每面墙壁会说话，提升情趣教育文化体系，促进全体师生形成情趣和谐的人文情怀，彰显学校办学理念与办学特色，走学校文化管理内涵发展之路。

2. 学校办学理念与现实需求

近年来春登中心小学将办学理念确立为“情趣教育”。“实施情趣教育，点燃每一位师生斑斓梦”是学校现任校长在原有办学理念“为每一位师生搭建成功的平台”的基础上，借用新的理念理论、新的思维概括、提炼、提升出来的，既是对原有办学理念的传承，也是对原有理念的创新。其意义在于：给孩子提供富于情趣、乐趣的学习环境，激发孩子学习兴趣，培养孩子创新精神，给师生搭建成长的舞台，把孩子从单一机械地追求成绩中挣脱出来，把孩子的天性释放出来，放到学校富于情趣的教育环境中，去滋养个性，点燃他们心中五彩斑斓的梦想火焰。具体而言，情趣教育中的“情趣”指向培养儿童的兴趣志向与情调趣味。从字源分析来看：“情”有情感、情调、情境之意，“趣”有趣味、兴趣、志趣之意。学校所推崇的情趣教育的核心价值就在于：以“情”为根基，从“情理”到“情感”，以“趣”为目标，由“乐趣”再到“兴趣”，直至“志趣”的发展过程。在此基础上，为了落实立德树人根本任务，培养学生核心素养，落实新的办学理念，学校新一届班子把原来的“诚信博学，创新笃行”的校训重新确定为“知情明理，志趣不凡”。

近年来，学校的进一步发展仍面临着不少的难题。比如，生源萎缩减少，似乎是不可避免的。虽然学校在“十二五”期间的跨越式发展得到全体家长的充分认可，稳定并在很大程度上保住了生源，但是学校的生源问题会决定学校未来许多方面的问题，如管理问题、特色发展问题、特色活动效果问题、教师成长问题等都会受到很大制约。如何转变学校发展思路，保持学校发展特色，让春登中心小学永不褪色，是“十三五”期间学校发展抉择的大课题。目前学校的现实需求总结起来有以下几点：

第一，学校学校特色办学取得了显著成绩，但特色优势的可持续性、未来的发展性仍是学校需要思考的问题。学校现有特色成果，需要与学校整体课程体系和学校整体工作深度有机整合、融合。具体怎么样去操作，学校急需思考。

第二，教师队伍建设与培养，任重道远。根据目前情况看，学校未来教师逐步走向年轻化，但也会或多或少面临流动性问题。希望能够探寻一条既能稳步扎实提升年轻教师迅速无限成长，又能抓牢成材教师的队伍建设之路，对学校目前发展而言具有很强的现实意义。当然，师资力量的培养还需要外部力量的帮助。

第三，学校发展需要专家团队给予把脉，促进学校理论上能力提升，让学校特色更加有力量。共同帮助学校拓展未来的学校发展思路，创新发展模式，实现学校的可持续发展。

第四，如何让学生和教师在更广阔的天地里感受到价值，增强内驱力。寻找有力的外延拓展，让师生收获到更多可见的成果。

3. “塑”课程的提出与发展

春登中心小学结合创建艺术教育特色学校平台，以“农趣园”乡村少年宫建设为依托，坚持以特色创品牌，立足学生综合素质的提高，根据农村小学实际，激发学生兴趣，尊重学生爱好，挖掘学生特长，培养学生自信，提升学生整体素质。近年来，立足于农村社区得天独厚的地理优势和原生古朴的乡土文化，以继承和发扬中国民间的传统文化为追求，有效整合课程资源，利用美术课和特色课时间，让泥塑、剪纸和藤编走入孩子学习生活中，让孩子们在捏泥、剪纸、藤编中，创造性地刻画、描摹自己心中的作品，培养和提升创造力。立足于特色课程落实学校育人目标的多维度，打造品味课堂，培养学生志趣，提升师生文化品位，促进学校特色形成。

春登中心小学乡村少年宫从2013年开办以来一直坚持“挖掘师生潜能，培养学习乐趣，发展学校特色”的活动原则。春登中心小学以采掘民间艺术为基点，结合当地民间艺术和人文资源，在现有师资配备不足的情况下，发掘当地民间艺术和人文资源，聘请农民艺术家孙旭功担任泥塑剪纸校本特色教师，开始在学校开设泥塑等校本特色课程。当时，学校开设此类课程的预期目标是通过对这些地域特色课程资源的开发，使学生综合素质得到全面提升，从而达到激发学生兴趣，尊重学生爱好，挖掘学生特长，培养学生自信，提升学生整体素质的目的，也契合了学校“情趣教育”的办学理念。但是由于师资有限，学校尚处在摸索的阶段，主要是把泥塑课程当做一项特色学校课程，没有制定完善的课程方案和课程计划，只是简单地教给孩子们一些泥塑的技巧，丰富学校的课程内容，让学生通过泥塑的学习了解中华传统文化与家乡乡土文化。

总体来看，春登中心小学的泥塑课程建设以学校乡村少年宫的建设和发展为基础。泥塑特色课程是乡村少年宫的特色内容，伴随着学校近年来对乡村少年宫的建设，“塑”课程也取得了相应的进步。学校领导办学思路的成熟、对特色校本课程建设的重视，以及学校教师们的积极探索都在促进泥塑特色校本课程的发展。随着乡村少年宫形成相对稳定的课程内容和课程体系的完善，在结合学校泥塑、剪纸、藤编创作艺术教育活动特色的基础上，依托不同年龄段、不同孩子的特点设置，在不同年级分别开设撕纸、剪纸、刻纸等适合学生发展的特色课，旨在继承和发扬中国民间的传统文化，让泥塑、剪纸和藤编走入孩子学习生活中，培养学生的想象力和创造力。而学校的泥塑课，发展到目前分为彩泥和陶泥两类，分别在幼儿园、一年级以及四年级开设。“塑”课程也已经形成相对稳定的课程内容和教学方法，并且学校开发出了自己的校本教材，不断地完善着“塑”课程的课程体系。

二 “塑”课程的理念与目标

永吉县春登中心小学的“塑”课程自2013年被学校发掘以来，一路走来，成为学校的一张特色名片。但是项目组通过调研走访，发现学校的校本课程体系在文本资料的体系方面并不完善，甚至很多内容并没有落实到文本材料程度。所以说，“塑”课程的开发以及实施是在没有课程方案和课程设计的情况下，学校自主实施探究的校本课程实施模式。学校近些年在实践方面进行着不断的创新和研究，但课程方案的定位和设计尚存在完善空间。在访谈学校领导和相关教师的时候，项目组就此问题进行了询问，了解到，学校主要着眼于课程内容的设置，对理念尚未有明确表述。因此，学校对“塑”课程并未形成明确的课程理念与目标，在学校自主编写的校本教材(共三册)中可以摘录出一些内容，校本教材的前言部分对泥塑校本课程的课程理念虽未提及，但有关于每册教材教学总目标的表述：

“掌握泥塑的基本技巧，培养学生整体造型能力；使学生进一步了解自然美和艺术美。激发学生学习泥塑的兴趣，开发智力，培养创新意识，提高学生动手、动脑、创造能力。”(第一册泥塑校本教材教学总目标)

“学生以个人或小组合作方式参与美术活动，尝试各种工具、材料和制作过程，学校美术欣赏和评述的方法，丰富视觉、触觉和审美经验，体验美术活动的乐趣，获得对美术学习的持久兴趣，了解基本美术语言的表达方式和方法，表达自己的情感和思想，美化环境和生活，在美术学习过程中，激发学生创造精神，发展美术实践能力，提升美术素养，陶冶高尚的审美思想，塑造完美人格。”(第二册泥塑校本教材教学总目标)

“学生以个人或小组合作方式参与美术活动，尝试各种工具、材料和制作过程，学校美术欣赏和评述的方法，丰富视觉、触觉和审美经验，体验美术活动的乐趣，了解掌握泥塑基础知识，以及人物、动植物等雕塑技巧。了解基本美术语言的表达方式和方法，通过学习自己能独立雕塑出成形作品。”(第三册泥塑校本教材教学总目标)

从以上内容可得知，春登中心小学的泥塑课程的目标在一定程度上参照了国家美术课程的教学目标：第一册注重培养学生基本的知识，掌握基础知识和基本技能；第二册注重培养学生的实践能力和审美情趣；第三册注重培养学生对泥塑技巧的掌握。但是课程目标对课程内容本身的针对性和指向性不强，多年来学校也没有有意识地在总结实践经验的基础上总结提升课程理念和目标。这是值得商讨和进一步改进的地方。

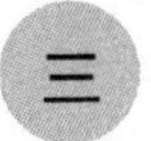

三 “塑”课程的结构与内容

从国内外学者的相关研究我们了解到，课程结构指课程要素和各组成部分的内在联系和相互结合的组织形式。一般而言，课程内容是课程的核心要素，从总体上讲，课程内容是根据课程目标,有目的地选择的一系列直接经验和间接经验的总和,是从人类的经验体系中选择出来,并按照一定的逻辑顺序组织编排而成的知识体系和经验体系。① 对应在一门具体的课程之中,课程的结构与内容可以简单理解为一门课程的组织形式和内容编排。就目前春登中心小学的"塑"课程而言,学校能够提供给项目组的文本材料中有关课程结构和课程内容的部分只是简单地呈现为每一册校本教材所编排的课程内容。针对学校的校本课程,学校目前尚未形成完整的课程方案或者课程计划,相比较形成规范的书面文件,春登中心小学目前尚处于由教学实践走向课程构建的初级阶段。当然,实践探索之后的理论总结也是必要的环节,是推进学校校本课程进一步发展的重要步骤。学校校本教材呈现出的课程内容,是了解目前学校课程结构与课程内容最直接的文本。

第一册泥塑校本教材课程内容:

一、苹果	二、桃	三、海豚	四、熊猫咪咪	五、浮雕——花	六、浮雕——月儿弯弯
七、小汽车	八、茄子	九、鲤鱼	十、白菜	十一、草莓	十二、蘑菇
十三、茶具	十四、瓶	十五、墨水瓶	十六、小飞机		

教材部分内容呈现:

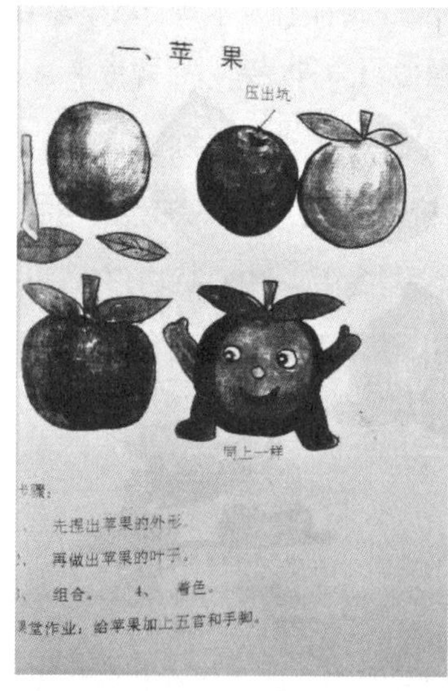

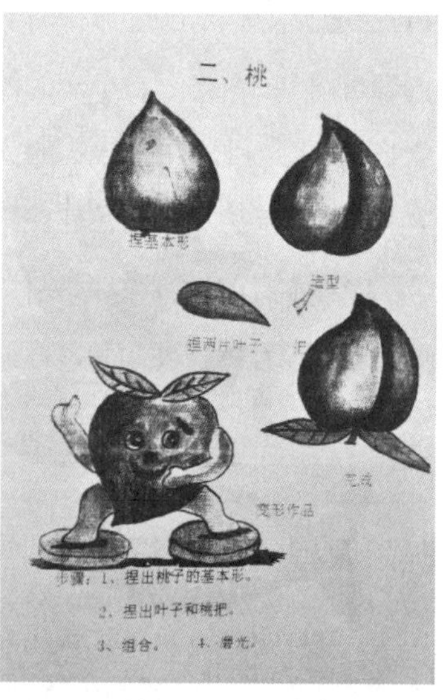

① 全国十二所重点师范大学联合编写. 课程论[M]. 北京:教育科学出版社,2007:141.

第二册泥塑校本教材课程内容：

一、鸟	二、鹅	三、小马驹	四、金鸡报晓	五、北极熊	六、小鹿
七、猴	八、小灰兔宝宝	九、小松鼠	十、小象	十一、小老虎	十二、小猪肥肥
十三、企鹅	十四、盼盼	十五、巴狗乐乐	十六、公鸡学画		

第三册泥塑校本教材课程内容：

一、蒙古少女	二、小鹿伴我成长	三、亲情	四、小猪娃	五、女娃娃	六、鸡娃
七、沙和尚	八、少年英雄	九、哪吒	十、习武	十一、晨练	十二、科技致富
十三、胖娃娃	十四、瓷娃	十五、课间	十六、歌舞小能手		

总结以上内容可以看出，春登中心小学“塑”课程的结构和内容大致上呈现出由浅入深、层层递进的特点。第一册校本教材的内容基本上教授学生最简单的实物造型，从孩子们身边熟悉的事物，如动植物开始，学习如何捏出基本的形状，重在培养学生对泥塑课程的兴趣，掌握基本的技法。第二册校本教材在内容选择上以动物为主，这一册的动物造型相比于第一册中的动物造型要复杂一些，在进行创作时要更加注重对细节的处理，还要注意动物的神态和表情。这些内容的学习相较于第一册的课程内容难度有所增加。第三册教材的学习内容以人物造型为主，并且不是进行简单的人物形状的塑造，而是更加注重情境性和简单图案的组合型场景。在很多课程内容的设计上具有开放性，留给学生一定的想象空间和创造空间，注重对学生美术综合能力的培养和训练。

虽然目前春登中心小学的“塑”课程的内容和结构初步呈现出一定的系统性，但是在文本材料的整理和完善方面还有很大的改进空间。学校今后的努力方向是总结多年的实践探索经验，形成规范化的制度文件和教材文本，做到有章可循。

四　“塑”课程的开发与实施

学校目前已形成独具特色的“情趣课程”类综合实践课程体系，“塑”课程是其中重要的一员，所以“塑”课程的开发与实施与学校“情趣课程”体系的建设有很大的交叉与重复。学校自确立“情趣教育”的学校理念以来，一直致力于学校特色校本课程的建设和发展，依托乡村少年宫的实践平台，促进学校的特色发展。春登中心校在开发特色课程和特色活动的工作上，都有较为健全的指导思想和责任分工。

1. 责任部门

教导处、德育处、少年宫各司其职。

2. 指导思想

立足学校培养目标，着眼学生终生发展，科学规划学校课程。加强课程研究及改进，提高课程执行力，促进课程民主化，形成具有本校特点的课程体系。促进教师专业成长，提升学校内涵发展，全面提升育人质量。

3. 工作目标

构建出兴趣类、情感类、品位类三大板块的情趣课程体系框架,以泥塑、剪纸、藤编等特色项目为代表,以课堂特色活动和少年宫活动为载体,有机整合各种教育资源,提升学校文化品味,丰富学校教育内涵。

总体而言,在“塑”课程的开发上,学校成立了课程开发领导小组,组织大家学习课程理论,确立课程开发原则,建立健全课程开发制度,对课程进行顶层设计,梳理出与培养目标相对应的课程框架。“塑”课程的开发是学校打造特色课程中的重要部分,有学校相关职能部门的参与和监督,有具体的指导思想和工作目标。

在“塑”课程以及特色校本课程的实施方面,学校依托不同年龄段、不同孩子的特点设置课程;在不同年级,开设适合学生发展的特色课,面向全体、全员参加,内容全面。具体表现为:泥塑课分为彩泥和陶泥,分别在幼儿园和一年级以及四年级开设;剪纸课分为剪和刻两种形式,分别在二、五年级开设;藤编在五、六年级开设;还有石头画、粘贴画、儿童画,分别在三年级开设。学校依托乡村得大独厚的地理优势和古朴的乡土文化,以继承和发扬中国民间的传统文化为追求,有效整合课程资源,利用美术课和特色课时间,让泥塑、剪纸和藤编走入孩子的学习生活中,让孩子们在捏泥、剪纸、藤编中,创造性地刻画,描摹自己心中的作品,培养和提升创造力。

在具体的课堂教学过程中构建了情趣课堂评价标准,注重对学生兴趣、习惯和能力和培养。不断探索符合课程性质和课程内容的教学方法,最终构建了“四步走”教学模式,即在“塑”课程的教学过程中大体依照“激发兴趣、乐学新知—培养情趣、主动参与—趣味练习、牢固掌握—探究拓展和智情升华”的教学流程,并且适当运用思维导图进行教学,构建“以情激趣、以趣诱知、以趣促学、以趣增智、知情合一”的校本课程教学特色,形成“乐学、善学、爱学”的泥塑课堂。经过学校的实践探索,课堂呈现出学生学习兴趣浓、热情高的氛围,学习效果好。

五 “塑”课程典型教学案例

案例简介: 本课为“塑”课程校本课程教学案例,课程名称为《我身边的小动物》

(彩泥课),授课时长为40分钟,授课对象为春登中心小学四年级的学生,授课地点为春登中心小学校教室,授课教师为春登中心小学校美术教师。

课程名称:《我身边的小动物》

内容分析:泥塑是用自然黏土或其他可塑性强的泥,用手及简单工具塑造立体造型的一种艺术活动。本课以儿童最喜欢的小动物为创造主题,主要的创造材料是彩泥,希望学生通过团、揉、搓、捏、压、粘、堆等基本技法进行“身边的小动物”造型的学习和表现,掌握动物造型的基本技巧。

教师准备:教学PPT(各种简单动物图片展示),必备的教学工具,教师已完成的用于展示的相关作品。

教学过程:

环节一:激发兴趣

师:同学们,咱们同学每天都生活在神奇的大自然中,从小到大我们遇见过或者见过各种各样可爱的小动物。你们想通过自己的双手学习怎么去塑造这些可爱的小动物吗?你们想通过自己的创造去展现这些活泼可爱的小动物吗?今天啊,老师就带领大家来学习如何通过彩泥的造型来重现我们身边的小动物。在开始学习之前,大家想想我们身边都有哪些常见的小动物啊?

生:有小鸭、小鸡、小狗、蝴蝶、小猪、小鱼……

(学生回答,老师总结,并展示相应的PPT图片)

师:同学们都回答得很好,我们身边竟然有这么多可爱的小动物。同学们想不想跟老师一起来学习如何用彩泥来创作出这些可爱的小动物吗?

生:想。

环节二:乐学新知——培养情趣

师:现在呢,老师给同学们看看老师自己事先已经完成的几只小动物,同学们通过欣赏老师的作品想一想,我们要按照什么样的步骤来制作这些小动物呢?

(老师展示一只鸭子、一只蝴蝶)

生：先做头、身体，再做眼睛、嘴巴和其余装饰。

生：先做身体，再做蝴蝶的翅膀。

生：我们做的时候要用不同的颜色把各个部分区分开来。

……

师：同学们观察得很认真，也找到了我们在做这些小动物时需要注意的地方。那你们想自己用彩泥来做一做自己喜欢的小动物吗？

生：想！

环节三：主动参与——趣味练习

师：好的。那么先请同学们在纸上画出自己想要捏出的小动物，最好把小动物身体的各个部分分开来画，然后分小组进行自己的创作，注意配色和细节的处理。

生：好的。

师：同学们先不要急着动手，先想想自己想要创作的小动物由几部分组成，想想先做哪一部分，再去完成哪一部分，然后还要注意颜色的搭配。同学们在制作过程中要是遇到什么问题可以问老师。

（学生分组进行创作，老师巡视指导，同学们开始练习。）

环节四：牢固掌握——探究拓展、智情升华

（10分钟之后，已经有同学创作出了自己的作品，老师在看同学们的作品并对同学们进行指导）

师：（拿起一位同学创作的小蝴蝶，问同学们）同学们看看，这位同学的小蝴蝶漂亮吗？

生：漂亮。

师：那我们让这位同学来讲讲自己是如何捏出这只漂亮的小蝴蝶的。

生：我先捏出了蝴蝶的身体，然后用不同的颜色做了蝴蝶的翅膀，最后我对这只蝴蝶进行了装饰。

师：嗯，这位同学说得真好，老师相信同学们也都掌握了基本的步骤和方法。那大家通过自己的动手操作能总结出来在塑造这些小动物时应该注意些什么吗？

生：要注意这些小动物的外形特征，抓住它们的特点。

师：同学们真棒。我们要想把这些小动物塑造得栩栩如生，就必须在我们的创作中表现出它们的外形特征。比如小狗的神态、蝴蝶的翅膀、小兔子的耳朵……我们在用彩泥制作这些小动物的时候，是不是还应该注意小动物们各个身体部分的制作顺序啊？

生：是的。

师：老师认为同学们在制作小动物时要注意抓住动物的神态，抓住外形特性；要注意捏出不同部位的顺序，我们还要注意配色和细节的处理。（老师板书总结）

学生创作场景与创作作品

 “塑”课程实践效果分析

永吉县春登中心小学自开发自身特色校本课程以来，经过不断创新和发展，取得了丰硕的成果。学校各个层次的工作都得到了提升和发展，“塑”课程的实施取得了良好的实践效果。

在学校文化方面，校本课程的建设在于塑造具有地域特色的学校文化。学校文化建设是一个整体的工程，需要各部门工作配合实施。“塑”课程的实施让春登学校找到了创新学校文化建设的新途径和新方法，丰富了学校文化的内容和形式，懂得了在传统中挖掘新意，用融合的手段来为校园文化注入生机与活力。尤其是依托农村地域优势的课程资源和文化资源，结合学校的办学传统，全力建设泥塑、剪纸、景泰蓝沙画等富有特色的校本课程，打造独特的地域特色和学校文化。

春登中心小学在课程开发中呈现出重实践、重操作、重实际应用的特点，但是在理论指导和课程体系建设方面缺乏相关的知识和指导。“塑”课程的开发和实施是春登学校在校本课程开发方面进行的一次大胆尝试，虽然在理论体系建设方面不太完善，却在课程的实施和评价中取得了不错的成果，校本课程的开发使学校形成了特色的课程体系。

在教学方式方面，与国家课程相比，校本课程的教学方式更为灵活，学校可依据校本课程的内容属性选择适宜的教学方式，因此具有较大的发挥空间。“与国家课程相比较，校本课程教学目标的综合性决定了其教学方法的灵活多样性；校本课程是以学生初步感知、了解课程目标为主，又决定了其更应该倡导活动体验型教学方式。”①春登中心小学在“塑”课程的教学方式上重视学生的体验和实践，自主构建了符合课程性质和教学内容的“四步走”的教学模式，促进了农村学校校本课程教学实践探索。

农村教师的专业发展应该往何处去？这是近几年来农村学校应该思考的重要问题之一。“长期以来，我国的教师专业发展范式具有标准取向、城市取向和非区域视野

① 曹荣. 关于校本课程实施的思考[J]. 教育理论与实践，2012，32(35)：42－44.

的特点，这一范式忽视了城乡教师的地区差异，忽视了农村教师发展所需的地方性资源，使得农村教师专业发展空间变得狭窄，失去专业发展的话语权。”①“塑”课程的开发和实施使得学校教师在依托地域文化和地域资源的基础上，明确了教师主体的专业发展方向，增强了学校教师自主发展的自信与动力。

以“塑”课程为代表的特色校本课程的开发和实施为农村学生提供了自身成长的另一舞台。任何课程的实施效果最终都要追溯到学生的发展和进步，学生的成长是教育的永恒目的。“塑”课程的实施增强了孩子们的自信心和乐学心，在“塑”课程的学校过程中学生们的兴趣得到了保护和发展，表达能力、审美能力和创造能力等多种能力得到了锻炼和提升，开阔了孩子们的眼界，让他们学会发展身边的美好事物，为他们将来成才提供了多种可能性。

第五节　“绘”课程：绘出科学艺术

黄榆九年一贯制学校是吉林省吉林市永吉县黄榆乡的一所九年制义务教育阶段学校，坐落在永吉县西南部偏僻山区，现有 25 个教学班，学生总数 915 人，88 位在编教师。近年来，基于学校地域及师资优势，在整体发展战略的指引下，形成了以“科普教育校本课程”为主线的形式多样的系列科普教育课程，其中以“彩绘葫芦”为特色的“1+X”形式的校本课程开发成果已初见成效，且特色鲜明。2016 年 12 月 7 日，教育部人文社科重点基地重大项目“‘学校—社区互动’农村学校改进研究”项目组到学校进行实地调研，使其成为本项目的合作学校之一，并且在项目的进程中不断帮助学校规范、完善校本课程体系，促进学校改进。目前，学校也在积极探索“学校—社区互动”下的校本课程改进策略，不断推进校本课程建设。本研究将其作为一个典型个案，颇具理论价值和实践意义，希望给同类农村学校以参考借鉴。

① 葛孝亿. 农村教师专业发展范式转换——“地方性知识”的视角[J]. 中国教育学刊，2012(03)：82－85.

一 “绘”课程的背景分析

1. 学校发展历史与文化特色

黄榆学校是坐落于吉林省吉林市永吉县黄榆乡的一所义务教育阶段九年制学校。2006 年 2 月，在全县教育体制改革中，由原中心小学和当地初中（原永吉二十一中）合并而成。在校舍建设方面，学校现有初中、小学、幼儿园综合楼、宿舍楼，共 4 座宽敞明亮的楼房建筑。学校文化气息浓郁，文化底蕴厚重。各班级教室都配备了液晶电视、计算机、VCD、液晶投影仪和实物投影仪；特别是物理实验室、化学实验室、科学实验室、生物实验室、电子琴室、舞蹈室以及多媒体电教室、微机室、图书室、卫生室等“十室”建设的标准化和现代化水平，体现着学校目前的办学水平和综合实力。在教学管理方面，学校实行半封闭式管理，现有宿舍、食堂等学习生活设施，为师生提供了良好的学习条件和生活环境。整体而言，黄榆学校秉承“以人为本，为师生终身发展奠基”的办学理念，以“端品笃学、健体报国”为校训，以“讲师表、重责任、比贡献”为教风，以“通识博览、精研共进”为学风，以科普教育为特色，正逐步向“校舍建筑楼房化，办学条件现代化，特色发展品牌化，教师队伍专业化，过程管理精细化，教育质量优质化”的办学目标努力前行。

黄榆学校强调对当地特有资源的开发利用，尤其强调开设具有本地区域特色、民族特点或本学校文化特征的校本课程。学校所在的黄榆乡自然环境优越，丰富的自然资源、农业社区的典型生活方式和风俗文化是黄榆学校校本课程开发与改进的重要课程资源。充分利用黄榆的地域资源和社区条件，开发出具有自身特色的校本课程，一直是黄榆学校特色校本课程建设的努力方向。基于学校地域及师资优势，在学校整体发展战略的指引下，目前学校形成了以“科普教育校本课程”为主线，以课堂教学及科普讲座、学科兴趣探究、科普植物园耕作、少年宫葫芦彩绘、科技小制作竞赛等活动开展为内容的，形式多样的系列科普教育格局，其中积极探索以“彩绘葫芦”为基础的“1+X”形式的校本课程开发体系在目前学校发展建设中已经初见成效。

2. 学校办学理念与现实需求

办学理念，是教育理念的下位概念，是学校基于“办什么样的学校”和“怎样办好学校”的深层次思考的结晶，是学校生存理由、生存动力、生存期望的有机构成。学校发展的历史地位和发展阶段的差异，形成了不同的学校办学理念。各个学校的办学理念又因各个学校办学者的素质、价值取向和世界观方面的差异呈现出各自的特点。在黄榆乡教育持续发展的过程中，形成和确立了以“内涵发展、厚积薄发、平稳较快、和畅共生”为办学思想，以“以人为本，为师生终身发展奠基”为办学理念，以“校舍建筑楼房化，办学条件现代化，特色发展品牌化，教师队伍专业化，过程管理精细化，教育质量优质化”为发展目标，以“明师高徒”为教育品牌，以“科普教育促发展”办学特色的学校办学文化和发展理念。

通过近几年的实践探索，黄榆学校在科普教育方面取得了一定的成绩，科普特色校本课程成功创建，其间以“彩绘葫芦”为基础的“1+X”形式的校本课程体系的开发初具规模，教学成绩不断提高，社会反响不断提升。但黄榆学校在发展过程中依旧面临诸多瓶颈，目前在创建特色学校、推进校本课程的改进过程中主要有以下几方面需求：

（1）硬件设施方面

黄榆学校现有学生1130名，其中中学生277名。由于空间有限、教室紧张，学校目前仅设有6个教学班，无法实现小班额授课，严重影响校本课程的深入发展，特别是锻炼学生动手实践能力的发展。“十室”建设基本符合现代化标准，但是缺少科普特色建设的功能室，如专门供学生科普发明展示的园地，科普种植的室内展示，科普特色与各学科功能的衔接空间。因为没有足够的空间和相关设备、器材，除葫芦彩绘外，“1+X课程体系”的辐射作用受到了限制，制约了学校校本课程的建设发展，急需硬件设施方面的改进支持，希望达到教育资源的平衡分配，缩短与城镇学校的差距，加大基础设施建设，扩大学校发展空间，满足乡镇学校的基本特色发展。

（2）师资力量方面

师资力量紧张是黄榆学校的长期问题，学校校本课程教师“断层”现象严重，具有丰富科普知识的教师更为紧缺。整体结构上年龄和学历水平差异较大，教学效果不尽相同。在这样的情况下，如何搭建科普教师“专业发展平台”，打造一支结构合理、素质精良的且具有一定专业素质的科普教师队伍是学校目前迫切需要解决的问题。因此，黄榆学校急需加强自身师资队伍的建设，配备一支专业化的教师队伍。除此之外，还应加强对已有教育的专业化培训,促进学校全体教师专业化成长,提高其专业化知识及校本教研意识。

(3) 教育教学管理方面

黄榆学校作为一所普通的乡镇学校,外部环境较差,在发展境遇上面临诸多困难。学校要想走出困境,步入顺途,除了坚持已形成的优良传统,吸收外校先进的管理经验,还必须推陈出新,创新自身的管理思路和管理方法。但目前学校在这方面进展缓慢,没有形成科学化的管理体系,所以学校可持续发展的能力不强,许多阻碍发展的因素尚未清除。在未来的发展进程中,学校自身计划充分调动村委会、家长等社会资源的开发,改变传统应试教育的束缚,使学校的特色发展走入家庭,扩大学校特色发展的影响力。

(4) 校本课程建设发展方面

自学校提出“科普教育”的特色学校建设方案以来,科普教育已经走过了几个年头,如何以“科普教育”特色建设项目为依托,构建校园创新文化,用文化的方式做大做强做精学校科普特色,则是接下来学校发展和校本课程改进需要思考的问题。在校本课程特色体系方面,学校则应立足本社区的独特资源,充分开发本地域文化特色和资源特色,以“葫芦彩绘”课程为中心,继续建构具有乡土特色,符合地方实际的校本课程,力争完善“1+X”特色校本课程体系。预计的具体开发内容有木版画、根雕、农民画、草编、传统秧歌等,并加强与社区内学校、行政机构、家庭人员的沟通交流,充分利用一切资源促进已有校本课程的建设和完善。

3. 学校特色建设发展方向

尽管黄榆学校在“科普教育”特色方面已初显成效,在学校相关特色建设和校本课程开发方面也做出了一定的成绩,但是学校目前面临的问题,还需要自身和外界共同解决。黄榆学校曾多次表示农村学校不是没有自己总结的“有效经验”的过程,而是缺乏理论的总结和提升。学校重新梳理审视的其校本课程的发展阶段,在坚持特色发展的基础上大致明确了未来的发展方向,在学校未来完善特色学校建设方面还需有自身的思考,主要发展方向如下:

(1) 进行观念转变,奠定科普教育思想基础

坚持科学的发展观,秉承科学的办学理念。在创建特色学校总体思路和具体方案

的指引下，将“科普教育”有机融入特色校创立的各项工作之中，其间以“校本课程”开发建设驱动整个工程的开展，为学校未来的科普教育奠定基础。

（2）整合资源优势，保障科普教育物质基础

制定科普教育特色建设发展方案，做到“打开校门，融入社区，进入家庭”，要有先进的教育资源开发意识，要整合学校所在区域内的教育资源，力争整合地方资源优势，保障科普教育相关任务顺利推进。

（3）创新活动方式，拓展科普教育领域

黄榆学校坚持“从小到大”“从简单到丰富”的发展方针，不断探索创新活动方式，拓展科普教育领域。要定期开展大型科普活动，积极推进各类专题科普活动，使其逐步形成特色。同时，围绕相关思想和主题，全方位设计开展，使校园科普活动形成多层次、多形式、多类别活动有机结合、互为补充，全力拓展学校科普教育领域。

（4）创造教育氛围，打造科普教育环境

持久地创造科普教育的良好氛围。除却已有的相关做法，还可以立足社区资源开展天文观测、气象预报、环境监测等课外活动，带领学生参与有关的博物馆、展览会、了解工厂和农业生活中的生产过程、环境保护、科学技术等现实问题。同时，计划通过邀请专家学者、科普工作者、生产第一线的工人农民来校做专题讲座，讲授科技动态等，提供一切有利资源，打造科普教育良好环境。

二　“绘”课程的理念与目标

一般而言，校本课程开发主要应该考虑“其指导思想和理论基础是否代表了现代教育和现代课程的发展的价值方向，是否与现代的教育价值观、现代课程价值观相一致，是否与社会以及受教育者的教育需求和课程需求相一致，同时指导思想和理论基础之间是否一致”①。按照一般规律，校本课程的理念目标和价值追求通常需在长期实践中逐渐得以明晰和完善。

① 顾书明. 本课程开发实践系统论[M]. 徐州：中国矿业大学出版社，2002：236.

“葫芦彩绘”作为黄榆学校乡村少年宫活动的一项重要内容，从2015年学校乡村少年宫成立伊始就开始实施活动。在黄榆学校的发展计划中，学校确定了以科普教育为内容的特色学校建设目标。在特色学校的建设过程中，为了将科普教育融入学校的整体办学中，渗透在课堂教学里，学校形成了一系列的改进方案，其中一项重要任务就是开设具有自身特色的、蕴含科普文化的校本课程。黄榆学校明确指出，在以科普教育为内容的学校特色建设中，科普教育要努力达到如下的发展目标：与校本课程的课堂教育相结合、与拓展性课程开发相结合、与农村青少年宫建设项目相结合。同时，在科普教育特色建设工作，要细心呵护儿童的好奇心，培养对科学的兴趣和求知欲；加快科普辅导员队伍的师资建设；加快科普教育实践基地和馆舍建设，促进学生的成长成才；搭建学生参赛平台，充分展示学生的才华。

学校虽未直接明确指出“绘”课程的课程理念和课程目标，但是在实际的校本课程假设实践过程中始终秉承学校“科普教育系列校本课程”的最初设想和目标追求。事实上，学校在开设实施“绘”课程的进程中，已体现出自身的设计理念和课程目标考虑。“绘”课程作为科普教育系列校本课程的典型代表，除了让学生学习系列科普知识，达到科普教育的目的，还要达到“让学生接触并了解多种知识，掌握适量的美术操作技能，更多地延展学生对美术的学习兴趣”的课程目标。在课程理念方面，虽未形成系统化的表述方式，但是也能从学校的课程实践中体悟到其中追求的点点滴滴。

正是基于以上实际情况，才需要在专业人士的帮助下深化对学校课程理念的解读，加强特色课程建设的理念引领。黄榆学校在成为本项目的合作校之后更加从育人目标和课程功能方面去思考课程理念和目标，尤其是更加清晰地分角度、分层次、分时段地去思考，比如从学校、教师和学生的角度出发，从近期、中期、远期的规划出发等。

三 “绘”课程的开发与实施

1. “绘”课程特色的确立

黄榆学校为了达成创建特色学校的目标，实施科普教育，开设校本课程。“特色学校只有用高质量的特色课程做支撑才具生命力。学校课程的开发过程从某种意义上讲，就是彰显学校特色、提升学校内涵的过程。没有特色课程支撑，就谈不上真正的办学特色。”①黄榆乡自然环境优越，丰富的自然资源是美术学科开发与利用取之不尽的课程资源。学校所在的黄榆乡是以农牧业相结合为主的乡镇，盛产玉米、大豆、水稻，并且以长春皓月集团公司为依托，大力发展畜牧业，是一个名副其实的农村社区。为了适应社区生活和学校发展需要，黄榆学校围绕“科普教育校本课程”，逐步形成了形式多样、内容丰富、贴近农村生活的科普教育特色校本课程内容。在“科普教育”的校本特色背景之下全力建设开发的“绘”课程，不但契合“科普教育”的校本特色，而且符合学校艺术教育的需求。学校重视学生的美术素养，把培养兴趣和综合素养贯穿于农村少年宫课堂教学中，不再是针对少数精英的培养，而是让更多的学生参与体验，以达到美术校本特色的持续发展。

2. “绘”课程教材的开发

教材是课程理念实现的载体，是教师课堂教学和学生学习的重要依据。校本教材开发作为校本课程开发中的一个关键环节，对落实校本课程的理念具有重要意义和作用。校本教材的开发虽不需要履行国家课程教材开发的极为严格、繁琐的审批程序，但同样需要选编科学合理、贴近实际同时展现课程目标的教育经验。2014 年，黄榆学校部分教师参加了中国教育学会“十一五”全国教研规划课题“关于教育教学案例的形成、应用和传播的研究”的子课题“校本教材的建设和应用研究”研究工作，受到了一定的训练和启发，而后把乡土资源作为校本教材开发的着力点，在县教育局和校领导的支持下，学校自编了一套《科普教育校本教材》，一至九年级各一册。

同时，“绘”课程作为黄榆学校的特色科普教育校本课程开始建设，学校美术骨干教师结合人美版（人民美术出版社）美术教材和学校的自身情况编写了校本教材《彩绘葫芦》。本教材以葫芦为载体，向儿童展现多种彩绘葫芦的表现形式，如国画花卉系列、京剧脸谱系列、卡通图案系列、抽象图案系列等，并根据不同年龄段小学生的造型基础和操作能力，把课程所需的美术知识和实用技能合理地安排在每一学期的课程实践中。

① 冯玉海. 健康教育思与行[M]. 北京：同心出版社，2012：54.

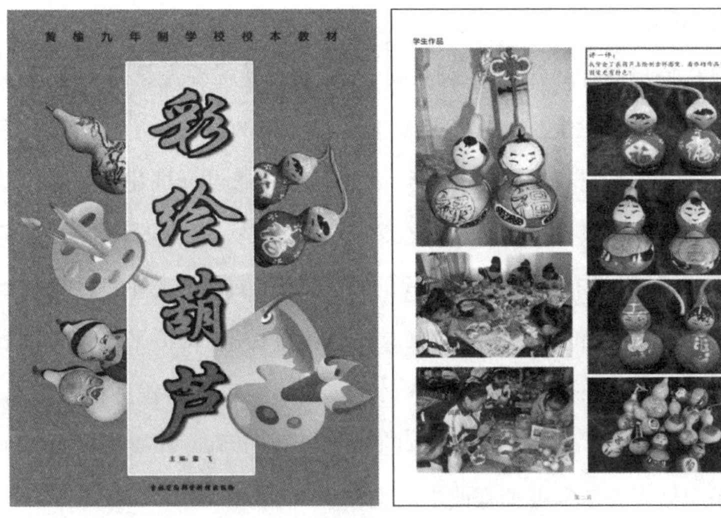

黄榆学校自主出版的校本教材《彩绘葫芦》

3. “绘”课程的实施

就目前黄榆学校具体情况而言,其主要依靠的载体还是课堂教学和一系列丰富的课外活动。学校把自编的《科普教育校本教材》纳入各年级的课程计划,通过校本课完成任务。此外,还以物理、化学、生物、科学等实验学科的实验教学为依托,组织各类兴趣探究小组,开放学科实验室来组织学生进行实验探究活动。脱离实践谈理论终究是纸上谈兵,实践才是检验真理的唯一标准。学校为了让同学们更真切地体悟科普知识在植物种植中的运用,根据学校的资源优势(主要是耕地资源),结合地方风土人情,开辟了两处科普植物园。政教处将两处植物园平均分成二十五份,每班一份,按季节组织学生栽种花生、大葱、辣椒、茄子、玉米等各类农作物。植物整个生长过程,完全由学生自主管理和经营,让每一学生都能得到动手实践的锻炼。就“绘”课程而言,随着此特色课程的确立和实施,对葫芦的需求越来越大。作为“绘”课程实施的重要部分,学校科普植物园的建设缓解了葫芦供给不足的情况。在此过程中,学校组织学生和教师参与葫芦的种植活动,一切环节都在相应教师的指导下由师生共同完成:架设葫芦架、培育葫芦苗、栽种葫芦秧、管理葫芦藤、收获葫芦果。葫芦种植的过程也是一次丰富的科普教育体验活动。在此过程中学校不仅真切感受到科普教育的深刻意义,而且在丰富学生课余生活的同时提高了学生的观察能力、动手能力和小组合作能力。

4. “绘”课程的评价

农村教育想要培养什么样的人？这不仅是课程评价需要考量的维度，更是整个办学理念需要思考的价值设定。农村学校校本课程实施的目的在于培养学生熟知区域文化知识，培养学生对农村社区的归属感，因而不能仅通过标准化考评标准进行单一学业评价。目前黄榆学校校本课程建设在评价方面还是一个薄弱环节，没有系统的评价体系和评价指标，也没有针对校本课程的特殊考评方式。就科普教育校本课程而言，对学生学习效果的评价仍然遵循国家课程的考核标准，依旧采用期末试卷测评的方式，考核主体为相应的任课老师。各类兴趣实验小组以及科普种植等活动，大都是以小组或班级为考核主体，缺少评价个体的量化指标。因此，建立系统合理的校本课程评价体系是学校下一步需要加强改进的工作。

5. “绘”课程的成果

经过三年多的努力，黄榆学校现有彩绘葫芦作品四百余件。为了培养每一个孩子，让每一个孩子都受到艺术教育的熏陶和浸润，“绘”课程采用分层教学。因此无论是刚入学的一年级小学生，还是初中生，都能创作出符合学生自身年龄的作品。这已在学校自编的校本教材中得到体现。在 2014 年永吉县艺术节上，黄榆学校少年宫彩绘葫芦特色校本课程代表永吉县进行展出，并且在会议现场表演彩绘葫芦，受到了上级领导和老师们的一致好评，彩绘葫芦课程由此影响力大增。2015 年黄榆学校张校长参与永吉县教学管理研修坊国培项目，他所做的一校一课《葫芦彩绘》研究成果汇报受到一致好评。此外，此校本课程在 2015 年国培计划工作坊项目终期成果汇报中，被吉林省永吉县教学管理工作坊主持人干训部张主任选中，并在省级的汇报会上进行展示。

四　“绘”课程的发展与改进

黄榆学校的特色校本课程开发已历时八年，已取得一定实践成果和理论积淀，但如何在继承经验的基础上不断改进校本课程，依旧是黄榆学校亟待深入探讨的问题。结合学校自身的实际情况，改进任务主要包括以下内容：

1. 加强校本课程理念解读,注重特色理念引领

在项目进行过程中,项目组发现黄榆学校“绘”课程的理念尚有需要改进的地方,尤其是课程理念的明晰性和针对性较弱。比如学校整体特色课程建设的课程理念与“绘”课程的课程理念有交叉重复的地方;“绘”课程的课程理念应该从课程本身和学生发展的角度出发,而不应该仅仅停留在学校教育本身;“绘”课程的课程理念应该有自己的独特之处,从“育人”的角度出发去思考课程本身的意义,也不能仅仅停留于艺术技能与表现手法层面,应体现对人的培养。

2. 完善特色校本课程体系建设,提升建设深度

“学校—社区互动”机制下的农村学校校本课程开发强调:学校要积极主动地了解社区、走进社区、融入社区,且与社区互动,来促进校本课程的开发和完善;依托社区的地域资源,了解社区的文化资源、物力资源和人力资源,深度挖掘社区资源的课程开发度,不断扩充和完善课程内容和课程体系。在项目专家引导下,黄榆学校明确了学校所在社区的重要意义和社区资源的重要性。力争在以后的发展过程中,充分发挥本地域文化特色和文化资源,以“葫芦彩绘”为中心,继续开发具有乡土特色,符合地方实际的校本课程,逐渐完善“1+X”特色课程体系。

3. 加快特色校本课程教学模式建构,丰富教学手段

黄榆学校在与本研究项目组多次研讨与指导中,社区资源意识逐渐得到强化,重新审视了其所在社区的地域课程资源,明白了“打开门来办教育”的重要性。从实践成果来看,学校在课程实施过程中已经与社区建立起联系,但仅停留在表层,没有真正理解学校与社区建深层的互动方式和互动内容,还未明晰学校正在做的一部分工作正是“学校—社区互动”机制框架中的重要内容。因此在明确理论需要和实践意义的基础上,黄榆学校决定在后期的工作中要立足于“葫芦彩绘”特色教学,探索采用“123”教学模式。“1”即一个项目,即“葫芦彩绘”;“2”即两个基地,一是乡村少年宫,二是葫芦种植园,这是主要的两个教学场所,兼及室内教学和户外实践;“3”即教师、学生、家长三方参与,共同为学生特长发展服务,促进学校、家庭和社区有效联结。

4. 加强专业师资培养,积累人才优势

农村学校的师资薄弱是无法避免的难题,得到根本解决实属不易,短期内的解决

办法就是借着外界力量对现有师资进行培训。黄榆学校从学校现状和社区资源角度出发,认为目前切实可靠的培养途径有以下几种:一是加强本校内的专业教师(如葫芦彩绘)对非专业教师进行培训,每周集体培训一次,并增加动手实践活动量,提高培训效果。二是将本校内有特长或有进修意愿的教师送出去,通过兄弟学校、第三方培训学校、教师进修学校或地方高校进行培训,将其培养成为特色发展的骨干人才。三是邀请外校专家到校讲座,把外面的先进经验和做法带到本校,与本校实际相融合,进而为本校的发展提供更好外部支援。

5. 进一步完善评价体系,以多元评价促进科学评价

黄榆学校决定教师教学评价以及学生评价都要推行"多元化",不仅追求评价内容的多元化,更是要追求评价方式和评价主体的多元化。在教师及教学评价中,将"葫芦彩绘""科普"等特色课程的教学情况纳入教师综合评价体系,促使教师重视并参与学校特色项目建设。对表现优异的教师颁发特别荣誉,对其在学校特色项目建设上的贡献予以鼓励。在学生评价中,变"全面评价"为"特长评价",最大限度地加大学生特长发展在其综合评价中的权重,以此刺激学生和家长重视特长发展,改变学习观,真正为学生的将来做科学的规划。

由以上可见,黄榆学校从理念、课程体系、教学模式和师资培养等方面入手,在坚持以往有用经验的基础上,综合加强理论指导,明确课程建设目标。"学校—社区互动"意识逐步凸显,推进学校与社区之间的合作,在自身力量不足、发展后劲欠缺的情境下,立足社区资源,正视社区力量,通过与社区合作来促进学校的改进和发展,最终达到对人的全面培养。

五 "绘"课程典型教学案例

案例简介: 本节课是黄瑜学校依据校本教材编排的第一节彩绘葫芦校本课程。课程名称为《葫芦彩绘——吉祥图案系列》,授课时长为 40 分钟,授课对象为黄瑜学校二年级的学生,授课地点为黄瑜学校二年级教室,授课教师为黄瑜学校美术教师。针对学生初次接触彩绘葫芦课程的第一节课堂教学内容,重在引发学生对彩绘

葫芦的兴趣与思考，引导学生对彩绘葫芦技艺的学习与培养。本节课的主要目的在于带领学生了解吉祥图案的内涵和形象，并初步掌握彩绘葫芦的创作手法，在课程内容上选材简单，从彩绘葫芦的基本绘法讲起。

课程名称：《葫芦彩绘——吉祥图案系列》。

教学过程：

因为同学们想要进行一幅完整的葫芦彩绘创作需要一学期的时间，所以每节课教师只教授其中1到2个环节，整个操作流程的完成依赖于一学期的课堂教学。为了使大家了解完整的操作流程，以下概要呈现“吉祥图案”系列的整体操作流程。

环节一：课前导入

葫芦自古有“福禄”的含义，民俗研究者认为，吉祥的葫芦满足了人类对美好生活的向往。中华葫芦文化，是中华吉祥文化的一支，是全人类的财富。今天我们就来试着自己来描绘吉祥图案。

环节二：思考与讨论

(1) 你见过教材上的吉祥图案吗？

(2) 你还知道哪些吉祥图案呢？

(3) 它们给你哪些不同的感受？

(此环节要求学生自由讨论发言。每节课上，老师要对同学们的发言进行总结。)

环节三：操作流程

(1) 课前选择风干的葫芦，使用之前用钢丝球擦洗干净。

(2) 起稿设计绘画内容的大致轮廓，并用铅笔轻轻画于葫芦之上。

(3) 定稿：用勾勒笔蘸取适量所需的颜色勾勒大形和外轮廓。

(4) 着色：根据设计需要填充，罩染渲染色彩。

(5) 深入调整：调整大的色彩关系完成细节图案，寻找画龙点睛的感觉。

(6) 整理完成：以清漆薄涂一层提亮，增加整体效果。

现在就请同学们选择自己喜欢的吉祥图案在葫芦上绘制，构图要饱满，线条要流畅。开始吧！

教材内容呈现：

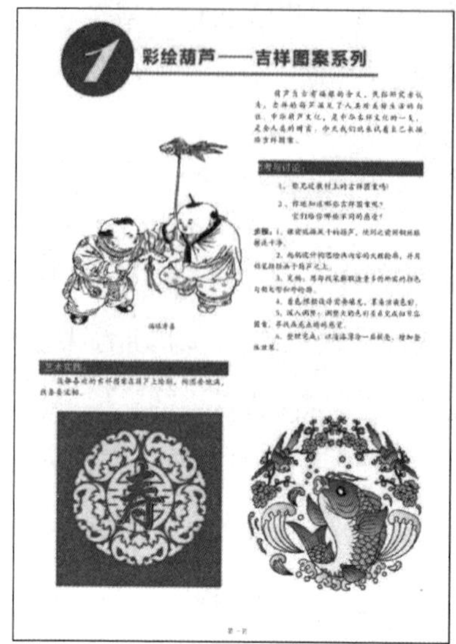

黄榆学校自主出版的校本教材《彩绘葫芦》

环节四：课后反思

从上述材料可以看出，黄榆学校彩绘葫芦课程的实施和开展，还停留在以美术课程为主要载体的课堂教学层面，是对国家课程的“校本化改造”。把国家课程中那些远离农村学生生活的、脱离农村发展实际的课程内容替换为本土的课程元素和课程内容，在黄榆学校的主要体现就是“彩绘葫芦”课程的开展。这在一定程度上是值得肯定和鼓励的做法，符合农村教育的实际，尊重学生的生活世界和认知结构。黄榆学校能够以“彩绘葫芦”特色校本课程为中心，丰富完善系列的课程体系，比如在语文学科中挖掘与“葫芦”有关的民俗、谚语、诗歌等，在科普课程中适当增加相关内容的比重，在以后的发展过程中将进行“系统化”的课程体系建设。

六　“绘”课程实践效果分析

吉林省永吉县黄榆九年一贯制学校的校本课程开发是学校特色发展的重要组成部分，为学校的建设和学生的成长做出了一定的贡献，“绘”课程的实践取得了良好的效果。首先在学校文化建设方面：特色校本课程开发是学校立足于社区课程资源、挖掘课程资源价值的结果。学校打出“科普教育促发展”的特色理念，并依托“绘”课程等具体的校本课程和实践活动作为载体来实现学校的特色建设，形成了独特的学校文化和学校特色。学校今后将继续立足社区课程资源，挖掘具有地域特色和学校特色的文化课程载体，不断加强学校文化建设。

在课程开发方面，“绘”课程的开发是学校结合自身的资源状况、师资水平和办学特色来进行的校本课程开发实践探索，是农村学校进行特色创建和特色发展的内容载体。“绘”课程的开发让学校经历了课程开发的完整过程，是农村学校进行课程实践探索的良好开端。“绘”课程的开发让学校积累了校本课程开发的经验，在开发过程中察觉出学校在课程开发方面的短处和不足，自检学校在课程开发方面的问题，为学校后续进一步改进奠定了基础。

在教学方式方面，“绘”课程的实施在一定程度上偏重于实践和操作。艺术类校本课程的实施重在感知和操作，重在对学生操作能力的培养，重在对学生的动手能力和创造能力的训练，因此在教学方式上体现出了课程内容的独特性。学校在“绘”课程的教学方式上面重视操作和实践，不断创新符合学生兴趣的教学方式和课程内容，不断完善新的课程教学模式。目前虽存在着一定的不足和困难，但是学校的不断探索和改进会促进教学方法与模式的不断完善。

在教师发展方面，“绘”课程开发之初，学校只有一位美术教师边创作边绘画，半年之后，这位美术教师积累了大量的彩绘经验，她的作品激发了学校其他美术教师的课程实践和创作热情。为了满足学校课程实施的需要，校领导因势利导，利用校内资源和校外培训积极组建教师团队。目前，学校培养了教师创作精英五人，为“绘”课程的厚积薄发奠定了人力基础，也为学校的美术教师和校本课程教师提供了专业发展的自我提升的有效路径。

“绘”课程的开发为农村孩子的学习生涯增添了一抹艳丽的色彩，最终的目的都是促进学生成长。“绘”课程的开发和实施是学校在开发利用社区课程资源的基础上为学生提供的新的学习内容，在一定程度上贴近学生的现实生活和真实体验。“绘”课程的实施不仅是给学生开了一门美术校本课程，更是发展了学生的兴趣和特长，实现了学生的个性化成长，并且对学生的综合素质的提高和综合能力的培养也有一定的益处,学生在完成课程任务的同时学会了合作与分享,学会了展示与欣赏,激发了创造力,树立了自信心,对学生的健康成长会产生积极的影响。

第六节 “种”课程:种出长白精华

学校是社会发展形成的产物。任何一所学校均与特定的社会历史文化环境发生着深刻互动,影响着生活在学校和社区中的人、组织与文化,在农耕文明和农业社会发展进步中形成的农村学校更是如此。红丰小学是坐落在吉林省长白山保护开发区红丰村的一所农村小规模学校,在长白山地区农林文化、生态文明的润育滋养下,坚持培养学生服务社会的办学定位,依托地域优势资源,深化学校课程开发,推动学校优质改进,繁荣发展乡村文化,实现了地域文化的创造性转化和持续性传承,扎根长白山大地,汲取长白山精华,“种”出独具特色的校本课程。

一 “种”课程的历史与背景

人民对优质教育的孜孜以求决定了红丰小学开展校本课程开发的实践探索。为满足家长对孩子接受良好教育的诉求,深入提高学校教育质量和效益,促进学生全面而个性的成长,使广大学生铭记家乡、热爱家乡、服务家乡、贡献家乡,红丰小学结合所在地域的文化优势,开始了长达十余年的课程开发实践,有效实现并丰富了农村小规模学校校本课程开发的理论认识和实践经验,引领学校不断走在农村教育现代化发展的前列。

1. 学校发展历史与文化特色

(1) 学校的历史沿革

红丰小学始建于1971年,距今已有50年的发展历史。在“人民的教育人民办”的时代背景下,红丰小学的建立满足了当地农村人口接受教育的基本需要。办学之初,红丰小学校园建筑面积仅有40平方米,1名任教教师,12名在校学生。1975年,红丰小学发展成为初级中学“带帽”学校,迎来学校建设的升级。经过改组、重建等工作,学校建筑面积近80平方米,教师10人,在校学生120人,师资力量不断提高,生源规模不断扩大,红丰小学迎来了历史发展的新高。1978年,红丰小学被确定为完全村小,明确了服务农村建设、教育孩子成才的办学理念,形成了具有一定办学特色的农村学校。稳定发展后的红丰小学积极探索并发展具有农村特色、符合农村社会生产需要的学校产业,开展了以学校教育促进农村发展的实践尝试。如今,红丰小学已经发展成为占地面积7 000多平方米、建筑面积800多平方米的完全小学,在校学生超过70人,生源主要来自于学校周边的三个发电厂、一个自然村和一个林场。

(2) 学校的文化特色

红丰小学所在地区拥有独特的自然条件、地理环境、地形地貌、气候特点、生态资源,以及区域社会发展积淀传承的风土民情、生活习俗、地域文化和人文传统,依托长白山自然文化资源建设形成了旅游业、农业、林业、畜牧业、服务业等多种产业相结合的区域产业结构布局,构成红丰小学别具一格的自然与社会历史文化环境。围绕这种地域文化优势,为了提高学校办学质量,满足学生全面发展和个性成长的育人要求,红丰小学不断探索学校教育创新发展的实践路径和有效方式。在近十余年的发展历程中,红丰小学每年举办类型多样的校园文化活动节,为学生开拓成长的空间,搭建展示的平台,创造出彩的机会。

在教育资源匮乏、外部供给不足、办学条件有限、物质基础薄弱的办学困境中,红丰小学依托地域优势中的自然文化资源大力开展绿色生态学校建设,着力探索乡土科学实验园区,在学校内部形成了百草园、百花园、栽培园、黄花园、动物园、百合园、玫瑰园、长白山杏林等多个校园植被生态园区。凭借校长、教师、学生、家长和社区工作者等多元主体的协同努力,红丰小学从一所极为薄弱的农村小规模学校发展成为如今全区特色教育的成功范例,有效实现了目标明确、结构清晰、体系严谨、门类繁多、活动多样、形式多元、实施有效的校本课程建设,形成了国家课程、地方课程、学校课程三级课程有序实施的课程框架。

经过长期努力,红丰小学开展的一系列探索和努力取得了价值实现,得到了多方认同。其间,2015年被教育部教师发展基金会评为“全国特色学校”;2012至2016年连续五年评为“吉林省基础教育校本科研先进学校”；2016 年，被吉林省教育厅等政府机构评为“吉林省绿色学校”；2007 年起，连续 8 年被长白山保护开发区教育局评为“先进学校”；2008 年，被吉林省“十一五”课题确定为“校本资源开发”实验学校，等等。

2. 学校办学理念与现实需求

（1）学校的办学理念

红丰小学广大师生在长期的教育教学改革实践中探寻符合学校发展定位的办学理念和价值取向，最终确立了“打造长白山农村小学教育窗口”的战略定位，明确了“以打造师生共同成长的教育乐园”的发展目标，坚持“完善自我、善待他人”的校训，坚持“立志、博学、和谐、创新”的校风，坚持“求真、求实、求新、求效”的教风，坚持“勤读、勤问、勤记、勤练”的学风。

“完善自我，善待他人”的中心议题是实现自我的全面发展，是通过自我教育、自我修养、自我锻炼、自我塑造来促进个人在身体、心理、精神、素养、个性等多方面的良好发展和有效提升，从而更好地融入社会，推己及人，做到“己所不欲勿施于人”。红丰小学“立志、博学、和谐、创新”校风指向广大师生要树立正确的世界观、价值观、人生观和道德观，不断提高学品、学问、学识、创新精神和实践能力，构建积极的师生关系和文化氛围，在促进学生德智体美劳全面发展的基础上，勤于思考、善于发现、勇于探索、敢于批判，形成敢为人先、大胆实践的精神。“求真、求实、求新、求效”倡导要追求教育活动的真理，遵循教育和学生发展的客观规律，讲求求真务实、追求实际、实事求是，做到与时俱进、开拓创新、积极进取、自我更新，以追求教育活动的实际效能和学生学习获得感提升为出发点，使学生在教育活动中取得切实成长。“勤读、勤问、勤记、勤练”是以“勤”作为学生学习品质的核心要素，要求学生在学校和家庭的日常学习过程中具备刻苦精神，形成探索精神，做到热爱读书、快乐读书，养成勤于探索、乐于探索，培养善于记录、勤于记录，锤炼反复打磨、稳步提升的学习品质和习惯。

（2）学校的现实需求

每一所学校都有其自身的发展优势和现实挑战。特别是农村小规模学校，除学校所处的自然环境、教育供给与支持水平、人民对美好教育的殷切期待外，学校自身的发展活力、变革能力、内驱动力等成为影响学校教育质量和效益提升的重要因素。红丰小学也不例外,在优质发展和科学化发展进程中仍有一些问题和需求亟待破解和满足。首先,学生流失、生源不足、生源情况复杂是当前农村社区“空壳化”发展和农村学校共同面临的社会问题,如何化解生源衰减、引导学生回流、提高学生数量、扩大学校规模,是校长和教师正在思考的首要问题。其次,红丰小学的教师队伍的结构性缺编是长期存在的问题,部分学科教师不足,跨学科、跨年级授课现象常态化,教师显性工作量不减,隐形工作量剧增。再次,学校教师队伍老龄化问题突出,亚健康现象普遍,青年教师补充不足。最后,经过长期的校本课程开发建设,红丰小学已经在很大程度上实现了长白山地域文化资源的校内迁移和校内整合,有利地补充了学校课程资源的不足,促进了国家课程、地方课程的校本化实施并实现了“三级课程”的有机结合。与此同时,红丰小学在校本课程开发建设中取得的成就亟待进行全面、细致的总结,形成进一步的理论提升和发展引领。

3. “种”课程的提出与发展

(1) “种”课程的提出

红丰小学是吉林省长白山保护开发区红丰村唯一的“村小”。长期以来,红丰小学所在地区形成了丰富多样而底蕴厚重的地域文化资源,并根植于当地人民的内心深处。为了回答“应该给农村学生什么样的教育”这个核心问题,红丰小学的校长、教师充分研究农村学生学习和成长规律,结合农村小规模学校教育资源匮乏的现状,依托地域特色文化资源的先天优势,顺应新世纪以来课程改革的基本要求和校本课程的开发与实施的实践需要,最终确立了以长白山地域生态文化资源为依托的校本课程开发的理念。就这样,通过家访、调查等学校与家庭的互动,学校在原有办学思想的基础上进一步明确:农村学校不仅要提高学校教育质量,提升学生学习成绩,还要培养出符合农村家长期待、能够为农村家庭出一份力的好学生和好孩子。基于这样的思考,红丰小学认识到农村学校要办出“农村味”的重要性。更重要的是,学校培养的学生如果能够在学习之余为家庭做一些力所能及的事情,包括种田、种菜、浇水、施肥等,进而改变家长对学校关于学生培养方面的观念认知,形成对学校教育的认同感。这样,学校的发展动力可以提升,也能够进一步为周边的人民带来更多的服务效益。在这样的背景下,红丰小学全体教职工与学生、家长、村民协同努力,探索开发出一套较为系统、完整的校本课程,可以谓之“种”

课程。

（2）“种”课程的发展

红丰小学“种”课程的开发与实施先后经历了不同的发展阶段，总体可分为思想萌芽、初步探索、突破瓶颈、常态运行、成效突显五个阶段，每一个阶段都有独特的发展重点。思想萌芽阶段，主要追问农村孩子需要什么样的教育以及农村学校能够为农村孩子做些什么等问题，并围绕相关主题展开了群众调研工作。初步探索阶段，主要思考如何能够办好农村学校教育以及如何能够更好地服务农村孩子这类特定群体等问题，据此开展了儿童成长规律、区域资源的可利用性以及如何利用等校本课程开发的前期基础性工作。瓶颈突破阶段，主要克服农村小规模学校师资不足的缺陷，以协同群众办好人民满意的教育为基础，形成了学校与家庭、社区之间的积极互动。常态运行阶段，主要以前期探索为基础，谋求更有质量、更注重学生个性培养的学校教育，以校本课程开发为依托，在全面提高学校教育质量的基础上充分促进学生的个性成长，打造学校办学特色，发展学校育人文化。在成效突显阶段，红丰小学的“种”课程不仅运行稳定、行之有效，并实现了课程内容、体系、结构、规模的升级，“种”下的课程内涵丰富多样、异彩纷呈，在播种绿色生态文化的基础上塑造了学校的绿色生态文明和可持续发展示范效应。

经过多年往复循环的积累与完善，红丰小学的校本课程开发与实施成效得到了多方利益相关主体的认同和赞许。探索的深入与经验的积累，进一步巩固了红丰小学全体师生对地域文化资源的校本迁移、加工、融入、传授与再创造，为其系统化的进行校本课程开发提供了动力基础和多元保障。为进一步提高发展质量和效益，促进农村学生获得丰富成长，红丰小学不断尝试机制创新，与所在区域的企业、社区等展开一定合作，试图将学校的校园进一步扩大，让学生可以走进学校、走进教室、走进课堂，也可以走出教室、走出学校、走进社会。通过内外的整合与衔接机制，红丰小学在校本课程开发方面已具备了诸多创新色彩，其经验的丰富性、模式的开放性、学生的获得感、家长的认同感、教师的参与度、主体的投入度、社会的认可度等方面产生的积极变化，能够为其他农村小规模学校开展校本课程开发、完善校本课程体系、丰富校本课程内涵、打造学校课程特色、彰显学校文化品格提供一些助益作用。

 “种”课程的理念与目标

在“创区域教育品牌、办美丽乡村学校、建特色育人文化、促学生全面发展”的思想和理念引领下，红丰小学确定了校本课程开发的出发点和落脚点，在长期的实践探索和总结提升中，形成了自身的课程理念与课程目标，为国家课程校本化实施、校本课程特色化开发形成了有效带动。

1. “种”课程的理念

随着素质教育的深入推进，红丰小学确立了“打造乡村教育文化品牌、创建乡村学校袖珍窗口”的发展理念和战略思路。在这样的背景下，红丰小学坚持深化学校教育改革和创新发展，力主通过办好乡村学校，努力让每个孩子都能享有公平而有质量的教育，阻断贫困文化的代际传递。这进一步要求结合农村学校的特殊性和复杂性，坚持实事求是、因地制宜的原则，以教师为保障、以课程为载体、以文化为桥梁，着力巩固并发展农村学校的优势，补齐农村学校的短板。

学校与社区的关系决定了家乡是学生最熟悉的地方，学生生于家乡，长于家乡。然而在长期的教育教学实践中，红丰小学的教育工作者发现，很多学生对家乡的风俗习惯、风土人情、名胜名迹、历史人文、地理风貌、名优产品等的了解和认知相对有限，有的甚至知之甚少，生活知识与课堂教育的脱节。据此，红丰小学充分发挥地域文化优势，挖掘优质课程资源，结合乡村学生特点，积极推动学生综合素质的全面提升和个性发展，引导学生了解家乡文化，参与家乡建设，服务家乡发展，在学习国家知识的基础上，充分吸收地方知识，并以综合实践、主动探索、积极发现的方式，促进学生增长实践知识，提高学生社会实践能力，在地域特色文化浸润中激发学生热爱家乡、建设家乡的情感。在这样的发展理念下，红丰小学以地域特色文化、生态资源、乡土素材等为支撑，积极探索以地域文化为特色的校本课程开发。

2. “种”课程的目标

农村学校因地域封闭、资源有限、师资短缺、设施薄弱等因素的制约而表现出办学活力和发展能力的不充分。在这些现实阻力下，红丰小学的校本课程开发难以采取常规的方式推进，难以完全遵循校本课程开发与实施的理论和规律进行结构化、体系化、

标准化的校本课程建设。红丰小学充分认识到学校自身的瓶颈和不足，在校本课程开发过程中坚持简约有效的原则，依据学生在不同年龄段的发展特点和认知水平，分学段设立校本课程目标，并围绕各个学段的目标设置对校本课程进行了设计与开发。

其中，小学一、二年级为低年级段，这一阶段的校本课程目标和学生发展要求为：能够熟练记忆朗诵两首以上儿歌，能够讲述四至六个具有地域特色的民间故事；学会尊重他人、尊敬父母、关心长辈、懂得孝意；能够参与简单的家庭劳动，学做基本家务；能够讲出三种以上知名、特色、优秀的家乡产品。

小学三、四年级为中年级段，这一阶段的校本课程目标和学生发展要求为：了解家乡主要的名胜，能够讲述清楚名胜的来历；激发学生热爱家乡的情感，能够用口语抒发对家乡的感情；学会尊重父母、体贴长辈；学会生活自理，用生活表现和实际行动展示对父母和长辈的孝敬；能够说出十种以上知名、特色、优秀的家乡产品。

小学五、六年级为高年级段，这一阶段的校本课程目标和学生发展要求为：了解家乡的人文历史、风景名胜、地理特点和自然风貌；热爱父母，照顾长辈，用实际行动表现；热爱劳动、奉献爱心，并积极实践，付诸行动；在一定程度上了解家乡的经济发展状况和特色地域文化；具有一定的人文素养、责任意识、家国情怀。

“种”课程的结构与内容

国家课程、地方课程、校本课程三级课程体系的确立，不仅体现着国家对课程管理权利和方式的转变，也意味着对中小学校课程开发的赋权。红丰小学的校本课程开发是在以国家课程、地方课程设置与实施的基础上，通过学校自主的课程开发、设计与实施而形成的三级课程全面实施、课程体系相互衔接、课程价值相辅相成、课程内容优势互补的整体架构。

1. “种”课程的结构

红丰小学是一所完全小学，拥有 6 个完整的教学年级，每个年级的各个班级每天设置 6 节课程。除国家课程外，学校还设置地方课程两门。其中，“地方课程一”主题为“家乡”，设有教材《家乡》并以此教材为依据进行课程实施，每周设置 6 节课；“地方课程二”为自选课、兴趣课或第二课堂，由班主任具体组织、设计、实施，每周设置6节课。在开设国家课程和地方课程的基础上，红丰小学每周设置6节校本课程，确保每个年级每周开设一节校本课程。

就校本课程而言，其主题涵盖了5个方面的基本内容，并设立了5种课程类型。第一类以地域文化为依托组织编写校本教材，此类课程注重在课堂教学中实施；第二类以地域生态资源为依托进行校园文化建设，在校园内迁移、种植、培育地域特色植物；第三类以动植物标本设计与开发为主要方式，丰富学生的认知，引领学生深入认识家乡生态资源，了解相关动植物的属性与特点；第四类以环境保护和生态文明建设为主题的活动课程，此类课程以主题队会的形式展开并与国家课程中的综合实践活动课程相整合；第五类以精选的文本为素材开发校园阅读课程，课程的主题和内容与低、中、高年级段的校本课程目标相关联。

2. “种”课程的内容

红丰小学的校本课程开发总体上形成了以文本教材、主题队会、生物标本、校园植物四个方面为主的课程内容。

（1）红丰小学的校本课程教材

在文本教材开发方面，红丰小学协同教师进修学校、教育局、学生家长、相关领域的研究者等组织和群体，挖掘所在地域文化资源中蕴含的优质课程要素，结合学生的经验基础、认知心理和生活特点，编写了五本校本课程教材。具体包括：《走遍家乡》《长白山儿歌》《乡土情作文集》《做个好孩子》《第一任教师》。

《走遍家乡》是按照新课标的基本要求，以长白山文化资源为依托开发的一本介绍长白山丰富文化、宣传长白山生态文明、突出长白山旅游资源、倡导加强自然环境保护、推广社会文明礼仪知识的校本教材。内容分为民俗篇、风光篇、特产篇、传说篇四个篇章部分，共收录9篇有关长白山文化的精美短文。

《长白山儿歌》是经由红丰小学校长、教师、学生共同创作完成的一本介绍、推广长白山文化的儿童诗歌集，旨在增强孩子们对家乡文化的热爱和对家乡文化的认同感。在教材编写过程中，充分考虑到儿童对长白山文化的经验基础和兴趣话题，以适合儿童身心发展水平、符合儿童心理阅读兴趣的语言风格表现出来。该教材共收录24首反应家乡文化、物产、动物、植物、风景、民俗、活动等方面的儿歌，主题分别是：

《爱家乡》《家乡四宝》《布谷鸟》《大白鹅》《大公鸡》《黑熊》《梅花鹿》《娃娃鱼》等。

《乡土情作文集》是以国家课程改革的课程标准的总体要求为指导，由红丰小学、校长、教师、学生共同撰写完成的一本书写家乡四季风景、风土民情、山水自然等方面的作文集。《乡土情作文集》文字优美，贴近学生，符合学生对家乡的认知和经验，共收录红丰小学教师和学生作文 24 篇，其中教师撰文 8 篇，学生撰文 16 篇。教师撰写的文章包括：《我爱家乡的大泉河》《家乡的小河》《山村的黄昏》《长白山之游》《校园风光》《黄昏暴雨》等。学生撰写的文章包括：《家乡的长白山》《美丽的峡谷浮石林》《我们村的变化大》《家乡的变化》《校园歌声》《美丽的校园》等。

《做个好孩子》是由红丰小学校本课程开发实验课题组编写的一本旨在帮助学生养成良好的行为习惯、形成道德准则的校本教材，旨在培养学生良好的学习、生活习惯，切实加强素质教育，形成良好校风。《做个好孩子》包括校风解读、校训解读、学风解读、养成教育基本要求、习惯篇、常规篇六个方面的内容。习惯篇部分包括生活好习惯、学习好习惯、学校好习惯、社会好习惯四部分内容。常规篇部分包括上学常规、课间操常规、进入教室常规、课堂常规、作业常规、课外活动常规、课间常规、用餐常规、眼保健操常规、动作常规、说话常规、穿戴常规、礼仪常规、清洁卫生常规、放学常规共 15 个部分内容。

《第一任教师》校本教材围绕学生的家庭教育、学校与家庭合作、学习型家庭建设、学生品德培养、心理健康教育、学习成绩提升、生活科学常识等主题展开，并大量配套融入至理名言与警世哲学语句。整部教材共 267 页，共收录 16 个方面的主题，包括：《当前家庭教育中存在的几个问题的对策》《怎样发挥家长委员会的重要功能》《家庭教育是孩子健康成长的摇篮和基石》《家庭中如何培养孩子的自我保护能力》等。

（2）红丰小学的主题队会课程

主题队会校本课程是红丰小学开发形成的一套富有创造的活动课程，旨在让学生在课堂学习之余能够以走出课堂而又补充课堂的方式来获得愉快的学习体验，收获别样的学习感受，掌握动态的实践知识，体会劳动的教育乐趣，领悟自然的无限魅力，等等。该课程形成《红丰小学校园植物挂名暨树木、绿地领养主题队会教育活动》总体方案。具体内容包括：

· 活动背景：花草树木是人类的朋友，没有它们，就没有盛夏的清凉，就不会有新鲜的空气……绿树对我们的生活，对我们的环境是如此重要，而我们的身边，则有许多破坏环境的行为发生。因此，让我们一起行动起来，开展认养树木活动，争当“护绿小卫士”，共同维护我们的绿色校园。

· 活动目的：使学生懂得要爱护树木、绿地，并知道树木、绿地的作用。

· 活动重点：培养学生爱护树木、绿地的自觉性。

· 活动对象：1~6 年级全体少先队员。

· 活动要求：

（一）针对各班级负责清洁区内花坛、树木的情况，为每一处花坛选出“绿色小卫士”三到五人，为每棵树选出两人。

（二）明确“护绿小卫士”职责

1. 爱护花草树木从自己做起。做到不践踏绿色草坪，不攀摘树枝花朵，不在树木上乱刻乱画、系绳挂物，不做出任何破坏花草树木的行为。

2. 坚持与破坏绿化的行为做斗争，在看到破坏环境的行为时，要勇敢地上前制止，告诉他花草树木是我们的好朋友，不能侵害它们。

3. 检查花草树木受伤情况，做到及时向老师汇报，定期给花草树木浇水除草，为绿化校园做出贡献。

4. 积极开展爱护花草树木的宣传，不仅自己尽力而为，而且要带动身边的每一人一起来爱惜花草树木。

· 大队长宣布《红丰小学校园植物挂名暨树木、花坛领养主题大队会》活动开始。

· 大队宣传委员选读《红丰小学校园植物挂名暨树木、花坛领养活动方案》。

· 少先队员代表选读《红丰小学校园植物挂名暨树木、花坛领养活动倡议书》。

· 少先队员代表指认“红丰小学校园植物挂名暨树木、花坛领养区域”。

· 辅导员讲话。

· 喊口号。

· 同认养花坛树木拍照。

· 宣布活动结束。

(3) 红丰小学的生物标本课程

生物标本课程成果是教师和学生实施校本课程教学活动的结果，同时，通过生物标本制作，不断提高学生动手实践能力，丰富学生认知范围，引导学生认识家乡生态文明和生活环境。目前，红丰小学通过校本课程开发已制作完成长白山地区生物标本两百余件，总体可分为枝叶标本、树干标本、动物标本三种基本类型。在此，分别用图片对部分枝叶标本、树干标本、动物标本进行展示。见下图：

标本分类	标本图例与名称			
枝叶标本				
名称	玉玲花	菊花	杜仲	凤眼莲
枝叶标本				
名称	鸡冠花	软枣子	北黄花菜	文冠果
树干标本	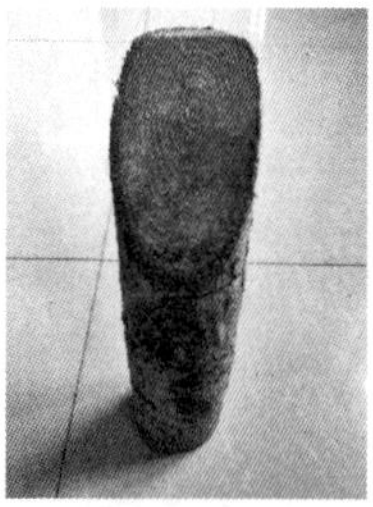		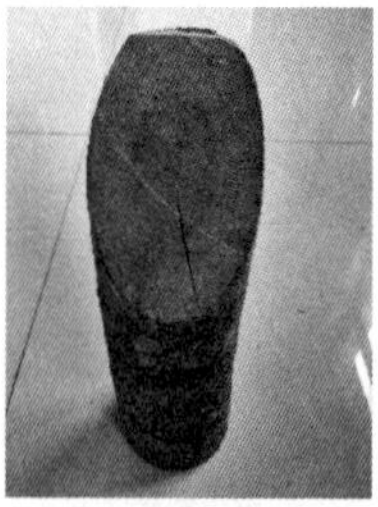	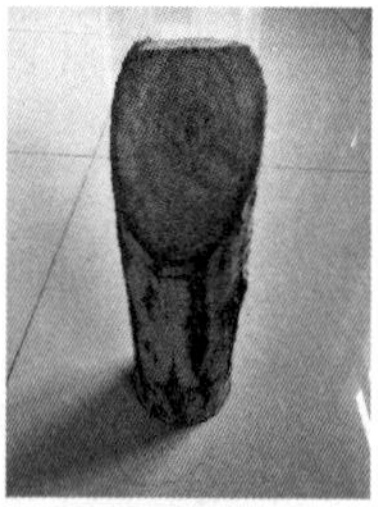
名称	紫椴	色树	榆叶梅	大叶杨

续 表

标本分类	标本图例与名称			
树干标本	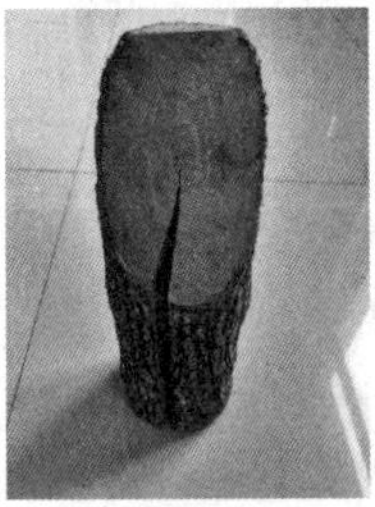	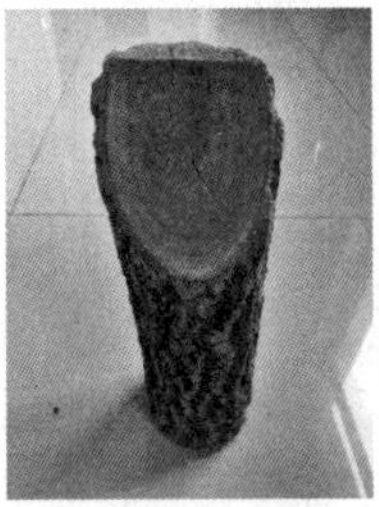	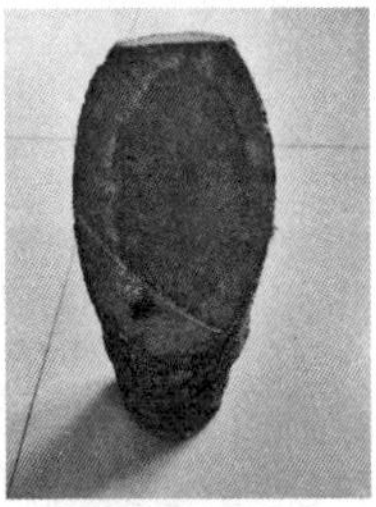	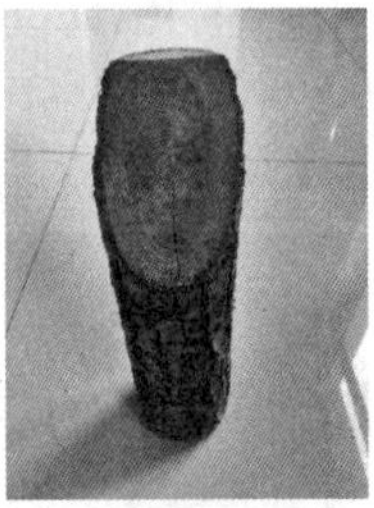
名称	茶条槭	黄柏	唐李子	柞树
动物标本				
名称	梅花鹿	野鸡	苏子鸟	雄野鸭
动物标本			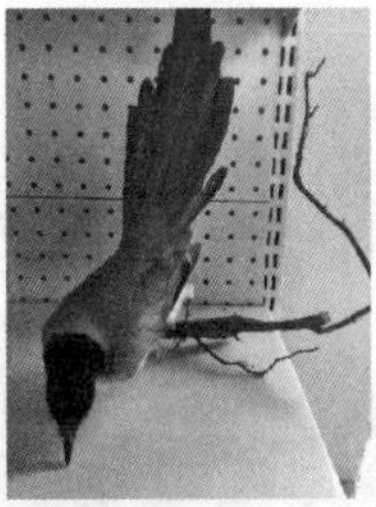	
名称	松鼠	麋鹿	松树鸭	野兔

（4）红丰小学的校园植物

校园植物课程是红丰小学长期以来通过多种渠道采集长白山地区草本、木本多种类型的生态植物，在日复一日、年复一年的师生全员投入、家长参与、社区助力、企业配合中，开展的循环往复的长白山地区生态资源的补充、移植、培育、研究和教育工作，逐渐从生态资源稀缺的处境发展到生态资源规模化发展的优势地位，成为一所名副其实的“绿色学校”。如今，校园内建成具有一定规模的富有地域特色的生态植被园区，具体包括：“百草园”“牡丹园”“百合园”“玫瑰园”“蔬菜园”“情趣园”“雕塑园”“黄花园”“长白山杏林”“长白山果园”“长白山小森林”。在所有已建成的校园生态园区中，红丰小学共收集植物200余种。其中，露地木本植物70余种，360多株；草本植物100余种，1 000余株。所有校内生态园区绿化面积近4 000平方米，占学校可绿化面积的70%以上。这些课程资源用于学生研究北方野生植物的迁地保育，珍稀濒危植物的引种保育与抢救战略，种子生物学和种质资源的长期保存与利用，重要经济植物资源引种利用与新品种培育。同时，以植物科研基础为依托，结合植物收集和专类园建设，服务于学校的植物系统与进化、分类和生殖、生态等多学科的研究。示例见下图：

园区分类	校园生态园区图例与名称	
生态园区		
名称	雕塑园	百合园
生态园区		
名称	百草园	黄花园
生态园区		
名称	长白山小森林	蔬菜园

续 表

园区分类	校园生态园区图例与名称	
生态园区		
名称	百花园	情趣园

标本分类	校园植物图例及名称			
校园植物				
名称	独腿蕨	空心柳	松蒿	苣白菜
校园植物				
名称	山辣椒	山豌豆	玉笋	苕条
校园植物				
名称	香五加	唐李子	水曲柳	云杉

续 表

标本分类	校园植物图例及名称			
校园植物				
名称	蒙古栗	花楸	暖木条	红松

四 “种”课程的实施与评价

结合学校师资短缺、课程资源不足、基础设施薄弱等现实瓶颈，从国家课程、地方课程、校本课程“三级课程体系”的关系出发，红丰小学不断探索有效的应对策略，总体上实现了对国家课程、地方课程的有效落实，对学生全面发展和个性发展的充分兼顾。

1. “种”课程的实施

红丰小学校本课程开发的特殊性决定了其校本课程的教育需要与各门学科教育相结合，使校本课程的育人价值广泛深入融合到国家课程、地方课程规定要求的教育活动之中。总的来看，红丰小学采取多元化的实践路径推动其校本课程的有效实施，其中包括：校本课程与地方课程相整合、校本课程与国家课程相承接、校本课程的有序分类实施、校本课程的外部协同实施等。就校本课程实施而言，红丰小学采取了如下策略：

(1) 室内班队活动

室内班队活动是指学生在中队辅导员的组织、引领、指导下，通过有组织、有计划、有目的、有步骤的研究设计，形成内容丰富、形式多样的中队活动。在这一过程中，中队辅导员有意识地将校本课程的内容渗透到活动过程，通过正面引领、直接教育、间接影响的方式，将校本课程内在价值在教育实践中进行转化和传递，带领学生掌握并内化课程价值，实现既定的教学目标。

（2）主题参观活动

在长期的校本课程开发过程中，红丰小学充分利用社区资源开展学校与社区互动活动，实现了学校与社区组织、团体、机构、部门之间的深入互动。以此为基础，红丰小学通过组织学生参观校外德育场所、工厂、企业、文化馆等方式，促进学生在接受国家知识和公共知识的基础上获得乡土知识，学习现代文明，感知家乡日新月异的变化，了解家乡的人文古迹以及颇具特色的工、农、林、特产品，从而加深学生对家乡的了解，陶冶学生的情操，激发学生热爱家乡的情感。

（3）图文展览活动

以学校与社区互动、学校与家庭协同为支撑，红丰小学定期举办校园图文展览，通过调动社区、家庭等多元力量获取优质素材并进行主题分类、内涵解读、图文搭配，在充分考虑学生的接受特点、认知水平、兴趣爱好等因素的基础上开设特色鲜明的图文展览，丰富学生的经验和感受，引领学生探寻科学的奥秘，发现真、善、美，摒弃假、丑、恶，增强学生辨析生活事件的是非意识和能力。

（4）外聘讲解活动

作为乡土社会中的文化组织，红丰小学坚守教育服务社区的初心，恪守办学培育孩子的使命，得到了社区力量的认同和支持。在校本课程实施过程中，红丰小学通过在校外聘请辅导员的方式，开展专题介绍、主题报告等教育活动，使学生的视野和思维得到拓展。同时，红丰小学进一步以专题介绍、主题报告的内容为依托，设计并组织学生参加具有深刻教育意义的校园劳动，使学生的学习生活超越书本、走出课堂，丰富学生的认识，增强学生的动手能力。

2. “种”课程的评价

评价与校本课程开发价值初衷密切相关，并要符合国家基础教育课程改革对教育教学评价的指导思想和总体要求，符合社会发展对人才培养质量规格提出的新要求，符合学生的身心发展水平和发展规律，还要符合学校的办学理念的办学思想。

（1）评价理念

随着对校本课程开发与实施探索的不断深入，红丰小学校本课程实施的评价理念也不断丰富和完善。经过长期积累和总结,红丰小学将评价理念确定为：评价面向全体学生,重视学生全面发展,既评定知识和技能的掌握,也评定能力、态度、价值观、自我概念、道德品质和人格;既评定具体的学科知识与能力,也评定方法性、策略性知识和学习能力;既评定学习与发展的结果,也评定在学习与发展过程中所表现出的风格、个性以及付出的努力;既评定认知能力与认知过程,也评定社会性能力和情感意志过程;着力寻找学生的闪光点,张扬学生个性,发展学生特长,激励共同成长。在具体实践中,红丰小学的评价体现为：善于诊断、着重引导、充分激励、巧于点拨,关注学生良好的情感态度、意志品质、心理品格的养成,关注学生知识和能力的获得与提升,注重评价对培养学生创新精神和实践能力积极作用。

（2）评价对象

红丰小学在校本课程实施中以学生的发展、教师的发展为价值原点,确立了以学生、教师为核心的评价对象。

指向学生的评价。校本课程开发与实施的首要目的是服务于学生的全面发展、个性发展。学生的状态、表现、参与程度、学习获得等是校本课程实施过程中评价活动的首要关注问题。对此,红丰小学形成了自身的评价准则：校本课程不采用书面和考试的评价方式来评价学生;教师可以根据每个学生参加学习的态度进行评价,并作为“十佳学生”评比条件;对学生的评价要具有教育意义和发展意义,多采用正向评价和积极评价;学生对校本课程的学习成果可以通过实践操作、作品、竞赛、评比、汇报、展示、演出等形式进行展示评价,成绩优秀者可将其成果记入学生学籍档案;从 1 年级到 6 年级保持评价的连续性,将学生的学习成果汇编到《读书成长路》档案袋之中。

指向教师的评价。教师是校本课程的组织者和直接参与者。教师对校本课程的组织实施是影响学生学习获得和课程目标达成度的关键影响因素。对此,红丰小学制定了教师在校本课程教学中的基本要求。对教师的基本要求包括：任课教师要有具体的教学计划,计划应详细列述学习主题、教学内容、教学目标、教学方法手段、教改措施、成果展现方式;任课教师在授课过程中应注意关注学生的主动发展和自主提高,采用适合学生特点的教学方式,激发学生的情感意识和参与热情,应用激励评价使每个学生都可以得到全面发展和主动发展;任课教师应注意做好过程性资料的积累和整理,关注每个学生的发展变化,注重授后反思,及时调整和解决教学过程中出现的问题;任课教师注意选取恰当合理的展示和呈现方式,期末以成果汇报的方式进行验收评定,将成绩纳入教师终结性评价体系。

(3)评价方式

为了促进学生的全面发展和个性发展,为了提高学校办学活力和教育质量,为了优化校本课程体系和实施成效,红丰小学颇有创造地采取多种评价相结合的评价方式来保证校本课程的实施质量。

一是学生自我评价。写日记是学生自主自愿的自由行为,学校并无权利做出硬性规定。以此为出发点,红丰小学的全体教师躬亲示范,最初以每天写日记的方式引导、鼓励学生养成写日记的良好习惯,讲解写日记对个人成长的长远价值,并通过与学生家长的互动与沟通进一步巩固学生习惯的养成。长此以往,红丰小学的学生在群体认同的文化氛围中坚持每天记录,将自己当天的经历、感想、心情、思考、看法等作为日记的主要内容进行记录。正式通过这种“自己与内心的对话”,红丰小学的学生在实质上逐渐养成了自我认识、自我反思、自我评价的学习习惯和思维方式。

二是教师激励评价。通过引导和激励的评价方式来促进学生的成长进步是红丰小学评价理念的核心思想。红丰小学始终把教师评价对学生发展的引导性和奠基性作用放在首要位置,坚持“善于诊断、注重引导、充分激励”的评价理念,坚持通过科学合理的评价和发自内心的鼓励来拉近教师与学生之间的心灵距离,着力引导学生的个性发展,满足学生的兴趣需要,激发学生成长的内在动机,进而培养学生积极自主、乐观向上、敢于探索、乐于实践、勇于创新的情感态度和意志品质。

三是师生相互评价。师生相互评价,其作用不仅仅在于教师和学生评价能力的双向提高,更在于为教师与学生提供深入认识、深入了解、深入感知彼此的契机。基于这样的考虑,红丰小学确立了教师与学生阶段性相互评价的活动方式。在具体实践中,班主任、科任教师与学生分别进行以每周、每月、每学期为周期的师生互评活动,依据师生互评的结果,要求教师和学生根据对方给出的客观、合理的评价意见进行调适,从而实现学生与教师的协同进步。

四是档案袋评价。为了记录学生的学习历程和成长轨迹,红丰小学采用档案袋记录的评价方式为每一个新入学的学生建立个人成长记录档案袋。该档案袋记录了每一个学生从1年级入学到6年级毕业这一过程中的诸多成长痕迹和精彩瞬间。记录的内容包括：各个学期之初的照片、作文、绘画、书法、获奖证书、教师评语、各学科考试试卷等。学校的这一举措让每个学生在红丰小学6年的学习过程中，都会收获满满一份内含几百页的个人学习、生活、成长、变化的记录册。同时，这种存档评价的方式，无形地在日常学习生活中对学生形成了潜移默化的激励作用，让每一位学生都为留下自己值得纪念的点滴瞬间而不懈努力。

总体而言，校本课程开发是完善学校课程体系建设、满足学生个性发展、彰显学校办学特色的一种有益举措，也是促进学校改进的一种途径和方式，这是理论研究领域和教育实践领域的共识。红丰小学的校本课程开发是一项从历史到现实，并指向未来的历时性的教育变革过程。对比红丰小学前后产生的多方面发展变化，可以说红丰小学的校本课程开发是成效显著、意义深远且能够产生广泛影响的学校教育变革活动，其效果不仅充分体现在课程、教学、管理、科研等方面的整体革新，更全面体现在促进“人”“组织”“文化”“社会”的积极发展，不仅推动着红丰小学实现了教育风貌的革新、学生个性的培养、师资水平的提高、教育资源的丰富、课程体系的完善、学校品格的塑造，也通过一系列的努力构筑了学校、家庭、社区之间深刻的互动关联，对同类学校产生了有益的辐射作用。

第六章

“学校—社区互动”农村学校改进实践效果分析

“学校—社区互动”农村学校改进实践效果分析，既是对“学校—社区互动”农村学校改进实践的阶段性回顾，也是对“学校—社区互动”机制促进下农村学校改进过程和结果中作用、成效与问题的整体认识和把握，检视学校改进这一复杂程序实践活动中产生的客观结果和目标达成，以便在后续农村学校改进中及时归纳成因，进行合理的策略调整，并以此作为农村学校改进经验总结、理论提升和未来发展的实证支持。本章中，效果分析框架对照和回应“学校—社区互动”农村学校改进内容，包括学校文化与特色学校文化分析、社区课程资源开发分析、多样教学模式生成分析、教师自主专业发展和学生快乐成长五个部分。

第一节　特色学校文化形成

一　学校文化与特色学校文化

文化是指人类创造出来的、可以通过学习获得并为后人学习和传递下去的一切物质和非物质产品。① 学校文化是广义文化的一个分支，是一般性文化中的特殊存在，是学校历史发展过程中不断积淀以及学校全体成员在长期的教育教学实践中所创造形成的，既包括显性的学校物质文化，如建筑文化、装饰文化、园林文化等，也包括隐性的学校精神文化，如学校制度、办学理念、校训校规、校风、师风、学风等。本研究关注的特色学校文化是学校文化在发展的过程中形成的独有的物质积淀和价值观念的体现，在“学校—社区互动”农村学校改进项目中，特色学校文化主要分为以下几个方面：

① 王定华. 试论新形势下学校文化建设[J]. 教育研究，2012，33(01)：4－8.

1. 学校历史文化

不同的学校发展拥有不同的学校历史,这种集体的共同经历赋予各个学校不同的精神面貌和韵味,往往是形成各个学校办学思想,生成校风校训的主要文化来源,梳理学校自身历史文化,是形成特色学校文化的基础性工作。同时,学校特色历史文化不仅包括学校发展的历史,更重要的是学校所在地的历史发展与文化沉淀,这种说法更倾向于"历史创造文化"。如快大茂镇中心小学经历过学校合并、校址搬迁,在不断建设中积累了丰富的文化积淀,学校师生研究满族剪纸的内在文化精髓,并利用"满族剪纸文化"作为教育载体,用历史传承的文化铸成学校可操作的文化传承手段,将学校历史文化融入学生日常的特色课程中,这既是对中国传统文化的继承和弘扬,也是学校独有特色的创新和改造,学校肯定历史文化,并带领全校师生书写新的历史。

2. 学校环境文化

环境文化是很多学校特色文化建设的重点,"从实际情况来看,很多学校特色文化建设的主要工作和重点投入,都是放在环境方面。从标牌、标语,到文化走廊、文化墙,再到文化景观、文化建筑,为了'让每一面墙都说话',有些学校的环境布置可谓'武装到牙齿'"①。这也是学校环境文化的常态,因此学校环境文化往往被禁锢在校内的一些设施建设上。追根溯源,学校的环境实则是包含在自然环境之中,自然环境、自然资源的开发是建设特色文化重要路径。项目组调研的通化县葫芦套学校是通化县内体量较小的学校,却拥有200多平方米的葡萄园,800多平方米的种植园。学校依托当地资源优势,立足区域文化特色,开展了"草编"特色校本课程,将草编项目作为弘扬特色学校文化的新起点,通过草编丰富学生的文化底蕴,让学校与社区相融合,让校园环境与自然环境相融合,让非遗文化在特色学校文化的发展中得以传承。

3. 学校课程文化

学校依托地域优势、资源优势等打造学校特色课程文化。乡村生活现实中隐藏着众多有待开发的文化资源,潜藏着丰富的教育资源。② 通化县快大茂镇中心小学地处长白山区,是满族的发祥地,风格独特的民间文化为这块土地增添了浓厚的文化资源,也为这所学校特色文化的形成创造了条件。学校植根地域文化土壤,开展"满族剪

① 陈学军. 学校文化是什么[J]. 教育研究与实验,2015(03):14-19.

② 刘铁芳. 乡村教育的问题与出路[J]. 教育观察(中下旬刊),2013,2(04):5-8.

纸”课外活动，开发并实施“满族撕纸”校本课程，创设独具特色的“撕课程”办学品牌，让这一特色校本课程成为学校特色文化的“代言人”。通化县金斗朝鲜族满族乡中心小学，紧紧依托少数民族乡的地方优势，将满族刺绣视为满族传统文化的传承形式，将其作为满族历史文化的延续，学校以满族刺绣为切入点，让学生了解满族的民俗文化，通过刺绣课程让民俗文化得以传承，让学校特色课程文化得以发扬。

4. 学校教育理念

学校特色文化注重表达学校的办学理念、办学态度，办学目标等。学校的教育理念是学校培养学生的重要精神媒介，也是学校为学生今后人生发展设计的航行方向。例如，葫芦套学校在教育理念上有其独特性，学校教育理念的形成是由其不断发展过程中产生的需求所决定的。以“幸福奠基”的教育理念为例，学校首先落实国家课程中的教育理念，并在学生价值观塑造和幸福人生的创造方面用“幸福奠基”的理念引导学生，宗旨是促进学生发展，让学生拥有健全的人格、独特的个性，并在拥有技能的基础上培养学生的创新力和创造力，为学生的终身发展和幸福人生奠基，为人类社会文明做出贡献。

学校文化建设需要学校准确定位自身的特色，根植本土的民俗文化，依托资源开展各项活动，从教育学的领域不断地挖掘、调整、扩充，打造满足学校发展需求、符合学校理念定位的特色学校文化。

二 特色学校文化的本质特征

学校是文化的集中地，一所学校想要保持发展的持续活力就要有自己的特色学校文化，特色学校文化建设也是农村学校改进的重要追求，它的形成立足于学校社区发展取向、乡村资源优势取向、儿童经验特点取向，在学校文化中挖掘特色，塑造品牌文化，继承并发扬学校的优势，打造适合学校长久发展的文化主题。特色学校文化的本质特征可以概括为以下几点：

1. 环境融合性

学校并不是孤立的文化象牙塔，而是与周围社区环境紧密相连的不可分割的整体，一所学校想要打造本校的特色文化，就要与社区互动交流，与周围环境融为一体、相互适应。从农村学校的地理方位特点来看，农村学校总是依山傍水，坐落于村边地头，与社区保持紧密的联系，学生朗朗的读书声传遍了乡间角落，运动会的趣味项目从学校延伸到社区，一些课程的设置也与学生课后生活紧密相关。随着经济的发展、生活质量的提升和城镇化进程的加速，农村学校发展的自主与自觉意识明显增强，社区文化的建设对学校的需求也越来越强烈，学校不再是为了完成一些任务走进社区，而是主动走入自然世界与社会文化场域，社区和学校之间敞开大门、互通互融，学校的特色文化不仅仅局限于校内的传播，而是与社区融合成为特色学校文化发展的整体，这样做必然会使学校融入到周围的环境中，使学校文化成为“学校—社区”一体的特色。

2. 文化传承性

学校文化的生成同它所在地域的风土人情、民俗文化密不可分，一所学校特色文化的传承与发展也是要依托所在领域的文化背景。同时我们要明确，学校作为文化传承与创新之地，其自身也是整合文化、创造文化的重要场域。许多学者强调在进行特色学校文化建设时要体现基础性、选择性、内在性，其中“内在性”就要基于我们对学校文化的重视和理解。认识学校的文化传统，传承学校的文化内涵，不仅可以从中找到特色学校文化建设的优质种子，也能找到特色学校文化建设的丰饶土壤。①

3. 课程适应性

许多学校在进行特色学校文化建设过程中将重点放在校本课程的创设上，但是究竟什么样的校本课程适合学生的发展、适应学校的整体文化氛围，这是一个值得深度思考的问题。学校在进行课程选择时一定要对学校现有的课程体系进行了解，对学生的整体水平进行考察，以寻求一种适合学校特色文化建设的校本课程。也就是说，课程作为特色学校文化建设的载体之一，既要适应学校的整体发展趋势，又要让学校所有管理者、教师、学生，乃至家长认同，这一理念时时刻刻渗透于学校教育教学等各个领域。

三 农村特色学校文化形成的阶段

农村特色学校文化的形成一般会经历历史的沉淀，科学的探索，最终凝练出具有

① 杨九俊. 学校特色建设：“寻找属于自己的句子”[J]. 教育研究，2013，34(10)：29－36.

独特性的特色学校文化。梳理本课题中进行多次调研的几所学校的情况，农村特色学校文化的形成主要分为四个阶段。

1. 原生文化传承期

学校文化是一种历史的传承，农村学校也不例外。每所学校在建校之初，大都会提出关于学校文化的构想，但学校文化不是一朝一夕建立起来的，而是几代人的积淀。随着学校的发展，学校文化也变得丰富多元，要求学校批判地继承多元的原生文化，提炼出适合学校长远发展的特色文化。但是目前的农村学校大多面临着资源短缺、发展滞后、思想陈旧、教学单一等问题，面对这些问题，学校在处理上往往力不从心，导致其无暇顾及学校的文化建设。但是，一所农村小学要想在变革中实现自身的发展，在学校整体文化建设的基础上形成特色学校文化是必不可少的。如何在学校多元的文化中抓住特色？这就需要我们诊断学校文化发展的现状。如何诊断？谁来诊断？诊断什么？仅仅依靠学校自身是否能够有针对性地诊治特色学校文化形成过程中的一系列问题？这些都是迫在眉睫的难题。①

2. 专家诊断期

本研究中专家们多次深入农村学校进行调研诊断。2016 年 12 月 7 日，教育部人文社科重点基地重大项目“‘学校—社区互动’农村学校改进研究”主持人李广教授带领团队 4 名成员到吉林省永吉县两所校本课程特色学校进行项目调研、实地考察，专家们深入课堂，了解这两所学校的现状，并与校领导、教师代表进行校本课程开发的深度座谈，探讨学校目前在特色文化建设上存在的一些问题，几位专家分别提出“诊断意见”，并有针对性地提出建议。随后的几个月中，专家在通化县的五所学校也进行了相应的诊断。通过专家诊断，学校能够清晰地认识到自身存在的不足，反思能够提高和改进的方面，对学校的特色文化建设有了一个初步的定位，这为后期特色学校文化的形成和发展奠定了基础。

3. 特色文化形成期

经过专家的诊断，学校逐渐理清思路，对特色学校文化建设也有了基本雏形。学校的领导和老师对学校特色文化的发展方向有了初步的规划和设计，形成了一个整体的特色文化建设目标，从区域文化资源中提炼出适合学校发展的特色文化。在这一过

① 翟艳，张武升. 学校文化特色的形成策略研究[J]. 教育科学，2015，31(01)：18－21.

程中，学校需要依托丰富资源，光华镇中心小学秉持和谐教育的办学思想，挖掘当地红色资源，讲述抗战故事，以杜光华师长等为人物原型，请老校长讲红色故事，开发了校本教材《红色光华》，形成了这所学校独有的红色文化。总之，特色文化的形成能够很好地向外界展示一所学校的办学特色，成为引领学校发展的方向标。

4. 特色文化辐射全校期

到这一阶段，学校已经能够挖掘出本校的特色文化，并以此为中心辐射整个学校的文化建设，在实践中形成新的特色学校文化，在理论中提升学校的办学理念。如通化县二密镇葫芦套学校秉持文化自信，将特色学校文化扎根在草编课程之中，让草编课程成为促进学生一生素养文化载体。草编课程这个载体中所呈现的特色学校文化能够唤起学生对生活的爱，赋予学生自信，激发他们努力学习的愿望，学校也在探索中确定了“以人发展”的理念，使特色学校文化不再是空洞的理论，而是具有丰富性、趣味性、情感性的可操作理念，用特色文化促进学校的整体发展。

通过本研究得出农村特色学校文化的形成大体分为以上四个阶段，但是农村学校在进行特色文化建设时还要依据学校自身的特点进行适当调整。

四　农村特色学校文化形成的条件

农村特色学校文化的形成具有其独特性，农村学生同样拥有其发展样态和发展需求的特殊性区域特色文化在不断的发展中逐渐变成学校的主导文化，所以在探索特色文化的过程中要求基于学校自身情况和农村学生的特点。在此基础上探讨农村特色学校文化形成的条件，需要从外部条件和内部条件两方面分析。

1. 外部条件：历史地缘优势，学校社区共促，专家亲临指导

（1）历史地缘优势

农村学校的地理位置大多能成为其办学优势，广袤的田野，深厚的乡村历史，优美的自然风光，鲜活的乡土生活，这些都是可以形成特色学校文化的契机。因为各个学校具有明显的地域差异性，所以各个学校也就被赋予了不同的历史背景和文化内涵。农村学校要形成特色学校文化，就必须依托学校所在地的本土历史地缘优势，依据乡

村的文化背景和现实生态，挖掘乡村丰富的文化资源与历史素材，吸收和应用城市文化和国外文化的先进精髓，创生具有自身特点和适合自身发展的特色学校文化。①

（2）学校社区共促

特色学校文化的形成在初期都要依托周围社区的资源优势。一所学校如果只靠自身的办学思想、理念孤立地进行特色文化建设通常会收获甚微，学校与社区的互相依存和谐共生是必然趋势，脱离社区文化滋养的学校无法从多元的角度丰富学校文化，即使是提出了特色学校理念，也如无本之木般流于表面，特色学校文化应在引领社区文化发展中成长、丰富、成熟、升华。学校文化也是社区文化发展的动力源，学校作为公共组织，并非独立于社区，学校建设应融入社区中，除了发展自身的特色文化，还承担着社会使命。成功的学校不仅有一个能适应环境的机制，而且对社会有一定的贡献。② 学校社区资源共享、文化共建，是形成特色学校文化必不可少的条件之一。学校走进社区，用自己的文化底蕴熏陶社区文化建设，社区走向学校，为学校提供一些基本保障，用社区的力量资助学校特色文化建设，形成一种良性循环。

（3）专家诊断引领

专家亲临学校能够对农村学校基础教育实践有一个直观的了解，深入学校课堂，体验一线教学，实地感知学校在特色文化建设方面存在的短板，结合自身的学术科研经验，为农村学校特色文化建设提出有针对性的建议。本研究中几所典型的农村学校便经由专家实地调研与引领形成了特色鲜明的课程文化。课程文化是学校文化建设中较为普遍的一种，但由于学校的主要工作是在课程上呈现的，这也就凸显了形成课程文化的必要性。例如，“撕”课程、“绣”课程、“编”课程、“塑”课程、“绘”课程、“种”课程，这些课程都包含了几所农村学校的特色，也是专家们在几次调研后为学校总结提升的课程定位，在特色学校文化形成的过程中，在专家的不断指导下，几所学校也摸索出了适合学校发展的校本课程。

2. 内部条件：学校领导大胆创新，学校教师深度挖掘，全体学生积极参与

（1）学校领导大胆创新

我国包括基础教育在内的教育事业发展始终是由党和国家进行整体规划，以各

① 丁纲. 文化的传递与嬗变［M］. 上海：上海教育出版社，1990： .
② 刘莉莉. 学校在与社区互动中发展［J］. 教育发展研究，2012，32(20)：46-49+56.

类教育政策为主要依据和方式推进工作，整体推动了我国基础教育学校建设的规模化、规范化的发展。但落实到基层学校，特别是农村学校建设中，往往对个体化学校特色建设有所忽略。学校的多元化发展、学生的多样性成长都要求学校有特色文化来引领，学校领导必须开拓思维、寻求途径、大胆创新。学校领导在吸取专家的建议后，结合自身学校的优势大胆假设，利用演绎推理的方法寻求学校特色文化建设的突破口，制订详细的发展计划，为师生参与特色文化建设提供稳固基础。

（2）学校教师深度挖掘

教师对特色学校文化建设的贡献程度对学校来说至关重要，可以说教师是特色学校文化建设的主体，教师不仅是课程的组织者和实施者，更是直接接触学生时间最长、次数最多的人，所以说教师对特色学校文化的了解程度、开发程度直接影响学生。因此，教师需要在明确特色学校文化形成背景的基础上，利用自身的优势和特长去挖掘学校的特色文化，用研究的态度开发特色学校文化。农村学校的教师多在农村长大，拥有丰富的乡土生活经验和乡土文化体验，他们了解何种文化适合学生，在深度挖掘特色文化的同时，教师也要不断提升自身的素养。

（3）全体学生积极参与

学生是学校中的重要组成部分，离开学生，学校便无意义，更无法运转。农村学校要基于农村学生的实际需求，让全体学生参与特色文化建设。我们要意识到，农村学生具有区别于城市孩子的差异特点，他们虽然在系统知识掌握上可能稍弱，但是农村学生的动手能力、耐力、专注力比较强，其意识形态和行为方式更加能凸显文化特色。特色学校文化虽然是在学校中形成的，但是真正受益的是学生，学生才是特色文化的“代言人”。

五 农村特色学校文化形成的实践样态分析

1. 师生的广泛认同

农村特色学校文化形成的实践样态中突出的表现之一是在实践过程中通过专家

的专业指导，实现了师生在学校特色文化定位和发展中的广泛认同。面对办学理念守旧、办学资源短缺、师资力量薄弱等一系列问题，全校师生都清晰地认识到特色学校文化建设已然成为农村学校走向成功的必经之路，但如何寻求特色文化的认同始终是学校发展的瓶颈。课程的开发依赖于师生的共同“合作”，文化的形成和积淀同样依赖于师生拥有一致的价值认同。以永吉县口前镇春登中心校为例，学校以心灵午餐、泥塑、剪纸和藤编等为主要的特色课程文化，逐步从特色课程发展为学校的特色文化，学生对此类特色文化易接受、感兴趣，教师也能灵活地将特色学校文化穿插在日常的教学过程之中，使之渗透进学生的学习生活，为师生搭建特色文化交流的脚手架，特色学校文化的普遍性和广泛性得到落实。同时教师能基于特色文化进行教学改进，并将教学改进上升至教育科研中，由下而上地总结经验成果，再由上而下地辐射全校师生，这样的特色学校文化浸润着整个学校，使全校师生获得一致的价值认同和整齐的价值追求。

2. 学校的文化载体

农村学校在形成特色文化的过程中都会坚持从学校的地缘优势、传统文化、办学理念、社会背景等多角度出发，在整体推进的过程中寻求切入点，提炼出一个最适合学校发展的特色文化载体，定位学校未来的发展方向。以通化县光华镇中心小学为例，学校始建于 1908 年，位于通化县光华镇，光华镇不仅是抗战时期抗联第一军游击根据地，还是解放战争时期四保临江战役的主战场，红色文化资源极其丰富。但是学校办学一直习惯于传统方式，缺乏发展的自信，没有先进的办学理念指引，多年来，学校的办学特色并不突出。2016 年 12 月起，得益于“‘学校　社区互动’促进农村学校改进研究”项目，专家组团队数次走进光华镇中心小学，诊断学校存在的问题，指导学校特色文化的建设。在专家和校方的共同努力下，光华学校立足于地域的特色，提出凸显地域的红色文化，延伸的红色教育作为立德树人的重要途径。为体现红色文化传承，突出以德为先、个性发展办学特色，学校还开发了相关的校本课程，这些对培养学生个性、发展学生品德、塑造学生人格有深远影响。至此，光华镇中心小学的红色文化以及相关的校本课程成为学校文化长久发展的载体，学校依托这样客观具体的文化载体，不断地丰富和充实学校特色文化，使之能够多角度、多元化地发展。

3. 学校的外在表现

农村特色学校文化形成从学校的内在文化底蕴出发，最终呈现为学校不断进步的外在表现，这也是实践样态中一种可视化的成果。例如，通化县快大茂镇中心学校最初在专家的帮助下开发了“满族撕纸”课程，将满族传统剪纸方法与乡村学校文化教育融为一体的，成为表现各类民间艺术的一种具有地域特色的校本课程。在此基础上，随着专家入校指导、深度交流和沟通，学校将课程落实到研究层面，申报课题“‘满族撕纸’校本课程开发实践探索”，走出校本课程本身，继续深入挖掘特色学校文化的内在逻辑，寻求更多的外在表现形式。现今通化县快大茂镇中心学校的特色校本课程是“满族撕纸”，学校除了开设单独的美术校本课——撕纸课，还尝试课程整合模式，把撕纸与语文、口语交际、音乐、美术、体育、信息技术等学科相结合，丰富课程内容，创新课程实施模式，赋予特色校本课程新的生命力和发展契机。快大茂镇中心学校通过特色文化折射出整体的发展脉络，通过特色文化指引前进方向；通过特色文化打造办学品牌、特色文化，办出特色。

第二节 社区课程资源开发

社区课程资源开发是“学校—社区互动”促进农村学校改进的核心内容。① 社区包含学校，学校在社区之中，社区课程资源的开发需要学校立足于社区，拥有利用社区资源进行开发的意识与能力。同时，社区课程资源开发的过程是一种对社区特色文化的传承，也是课程建设得以提升与创新的基础。

一 基于区域文化特色的社区课程资源开发

社区是人们赖以生活的真实空间，也是学生活动的主要范围。学生生活在社区之中，在入学前后不断接受社区教育，在社区中进行课程资源的开发有利于学生对课程的理解与消化。课程资源是形成课程的一切因素来源与必要而直接的课程实施条件。② 从空间上，可以区分为家庭课程资源、校内课程资源和社区课程资源。③ 社区课程资源是指在社区内学校和家庭以外的一切可以形成课程的因素来源与必要而直接的课程实施条件。④

社区课程资源最基本的构成要素包括社区人口、地域空间、社区活动、社区设施以及社区文化五个方面。其中，社区文化是一个社区存在与发展的主要表现。区域文化不仅体现在自然生活中，也反映在人们的精神生活中。一个社区的风土人情、风俗习惯、行为模式、价值观念无不体现着社区文化，也是社区内在凝聚力和认同感的基础。基于区域文化特色的课程资源是指以区域文化特色为出发点，从社区的历史古迹、传统艺术、生活理念、信仰、生活方式、行为规范、风俗习惯、价值观、地方语言等方面，形

① 李广.“学校—社区互动”促进农村学校改进研究[J]. 教育研究，2018(4)：75－79.
② 吴刚平. 课程资源的理论构想[J]. 教育研究，2001(9)：59－71.
③ 任长松. 走向新课程[M]. 广州：广东教育出版社，2002.
④ 李松林. 社区课程资源开发对学核课程的支持研究——四川省冕宁彝族自治县漫水湾镇个案分析[D]. 重庆：西南大学，2003.

成课程内容来源与必要而直接的课程实施条件。学生生活在学校，生长在社区，每天受到社区中的这些社区文化的影响，因而，基于区域文化特色的社区课程资源开发有助于学生对社区区域文化特色的深度认知与理解。

从学校课程的角度而言，社区课程资源开发包括两层含义：一是指将社区内原来有教育意义的却未被充分利用的自然和社会资源纳入课程资源范畴，即社区资源课程化；二是指对原有社区课程资源进行再开发，即更充分地利用，以更充分发挥其教育的功能和意义。①基于区域文化特色的社区课程资源开发是指在区域文化特色的基础上，将自然和社会资源纳入课程资源范畴的过程，从而进一步丰富社区中可供学校利用的教育课程资源。

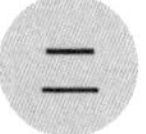

二 农村社区课程资源开发的本质特征

1. 潜在性

农村社区课程资源的存在形态、结构、功能、价值与产权等方面均具有潜在性，必须经过课程实施主体自觉能动地进行开发与改造，才能转化成现实的课程内容和相关条件，进而发挥课程的功能和教育价值。农村社区课程资源往往以“自然”形态存在，有些资源甚至不以物质形态呈现，如习俗、意识、制度、观念等，需要经过主观赋予一定意义和深度挖掘才能转化为课程知识进入课堂。因此，农村社区课程资源具有潜在性的特点。

2. 地域性

农村社区课程资源具有一定的地域性。由于不同地域的自然环境、社会环境、风俗习惯、宗教信仰、文化背景存在差异，不同地域的社区课程资源也存在着较大差异。例如，在拥有一定满族民俗文化和习俗的地区中以满族艺术文化作为当地的课程资源，这样形成了以满族文化为核心的特色课程。因此，农村社区课程资源往往会因所处地域环境的差异而展现出其独特的地域性特征，每个社区都有其特定地域文化下的课程资源。

① 李松林. 社区课程资源开发对学校课程的支持研究——四川省冕宁彝族自治县漫水湾镇个案分析[D]. 西南师范大学，2003.

3. 多样性

首先，农村社区课程资源本身具有多样性。在不同地域范围、价值观念、道德意识、风俗习惯、宗教信仰、文化背景下的课程资源各具特色；不同学校由于性质、规模、教师素质以及办学水平的不同，学校的教师开发和利用的课程资源在程度上也存在差异；学生个体的家庭背景、智力水平、生活经历的不同，可供开发与利用的课程资源千差万别。其次，农村社区课程资源的目标及功能具有多样性。课程资源是为实现广泛的课程目标与教育目标服务，其教育目标与教育功能也具有多样性。

4. 动态性

农村社区课程资源是一个动态发展的系统。一个地区在一定的时间内，课程资源具有一定限度，但这个限度又有很大的伸缩性。一个区域的区位条件、自然条件、经济条件、民族文化因素、政策条件、人口素质条件和管理水平等，都影响着课程资源的客观存在和其伸缩性。① 这种伸缩性直接影响课程资源开发的深度、广度与效度。在不同的历史阶段，农村社区课程资源与社会资源系统、人们的主观能动性和开发条件相互适应。因此，农村社区课程资源具有较强的动态性。

三 农村社区课程资源开发的价值追求

1. 传承优秀地域文化

地域文化是由生活在特定空间的人们在长期的日常生活中创造出来的区别于其他地域的一种文化形态。一般来说，在特定地区内人们特有的方言、价值观、劳动方式、宗教、风俗、生活方式、心理等都是当地地域文化的重要呈现。② 在课程开发的过程中，多数农村社区遵循“就地取材”的原则，将地域文化作为充实社区教育课程的资源进行开发，不仅有助于教师、学生与社区课程三者之间的融合，促进社区教育有效进行，还有利于优秀地域文化的传承。学生对农村社区课程资源的学习有助于加深对地

① 黄晓玲. 重庆市九龙坡区陶家镇学校开发利用乡村课程资源研究[D]. 西南师范大学,2003.

② 毛艳. 基于地域文化的社区教育课程开发研究——以云南少数民族地区为例[J]. 中国成人教育,2014(24):44-47.

域文化的理解，进而传承与发扬优秀的地域文化，保留当地的文化特色。

2. 培养居民乡土情怀

农村社区课程资源来源于当地社区，与当地居民的生活息息相关。依托地域文化资源进行社区教育课程开发，可以引导学习者在参加社区资源课程的过程中对当地文化进行反思与批判，有助于当地居民加深对社区文化的理解。将当地资源引入课程中供学习者学习，既拓展了当地资源的价值，也使当地人对家乡的物质财富与精神财富充满向往与敬意，在对家乡独有的地域特色的不断强化中，社区人民的集体记忆得到加深，居民的认同感与归属感不断增强。因此，对于农村社区课程资源的开发，在一定程度上可以培养当地居民的乡土情怀，增强学习者对家乡的热爱。

3. 促进社区和谐发展

农村社区课程资源的实现需要课程管理者、施教者与学习者三者形成和谐统一的学习共同体，农村社区课程资源的实现得益于三者之间的和谐相处。施教者在课程管理者的帮助与协调下使课程得以顺利运行，学习者在施教者的帮助下学习知识，充盈自己的精神世界，这样的互帮互助机制能够带动整个社区的和谐发展。同时，社区教育通过对地域文化进行课程开发，在传承文化的基础上实现了对当地特有文化的建设，进而通过文化建设促进社区服务、管理等各方面的发展，最终实现整个社区的和谐发展。

四 农村社区课程资源开发的有效路径

1. 依托校本课程，实现社区资源课程化

农村社区课程资源的有效开发可以通过社区资源与学校资源有机融合的方式来进行。利用社区课程资源支持学校课程发展，开发校本课程是社区课程资源得以发展的有效途径。学校在利用农村社区课程资源开发校本课程时，要对农村社区课程进行一定加工，选择适用于本学校的课程实施方式。在课程目标方面，要根据政府、社区、学校、校长、教师与学生身心发展、能力发展和学习的需要，使课程目标更有针对性；在课程内容方面，应根据学校所在社区的实际情况，将社区文化、风俗习惯、文化背景等方面的特点融入课程之中，对学校课程进行拓展与补充，进而实现课程内容的人文化、地域化与生活化；在课程实施方面，应着力实现学生的个性化发展，同一教学内容运用教学方法可多样灵活，目的在于增强学生的课堂获得感；在课程评价方面，要实现课程的多主体、多元化评价，力求激发学生的学习兴趣，最大限度学习到社区课程的相关知识。

2. 健全保障机制，落实课程开发全员化

农村社区教育课程开发是一项复杂的系统工程，需要课程专家、教育专家、教育行政管理部门、教师、社区居民等主体的共同参与与协调配合。首先，政府要加大对农村社区课程资源开发的经费投入与基础设施投入，保证课程开发有足够的资金和场所。在经费投入上，建立以政府投入为主、多渠道投入并行的方式。此外，还可通过鼓励民间投资、募捐等形式支持农村社区课程教育。其次，通过专业人员为课程开发与实施者定期培训的方式，提高教育课程团队专业水平；定期由教育专家进入社区进行课程实施情况的效果考察，做出评价并提出一定解决策略，实现社区课程持续发展。最后，确立科学合理的社区课程开发流程，根据课程资源开发的实际情况与社区成员的需要，立足本地区区域特色，有计划有目的地进行课程开发。

3. 建设教师队伍，提高课程实施专业化

目前，我国偏远农村社区教师存在素质整体不高、指导能力不强、教师队伍结构不合理、待遇较低、环境较差以及缺乏课程开发的专业性等诸多问题，可以通过三个方面加强教师队伍建设。一是加强对社区教师的专业培养。建立并完善教师培训机制，通过在职培训、专题研修、远程教学等方式提高农村社区教师的课程开发能力，使社区教师具有专业指导能力，帮助学习者提高学习能力与水平。二是实现城乡社区教师轮岗制。城市教师到农村社区，在充分了解当地课程资源的前提下帮助农村教师进行课程开发与实施，成立互帮小组，互相学习，互相促进，进而带动整个社区教师专业化水平的提高，以城市优质教育资源带动整个农村社区教育的发展。三是健全教师管理制度。建立健全社区兼职教师的培训制度、日常考核制度与评价制度，完善教师引入机制与退出机制等。

4. 完善评价机制，追求课程评价标准化

农村社区课程资源开发需要通过评价来获得反馈信息，从而发现其中存在的问题并及时改进，以保证课程顺利进行。标准化课程评价机制的建立是完善课程资源开发的重要保障。由于各地区实际情况不同,无法将评价统一化,因此,评价机制应当具有针对性,这种评价包括对课程评价与学习者评价。在对社区课程进行评价的过程中,应考虑当地学校的经济、文化等实际情况与学习者的需要,注重课程开发的适切性。在对学习者进行评价的过程中,要实现评价主体的多元化,对社区课程资源开发的评价应该是一个开放的系统,评价权不能仅仅掌握在教师的手中,课程专家、同伴、家长、社区人士与学生自身都应作为评价的主体,为课程实施的结果提出可行性建议。同时,评价应注重对学习者的过程性与持续性评价,评价要能使学习者产生学习的兴趣与动力。

五　农村学校社区课程资源开发的实践样态分析

1. 形成区域性学校特色

“学校—社区互动”农村学校改进研究项目中的每一所个案农村学校都在对社区课程资源的开发过程中形成了一定特色,这些学校特色的生成来自对学校所在社区资源的开发与利用。例如,二密镇葫芦套小学借助地区的玉米叶这一社区课程资源形成了学校独有的草编文化,利用玉米叶编织出人物、动物、生活用品等精致的工艺品。光华镇小学因地处于抗日游击区这一历史文化资源丰富和革命传统优势,确定了以爱国主义教育为核心的红色文化特色,以“抗联精神,杜光华事迹”为主题,通过讲述革命历史故事、校园广播、专题讲座进行主题宣传。同时,学校加强基础设施建设,设立了校园红色文化长廊,时刻启迪学生要缅怀先烈、珍爱和平、努力学习,由此形成了红色文化。金斗朝鲜族满族乡中心小学因地处通化县金斗朝鲜族满族乡,乡域内有一定的满族民俗文化和习俗,将满族刺绣现作为学校的办学特色,通过几年的满族刺绣教学,学生初步了解了满族的民俗文化,掌握了大量的满族刺绣针法,懂得了纹样设计和图案拓印的基本方法,学校形成了满绣文化。快大茂镇中心学校以“满族撕纸”作为校园特色文化,并倡导“剪出文化、撕出创造”,学生用撕纸的方式创作出各种各样的精致作品,学校的撕纸文化现已走出学校,走到市、区、县,甚至走出了国门,向世界展示来自中国学校的撕纸文化。振国学校的特色是纸浆画,以纸浆画艺术特色完善橱窗文化、墙壁文化、教室文化、花园文化、道路文化、走廊文化,进一步优化育人环境。通过开展纸浆画作品展、"艺术之星"评选等特色艺术活动,构建文明、健康、平安、人文、美丽和谐的校园艺术文化体系,使学校成为师生身心愉悦、情感陶冶的乐园。以上学校通过对当地社区课程资源进行有效开发,形成了以社区特色为核心点与立足点的学校特色文化,在社区课程资源开发的过程中逐步形成带有区域性标志的学校特色。

2. 完善校本化课程体系

通过对农村学校社区课程资源的开发,社区与学校之间紧密合作,改进校以社区课程资源作为本校的校本课程,不仅完善了学校整个课程体系,也在实践中使校本课程的自身逐步完善。例如,快大茂镇中心学校的撕纸课程体系在课程目标、课程结构、课程内容、与课程评价方面形成了一定可行性方案。在课程目标上,学校以"引导学生积极参与满族文化的传承与交流"为主要目标,在撕纸中培养学生的兴趣、爱好,满足学生多元发展需求,发展个性特长,提高审美能力,促进学生艺术素养的全面发展,提高学生的综合能力。在课程结构上,学校以满族撕纸为龙头,以钢笔画、玉米叶粘贴、军乐队等课外活动小组为辅的特色校本课程体系。将校本课程与国家课程相结合,打破学科界限,让学生在主动参与、自主探索的活动中,学会创新和创造。在内容方面,一是学校开发并出版《小学生撕纸》这一校本教材;二是成立学生校本课程兴趣活动小组,以满族撕纸为主,呈现钢笔画、油画、玉米叶粘贴、魔绣、沙瓶画、春蕾报等多种形式;三是实施学科与校本课程整合,如撕纸与语文,音乐与撕纸,撕纸与信息,并设计满族撕纸的校园文化,组织综合实践活动。在教学评价方面,学校为教学评价、教师评价与学生评价分别设立了相应的评价标准,力求提高教师教学水平,激发学生学习兴趣。因此,农村学校社区课程资源在开发的过程中,学校形成了具有特色化的校本课程,也逐步完善着校本化课程体系的建构。

3. 生成多样化教学方式

在农村学校社区课程资源开发的过程中,个案农村学校根据自身课程内容、活动方式和资源样态特征,形成了多样化的教学方式。学校不仅带领孩子们学习书本上的知识,也注重将知识与学校周围的器物结合起来,突破传统艺术教育的课堂限制,在现实生活与操作中开展教学活动。金斗朝鲜族满族乡中心小学形成了七环节课堂教学模式:一是理论传授;二是作品欣赏;三是针法介绍;四是尝试实践;五是创作指导;六是作品展示;七是探讨交流。先教授学生理论知识;再进行欣赏以激发学生动手的欲望;在学生产生想要尝试的想法时,教师对最基本的针法进行介绍,为接下来的复杂操作打下坚实的基础;然后放手让孩子们在实践中尝试操作;在基本的操作方法掌握之后,学生从简单工艺的制作进入开动脑筋进行创作,同时培养学生的创新思维能力;接下来进行作品的展示,学生互相欣赏,反思自身存在的不足,用学生作品装点墙壁、窗台、走廊,作为课堂展示的延伸;最后师生进行探讨交流,这既是对学生刺绣水平与能力的再提升,同时也是对学生语言表达能力与学习能力的培养。在此类课程中,学生通过自己的思考,在操作中完成了自己感兴趣的作品,教师的教学方式已不再是全班讲授式的教学法,而是根据每个学生的兴趣、特长、现阶段所处的水平进行有针对性的教学。因而,农村学校社区课程资源开发使得教学方式变得更加理想,更加多样化。

4. 提升教师专业化素养

通过学校社区课程资源的开发,教师在凝练校园文化、建设课程体系、形成教学模式、设计教学流程、制定教学评价等方面都得到了相应的提高。通过课程资源开发,学校的每位教师能够依托当地的文化特色,为“如何引入课程资源”“引入什么样的课程资源”而献计献策。在这一过程中,教师主动思考农村社区文化与学校文化之间的关系,并从中有选取适合的课程资源,丰富学校的文化特色。在建设课程体系的过程中,针对各个年级学生的特点,需要教师设定不同的教学目标、教学结构与教学内容,根据学生的实际情况开展教学。这个过程涉及教师对学生身心发展特点的把握,以及对课程的整体设计与规划。在教学模式方面,不同教学内容可用的教学模式各不相同,教学模式的确定是每位教师根据本校、本校学生学习与教师教学的情况,并与其他教师商讨而合作完成的。教学流程方面,教师要做到充分了解学生的学情,深入思考自己的教学并进行及时调整,最后设计出一套适用于大多数学生的教学流程,而教师在指导教学与操作的过程中也使自身的专业性得到提升。教学评价的制定是为了及时反馈信息并激发学生学习的兴趣,教学评价需要教师制定标准并在反馈中调整教学。农村学校校本课程开发对农村教师专业素养提出了更高的要求,驱动教师不断提升自身能力,以满足学校特色课程建设的诸多需求。同时,学校与社区互动是一个长期、持续、稳定的交互过程,是一个在动态发展中使教师自身专业能力与水平提升与发展的过程,在进行有关社区课程资源的教学过程中,教师也在对社区课程资源进行深入学习、思考,逐渐提高专业素养,指导学生进行深入学习。

5. 带动学生全面性发展

学校社区课程资源的开发不仅凝练出学校特色文化、完善课程体系、丰富教学方式、提升教师素养,最终的目的指向学生发展。学生生活在校园中,在课程中学习,在教学中发展,在教师的指导与帮助下进行学习,学校、课程、教学、教师直接服务于学生。在学校社区课程资源开发的过程中,学生在对校园文化与社区文化的感知中对课程资源的了解更加深入,在社区与学校文化相融合的同时,学生对这门课程的感受超越了课程理解,而成为一种深厚的情结,他们是带着情感融入课程的学习之中,这是他们学习动力的来源之一。社区与学校资源开发所开设的课程很多需要动手操作,这种看似简单的操作其实是对学生思维的训练,学生所创作的作品在制作过程中有参照情况,但很多来源于生活,需要学生自己想象与创作,这是学生创新能力的体现。学生在多环节的制作过程中培养了操作能力、艺术欣赏能力、实际运用能力以及社会生活的敏感性和洞察力,在交流欣赏与教师指导中形成了反思能力。在课程实施的过程中,学生的各方面能力随之提高。在社区课程资源的推动下,学生在社区特色资源和农村学校的特色课程实施过程中逐渐实现全面发展。

第三节 多样教学模式生成

教学模式的生成依托于教学内容而存在,不同的教学内容需结合不同的内容属性生成与之相适配的教学模式。农村学校和农村社区的独特环境,农村校本课程的独特内容以及农村教师和农村学生的独特品质都催生了符合农村学校课堂实际的教学模式。

一 农村学校教学模式现状分析

教学模式作为一定教学思维和教学理念的反映产物,对教学活动具有规范与指导重要作用,不同的教育观念、教学习惯,甚至教学环境、教学对象都会衍生出不同的教学模式。农村学校的课堂教学模式到底处于一种什么样的实践样态?农村学校教学模式建构有怎样的意义和途径?这些都是我们需要关注的问题。

1. 农村学校教学模式建构的问题指向

自课程改革以来,农村学校的方方面面确实发生了变化,有所改革,但是在课堂教学模式方面还存在不少问题。相关学者的研究指出,农村学校缺乏现代化的教学仪器设备,教师极少尝试和运用新的教学模式和教学方法,对于教师角色的认识急需提高。① 近年来,伴随信息设备的普及,农村学校基本配备了相应的现代教学设施,影响教学模式形成的硬件不足因素基本消除。其次,经费短缺依旧是农村学校发展的主要制约因素,农村学校因经费问题、地域问题等实际问题,难以为农村教师提供长期、专业的培训机会,教师学习空间被严重压缩,致使农村教师的教学理论水平很难提升,新的教学观念难以形成;第三,在课堂教学方面,尤其是国家课程的教学方面,农村学校的课堂教学依然追求课程目标,尤其是知识、技能目标的简单达成,在多年的教学生活中,农村教师形成了自己的“舒适地带”,尝试和应用新的教学模式和教学方法的欲望不强。②

2. 农村学校教学模式建构的实现探索

不可否认的是,农村学校的课堂教学也有积极改善的一面,尤其是在学校的特色课程和校本课程的教学模式上,本研究的个案学校都对适宜课程内容的教学模式进行了实践探索。虽然农村学校自身提出的教学模式大多是从实践中生成的,符合农村课程内容实际和教师能力和学生发展,但受农村教师教学学术水平局限,所形成的教学模式仍然存在着很大的改进空间。很多教学模式是“实践经验总结式”的,背后的教育理论和深层内涵还有待追问,教学模式的科学化和有效性还有待完善,教学模式的完整化和操作性也需要科学意义上的建构和完善。

总体而言,农村学校教学模式改善状况缓慢,很多新的教育理论和教学模式难以在农村课堂中得到实践。但是,在新课程改革以及农村学校积极的特色课程开发实践

① 张新海.农村课程改革十年:问题、成因与对策[J].教育发展研究,2012,32(22):75-79.
② 张新海.农村课程改革十年:问题、成因与对策[J].教育发展研究,2012,32(22):75-79.

影响下,很多农村在学校的特色课程或者校本课程的开发实施过程中提出了相应的新的教学模式。这些教学模式或许有着不完善之处,但都是农村学校基于自身课堂建设的实践探索,成为农村学校课堂变革的重要抓手。

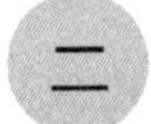 二 农村学校教学模式建构的特殊意义

农村学校改进是提升农村学校教育质量、促进城乡教育均衡发展的重要举措。① 提升农村学校教育质量,是实现农村教育现代化的重要任务。虽然学校改进关涉学校工作的各个方面,但是课程建设和课堂教学依然是最重要的着力点,农村学校教学模式建构意义重大。

1. 农村学校教学模式建构是响应国家课程改革的需要

在深化落实学生发展核心素养、培养学生综合素质全面发展的背景下,单纯依靠课堂教学、综合实践等形式的“泛化教育”不足以回应时代对学校教育的发展要求,走向“深度学习”的学校教育已成为当下,乃至未来教育改革的必然选择。② 国家教育发展的未来指向为我们提供了当代课堂教学变革的指南针,不论是从核心素养的层面出发,还是强调体现“深度学习”的课堂变革,都为农村学校课堂教学的转型提供了思路。农村学校教学模式不仅仅是要体现出自身的特色,更重要的是,要把国家层面的要求和农村学校的实际课堂相结合,建构本土化的教学模式。

2. 农村学校教学模式建构是促进农村学校课程改革的有效路径

农村学校课程改革到底应该落在何处?存在基本的两条路径:一条是针对课程内容,补充筛选国家课程内容,开发校本课程内容;另一条是变革课堂教学模式,以更科学、更高效、更贴合课程内容和学校发展实际的教学模式来传授知识和技能。

---

① 凌云志,邬志辉.基于核心素养的农村学校改进的思维方式[J].教育理论与实践,2017,37(20):3-6.

② 凌云志,邬志辉.基于核心素养的农村学校改进的思维方式[J].教育理论与实践,2017,37(20):3-6.

在当前国家课程内容相对稳定和农村学校课程开发能力薄弱的情况下，教学模式的建构成为促进农村学校课程改革的有效路径，对农村学校传授知识进行课堂变革有着极为重大的意义。

3. 农村学校教学模式建构有利于农村教师和农村学生的共同成长

农村学校多样化的教学模式实践是依托于农村学校课堂教学的具体内容和学校教师、学生的实际状况而生成的。农村学校教学模式的建构不仅能够促进农村学校教师的专业发展，使其教学能力和科研水平得到提升，更重要的一方面在于，农村教师通过自身的教学模式变革，使自己的课堂发生改变，更有利于学生知识的掌握、能力的培训、综合素质的提升，最终促进教师和学生的共同成长。

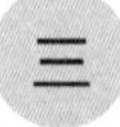

三 农村学校教师教学模式生成的有效路径

教学模式生成属于课程实施领域内的重要内容。课程实施是课程变革的关键因素，“课程实施在本质上是一个行动的过程，通过这一过程将观念形态的课程转化为学生所接受的课程，从而实现课程内在的教育意义”①。科学有效的教学模式能够提升教学的效率，让学生更加认同、理解并接受老师所传递的知识和技能，从而实现知识和能力的培养。因此，“作为课程实施基本手段的教学组织形式、教学模式、教学方法的任何变革，只有立足学生的现实需要和成长需要，方能产生实效”②。这一立场指出，农村学校教师教学模式的生成不仅要切合农村学校的教学内容和教学条件，更要考虑学生的现实需要和成长需求。

农村学校因地处自然山水的脉络之中，农村学校与所在社区，不论是在区域位置还是在资源共享方面都具有天然的紧密联系，社区里面的一草一木、一山一石、一人一事、一情一景都是学校的课程资源，为农村学校建构“实践操作式”教学模式提供了无

① 杨明全主编. 课程概论[M]. 北京：北京师范大学出版社，2010：269.

② 李同胜，初铭铜，辛丽春. 乡村学校本土课程资源的开发与利用研究——以沂蒙山区为例[M]. 北京：教育科学出版社，2015：294.

以替代的真实教学情境。① 其次，农村教师和农村学生的身份的双重属性，课程教学内容的实践性等特点为农村学校教师生成教学模式有重要的帮助。因此，“农村学校改进应抓住农村学校教学上的独特优势，积极建构属于农村学校本质属性、符合农村学校本体特征的教学模式”②。

农村学校教师教学模式的建构大多是在实际教学过程中的经验总结和实践探索，是基于课程教学内容和多年教学经验的提升总结。农村学校教师教学模式生成的有效路径主要有以下几种：

1. 基于多年教学经验和课堂实际的归纳式教学模式建构

农村学校的教师在反复教授同一课程内容之后，也会自主反思探索如何规范化同类课程的上课模式。教学模式的建构的主体还应当是农村学校的教师。农村学校的教师深谙教学内容和学生需求，了解学校目前的教学状况，懂得运用什么样的方法和知识向学生传递知识和技能。部分教师基于自身多年的教学经验和教学收获归纳总结同类课程的教学模式，提升教学理念和教学环节，建构出程序化的教学模式。

2. 基于课程目标和课程理念达成的演绎式的教学模式建构

农村学校在建构属于自身的教学模式时，尤其是面对学校特色校本课程的相关教学内容时，还会出现演绎式的教学模式建构。一旦知晓一门具体课程的课程目标，要选用什么样的教学方法和教学手段去促成课程目标和课程理念的达成，就会促进农村学校教师依据自身的实践检验和理论储备去建构适宜的教学模式，并在实际的教学过程中不断完善修改。

除此之外，农村学校教师基于教学经验的总结提升、学校办学思想的演绎落实，还有外出学校进修的理论学习等手段都会促使农村学校教师学会并思考如何去建构适宜一门课程内容的教学模式，并随着自身的教学经验的丰富和教学理论的充实不断地去完善、去调整，不断形成既符合教学实际又符合教师专业发展的教学模式。

① 李广.“学校——社区互动”促进农村学校改进研究[J].教育研究，2018，39(04)：75－79.

② 李广.“学校——社区互动”促进农村学校改进研究[J].教育研究，2018，39(04)：75－79.

四 农村学校教师教学模式生成的实践样态分析

农村学校教师教学模式的生成大多是基于课堂的教学实践探索,在实际的教学活动中形成、完善新的教学模式。对农村学校的教师而言,针对一门课程内容的讲授和传递,在确保课程内容适切性的前提下,就是如何针对课程内容和学生实际选择恰到好处的教学方法。在本项目的几所合作学校中,就有这样的实际案例。

通化县金斗朝鲜族满族乡中心小学多年来积极开发地域课程资源,满族民俗文化和习俗,是学校根据自身实际量身定作的发展特色。自 1996 年学校开设满族刺绣校本课程以来,至今已走过 20 多个年头。近几年来,学校不仅细化完善了特色校本课程《满族刺绣》,还自主整理编写了校本教材《满族刺绣》。目前,学校经过多年的完善、充实、整理,校本教材《满族刺绣》基本定型。每章都有与满族刺绣相关知识、故事、针法、作品欣赏、学学、练练等内容,图文并茂,实用性强。学校教师在多年的经验教学和归纳提升的基础上,总结提升了一套较为科学的七环节教学模式:一是理论传授;二是作品欣赏;三是针法介绍;四是尝试实践;五是创作指导;六是作品展示;七是探讨交流。目前学校的满族刺绣教学模式建构越来越走向成熟,学校教师对自身的课堂教学有了更多的思考,课堂教学也更加科学化和完整化,不断走向新的发展。

永吉县春登中心小学多年来坚持开设具有地域特色的校本课程,在多年的课堂教学过程中,不仅构建了学校特色校本课堂的评价标准,注重对学生兴趣、习惯和能力的培养,并且在教学过程中不断探索符合课程性质和课程内容的教学方法,最终构建了“四步走”教学模式,即在泥塑课程的教学过程中依照激发兴趣,乐学新知—培养情趣;主动参与—趣味练习,牢固掌握—探究拓展、智情升华的教学模式流程。并且适当运用思维导图进行教学,构建“以情激趣、以趣诱知、以趣促学、以趣增智、知情合一”的校本课程教学特色。

由此可见,大多农村学校在自身的教学过程中不断提升、总结,或是演绎出符合某门课程的教学模式,在实践探索中不断建构出更多符合农村学校教育教学实践的教学模式。

第四节 教师自主专业发展

一 教师专业发展与教师自主发展

1. 教师专业发展的历史沿革

自20世纪60年代开始,教师专业化发展进入了自主专业时期,教师的地位、工资、国家资助和自主权都有所提高,但是教师之间缺乏沟通,往往是教师以个体为单位的发展。20世纪70年代前后,教师专业化发展步入了前专业时期。教师的地位有所提高,但是教学偏重于管理,教学任务相对单一,根据常识经验就可进行教学。紧接着,20世纪80年代中后期,教师专业化发展进入后专业时期。为了提高教师的微薄经济收入,改善其在社会中的社会地位,许多国家对教师“量”的要求转向了“质”的要求,学校教育在结构和体制方面发生了很大转变,教师倾向于合作学习,试图解决教学中的实际问题,合作的教学文化逐渐兴起。20世纪80年代之后,因为教育行政部门、家长和社会人士的期许,对教师资质的要求越来越高,形成了世界性的提高教师专业化水准的实践活动潮流。① 进入21世纪,在经济全球化和教育市场化的冲击下,教师专业发展走入后现代专业性时期。② 教师不仅要争取合理的专业地位,还要发挥教师之间、教师与家长和社区之间合作的功能,关注教师人文素养、德性品质、职业情操与教师的人性发育和关怀伦理观的发展。形成建构学科知识、提高教育技能与丰富教师人文素养一体化的新型教师专业发展观,也即德性教师发展观。③ 在2019年的全国教育工作会议上,习总书记强调,要把师德师风作为评价教师队伍素质的第一标准,健全师德师风建设长效机制。

教师专业发展走过了漫长的发展道路。从二十世纪六七十年代重学校管理,教学任务单一,到80年代把关教师的整体质量,强调教师专业的形成和发展,直至目前教

① 王坤庆.教师专业发展的境界[J].湖北教育:综合资讯,2016(4):28-29.
② 王晓莉.教师专业发展的内涵与历史发展[J].教育发展研究,2011(18):38-47.
③ 王坤庆.教师专业发展的境界[J].湖北教育:综合资讯,2016(4):28-29.

师专业知识和德行品质的高质量发展,整体而言,教师专业发展逐渐受到重视,教师个体地位日渐得到提升,教师群体需求日益受到关注,教师专业发展内涵的目标得到丰富和明确。教师作为教育事业的"工作母机",如何进一步促进教师讲师德、专业化、高质量,依旧是当下及未来教师专业发展,建成高质量教师队伍的重要议题。

2. 教师专业发展的本质特征

历史地看,教师专业发展有两个层面的含义：一是教师职业获得真正专业所拥有的权利和地位,成为一种真正的专业;二是教师专业水平的提升。① 秉承第一种观点的学者认为,"专业"包括"专业知识"和"服务理想"。"专业知识"指一整套的、系统的、可传播的、普遍的理论体系。"服务理想"指本专业的展望和预想能够达到的高度。这样的看法受到秉承第二种观点的学者的批评。例如,崔允漷教授提出,从专业性质来看,教师专业是实践性质的而并非学术性质的活动,因此,教师专业的定位是一种培养人的活动。从专业的本质来说,专业就是精熟,新手教师和专家型教师在于对知识的组合、解决问题的高效以及创造性的洞察力方面有区别。最后,从专业的评定来看,教师专业以学生能力的提高为准则。② 陈向明教授认为,当前,对教师专业发展的理解有偏差,教师被认为没有自我导向学习的意愿和能力,需要外来专家的指导和辅助。外来专家决定什么知识是"合法的""合理的",他们掌握了这些知识,需要由他们来给缺乏知识的教师灌输知识。③ 教师应该被认为是自给自足的专业人员,他们不仅具有主动学习的愿望和动力,而且有自己独特的知识类型,即实践性知识。④ 教师最重要的专长是"行动中识知"。这种识知是问题导向的、情境化的、具身的,在人际互动中被参与者共同建构的。⑤ 由此,教师的专业发展可以具体化为教师的自主专业发展。

3. 教师自主发展内涵剖析

"自主"(autonomy)一词来源于希腊语,最初的含义是独立城邦的自我支配和管辖。不同的学者对"自主"的含义有不同的见解。王晓梅等人认为,自主的基本内涵

① 崔允漷,王少非.教师专业发展即专业实践的改善[C].上海国际课程论坛.2013.
② 王晓莉.教师专业发展的内涵与历史发展[J].教育发展研究,2011(18):38-47.
③ 陈向明.从教师"专业发展"到教师"专业学习"[J].教育发展研究,2013(08):1-7.
④ 陈向明.实践性知识：教师专业发展的知识基础[J].北京大学教育评论,2003,1(1):9.
⑤ 陈向明.从教师"专业发展"到教师"专业学习"[J].教育发展研究,2013(08):1-7.

是“自主决定”“理性自觉”。罗杰斯(Rodgers)和莱斯利(Leslie)提出,“自主”是在尊重自己和他人后的决定。周仲秋认为,“自主”是有目的地选择、支配、控制实践活动及其结果的能力,以及人的个性自主发展。① 朱小蔓教授认为自主性是一种“理想的动机”,是主体通过学习才获得的动机系统,自主性的前提是个体具有“自我意识”,在“自主能力”的成型过程之中,认知、情感、价值观对其产生非常大的影响。② 概括来说,教师自主发展是指教师在主动地、不断地改变、填充旧知识,接纳、吸收新知识的过程中,逐渐提高自己的能力,转变自我角色、发展自己,以实现自我的人生价值和意义的自我超越方式。教师自主发展不仅仅是一种意识,更是一种教师的发展方式,基于教师的专业自主、专业智慧和专业伦理的内在统一。③

教师的专业发展并非教师被动地接受外界知识的过程,而是教师自己对知识的摄取以及对自我能力的提升。教师的专业发展是有自主性的,具体表现在:第一,教师发展的方向由教师自己决定。不同的教师在不同的科目会有不同的成就,如小学语文有窦桂梅老师的“主题教学”、李吉林老师的“情境教学”、钱梦龙老师的“三主四式”教学等,都是教师在自我教学实践基础上构建的个体特色的教学思想。每一位老师都是独特的“潜力股”,能够达成的成就没有统一的标准,兴趣的方向也没有统一的导向,一切都在于教师自己主动的探究和摸索。第二,教师发展的途径主要是教师自身自觉自省。好的教师需要在日常教学中发现问题并解决问题,对在教学实践中遇到的教学难点展开仔细的思考,通过请教他人或者查找资料寻求有效的解决的办法。第三,教师发展的深度依靠教师的个人素养。不同的教师擅长的教学方式和对问题思考的程度各有不同,在对教师进行一系列规范培养后,教师能达到的程度还是取决于教师自身的专业素质和伦理素养。

综上所述,教师的自主发展的内涵包括以下几个方面:第一,教师的发展愿望具有内在性。教师的自主发展的需求来自教师自身,是基于自己的人生目标和理想为导向而完成的,是以自身为动力的一种对提升自我的渴望。第二,教师自主发展的内容

① 夏蓓洁. 教师自主研究综述:理论内涵与发展轨迹[J]. 外语电化教学,2016(3):80-85.
② 金美福. 教师自主发展论[D]. 东北师范大学,2003.
③ 胡秀平,武翠茹. 加强农村教师自主发展提升教师专业化水平[J]. 科教文汇(中旬刊),2011(3):6-7.

具有个体特殊性。每个人的发展的途径和目标都不是完全相同的，必须依据教师个人的兴趣、爱好和才能发掘和促进个体自身的发展。第三，教师个体自主发展有自觉能动性。教师的自我发展是教师个体地位和主动性的集中体现。以自我超越意识为主要动力，基于自己独特的背景经历和兴趣爱好审视自身发展，是一种“自发”“自驱”“自觉”的发展状态。①

二 农村教师自主发展的现实问题

1. 限制农村教师发展的学校内因

第一，农村学校的教育经费相对短缺，办学条件差。例如，2007 年，快大茂镇中心小学因教学楼内墙体多处出现裂缝，老校舍被有关部门鉴定为危楼，全校 1 350 名学生和 86 名教师以及上千件教学设备被迫迁出。在县委县政府和县教育局的协调下，全体师生被分散在职教中心、朝鲜族中学、东安朝小和老校舍平房四个教学点授课。2007—2010 年正是通化县合村并校的重要阶段，学校又相继合并了河南、河口、新安、太安、赤柏 5 所村小。合并村小的资产核算、设备搬运、人员分工、学生上下学交通等诸多问题都在考验着全体领导和教师们。在这三年间，学校经历大小规模的搬家 6 次，没有雇佣一名工人，全靠教师自己肩扛车拉。教师们白天上课，批改作业辅导学生；放学后搬桌椅仪器，装车卸车。在这样的条件下，全校教师每周都坚持研讨，克服重重困难，想方设法地完成繁重琐碎的教学、教研任务。教师们没有一句怨言，任劳任怨地为学校工作。为了帮助学校突破瓶颈期，教师们众志成城、团结一心，如同一簇簇的火苗一般凝聚在一起，这份执着让快大茂中心小学这支火把烧得更热，让大家以更大的决心努力的工作。但是，不可否认的是，艰苦的学校条件为教师的专业发展带来了限制，学校三年的分散教学给学校教师的集体研讨等活动增加了时间成本、劳动成本。在教学劳动之余还要进行体力劳动，让让精力有限的教师们难以抽出时间进行教学反思，进行教师专业发展实在是有些力不从心。

---

① 金美福. 教师自主发展论[D]. 东北师范大学，2003.

第二,农村学校教师入校后没有经过系统的指导,教师教育资源匮乏。例如在对光华中心小学进行访谈中,校长表示:“校本课程开发是以学校为基地、教师为主体的创造性的专业活动。但这并不意味着我们教师在这一复杂的活动过程中需要孤军奋战,实际上,校本课程的开发应该是一个民主、科学、合作的过程,学生、家长、社区人士、教育研究人员都应参与其中,群策群力,发挥各自的优势,共同做好校本课程的开发工作。课程部对教师的课程开发、实施技能培训薄弱,导致教师对校本课程的认识、价值判断、处理手段等意识不够丰富,教师建立科学的课程意识较为苍白。”

第三,农村学校面临诸多发展困境,校内理念偏差制约教师专业发展。农村学校管理人员大多没有经过系统的学校管理培训,主要凭借自身较长的教学资历成为学校的领导层。在这样的条件下,不会管理、随性管理的状况时有发生。例如,光华镇小学在学校改进计划中写道:“学校新一届领导班子在2013年成立以前,学校领导之间、领导与教师之间、教师与教师之间、教师与学生之间、学校与家长之间都存在着不和谐因素,相互拆台、相互投诉、相互猜疑、相互指责等现象普遍存在。本来农村学校教师在专业水平、思想境界、创新能力和实践能力等方面存在欠缺,无休止的不和谐造成的内耗,严重削弱了学校发展、教师发展、学生发展的动力。”该学校倡导“和谐教育”,其中包括实施以人为本的“和谐管理”,在学校行政管理过程中,通过以“和”的思想凝聚人心,构建层级合理、职责明晰的管理运行体系,施行畅顺、高效的行政管理,从而实现管理之和谐。

农村大多数教师只是被动地、按部就班地完成教学任务。由于地处比较偏远的地区,一方面,学校能够吸引的高知识、高学历人才有限;另一方面,高校与农村学校间隔距离远,课程专家难以频繁深入学校,而且农村教师在工作琐碎繁忙、学校能提供的学习机会有限的双重障碍下,也难以走出校门,因此,对教育前沿知识的把控和国家政策的深入理解有待加强。农村教师面临着缺乏专业引领和教研员面对面指导的困难,学校只能在一步步的摸索中“野蛮生长”,教师们只能在校内或者地方范围内相互帮助。农村学校外部面临着重重难题,这些难题在很大程度上影响了教师自我发展愿望的实现。

2. 限制农村教师发展的教师内因

第一,农村教师自我发展意识淡薄。一方面,农村教师的信息获取能力、专业化水平有待提高。虽然农村教师有相应的基础知识和基础技能,基本胜任教书育人的工作，且有很强的奉献精神，但是不可否认的是，农村教师因为难以获得同城市教师相同外界的资源和信息，往往对本专业的发展前景、发展途径认识不全面。在日复一日的教学过程中，虽然基础知识和基础技能逐渐完善，却难以打开新的局面，也不知道如何总结和精炼，遇到瓶颈期后就一直止步不前，难以发展。另一方面，新教师经验不足，流动性大。新老师应该为学校发展注入新血液，成为农村学校发展的动力。但是，实际情况是：新入职的农村教师多源于政府特岗招聘，往往是刚刚毕业的大学生，教师的各方面经验都不足，且在农村学校只待几年的时间，把在农村学校工作的经历当成自己进入其他优质学校的“跳板”，在就职期间难免会出现倦怠和安于现状的情况。

第二，农村教师的自我认同感不足。一方面，近年来，随着我国的工业化和城市化的进程逐渐加快，农村教师的价值取向不可避免出现偏工业主义，特征是追求标准化、精确化和测量化，追求利润和效率的最大化。教师是生产者，学生是流水线作业批量生产的“标准件”，最终学校成为工厂，培养的学生整体平庸化，丧失个性。在这样的前提背景之下，教师的发展的同质化取向导致虽有城乡差异，但教师的发展趋同。是值得注意的是，城乡教师的生存环境、文化背景、教学环境都有很大的差异，追求同质化的教师发展之路会导致农村教师在专业上卑微化与边缘化；另一方面，教师的教学内容有一致性，但是我国在选择教学内容方面必须顾及城乡差异、地域差异、民族差异，单单追求一种“普世”的教学方法势必会使农村教育的“特殊性”丧失，教师的独立意识和自有人格也会逐渐被削弱。

第三，教师不具备自我发展的能力。首先，农村学校中坚力量的教师基本来源于中师、专科学校、二三本院校，这些教师在学生时代接受的教师专业知识教育相对薄弱，与师范高校培养的师资存在一定差距。就职后，因为农村学校没有好的资源和充分的教师培训课程，专业发展的能力欠佳，创新意识、收集重要信息情报、掌握最新的学科发展动态的能力有很大的局限性。① 不仅如此，农村教师老龄化状况严重，使得对农村学校的改进创新工作力不从心。如快大茂镇中心小学共有 36 个教学班，学生 1668 人，教师仅有 134 人，下辖 1 所村小，全镇共有教师 145 人。其中，

① 李军. 制约农村教师自主专业发展的因素与对策[J]. 教育探索，2010(11)：110－111.

专任教师129人。教师队伍虽相对稳定，但由于客观原因，教师年龄老化，未来5年将退休近70人，而新教师充实不上来，教师队伍面临青黄不接的窘迫局面。

第四，教师自主发展的模式固化。农村教师的教育是复制城市教师教育的发展模式，逐渐形成了“农村学城市，城市学国外”的现象，进而形成了“千人一面，千校一面”的局面。① 这样的发展态势难以发挥农村学校的教育优势，难以提高教师的发展动力。一味地学习、模仿外来经验，不主动挖掘“本土化”特点的学校和“个人特色”的教师是难以形成品牌的。教师应该在原有的发展模式基础上改革创新，寻找自己的定位和话语权。

农村学校的教育资源匮乏以及教师主动性和能力不高仿佛阻碍农村教师自主发展的大山，要想推动农村教师的发展，必须使这些问题得到合理的解决。一方面，需要政府部门和高校对农村学校的发展进行重点的帮扶和指导，配合学校深度挖掘本校的发展历史；另一方面，需要在丰富农村教育资源的同时，让教师意识到自身发展的重要性，调动起教师的积极性，倡导教师的自主发展。

三　农村教师自主发展的有效路径

1. 理论引领提升教师个人的自主发展意识

教师的专业学习包括理论和实践两个方面，理论知识的学习不仅仅是本学科的专业知识和技能，还应该与时俱进，时刻关注学科的新进展。在新课改的背景下，教师紧跟时代步伐的表现就是在原有已经熟知的专业知识基础上，结合新课改的要求进行改进和发展。在实践层面，应该充分运用农村教育行政部门、教研和师资培训机构以及学校领导的力量，举办各种活动促进教师之间和学校之间的交流，更新教师的教学理念。

理论层面的学习让教师们能够“旧壶装新酒”，重新定位和挖掘已经“讲烂了”“讲吐了”的知识。这样做，一方面有助于缓解教师的职业倦怠的现象；另一方面，也让教

① 李介. 农村教师自主发展的困境与策略研究[J]. 教书育人，2016(31)：6－10.

师能够在不断地思索之中将新知识融入旧知识的"空隙"之中,有多个视角和方向对所教授的内容进行"组装"和"重构",建立有个人特色的教学模式。实践的学习偏重于实际操作,往往是针对学校的校本课程开发进行的专业学习：在教师个人层面,能够有效拓展教师的眼界,锻炼教师的动手能力;在学校层面,能够培养教师的工作积极性,让教师参与到校本课程的开发过程之中,成为教师自主专业发展的有效途径。

2. 特色校本课程开发驱动农村教师教研发展

教师是开发与实施特色校本课程的主力军,在对校本课程整体目标规划、统整课程资源、组织课程内容、生成适配的教学方法与教学模式等教师全程参与的系列过程中,充满教师进行自我专业发展的优良契机,以校本课程开发这一核心任务作为驱动,可激励教师自觉根据课程、教学需求完善自身的专业发展。校本课程是教师个人或群体针对本校问题进行思考后形成的解决方案,校本课程的建设围绕教师在日常的授课过程中碰到的教学难题和知识难题展开。校本课程的研究主要有写教学日记、教师之间口头交流、真实课堂的展示和点评、共同研究某一课题这四种方式。每一种方式都要求教师对自己的教学理念和教学流程进行反思和修改,且同其他教师进行比较,总结各自的优缺点,"去其糟粕,取其精华",从而推动自己的专业发展。

3. 促进农村教师专业性和公共性的有机共融

农村教师的发展与乡土社会紧紧关联在一起,农村教师的专业化应该是一种农村社会互动的过程,在关注农村教师专业化的同时,还应该加强教师的公共性。一方面,让教师充当"社会成员""社区成员"的角色,将学校教育嵌入农村社区和农民生活中,教师在传授专业知识时要心怀公共教育,正视社会现象与问题,承担起社会责任。另一方面,教师应该在继承和发掘农村的地方文化的基础上对其进行引领,乡村教师应该成为乡村文化建设的主要力量,以学校为中心建立一个开放的和综合的文化服务中心。① 例如,金斗朝鲜族满族乡中心小学建立了满绣展览馆;快大茂镇中心小学建立了满族民俗用器陈列馆,结合本镇传统的撕纸手艺建构了撕纸课程;口前镇春登中心小学以乡村少年宫建设为依托,建构了泥塑、藤编、剪纸等特色课程。这些具有本土特

① 李介.农村教师自主发展的困境与策略研究[J].教书育人,2016(31):6-10.

色的课程合理运用了当地的特色资源，让民间的高手进入学校大展身手，学生受到这些本土艺术潜移默化的影响，以学校建设辐射社区周边，带动社区文化的活态传承，促进继承和传承了当地的特色手工艺。

四 农村教师自主专业发展的实践样态分析

农村教师的自主专业发展强调重视终身学习，要掌握教师发展的实践样态，就需要把握教师发展的规律，可以从教师发展的目标导向、教师发展的内在学习机制、教师发展组织形式三个方面进行分析。

1. 农村教师自主发展的目标导向

农村教师必须依据自身发展的条件和空间制定长期的可持续发展目标，可持续发展目标有以下的几个特点：第一，目标是在教师的课程与实践中生成的。一方面，要扎根于农村的学科教学课堂之中，依据对学生的学习情况、接受程度制定当下的发展目标。另一方面，需要教师根据自身的兴趣和能力去寻找适合自己的专业发展道路，在此过程中，可以通过教师培训、学内研训、高校支持等方式积极借鉴已有教师的专业发展经验，但是需要明确的是，每个教师专业发展都是大不相同的，一步一个脚印，有条不紊地根据情况规划自我发展路径才能推动农村教师有效发展。第二，目标要有层层递进的特点。教师自主发展目标的制定一定是长期的和可持续的，但是具体到某一阶段，教师自主专业发展目标应该是具体的，有阶段性的。

2. 农村教师自主发展的“实践—反思—改进”内在机制

农村教师自主发展首先要改变教师的理念，由此，农村教师的专业发展的机制应该归结为“实践—反思—改进”。在实践中自我反思，发现问题并且改善问题。实践与反思不断地相互渗透、融合、促进，在行动中思考，思考后结果付诸实践的改进。从“实践—反思—改进”的教师自主发展内在机制可以看出，教师专业发展的实现包括两个方面：一是实践性知识的获得和积累；二是课程与教学行为的规范和创新。① 但

① 邓虹婵. 专业发展视域下教师学习的实践样态研究[J]. 开封教育学院学报，2016，36(05)：135－136.

是,在实际教学中,实践性知识的积累以及课程教学行为的规范和创新往往难以结合在一起,农村教师虽然积累了很多的实践经验,却不懂如何反思,更难以规范和创新课堂行为。为此,农村教师可以借助在教师专业活动和学校改进活动有效的反思,从而推动自我的专业自主发展。

(1) 利用教师专业活动实现农村教师自主发展

教师专业活动包括师资培训中的同课轮构、同课异构以及教师集中研讨。同课轮构和同课异构是指不同教师对同一篇文章或者同一个知识点进行讲授。因为不同教师对知识重难点的把握和处理的方法大不相同,各位教师可以在其中对自己的讲授过程进行反思和改进。教师们集中研讨和说课是指指导教师对被指导教师的课堂进行点评和观察。借助这个过程,各个教师可以对自己之前的教学设计进行反思和补充。

(2) 利用学校改进活动实现农村教师自主发展

教师的专业发展是实践性质的,需要与学校改革和课堂改革紧紧关联起来。如钟启泉教授所说:“教师的专业发展,如果不同学校改革的实践、特别是课堂改革实践紧紧挂钩起来,其所谓的专业发展是不靠谱的。”①因此,教师参与学校的改进工作非常重要。教师需要在观摩其他学校的成功办学经验基础之上审视本学校的发展优势和劣势,参与到学校文化建构、课程模式建构、教师专业发展的讨论和学习之中,并借由此机会与专家及教研员积极沟通交流。在此过程中,农村教师的主人翁的姿态会更加明晰,在学校中并非仅仅传授知识,而是以学校的管理者和发展者的身份推动农村学校的进步。

3. “共同体”式的教师学习的组织形式

(1) 教师“共同体”本质探析

无论是城市还是农村教师,都应该建构教师“共同体”,教师之间协同互助。当下关于教师“共同体”大致有四种观点:一是关系团体说。王天晓、陈晓端等学者认为,教师“共同体”是一群基于共同目标或兴趣,旨在相互分享合作的团体、团队或群体。②二是学习组织说。李旭、原霞认为教师共同体更多偏向于人为控制的,有计划和组织

① 钟启泉. 教师研修:新格局与新挑战[J]. 教育发展研究,2013(12):20－25.

②

的团队学习。① 三是有效模式说。牛利华、蒋福超等人认为教师共同体区别于传统教师组织形式，注重教师学习和发展思维方式变革，是一种新的教师专业实践范式。②四是有机融合说。曾小丽认为教师共同体是教师与教师、教师与环境双向互动形成的复杂有机融合系统。③ 综上所述，教师“共同体”是一群有相同目标、兴趣的教师，主动或被动地在教师与教师、教师与环境互动过程中形成的，为达到学习和改进目的的有反馈机制的、可调控的动态系统。教师“共同体”只有在相互的联系和发展中才能得以维系，因而必须是动态的。教师“共同体”离不开周围环境、政府部门、学校等环境因素的影响和控制，因此，它必须是可调控的，可以根据实际情况快速做出反应。教师“共同体”的成效应该由学校制定一系列的观察量表加以检测和督查，定期对教师的授课后学生的状况进行观察，将出现的问题反馈给教师个人。

（2）农村教师“共同体”建立机制

为了有效提高农村教师的专业素质，针对农村教师人少、专业素质欠缺的问题，应该建立以镇带村统筹、城乡区域统筹的农村教师“共同体”机制。以镇带村统筹，让镇中老师分批次去乡小轮岗，短时间待在农村，镇中老师都是乡小老师，结合成为乡镇教师“共同体”。城乡区域统筹，是让城市资源向镇乡老师开放，鼓励教师分批次组织基层城乡区域教师共同体与城市的区域教师共同体对接联动，双向短期内密集接触。乡镇教师共同体与城乡教师共同体可以促进城市优势教育资源流向农村，帮助农村教师专业自主提升。

第五节 学生健康快乐成长

学校是通过传播知识、提供学习服务以教育人、培养人的专业化社会组织，是教育

①

②

③ 曾小丽. 批判与超越：教师共同体概念的再探析——基于生态哲学的视角[J]. 当代教育科学，2016(02)：34－37.

人、培养人的专业机构。① 如何充分利用学校资源与社区资源,依托“学校—社区互动”机制有效促进学生健康快乐成长,是每所农村学校检验改进实践效果的最终落脚点。

一 农村学校改进与农村学生培养

1. 人的培养是农村学校发展的核心任务

人是教育的对象,教育是培养人的社会实践活动,教育具有目的论的性质。② 教育目的是一个国家对各级各类学校培养人才质量规格的总要求,是培养人的总目标。③ 可以认为,学校发展逻辑起点和价值旨归最终都落实在“培养人”这一要义中。因此,在农村学校改进的全过程,时刻需要回应“培养什么人”“怎样培养人”的核心问题。农村学校需明确学校办学理念、课程建设、教学改革、师资培养、资源统整合课程开发等系列学校改进环节中的思想站位,坚持以“人的培养”作为农村学校发展的基本立场,坚定育人本位,将人的培养作为农村学校发展的出发点和核心任务,落实立德树人根本任务,全面提升农村学生培养质量,明确农村学校正确发展方向。

2. 农村学生成长是农村学校改进的终极指向

我国为农业大国,农村人口众多,但长期以来农村教育问题一直是制约我国教育事业发展的短板,提升农村教育人才培养质量,促进教育公平、均衡发展,是我国教育改革规划发展,尤其是农村地区教育改革发展的重点内容。我国坚持社会主义办学方向,坚持教育的人民立场,办好让人民满意的教育。学生是学校改进的服务对象与价值主体,也是学校高质量发展的目标归宿,④同时,学生成长作为学校改进目的的确认也已经成为世界各国在学校改进研究历史经验中的共同认识,⑤可以认为,一切忽视

① 李兴洲. 学校功能与现代学校制度建设[M]. 北京: 开明出版社,2007: 18.
② 扈中平,蔡春. 教育人学论纲[J]. 华东师范大学学报(教育科学版),2003(03): 1-9.
③ 冯建军. “培养什么人、怎样培养人、为谁培养人”的中国答案[J]. 教育研究与实验,2021(04): 1-10.
④ 李广,秦一铭. 生态教育理念下区域学校改进研究[J]. 社会科学战线,2021(11): 236-242.
⑤ 张东娇,时晨晨. 世界部分国家学校改进样态研究[J]. 比较教育研究,2020,42(03): 50-58.

学生成长谈学校改进系舍本而逐末的行为，学校改进过程中的课程建设、文化建设、资源开发及教师发展，最终都需要作用到学生成长之中，只有能够促成学生健康发展的学校改进才是有效改进。因此，促进农村学生健康快乐成长，实现农村学生全面发展和个性化发展即教育活动的根本目的，也是农村学校改进的终极指向。

二 农村学生健康快乐成长的有效路径

1. 依托区域特色资源强化农村学生家乡意识

农村学生家乡意识指的是农村学生对自身家乡的基本认识观念。农村学生的家乡意识可作为强化乡土情结、凝聚家国情怀的向心力，家乡意识更是增强农村学生增强家乡认同感与归属感的重要前提和基础。家乡意识体现在农村学生群体中，家乡深层维度即乡土认同，农村学生乡土认同是逐步实现个人身份认同、区域认同、文化认同，乃至民族认同的基础性环节。人的意识会经历一个由简单到复杂的演变过程，它受多种因素的影响，其中，环境与教育是两个主要因素。① 区域特色资源作为农村学生生活经验中的高频因素，与农村学生的物理距离与心理距离较短。区域特色资源可以作为文化载体，从农村学生的家乡意识出发，通过自然资源、人文资源等区域特色资源，有效促进农村学生对区域内艺术、民俗、信仰等具有乡土特征的家乡文化产生更系统、更全面、更科学、更辩证的认识，帮助学生重新审视农村生活空间中的文化产物和文化价值，强化农村学生家乡意识和文化主体地位，树立正确的城乡观念，从根源上增强农村学生对乡土文化自信，建立农村学生乡土身份认同，从而更好地以家乡意识指导思想进步，支配行为活动，使农村学生形成热爱家乡，热爱民族，弘扬优秀乡土文化、保护乡村生态环境优秀品质，助力学生农村学生健康快乐成长。

2. 通过特色课程体现实现“五育并举”全面发展

“五育并举”的理论基础为马克思主义教育原理中对全面发展的人的论述，我国教育政策在不断的实践探索和已有经验中，不断对促进人的全面发展这一核心任务进

① 顾玉军，吴明海. 乡土教育“：乡土”与“天下”之链[J]. 湖南师范大学教育科学学报，2012，11(01)：30－34.

行深化与细化,并具体落实为德智体美劳五个方面。中共中央国务院在《关于深化教育教学改革全面提高义务教育质量的意见》中明确提出突出德育实效,提升智育水平,增强美育熏陶,加强劳动教育,坚持“五育”并举,全面发展素质教育。① 近年来由政策内容导向可见,在党的领导下,中共中央对于新时代教育教学质量和人才培养质量的目标和过程逐渐深化和明晰,从“五育并举”到“五育融合”,已经成为新时代中国教育变革与发展的基本趋势。② 这一趋势是基于我国基础教育由普及走向提升质量转变具体体现。以五育并举作为我国教育发展指导方针,改变以往重视片面重视智育的教育问题,强调将德智体美劳渗透至各个学龄段教育工作之中,以此落实立德树人根本任务,回应“培养什么人”这一根本问题。从“五育并举”向“五育融合”过渡促进学生德智体美劳全面发展,是未来学校课程建设、学校改进和教学改革的基本方向。课程是实现教育目标的主阵地,落实“五育”并举、“五育”融合离不开德智体美劳相融通的课程建设。

在本研究中,基于“学校—社区互动”机制,多所农村学校形成了具有学校特色的校本课程,其中对于德育、智育、体育、美育和劳动教育的融合贯通体现突出,在德育方面,特色校本课程促进学生形成热爱家乡,团结民族,热爱中华传统文化,加快乡土认同、民族认同,根植了爱家乡、爱国家的民族情怀;在智育方面,加深了农村学生对于中华优秀传统文化的认识与理解,掌握了家乡历史文化知识,对家乡风土人情、自然环境有了进一步的了解;在体育方面,特色校本课程与体育学科进行整合实施,将传统舞蹈、传统游戏、传统体育竞赛融入其中,即加深农村学生对传统体育项目的传统,也强健农村学生体魄;在美育方面,特色校本课程多依据撕纸、编制、刺绣等民间美术、民族美术为课程资源,直接加深了农村学生对中华传统艺术的了解认知,帮助农村学生深刻感悟中华民族灿烂多姿的艺术文化,陶养学生审美情操,树立正确的审美观念;在劳动教育方面,特色校本课程多与农耕传统相结合,在搜集原料、开展活动过程中,常在农田中开展农业劳动,强化了农村学生的劳动意识与劳动技能。农村学校通过各自开

---

① 中共中央 国务院关于深化教育教学改革全面提高义务教育质量的意见[EB/OL] http://www.moe.gov.cn/jyb_xxgk/moe_1777/moe_1778/201907/t20190708_389416.html. 2019-03-02.

② 李政涛,文娟.“五育融合”与新时代“教育新体系”的构建[J]. 中国电化教育,2020(03):7-16.

设的特色校本课程，将五育有机融合，平衡各育占比，贯通培养全过程，在日常教学过程中多方面融合渗透，有效促进了农村学生全面发展。

3. 开展创作活动基本推进学生个性发展

人的全面发展不仅指代人的多方面均衡、和谐发展，同时还强调人的“自由发展”，即人自主的、具有独特性和富有个性的发展。① 每一位学生都是独立的生命个体，每个个体的生命都是独特的，具有唯一性、不可重复性、自我性、独特性和不可替代性意义。② 作为独立的生命体，每一位学生都有个性发展的权利，反对将学生培养视为流水线产物，抹杀个性，忽视个体，而需要在发展学生共性的同时，兼顾对学生独特个性的尊重与保护。在本研究中，案例学校所开发的特色校本课程不约而同以艺术课程作为主要内容，艺术课程以欣赏活动和创作活动为主要形式，对农村学生在撕纸、编制、刺绣、泥塑、雕刻等校本课程中为表现，不再依据标准化、单一化、数据化的评价标准，尊重学生个体对艺术的感知、理解和表达的差异，在教学过程中，教师鼓励保护学生的个性化思考和个性化创作，为学生的个性发展提供了极具包容性的广阔空间，使学生能够根据自己已有生活经验和心理经验，通过知识、工具、媒介来充分表达和展现自己的个性，培养了学生独立思考、解决问题和个性化创作的素养能力。

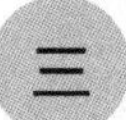 农村学生健康快乐成长实践样态分析

1. 特色学校文化的引领与促进

(1) 特色学校文化对学生价值观发展具有引领作用

在本研究案例学校中，快大茂镇中心小学将“满族撕纸”作为学校特色文化，将其引入课堂，并提倡“剪出文化、撕出创造”。在2016年快大茂镇中心小学组织了“《弟子规》千人撕纸”活动，学生们穿着蓝色的校服，为完成共同的目标而努力。在师生共同的努力下最后完成了挑战，创造了吉尼斯千人撕纸的世界纪录。学校通过整理编写满族撕纸的教材，传授给学生满足撕纸的技能，让学生了解长白山民间风俗、历史故事等文

① 扈中平.“人的全面发展”内涵新析[J].教育研究，2005(05)：3-8.
② 冯建军.论个性化教育的理念[J].教育科学，2004(02)：11-14.

化知识,引领学生对满族撕纸艺术产生兴趣,获得动手动脑的实践机会,学生坐在同一间教室里,跟老师学习满族撕纸。学生通过学习满族撕纸课程对满族文化产生认同感,对同学产生信任感,对集体产生责任感,这就是特色学校文化对学生良好的引领作用。

(2) 特色学校文化对学生自我发展起着促进的作用

通过对实验校提供的资料进行整理发现,学生接受的课程不同在自身上反映的特性也不相同。例如,快大茂镇中心小学的学生体现出来的是观察和创造。学生可以根据要求撕出各种形态的动物、植物、字体等,没有条条框框的约束,发挥想象力将世界万物放在心间,动在手上。在相同的条件下,发挥创造力,撕出一种动物的不同形态,变成一张张具有民族特色的满族撕纸作品,这样的想象力和创造力是通过课程一点点培养出来的,是该校学生最大的特点。而金斗乡小学的学生体现出来的是传统与细致品质修养。学生通过学习满族刺绣,要在头脑中先想象刺绣的画面,再选择合适的材料,在布上先描绘出花样,绣制上作品,最后整理装裱。这一系列步骤首先要学生根据老师提供的材料进行想象,再根据内容进行纹绣,在同一主题下,学生的作品几乎相同,但又充分发挥了个人的想象能力,使作品细腻、生动。

2. 社区课程资源的“营养”与“滋润”

(1) 社区课程资源提供给学生丰富的精神“营养”

快大茂镇中心小学开发的满族撕纸课程,并发表了《少儿满族剪纸读本》等系列读物,在学校改进的过程中发现,社区资源是对学校课程资源的“营养”与“滋润”,快大茂镇中心小学的“撕课程”就来自社区。通化县是满族文化发祥地之一,满族剪纸文化由来已久,所以这一地区的文化积淀、道德文化、人文精神转化成快大茂镇中心小学的满族剪纸课程的地域资源与人文资源。学校地处长白山,并邀请了侯玉梅、倪友芝和张杰等老中青三代满族剪纸艺术家群体,学校教师还多次走访满族剪纸民间艺术家,拜他们为师学习满族剪纸技艺,了解满族文化历史,传承满族剪纸文化,为课程提供丰富的人力资源。三年来,学校数次带领学生向外界展现满族“撕纸”的魅力。在2017年通化县举办的松花砚文化节,同学将中国的汉字以手撕的形式表现出来,在文化节中表现出独属自己的风采。同年,学校还开展将全国非物质文化遗产带进校园的研讨会,将社区中对学校发展具有促进作用的人力资源、物质资源补充到学校课程中,农村学校通过校本课程开发,打通社区资源向学内输送的通道,为学生成长提供来自社区的鲜活“营养”，提高了学生综合素养，又使社区资源得到了充分有效的发挥和利用。

（2）特色课程资源“浸润”学生的个性化成长

在“农村—社区互动”农村学校改进的过程中，各小学结合自身的地域、社区、学校、教师等优势与社区提供的资源，不断开发并完善本校的特色课程。例如吉林省通化县金斗乡小学，地处长白山脚下，紧紧依托少数民族地区的丰富文化优势，结合民族特点，以满族刺绣为切入点，开发满族刺绣校本课程，自编满族刺绣教材。从实地调查学校的结果与数据分析发现，学生通过学习满族刺绣对其表达能力、表演能力、活动参与的积极性等都起着明显作用，对满族文化的理解程度也有显著提升。我们发现，每个参与“农村—社区互动”农村学校改进的实验校在自身原有课程的基础上，根据其地域特色不断丰富校本课程，将课程分年段、分学段进行整合，促进学生的个性化发展，真正达到锻炼学生的目的，为学生提供了成才的多种可能性。

3. 多样教学模式的培育与塑造

（1）多样的教学模式培育学生全面发展

在本研究个案学校中，快大茂镇中心小学不仅让学生在教室的课堂中了解满族文化，更是向外扩展了传统教学场域。学校设有“快大茂镇中心小学民俗器用陈列馆”，陈列馆分为两个部分，一是再现居民生活场景，二是满族民俗器用的陈列。民俗生活场景占地面积 400 平方米，建筑面积 50 平方米。其中包括两间草房、一座仓房及牛棚、猪圈、碾盘、辘轳等。草房屋内有厨房及卧室。厨房摆设石磨、板柜、做豆腐的架子等。卧室内摆设有柜、箱、被褥、儿童悠车等生活用具，旧报纸糊墙，芦苇席铺炕。每个物件摆设力求再现满族民众真实生活的场景。学生可以通过参观民俗器用陈列馆了解满族文化，学校在馆内还设置了红领巾小解说员。学生们在查阅满族文化资料的同时，对馆内陈列器具的由来、作用以及满族人民在日常生活中是如何使用这些物品，能够更真实直观地了解满族历史，热爱满族文化，提升学生的学习兴趣。以外，个案农村学校自主生成的多样教学模式，符合课程内容特征和活动性质，为学生创作、表达自我提供空间，进一步促进学生的发展。

（2）依据学生的发展需要丰富教学模式

学校以人的培养作为核心要义，同样，教学模式也以服务于学生、以学生为生成起点。不同的课程内容适用于不同的教学模式，也需根据学生不同的认知发展情况及时对教学模式进行改进与完善，以便于更好地服务教学，提高教学质量。快大茂镇中心小学还将满族撕纸课程与其他课程相联结。例如，学校将撕纸与舞蹈整合，教师在课堂上播放舞蹈动画《剪纸妞妞》，学生伴随着动画和老师先观察剪纸妞妞的舞蹈动作，然后根据人物特点选择自己喜欢的动作并进行模仿，最后采用满族的撕纸表现出舞蹈的动态美。学生在小学阶段，上课时注意力较差，经常会被动态的内容所吸引，同时学生手部的小肌肉群还不够发达，需要经常锻炼。舞蹈动画可以吸引学生的注意力，培养学生的观察能力，提高学生的分析能力。孩子在将脑中的动画通过撕纸的形式表达出来时，需要先想象出最后要撕出的作品，有能力的同学还会在纸上画出设计图。这样不仅锻炼了学生的想象思维能力，还锻炼了学生手部的小肌肉群。学校在改进的过程中，不断地将民族文化与现代课程相融合，教师根据不同类型、不同学科的课程内容，采取不同的教学模式，是对教学模式的培养和塑造，也是满足学生发展需求的必经之路。

第七章

“学校—社区互动”农村学校改进中发现的原生态教育

“学校—社区互动”是农村学校改进的新路径、新视角、新选择。学社互动的关键在于“互动”，双方通过长期、密切、有效的多维互动，建立亲密、信任的良好关系，形成可持续发展的合作机制，突破双方的现实困境，达到合作共赢的目的。“学校—社区互动”视域下农村学校改进是一项长期工程，需要消耗大量的时间精力，除农村学校和农村社区这两个主体外，还需要教育部门的政策扶持与正确引导，离不开一校之长的领导与管理，离不开教师、学生以及学生家长的全力支持与配合。“学校—社区互动”不仅仅是农村学校与农村社区之间的互动，也是和学校、和社区中每一分子的互动。在学校改进过程中，通过对这种多主体、多层次、多维度互动的长期考察，我们发现存于该互动机制下的一种原生性的、自主生成的、未刻意发展的、自然而然的教育样态。该教育样态的生成使农村学校改进与农村社区资源的开发利用得到了有效发展，产生了积极的影响作用。结合作者长期以来一直进行的学校改进实践项目，发现每一所学校都存在自身的一些原生的、原创的、独有的、特色化的内容，大到学校文化、学校办学理念、校长教育主张、教师教学模式、校本课程，小到校园中的一条走廊、一座假山等。因其具备原生性与自然形成等特征，笔者用“原生态”来称呼该教育现象，即原生态教育，尝试从原生态视角对其进行解读。

“学校—社区互动”视域下农村学校改进研究中的原生态教育，源自农村学校教育实践，从其日常的学校发展变化历程中可以挖掘到原生态元素，从原生态的视角去审视学校发展，或许会产生不一样的改进效果。基于原生态教育的视角，以“学校—社区互动”农村学校改进研究中的所见所思所感为例，来试论中国农村学校的原生态教育思想，探讨农村学校校长的原生态办学理念、教师的原生态教学模式、社区的原生态课程资源、学生家长的原生态教育信念以及农村孩子特有的原生态素质。

第一节　原生态教育解读

一　原生态教育的内涵

前文已提及当下关于“原生态”的内涵未有明确界定，原生态作为一个本土创造的词汇，学界对其内涵实质的解读无外乎“原生—态”和“原—生态”两种，前者强调的价值基点在于“原生”，后者的在于“原”。原，基本字性是名词性，会意字，同“源”；变化字性是形容词性和动词性，形容词性含“原来、本来、最初的”意义。原生：基本词性是名词，指胎产。变化词性是形容词，主要有“最初生成的、原始的”意义。“原生”和“原”在字词意上的内涵几乎是相同的，都是原来、本来、最初的、完好的、原样的意思，所以关键在于“态”和“生态”。态，名词性，无变化词性，本义为姿态、姿势与状态，又有情况、神情之意，在“原生态”概念的引用中主要作为“状态、气氛”使用。“生态”，源于古希腊字，指家(house)或者我们的环境，简单说，生态指一切生物的生存状态，以及生物的生理特性和生活习性。生态有自然生态和文化生态之分：自然生态指自然界中的生物群落与它们所处生活环境之间的关系与作用，文化生态主要是研究和说明文化与环境之间关系的考古学、文化人类学用语。① 根据词源学分析，“原生—态”指的是最初的、原本的形态或者状态，而“原—生态”指的是原生的或者原本的生态。从我们在学校改进实践中的发现而言，“原生—态”的理解更加贴切，所以在本书中将“原生态”界定为“原生—态”，主要指原生的状态，即原来的、本来的、最初的、原始的、原样的状态。

原生态教育，是“原生态”和“教育”的结合词，基于以上对“原生态”的分析，我们将原生态教育的内涵界定为：原生态教育是初始状态的教育，即教育最初存在的模样，是教育应有的“常态”。原生态教育遵循以人为本的理念，关注教育主体的经验与实践，关注教育本身，强调教育要走进教育现场，走出课堂进入生活体验，重在揭示意

① 李浩. 概念的追问：“原生态音乐”及其保存与发展模式研究[M]. 北京：中国社会科学出版社，2017：116.

义，让教育回到事实本身。原生态教育通过描述教育实践中存在的真实样态，呈现事物的本来面貌；它关注事实背后的具体意义，要求透过外在的事物面貌寻求内隐的价值理念。它源于学校教育一线，源于校长的教学管理，源于教师日常的教学实践，源于学生的学习成长。原生态教育的发展离不开学校、校长、教师、学生、家长等一切与教育有关的、对教育有自己见解的机构或人。校长的原生态教育思想能够从其办学理念有所洞见，教师的教学目标、教学模式、教学手段等能够体现其原生态教育思想，家长对学校教育的诉求、对孩子的期望等教育信念也是原生态教育的内容之一。

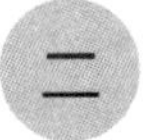

二 原生态教育的特质

1. 原创性与差异性并存

原创性意味着“别具一格”“独特”，差异性意味着与众不同。国家政策、当地政府对学校的发展规划有一定的影响，学校的历史文化奠基学校的校园文化，在诸多影响因素下，综合学校对学生的期望，各个学校产生了不同的、原创的教育理念和教育思想。校长的教育背景、工作经历不同，在对学生的发展诉求进行综合后产生不同的办学理念，使之具有原创性。教师在学校制度的管理下，依托各自不同的教育背景、教学经验而产生的教育信念、实施的教学活动均具有原创性和差异性。家长的不同教育背景和对孩子的不同期望，会催生原创的、不同的教育信念和教育诉求，这也是原生态教育原创性与差异性的体现。

2. 学术性与艺术性兼收

学术性，指原生态教育具有理论性和科学性；艺术性，指原生态教育的表达具有艺术色彩。国家政策的引领、政府、社区、大学能够帮助学校的发展规划具有科学性，并上升到理论层面，这是其学术性发展的体现。校长、教师的教育背景和工作经历促成其办学理念和教育信念的产生，原生态教育的产生就具有教育理论基础，而不是毫无根据的。教育本身就具有艺术性，培养学生的活动是一门艺术。校长办学理念的呈现、教师教育经验的运用都具有艺术色彩。简言之，原生态教育兼具学术性与艺术性。

3. 前瞻性与发展性共生

前瞻性,意味着原生态教育不单单指向现存的对教育的看法和态度,同时也蕴含着对教育的诉求和期望,希望教育能够达到的目标,目标即还未达到的美好期望,所以说,原生态教育具有前瞻性。原生态教育并非一成不变的,应该是一个发展性的"过程",在这个"过程"中,原生态教育从无到有,从雏形到蓝图,每一次的"试错"都是对原生态教育的探索,在不断的摸索中慢慢完善特色性的原生态教育。学校在国家大的教育环境下、在不同的发展阶段,其原生态教育是慢慢完善、不断改进的。校长基于自己的教育背景和不断丰富的工作经历,其办学理念是一步步精进生成的。新教师在获得许多教育教学经验之后,其教育信念也会得到升华。家长面对孩子的变化以及受周围家长的影响,其教育诉求和对孩子的教育期望也慢慢改变。所以,原生态教育是一个前瞻性与发展性共生的存在。

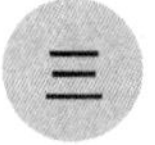

三 原生态教育的发生

1. 追求差异的时代背景为原生态教育的产生提供前提

教育在不同的时代有不同的功能与价值,我国教育发展正处于飞速发展时期。在教育趋于统一发展方向之时,孕育原生态教育的土壤是贫瘠的。在力求创新和追求差异的大时代背景下,我们开始期待不同的声音,不再追求培养"一个模子刻出来"的学生,开始尊重差异,鼓励差异,鼓励学校办出特色,尊重教师形成风格,倾听家长的教育诉求。在这个大时代背景下孕育原生态教育的土壤充满着营养,为原生态教育的产生提供了前提。

2. 学校和学生自身的发展需求为原生态教育的产生提供必要性

我国各地区的教育发展不均衡,各中小学校的发展同样不均衡,一些学校的教育水平极大地落后于其他学校,这些学校急需改进以谋求发展,但改进不可能是照搬照抄其他学校的模式,需要以自身的状况为起点,实现自我的教育诉求。同时也要意识到各学校的学生素质存在差异,他们的起点以及对发展的需求也不相同。学校和学生的需求使得他们发出不同的声音,原生态教育是学校自我的教育,能够满足学校需求和学生发展的教育，所以，学校和学生自身的发展需求为原生态教育的产生提供了必要性。①

3. 社区、大学的支持与帮助为原生态教育的产生提供可能性

中小学校的改进需要大学的智力支持，中小学校的改进意味着学校改变、提升内部条件以帮助学生提高学习绩效，在一些关键的改进部分中需要大学的智力支持与社区提供相应的资源帮助，帮助中小学诊断病因，提供可行的改进目标和改进手段。在这个过程中，原生态教育的产生也离不开社区和大学的物质支持和智力支持。原生态教育产生并发展于学校、校长、教师和家长的教育实践，他们对教育的言论、观点存在不成熟或不全面之处，需要大学科研专家的指导，帮助原生态教育主体形成学术性、科学化的原生态教育言论、观点等。总之，社区和大学的帮助为原生态教育的产生提供了可能性，以保障原生态教育不至于“夭折”。

四 原生态教育的价值

教育的价值在于加速年轻一代身心发展与社会化进程，在于继承与传承人类精神文明，在于筛选经验和人才等。国内很多学者探讨过教育价值相关的问题，一般将教育的价值分为对个体的价值和对社会的价值。“学校—社区互动”旨在将大学、社区、政府、学校四个主体联合起来，发挥四位主体的最大效用，并且互惠互利、共同进步，最终实现各自的发展。原生态教育在四位主体之间无疑发挥着纽带和桥梁的作用，中小学校在大学、社区和政府的影响下、帮助下寻求自身特色，梳理本校发展历程，明确教育理念和教育目标，产生原生态教育；中小学校借鉴社区的资源，接受政府的帮助以及大学专家团队的指导，使得原生态教育发挥出越来越大的作用，能够满足学校改进需求和学生自我发展需求。原生态教育的价值分析如下：

1. 原生态教育能够满足学校的改进需求

在城镇教育和农村教育差距越来越大的今天，农村学校改进已经成为一个必然趋

① 张翔，张学敏. 教师教育 U-S 共生性合作的发生机制探究[J]. 教师教育研究，2012，24(1)：29-34.

势，农村教育不可消亡，农村学校不可消失，学校改进势在必行。农村学校的需求与城镇学校的需求是不同的，在城镇学校快速发展的今天，我们不能让农村学校照搬照抄城镇学校的教育。农村学校有自己的特点和资源，也有自己的发展诉求，原生态教育产生于农村学校的内部，源自于学校、老师和学生，是针对于当地的特色、学校的情况和学生素质自发的教育，所以原生态教育能够弥补学校发展的不足，为学校改进助力，是真正能够“对症下药”的教育。由此，原生态教育能够满足学校的改进需求。

2. 原生态教育能够实现学生的全面发展

农村学校的改进，已不再是向城镇学校看齐，而是真正发挥自己的优势与特长。从教育内容、教育方法上来看，原生态教育能基于农村学生，从农村学校出发，教育内容结合农村经验，回到农村教育本身，更加贴近学生的生活，贴近学生脚下的一方热土，而不是学习“城镇化的教育内容”。这就避免了学习内容与身处地域的不匹配，这种“不匹配”不仅会让学生觉得“学无所用”，更是资源的浪费。原生态教育内容的选择“接地气”，不局限于基础知识的学习，让学习的范围扩大，延展到生活当中，这就能够使学生得到更好的发展，得到能力的提升，最终学有所用。原生态教育的教育方法也不局限于课堂教学，让学生们走进生活、走进自然、走进历史、走进传统，完善了学生的整个人格，培养了学生的素质和底蕴，让学生得到了全面的发展。可见，原生态教育能够满足学生的需求，实现学生的全面发展。

3. 原生态教育能够实现双赢

“学校—社区互动”这种模式旨在为中小学与大学和社区建立起合作，就中小学和大学合作这一层面来说，原生态教育是双方共同研讨的对象。在我国教育发展的初期，有很长一段时间高等教育和基础教育是分离的，呈现出各自为营的局面，且中小学侧重于实践，大学侧重于理论研究，二者缺乏联系和交流。在“U－G－S”教育实践的大背景下，中小学和大学协同创新是共同发展的必然路径。中小学的原生态教育是学校原创的，且带有待开发的含义，这意味着中小学的原生态教育需要理论的支持和思维逻辑的梳理。大学的专家团队经过对学校的了解能够有针对性地帮助中小学校进行学校改进，把实践上升为理论层面，解决出现的问题，帮助学校改进更成熟地开展，帮助原生态教育更顺利地实施。另一方面，对中小学校的调研、考察和交流也为大学的科学研究提供了实践基础和分析案例。由此，原生态教育能够实现中小学校与大学双赢。

4. 原生态教育为农村培养适切性人才打基础

农村教育到底应该培养什么样的人才？袁桂林认为：“农村基础教育学校和城市学校一样，均不宜提倡培养某种类型的人才，而应该提倡为培养人才打基础。”①也就是说，在基础教育阶段，我们不应该将教育培养人才的类型过早分化，基础教育是培养人才的基础阶段。原生态教育倡导回到教育本身，以人为本，从人出发，因地制宜地为学生未来打基础，培养学生的综合素质，让学生接触书本知识以外的世界，拓展眼界，培养动手能力，使学生在实践中找到自我发展的方向。

五 原生态教育的保护

“保护，谓尽力的照顾，使其不受损害”②，由此可见保护教育就是通过一些手段和措施保证教育的顺利开发、实施和取得好的结果。原生态教育的保护离不开四个主体——政府、社区、大学以及中小学自身，下面从四个主体出发分析原生态教育的保护措施。

1. 政府为原生态教育提供政策支持

原生态教育的产生、实施紧密依托于当地政府、社区的合作，当地政府应出台相关政策来保障中小学和社区之间的合作，让原生态教育得到政策的保护和支持，在运行中减少不必要的阻碍。同时，政府应该倡导地方的社区、博物馆、科技馆、图书馆或者其他的机构以及家长对中小学的原生态教育进行支持，万众一心办教育，以保证原生态教育不会“夭折”。

2. 社区为原生态教育的质量提供文化环境和物质基础的保护

人是一切社会关系的总和，社区中不乏各种社会互动和互动关系，在这种活动和关系中形成了一定的文化氛围，这种文化氛围对中小学校有着深远的影响。大学的氛围对学生培养有明显的影响，同样社区这种文化氛围也会对学生产生影响，所以必须

① 袁桂林. 农村应用型人才培养与 WTO 挑战. 第 2 版[M]. 长春：东北师范大学出版社，2015：4.

② 张永华. 论教育保护[J]. 教育研究，2003(10)：82.

保证社区人文环境的优良,进而保证原生态教育的质量。同时,社区内的校外图书馆、科技馆、展览馆,甚至商店、银行等也应该为学校的教育提供一些物质支持或提供一些校外实践的机会,让学生走出校园,亲身感受社会环境,有利于学生全面的发展,提升原生态教育的水平。

3. 大学为原生态教育的质量保驾护航

原生态教育如同孕育在母体的“婴孩”,政府政策保障“婴孩”的顺利产出,社区的环境和资源为“婴孩”提供良好的生存环境、学习条件和硬件设施,大学专家团队则为“婴孩”的茁壮成长注入营养,保障其更好地发展,成长为完整的“人”。大学专家团队经过调研,深入了解学校的情况之后,诊断学校的“症结”,查找出中小学存在的问题,并对症下药,给出解决方案。由于农村学校和教师不擅长教育科学理论的研究,有非常多的学校并不能很好地组织自身的原生态教育,也不能形成话语体系,更没有上升到理论的层面,因此限制了教育的长期发展;有些中小学原生态教育思想的逻辑体系比较混乱,原生态教育体系并不成熟,所以需要大学专家团队的智力支持,帮助中小学走出困境,形成成熟的原生态教育体系,完善学校改进工程。

4. 中小学自身的努力是原生态教育健康成长的基石

以上我们讨论的都是保护原生态教育的外界条件,而中小学自身的努力才是原生态教育得以发展的基础,其中就包括中小学校长的办学理念是否尊重原生态教育的发展,教师自身是否能够坚持学习、坚持进修,培养自己灵活运用课程开发、教学模式创新、教学方法的能力,同时学生也要拓展自己的眼界,培养自己的创新精神和实践能力。

六　原生态教育的开发

开发,本义是指对自然资源,例如荒地、矿山、森林、水力等为对象进行劳动,以达到利用的目的,开拓、发现或发掘人才、技术等供利用,发掘、收集、整理、选择文化资源等。原生态教育的开发意味着梳理学校的发展历史,明确学校的具体情况,使原生态教育从无到有,从雏形到蓝图,最终达到可以利用、可以帮助学校改进的目的。原生态教育的开发从以下几点进行分析：

1. 从优秀的传统文化中开发原生态教育内容

筛选中国优秀的传统文化，将其作为教育内容的一部分，是学校教育承担的传承中华传统文化不可推卸的责任。中小学生作为传统文化的继承者，学习的内容中必不可少地包含传统文化，使学生具备深厚的文化底蕴和文化素养。梳理学校历史，从学校历史中挖掘优秀的传统并继承和发扬，这样开发出的教育才最具学校特色、最适应学校的长远发展，依据学校历史发展脉络规划出未来的发展走向并拟定发展计划方案，才能使学校原生态教育的开发有据可依，有迹可循。

2. 利用教师教育协同创新机制寻求智力支持

斯坦豪斯提出了著名的“教师即研究者”的口号，“斯坦豪斯认为，在学校中最大限度地减少对于最昂贵的资源——教师的使用，这种尝试看起来十分荒谬”①。斯坦豪斯肯定了教师在教育发展中的作用，以及教师在学校中是最可贵的资源。在原生态教育的开发中，教师无疑是开拓者和实践者，更是既了解学生又精通学术之人。国家的发展在教育，教育的发展在教师，应利用教师教育协同创新机制发展教师素质，培养原生态教育的“先行者和开拓者”。应利用师范大学的资源寻求原生态教育的智力支持，充分发挥师范大学的作用，为教师的发展和学校改进保驾护航。

3. 利用社区资源丰富原生态教育的模式

在学校与社区的“互动”中，社区为学校提供了人力、物力资源，丰富了原生态教育的模式，学校也会对社区产生巨大的影响，二者互惠互利、共同进步。社区为学校提供了大环境和文化氛围，学校在社区之中接受社区文化的熏陶，作为原生态教育产生与开发的重要资源，能够弥补学校资源单一的不足，丰富学生活动，为学生接触社会提供机会。

4. 学生的需要是原生态教育开发的出发点和落脚点

原生态教育产生的意义在于满足学生需要，尊重学生的差异，每所学校的原生态教育各不相同，但相同的是学校都需要依据学生特点，开发出适合学生发展的原生态教育内容、教学模式和课程资源。农村学校的学生扎根于土地，在学校学习通识性知

---

① 马云鹏. 课程与教学论[M]. 北京：中央广播大学出版. 2005：89.

识与城镇学生并无不同之处，但需考虑学生的发展方向，引导学生成为自己想成为的人，而不是教育规定学生应该成为什么样的人，这样的教育才具有意义。在学校学习的基础知识是每个学生都应该掌握的、内化的，这样才能够使我国优秀的文化传承下去，维持社会的发展水平，但能够推动社会进步的是学生的专业知识和专业素养，我国尤其需要“专门型人才”。原生态教育的开发只有立足于学生的需要，才能发挥原生态教育的真正意义。

第二节　中国农村学校的原生态教育思想

一　原生态教育思想的内涵

在《教育大辞典》中，教育思想被定义为对教育现象的理性认识。主要包括教育主张、教育理论、教育学说等，反映在各种著作、言论、决策和人的活动中。教育思想的主体可以是个人或是群体，可以是零散的、不系统的，或是系统的、严密的，并且受个人世界观、价值观和社会历史的影响。其中，零散的、非系统的教育思想可以是一些对教育的看法、主张等，这些看法、主张的科学性是否具有普遍性和群众性有待考究；而严密的、系统的教育思想具有科学性，是通过对前人教育经验的总结、教育理论的检验、探索和提升最终形成的具有价值的教育理论、教育学说。个人的教育思想受其世界观、价值观和教育经验的制约，同时教育思想也受社会历史的影响，受当时社会经济、政治、文化的制约，教育思想在不同的社会、不同的历史时期差异显著。

原生态教育思想是原生态教育研究的核心内容。原生态与教育思想的结合，是深耕于学校教育一线的的教育工作者在教育实践中结合自己的教育实践经历、教育理论知识素养及学校特色生成的对教育的零散看法、主张和认识。这些看法、主张源自一线教育工作者的日常工作生活中，反应了他们在一定社会历史条件下对自己所处教育环境、所见教育现象的认识、理解以及实施的方法论原则或是对教育的诉求，反映的载体有著作、言论、决策和人的活动，各所学校的“办学理念”“校风”“校训”“教风”“学风”等也展现了该校的教育思想。

 二 中国农村学校原生态教育思想的实践样态分析

在“学校—社区互动”农村学校改进项目中,每所改进学校的教育思想都大不相同,这也是各所学校的特色所在,体现着校际的差异,形成了自身独特的学校品牌。基于自身的原生态教育样态,形成了独特的原生态教育思想。

快大茂镇中心小学秉承“轻负担、重质量,培养具有实践探究能力的创新人才”这一教育思想,减轻学生课业负担,使学生边玩边学,在学中玩,“乐学”“善学”,注重学生的全面发展。摒弃“题海战术”,注重质量而非数量,并且该校以一切都是为了孩子的终身发展为宗旨,努力让孩子成为全面发展的综合型人才。重视中国传统文化,尤其倡导弘扬满族文化传统,让学生树立文化自信,传承优秀文化。校园中师生关系平等和谐,致力于创造轻松、愉快的课堂氛围。寓教于乐,寓学于乐。学生和教师在“乐”中探索知识的海洋,也培养了学生积极乐观的人生态度。

金斗朝鲜族满族乡中心小学的办校思想体现在办学基本理念,即“绣满幸福生活、绣出美好人生”。该校秉承此办学理念,倡导学生了解满族民族风俗习惯、人文特点及历史文化,传承满族优秀民间手工艺,发扬中国优秀文化传统,培养学生的创新能力与实践操作能力,塑造学生的艺术素养,养成学生耐心、细心、认真、毅力等优秀品质和能力,助力成就学生健康的审美意趣与健全人格,为学生的美好生活打下基础,帮助学生形成正确的人生观与积极健康的生活方式,并且主张学生应该具有合作精神,生生之间、师生之间应该多沟通交流,相互协作。以满绣为情境,助力学生的人生发展。

葫芦套学校致力于打造一个“园林式的校园”。在对学校进行改造的过程中,全校师生养成了吃苦耐劳、无私奉献、热爱学校的美德。该校一直“以‘人的发展’为核心,发展学生的个性特长,提高学生的审美能力,培养学生的实践能力、创新能力和综合能力,把学生培养成为拥有健康的人格,热爱生活,多才多艺的复合型人才”。该校倡导发展学生智慧和健全学生完整人格,“让全校师生充满幸福感”是学校的宗旨,并且致力于培养充满幸福感的学生,在学生拥有幸福感的同时,培养学生创造“幸福”的

能力，最终为“幸福社会”助益。同时，教师鼓励学生个性化的发展，勇于表达不同的观点；培养学生的独立性，引导学生自主管理，培养学生的自立能力、凝聚力、创造力、上进心、责任心，以及树立学生的时间观和效率观。以“立德树人”为发展目标，真正做到促进学生全面发展。

黄榆九年一贯制学校在发展的过程中逐步形成和确立了以“内涵发展、厚积薄发、平稳较快、和畅共生”为办学思想，秉承“以人为本，为师生终身发展奠基”为办学理念，以“端品笃学、健体报国”为校训，以“讲师表、重责任、比贡献”为教风，以“通识博览、精研共进”为学风，以科普教育为特色，正逐步向“校舍建筑楼房化，办学条件现代化，特色发展品牌化，教师队伍专业化，过程管理精细化，教育质量优质化”的办学目标努力前行。黄榆学校在发展过程中，不断积累能量、蓄力前行，一步一个脚印，注重发展质量，注重学生和教师的终身发展。在培养学生强健体魄、教师职业素养等方面不断前行。

春登中心小学的校训确定为“知情明理，志趣不凡”。学校注重激发学生兴趣，尊重学生爱好，挖掘学生特长，培养学生自信，提升学生整体素质。解放学生的天性，培养富有个性的创新型人才，培养学生的艺术品位和艺术鉴赏、创作能力是学校教育追求的目标，为此开发了艺术类的校本课程。校本课程教学总目标明确学生要“掌握泥塑的基本技巧，培养学生整体造型能力，使学生进一步了解自然美和艺术美。激发学生学习泥塑的兴趣，开发智力，培养创新意识，提高学生动手、动脑、创造能力”。通过泥塑，培养学生坚毅的品格和欣赏美、创造美的审美情趣。将泥塑贯穿于学校教学工作，传承中华传统文化，培养学生的综合能力，实现素质教育，实现学校的培养目标。

虽然以上各所学校的教育思想、办学理念、教学目标各不相同，但追根溯源可发现，其以“以人为本”的理念，根据国家教育的根本任务——“立德树人”制定学校教育的政策，全面贯彻实施素质教育，培养德智体美全面发展的社会主义建设者和接班人，努力将办好人民满意的教育作为教育工作的出发点和落脚点，都为祖国的教育事业的进步做出了自己的贡献，为社会培养适切性的综合人才。而且，几所学校都不再以文化知识的学习作为教育、评价学生的唯一维度，更多地加入了综合性因素，学校的发展追求也不再单单是提高学生的学习成绩，而是更加注重完整人格的培养和教师的长远发展。教育思想引领着学校和师生的发展方向,体现出学校的文化、历史和发展诉求,同时学校的教育思想也影响着所在社区的文化氛围。这些发展变化正在一步步寻回教育本身原有、应有的事实样态,努力保持教育“以人为本”的常态化发展。

第三节 中国农村学校校长的原生态办学理念

一 原生态办学理念的内涵

理念,是目标,是愿景,是一种应然状态,是一种对宗旨、精神和发展规划的概括性论述。办学理念,是期望办学所能达到的样态和期待学校、学生能够取得的成绩,是对办学宗旨、学校精神、发展规划的总体性把握;由零散的教育思想和系统的教育理论凝练出的对如何办学的概括性论述、原则和总体方向的把握。办学理念受校长的办学信念和所受教育的影响,以及其世界观价值观的制约,同时学校自身状况和当地的现实情况也是校长办学理念的重要影响因素。办学理念是学校更好发展的美好愿景、目标性计划、引导着学校的实施策略,蕴含着校长对学校和学生的美好希冀以及对教育的理想追求,同时,办学理念也是激励学校和师生达成办学目标、教学目标和培养目标的“口号”;办学理念是对学校办学思想简洁凝练的表达,也是学校校风、学风、教风、校训等的上位概念,“三风一训”就是办学理念的具体体现。

原生态办学理念,意味着在办学实践中受到某些课程、政策、地缘因素的启发,不断凝练的,有自己的独特见解的教学思想的升华,是学校发展的落脚点和发展追求,能够引导办学原则,激励学校和师生的成长,形成办学特色,打造品牌。原生态办学理念源于学校的日常教育实践,源于学校的教学样态,源于学校的教学追求,源于学校的育人宗旨,是学校原生态教育发展的体现。

 中国农村学校校长原生态办学理念的实践样态分析

由于每所学校的发展背景、发展经历以及发展追求不同，各所学校的办学理念在很大程度上具有差异性，其特点鲜明，追求明确。例如，快大茂镇中心小学的办学理念为“以行政、教研、科研三线联动为机制，以艺术教育为先导，全面启动，全程管理，全面实施素质教育，全面提高教育质量”；办学目标确立为“以德立校，依法治校，质量强校，科研兴校，特色活校”；教育思想秉承“轻负担、重质量，培养具有实践探究能力的创新人才”；培养目标以“以生为本，为学生的终生发展奠定基础”。快大茂镇中心小学致力于培养全面发展的学生，为学生终身发展打下坚实基础，并结合学校的发展历史和发展追求凝练出“剪成文化，撕出创造”八字办学理念，基于“撕纸课程”打造出学校的自主品牌，真正办出学校特色，发展学生个性特长。“行政、教研、科研”三线联动，调动全校力量，为实现办学理念共同奋斗，作为一所小学，把“科研”也放在重要的位置，体现出学校自我谋发展的积极进取办学态度；以“艺术教育为先导”，把艺术教育融入全校的管理，全面培养学生，使学生综合发展，实现素质教育，体现了学校办学理念，办出了学校特色；在日常教学中，艺术教育作为教学情境，丰富了教学内容，也提升了教学质量。快大茂镇中心小学的办学理念作为全校工作的中心，引领着全方面的工作，同时也是全校师生共同奋斗的目标，为其学原生态教育的发展做出了巨大贡献。

葫芦套学校基于自我的发展背景，其办学理念一直是以师生的幸福为出发点和落脚点。因此，葫芦套学校的办学理念为“为学生的终身发展和幸福奠基，为教师的职业成功和幸福搭台”，为师生创造最佳的工作学习环境，造就“具有幸福感的人、能够创造幸福的人”，最终助益幸福社会的实现。同时，葫芦套学校强调良好环境的创造，无论是校园环境、课堂环境还是人文环境都要求师生共同努力，创建美好的校园。葫芦套学校的培养目标主要划分为九个方面，具体表现为：培养习惯，培养责任，培养心灵，培养诚信，培养合作意识，培养健康身心，培养生存技能，培养艺术修养，培养创造品质。该校的办学理念重视学生的终身发展，体现了学校长远的目光，为学生的幸福人生打下基础；同时，重视教师发展，为教师提供了宽广的发展平台。可见，该校办学理念的两大核心即“学生终身发展”和“教师职业发展”。该校以两大核心为己任，校

长以学生和教师为工作重心，在全校师生的努力下共同实现发展目标。这是该校原生态办学理念的核心特色。

金斗朝鲜族满族乡中心小学在长时间的教育实践基础上确立了“绣满幸福生活、绣出美好人生”的办学理念，并一直秉承此办学理念，开发校本课程“满绣课程”，利用校本课程向学生传授满族刺绣技艺，培养学生动脑动手能力、创新意识，传承优秀的传统文化、培养学生爱国主义情怀，养成学生耐心、细心、认真、毅力等优秀品质，助力成就学生健康的审美意趣与健全人格，为学生的美好生活奠基，让学生能够拥有生存的技能和艺术的素养，以达到让学生幸福生活，拥有美好人生的目标。该校校长的办学理念承载了其对学生的美好期盼和祝愿，是校长一直以来坚持的教育目标和教育信念。这是该校独具风格的原生态办学理念的具体体现。

黄榆九年一贯制学校以“以人为本，为师生终身发展奠基”为办学理念，以“校舍建筑楼房化、办学条件现代化、特色发展品牌化、教师队伍专业化、教育质量优质化”为发展目标，以“明师高徒”为教育品牌，以“科普教育促发展”为学校办学文化和发展理念；贯彻“以人为本”的现代发展理念，以学生、教师为本，目光长远，将理念定位于师生的终身发展终身学习当中，并能够形成自己的品牌，用科普教育贯穿学校的各方面工作，培养学生、教师的科技创新意识和能力，为祖国科技发展培养茁壮“幼苗”。

春登中心小学将办学理念确立为“情趣教育”，现任校长在原有的办学理念“为每一位师生搭建成功的平台”的基础上丰富，并最终形成“实施情趣教育，点燃每一位师生斑斓梦”的办学理念。该校办学理念的意义在于：为孩子提供富于情趣、乐趣的学习环境，激发孩子学习兴趣，培养孩子创新精神，给师生搭建成长的舞台，让孩子从简单机械地追求成绩中挣脱出来，把孩子的天性释放出来，放到学校富于情趣的教育环境中，去滋养个性，点燃他们心中五彩斑斓的梦想火焰。其中，“情趣”一词是指培养儿童的兴趣志向与情调趣味。学校遵循“立德树人”的教育根本任务，培养有情义、有志趣的新时代学生。

在办学理念上，各所学校展现自我特色、教育信念以及发展追求，明确了学校的发展目标以及学生的培养目标，为学校未来的发展定下长远的追求，是校长对全校师生的祝愿和内心教育思想的表达，都是基于本校的原生态教育实践发展演变的，也是全校师生共同努力的方向。

第四节　中国农村学校教师的原生态教学模式

原生态教学模式的内涵

教师在教学实践中为促进教学过程的顺利实施，会采用一些教学模式、教学策略或方式和教学方法。教学策略是在不同条件下教师为达到不同教学结果而采用的方法、方式、媒体等的总和。教学方法是为达到教学目标完成教学任务而使用的具体的教学措施和手段。教学模式，最早是由美国学者乔伊斯和韦尔等人提出来的，他们认为：“教学模式是构成课程（长时间的学习课程）、选择教材、指导在教室和其他环境中进行教学活动的一种计划或范式。”①教学模式是依据特定的教学对象、教学内容，利用相应的教学方法、教学手段、教学工具以及特定的思维方式和教学行动方式的一种简捷的、概括性的、具有指导意义的范式。从操作层面上而言，相比教学策略和教学方法，教学模式更加理论化、规范化、系统化，更适合作为教师在具体教学活动中使用的标准模板，对教师的教学实施具有指导意义。教学模式的形成不仅仅是教师灵活、合理运用教学方法的体现，还体现了教师对教学的理解与认知，是把教师的教学实践经验结合教育理论知识进行理论化转变与升华的一种方式。

教师在教育教学实践过程中凝练出教学模式，不仅仅是对自己工作经验的总结，也是对自我的教学理论的一种升华。对大多数农村学校的教师而言，由于相关教育基础理论知识匮乏，缺少教育科研的经验，对教学模式的提炼总结更多凭借的是自身教学经验和对教育教学的理解，从长期的教学实践中逐渐摸索出适合自己、贴合学校教育教学环境、适应学生发展的一套教学程序。这套教学程序或许不够理论化、系统化，甚至不够符合教学规范的标准，但它适应了本校的教学实际，推动了学校教学的开展，改进了课堂教学效果，磨炼了教师专业素养能力，具有原生态的特征，是教师结合学校实际、学校教育条件、当地区域环境、学生综合素质而创造出来的。这样的教学模式我

① 陈旭远. 课程与教学论[M]. 北京：高等教育出版社，2012：223.

们称之为原生态教学模式,虽然不够成熟规范,但胜在独具特色,在特定的文化氛围中所产生、运用的教学方式都不尽相同,能灵活运用学校具有的教学条件,呈现教学实践中的原生态样貌。这体现了原生态教育追求“回到教育事实”的原则,体现了原生态教育以人为本的教育价值。

二 中国农村学校教师原生态教学模式的实践样态分析

在“学校—社区互动”项目的引导下,各学校进行了学校改进,生成了许多校本课程,其教育对象为农村中小学生,教学内容是校本课程的艺术课或者手工课,所以教师的教学模式也发生了许多变化。例如,快大茂镇中心小学提出了“撕纸跨学科整合模式”的教学模式。金斗朝鲜族满族乡中心小学形成了七环节课堂教学模式:理论传授、作品欣赏、针法介绍、尝试实践、创作指导、作品展示、探讨交流。由此我们可以看出,教师对校本课程的教学并不是照搬照抄传统文化让学生“照葫芦画瓢”,而是经过教师的加工,使课程形成体系。首先,让学生深入了解传统文化的背景和由来,从理论层面上讲解;再从基本功开始训练,又对传统文化有所创新,培养学生创新实践的能力;最后,学生之间有互动和交流,教师有总结和提升,这也是利用小组学习的方法改变个人学习、教师讲授的传统,多种学习方法的使用,使学生发展合作精神和共享意识。原生态教学模式的目标定位在于培养学生的动手能力、实践能力方面,注重学生的体验和创新,在设定的文化背景的情境中感受艺术的魅力,培养学生的文化底蕴和艺术素养。

农村学校教师原生态教学模式与我们熟知的一般教学模式(传递—接受教学模式、引导—发现教学模式、程序教学模式等)有些许不同之处,具体有以下几个特点:第一,原创性。教学模式的应用应该取决于教学内容,对手工课这一类的实践课来讲,在教学过程中教学模式没有确定性,有很多教师生成了许多新的教学模式,但万变不离其宗,变化的是形式,不变的是原生态的实质与追求。第二,针对性。针对性体现在这种教学模式适用于特定的校本课程之中,例如撕纸课、满绣课、编织课等,这类教学模式不适用于国家课程或基础知识的教学,是专门针对此类校本课程生成的教学模式。第三,发展性。原生教学模式的产生和形成并不是一蹴而就的,而是在教育实践中反复修改、充实、完善的。第四,灵活性和丰富性。与国家课程相比,校本课程的教学方式更为灵活性,学校可依据校本课程的内容属性选择适宜的教学方式,因此具有较大的发挥空间。

原生态教学模式的价值在于帮助教师顺利地开展教学工作,指导学生更好地学习、更容易接受教学内容,教学模式在于将理论知识转化为可实施的教学方法指导教学实践,“以稳定的格式把基本理论表现出来,成为受某种理论指导的某种教学模式”①。同时,教学模式在运用的过程中是对某种教学方式、教学实践的理论性总结、概括和提升,这又促进了教学经验的丰富性,提升之后的教学模式更能够丰富教学理论,归纳出教学模式中的同一性,以便其他学校借鉴和大范围的推广。

教师教学方式、模式的丰富对于培养“立体的人”“完整的人”具有重大作用,学生不再将书本知识作为学习的主要内容,开阔了视野,肩负起传承中国优秀传统文化的责任,学会多种学习方式;教师从多角度塑造学生的完整人格、基础知识、文化底蕴、动手能力、艺术素养、爱国情怀等;同时,教师的职业素养也有大幅提升,培养学生的前提是教师综合能力的提升,通过研究传统文化并把其带入课堂,教师的科研能力、动手能力、教学素养都得到了提升,然后进行了教学方式的转变,教师有能力支撑起教学方式的改变,使课堂教学更加科学化、合理化。原生态教学模式的生成对学校的教育教学发展具有积极地影响作用。

第五节　中国农村学校社区的原生态课程资源

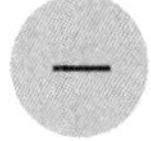

一　原生态课程资源的内涵

课程资源能够为课程的开发、课程的设计以及课程的实施提供必要的前提和基

① 陈旭远. 课程与教学论[M]. 北京：高等教育出版社,2012：226.

础,课程资源不单单包括物质资源,更包括精神文化方面的资源。例如一个地区的文化传统和文化氛围都是一种资源,真正能够称为课程资源的是那些被纳入课程中的、可利用的资源。课程资源不仅存在于学校,同时也存在于家庭和社会;不仅存在于现实的物质世界,还存在于虚拟的网络世界。①

课程资源主要包含以下几个方面:第一,文本资源,包括课程标准和教材,教师的教学参考资料、教师用书,学生的参考资料和课外阅读资料。第二,校园的基础设施、文化氛围。第三,校外的图书馆、博物馆、展览馆、科技馆、青少年活动中心、电影院、工厂、农村、部队、政府机关、企事业单位、职业学校、成人教育机构、高等院校和科研所等各种社会资源以及丰富的自然资源。② 第四,网络信息资源是一种无形的虚拟课程资源,其中包含大量的信息化知识,在信息时代的背景下,应把信息资源很好地利用到课程教学中。第五,教学过程中动态生成的课程资源。马云鹏对这种课程资源的定义为:“这种资源是指建立在互相对话和交流的基础上的、教师和学生在教学、学习过程中生成的生活、经验、问题、困惑、理解、智慧、意愿、情感、态度、价值观等丰富的素材性课程资源。”③也就是说,学生在学习的过程中就产生的问题与教师进行交流,对其他学生来说具有借鉴意义。

课程资源的选择依据主要有:首先,课程资源的选择必须以课程目标为主要依据,课程目标指导着课程的编制,同样也是课程选择与组织的参考。其次,课程资源的选择首要目标是促进学生的发展,所以其选择必须符合学生的兴趣和需求,使学生能够达到“乐学”的层次,从“要我学”到“我要学”。最后,课程资源的选择还要注重内容的基础性、实用性,教育能够统整学生的科学世界和生活世界,尤其是在基础教育阶段,是为以后的学习和生活打基础的阶段,所以课程资源的选择要贴近学生的生活,让学生学会生活和学习的方法。

原生态课程资源也就是指原生态的、未经过加工处理的条件性和素材性课程资源,这些资源有些不能够直接被课程所利用,需要一定的转化机制,需要学校、教师、研究者、学生具有鉴别的能力,甄选出适合学生和学校发展的课程资源。

---

① 马云鹏. 课程与教学论[M]. 北京:中央广播大学出版社,2005:116.
② 马云鹏. 课程与教学论[M]. 北京:中央广播大学出版社,2005:117.
③ 马云鹏. 课程与教学论[M]. 北京:中央广播大学出版社,2005:117.

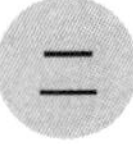

二 中国农村学校原生态课程资源的实践样态分析

新课程改革实施中存在着许多问题,其中之一就是课程资源匮乏,尤其是乡村学校更加明显,条件性课程资源的缺乏并不意味着乡村学校无计可施,许多农村中小学开发当地的特色作为课程资源以弥补物质资源的不足,以谋求学校和学生的长足发展,丰富学生的课堂和生活。在“学校—社区互动”项目中,由于二密镇地区盛产玉米这种粮食作物,因此二密镇葫芦套小学利用玉米叶作为校本课程手工课的原材料,制作出许多的艺术品,主要目的在于培养学生的动手能力、艺术审美素养。金斗朝鲜族满族乡中心小学处于通化县满族乡,这里蕴含着满族文化,学校遂把“满族刺绣”开发为校本课程。快大茂镇中心校把“满族撕纸”作为校本课程,一方面继承了中国优秀的传统文化并向世界展示了我国的撕纸艺术,另一方面发展了学生的动手能力,培养了学生艺术情操。由此可以看出,在物质资源硬件设施并不丰富的情况下,学校谋求发展的路径基于当地传统文化和地缘因素,取材于本土,课程成本低,但蕴含浓浓的乡土人情,“艺术来源于生活”,课程资源也同样来源于生活、取材于家乡,充分利用社区资源包括人力、物力。学校对学生的培养目标不再是学多少文化知识,掌握多少学习技能,而是更加注重培养学生的动手能力,培养学生的艺术素养和艺术情操,让学生深刻感受我国优秀传统文化的魅力,并通过学生和教师的共同努力将传统文化发扬光大,向世界展示中国的艺术,这就培养了学生的爱国主义情怀,因祖国而骄傲。同时,学校邀请当地的民间艺术大师为学生授课就充分利用了社区的人力资源,打开了学校的大门,让学生学习之门不再紧闭,让学生能够走出校园,汲取校外的营养,这对培养全面发展的人具有深远意义。

在课程理念方面,各所学校都注重学生的全面发展,致力于发展学生的个性、特长,培养学生的艺术素养和审美能力,重实践、重操作、重实际应用培养学生的动手能力和合作精神,并且培养学生的爱国主义情怀,以及传承传统文化和创新发展的综合能力,指导学生更好地学习、更好地生活,健全学生的人格,塑造新时代全面发展的中小学生。

社区课程资源的开发能促使学校课程体系的完善。以快大茂镇中心学校为例,该学校的撕纸课程体系较为完善，学校以“引导学生积极参与满族文化的传承与交流”为课程目标；学校以满族撕纸为主干，连续开发了50多门活动课程，形成了完整的学校课程结构；在内容方面，学校开发并出版校本教材《小学生撕纸》，统整撕纸与各个学科之间的联系；学校还为学生的学习和教师教学设立了相应的评价标准，把控教师的教学成效和学生学习质量，完整课程体系，使校本课程达到“有始有终”。学校不仅重视校本课程的教学，同样也重视国家课程的教学。快大茂镇中心小学始终坚持基础知识的首要地位，保障学生基本知识、基本素养的发展。在打好知识基础之上，学校又加入了丰富的艺术课程，培养学生全面发展，这是国家课程与学校课程体系的完整构建。快大茂镇中心小学完满地开发了社区的原生态课程资源，使之成为自己的特色，挖掘出自身的原生态课程，走上了原生态道路，使学校发展渐入佳境。

在课程内容方面，各所学校经过自己的努力并借助专家组的帮助，编写了许多有代表性校本课程教材，如快大茂镇中心小学的《小学生撕纸》、金斗朝鲜族满族乡中心小学编写的《满族刺绣教材》、葫芦套学校的《葫芦套学校草编教材》、黄榆学校的《科普教育校本教材》和《彩绘葫芦》校本教材等。

各所学校在改进的过程中，不断开发社区课程资源，最大限度地利用这些资源为教育服务，丰富了学校的课程，构建起完整的课程体系和课程结构，有利于学生的全面发展。同时，学校引进社区资源，传承传统文化，也拉动了当地的发展，将传统文化发扬光大，向全国，甚至世界展示我国传统文化的精彩和学生的风采。这些原生态课程资源成为社区和学校发展的基石与源泉。

第六节 中国农村学生家长的原生态教育信念

一 原生态教育信念的内涵

教育信念是指对一些教育事业、教育理论、教育主张支持、确认和信奉，并会在一定条件下向他人传播。教育信念的形成既受个体所接受的教育影响，又与个体的教育实践相关,每个人所持教育信念因所处的时代背景不同,社会地位不同,所具有的世界观、价值观的不同而异。原生态教育信念是为实现一定教育目的,促进学生身心健康发展而生成的基于日常教育实践活动而不断发生辩护的、对教育的一种不成熟、不全面的观点和看法,是发自内心接受且认同的教育理论或是教育主张。

二 中国农村家长的原生态教育信念实践样态分析

在"学校—社区互动"农村学校改进项目中,七所改进学校的家长扮演着重要的角色。无论是城镇家长还是乡村家长,都希望自己的孩子能够实现"知识改变命运",所以家长都支持学校教授孩子科学理论知识,无疑加重了学生课业方面的负担。有些孩子自身的素质和发展方向并不适宜学习文化知识,而是更擅长动手实践专业能力,如果学校和家长没有给予学生个性的发展空间,满足学生的发展需求,在教育上就会适得其反。农村是我国教育发展的薄弱地区,农村学校的发展与城镇学校无法相提并论,在教育思想、教师队伍、课程资源和学校环境上均远不及城镇学校。

为了满足学生和学校两方面的发展,农村学校不得不"另辟蹊径"。在教育实践和学校改进的这些年中,这几所学校取得了很大的成效,家长看到学校越办越好,孩子能够得到更好的发展,对学校的办学,其态度由"不理解""抵制"转变为"支持"学校的改进。家长的教育信念也由封建保守转变为具有创新意识和合作精神,学校的成绩让家长懂得了当代不再需要"书呆子",而是需要创新性综合人才。这几所农村学校更是把家长作为学校改进的一种资源,建立起"学校—学生—家长"协同机制,让学生家长参与到孩子的教育当中,增进家长与孩子的交流和理解,让家长明白学校的良苦用心,为孩子的发展共同努力,家长与学校不再站在"对立面",而是成为并肩合作的"好战友"。甚至家长成为学校改进、校本课程的资源,在学生家长中,不乏能人异士、能工巧匠,这都是学校和学生丰富的学习资源。

家长教育信念转变有助于孩子的发展,构建良好的家庭关系。如果家长教育信念与学校办学理念相协调,更有利于推动学校教育工作和对孩子的培养。"劲儿往一处使",才能推动学生走得更快、走得更远。同时,家长具有正确的、前瞻性的教育信念也是鞭策学校教育行为的有力武器,家长也是学生变化发展的见证者,是学校行为的监督者。这是学生家长原生态教育信念形成与培养的价值体现。

第七节 中国农村孩子特有的原生态素质

一 原生态素质的内涵

素质一词的概念有狭义和广义之分。狭义的素质是指生理学中的“遗传素质”,是人的身心发展的必要的生物前提,遗传素质对人的发展具有一定的影响,但并不能完全决定人的发展。广义的素质是指教育学中的概念,指人在先天生理的基础上、后天通过环境影响和教育训练所获得的、内在的、相对稳定的、长期发挥作用的身心特征及其他基本品质结构,通常又被称为素养,主要包括人的道德素质、智力素质、身体素质、审美素质、劳动技能素质等。这里我们采用素质广义的内涵。在本研究中,原生态素质意味着农村孩子特有的素质,是城镇孩子不具备的素质,即生活在农村社区,被农村土壤滋养,受乡村文化熏陶,在农村这片广阔天地上自由活动,参与农村社区特有娱乐、活动、劳动实践而生成的素质。

二 中国农村孩子特有的原生态素质实践样态分析

在“学校—社区互动”农村学校改进项目中,农村孩子特有的原生态素质,是教育实践必须纳入和考虑的因素。在快大茂镇中心小学、金斗朝鲜族满族乡中心小学、葫芦套小学、黄榆九年一贯制学校、春登中心小学等七所学校中,学生素质具有很多共同的特点以及发展方向。首先,学校主要致力于学生道德素质、智力素质、身体素质、审美素质和劳动素质的发展,在校本课程中,尤其体现为对学生审美素质和劳动素质的培养。其次,各所学校也重视学生热爱家乡和爱国主义情怀的培养,学生在学习校本课程的过程中了解家乡，研究家乡文化背景，根植于家乡进行创造；同时，学校引领学生传承中国优秀传统文化，培养学生的文化素养，让学生肩负起弘扬中国传统文化的责任，拉近学生与传统文化的距离，培养学生文化自信，为学生更好地生活打下基础。再次，培养学生的综合能力为学生的职业发展奠定基石，学校重视培养学生的学习能力、动手实践能力、创新能力和合作意识，让学生掌握一门生活的技艺，培养审美情趣，丰富生活色彩。这些综合能力的发展对学生以后的职业生涯具有显著增益，增强了学生学习的信心，发展了学生的个性，尊重了学生之间的差异。也就是说，原生态素质为农村孩子的未来发展打下了良好基础。

只有基于学生的原生态素质，深入了解学生的发展需求和学习兴趣，才能满足学生的发展需求，才能培养全面发展的新时代的社会主义的建设者和接班人！

第八章

“学校—社区互动”农村学校改进中的文化多样性与命运共同体

随着时代的发展、变迁，人们的物质生活得到了极大改善，城市建设迅速发展，现代文明席卷而来。人们在对美好生活的向往中追求生存环境优质、文化生活丰富，教育作为生活社区中最活跃的要素，撬动乡村文化发展。在教育领域需要有意识地去保护、发掘文化的多样性，让教育实践更加鲜活、有力。

文化一词内涵丰富，可以包含人类的衣食住行，可以指人类相对于政治经济而言的全部精神活动及其产品，甚至可以包含人生观、世界观、价值观。总体上，文化大致可以分为两大类，即物质文化和非物质文化。《汉语大词典》对物质文化是这样解释的：人类在社会实践过程中创造的物质财富的总和。它体现于技术装备、交通联络工具、建筑等具体实物上，与社会生产力的水平和性质以及劳动者的生产技能相适应。① 这一部分是我们看得见摸得着的实物部分，也是我们急于保留和拯救的部分，如修葺孔子故居、开设孔子文化学院等。在教育上，物质文化建设表现在教育基础设施的完备，例如，多媒体、实物投影仪等为教学带来了许多资源和便捷，是实现教育信息化的必备要素。

非物质文化是人类在社会历史实践过程中所创造的各种精神文化。大体上可分为三个部分：(1) 与自然环境相配合和适应而产生的，如自然科学、宗教、艺术、哲学等；(2)与社会环境相配合和适应而产生的，如语言、文字、风俗、道德、法律等；(3)与物质文化相配合和适应而产生的，如使用器具、器械或仪器的方法等。② 教育是物质文化和非物质文化共同铸就的利国利民大业，需要在改变中求发展，在发展中持续改进。因此，要继续发扬并不断地"修葺"现有的文化，在此基础上要具体情况具体分析，根据地区、社区、学校的不同资源、经济状况，选择适合本地区的发展模式，以文化差异为基础等，使社区资源成为农村教育的后盾，拓展学校的改进路径。

"乡村教育"研究历史源远流长。作为传统的农业文明古国，中国的乡村教育古

---

① 汉辞网. 汉语大辞典[DB/OL]. http://www.hydcd.com/cd/htm15/ci293957h.htm. 2021-12-06.

② 汉辞网. 汉语大辞典[DB/OL]. http://www.hydcd.com/cd/htm4/ci073437l.htm. 2021-12-06.

已有之,但是乡村教育研究进入人们的视域是伴随乡村生活现代化进程开始的。1904年《癸卯学制》的实施,开启了中国现代学制的序幕。我国近代著名的乡村教育家陶行知一辈子扎根乡村教育,提出许多乡村教育的理论,给我们今天的乡村学校改进以启示。

“学校—社区互动”理论研究与实践经过多年的探索与推进,仔细考察了学校取得系列成果。在学校改进中,社区一方面为学生提供丰富的具有乡土特色的地域课程文化资源,如“撕纸”课程、“刺绣”课程等;另一方面也为学生提供了增进乡村文化情感的载体与平台,如教师引导学生种植水果、植物等,体会劳动过程与劳动幸福感;同时“学校—社区互动”也是农村学校、教师、学生共同传播、传递、创造乡村文化的场域。“学校—社区互动”是基于我国农村学校改进的实践生成的具有原生态特质的本土理论架构和实践模型,实际考察需要改进的学校,考量能够使用的资源,尽可能形成所考察学校的改进策略和抽象出一些具有普适性、值得推广的学校改进策略。随着农村学校改进相关理论研究的深入,我们发现学校改进研究主要集中在四个方面:一是辨识学校改进的关键要素,这些关键要素包括地理位置、当地政策、能够运用的资源等,以这些必不可少的要素来构建学校改进的概念框架,为后续提出学校改进的相关策略打下坚实的基础;二是对学校改进项目的案例研究,对周边农村学校的现状进行考察,选择出适宜进行学校改革的农村学校,针对各个学校进行全方位调研和深入指导;三是探讨先进国家学校改进研究成果的适切性,学校改进策略;四是回顾和总结学校改进的研究和实践状况,对所做出的改革进行反思,并用动态的反思对学校的改进部分进行反馈,不断提炼出最适宜、最切实的改进策略,为后续的学校改进打下基础。

第一节　“学校—社区互动”运行机制的优化

“学校—社区互动”的运行机制是在吉林省几所农村学校教育教学实践的基础上,结合农村学校改进的现实需求和实践路径共同研究得出的。涉及的几所学校在教学改进、课程资源开发、教学模式生成以及教师队伍建设等方面都初步呈现出学校与社区互动的雏形和行为模式。

一 “学校—社区互动”运行机制的实践选择

学校与社区的互动是指学校与社区和社区成员、机构、组织之间的双向交流与合作关系。互动必然是双向的：一方面，要使社区，包括成员、机构、组织理解、支持和帮助学校，以便有效地实施教育目标；另一方面，学校应该支持社区、面向社区、向社区开放、服务社区。形成学校与社区互动，双方建立良好关系，常需形成两种有效的传播渠道，即从学校到社区和从社区到学校的传播渠道。①

学校与社区之间的互动概念还具有如下特点：其一，双向性。只有学校与社区双方行为主体都有互动的意愿，并且伴有良好的过程性回应，互动行为才能长期存续。其二，深层性。学校与社区之间的互动应具有相应的程度要求，浅尝辄止的沟通或合作都并非真正意义上的互动。其三，互惠性。互动双方都是利益相关者，互动的结果应该让双方主体都得到一定的增益。②

那么遵循“理论—实践—理论”的研究路径，我们回过头再来思考农村学校改进为什么可以采用“学校—社区互动”的实践运行机制。基于以上背景分析，农村学校改进应立足于现代化取向、乡村资源优势取向、儿童经验特点取向。因此，基于“学校—社区互动”的农村学校改进就成为必然的选择。

农村学校与社区互动实践的类型多样，根据行动主体可以分为与学校互动、家长、社区组织互动等。因此，基于以上的理论背景和学校自身的实践探索，“学校—社区互动”成为农村学校进行改进的实践机制选择，并且这些学校都在自身的实践探索中不断深入研究机制的内容和具体实践形式。但是由于理论和实践的双重维度的要求，农村学校进行改进的实践机制还有极大的提升空间。

① 刘淑兰. 学校与社区的互动[M]. 成都：四川教育出版社，2003：63.
② 陈红梅. 教育共同体视域下学校与社区互动的研究——基于现代学校制度建设的思考[M]. 武汉：华中科技大学出版社，2015：12.

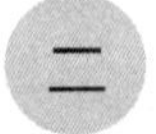 “学校—社区互动”运行机制现存的问题

目前农村学校改进存在的主要问题在于理论与实践的双重困惑以及学校与社区的双向诉求。具体说来,虽然目前众多研究在理论层面探讨了农村学校解决现实问题的规划、模式、组织合作、文化建设、政策支持等多方面内容,但对农村学校而言,限于其师资水平、生源差异、设施薄弱、地缘封闭、社区支持不足等学校内部与外部的多元因素的综合作用,其理论上的探讨与在实践中的落实还存在很大差距。并且对农村学校解决自身问题的实践途径也存在探索不明、探讨不清的状况。

具体到学校与社区互动的关系角度方面,陈红梅在其研究中,将目前学校与社区互动存在的困境总结归纳为以下几条:(1)学校与社区互动形式化,具体表现为学校与社区互动活动多以各种短平快的活动为主,有些活动还不免有作秀的色彩;(2)学校与社区互动表层化,当前学校与社区互动主要停留在表面的浅尝辄止的交往,互动多是片段式的,缺少制度和规划,没有长远开展互动合作的平台;(3)学校与社区互动功利化,学校与社区在合作的过程中各取所需,缺少取长补短、互惠互利的沟通;(4)学校与社区互动非制度化,大多数学校与社区互动缺乏长效机制,无制度化的安排过程、无落实的保障往往难以持久。①

就农村学校与农村社区互动的运行机制而言,综合项目组的实地调研和前期的理论研究发现,目前农村学校和社区互动的机制问题主要凸显在以下几个方面:

第一,农村学校目前开展的学校与社区互动的相关教育教学实践,都是基于学校以往“经验式”的探索,缺乏相关正确的理论指导。所以,学校开展的活动难以取得实质性的突破。简单而言,农村学校改进在实践探索中做了很多实实在在的事情,但是由于自身缺乏理论指导和必要的理论常识,在遇到问题的时候找不到恰当的解决方案,因此难以在实践上取得突破。

第二,农村学校目前基于“学校—社区互动”的相关改进行为缺乏制度层面的保障。农村学校、农村社区和相关的管理机构之间尚未形成统一化的理念和制度管理体

① 陈红梅. 教育共同体视域下学校与社区互动的研究——基于现代学校制度建设的思考[M]. 武汉:华中科技大学出版社,2015:8.

系,导致彼此之间沟通交流不畅和相关工作开展缓慢。要想充分发挥社区这一主体在农村学校改进中的积极作用,就应在一定程度上形成制度化的保障和行为规范,稳固不同主体之间的合作关系。

第三,农村学校自身能力不足,难以独立进行学校改进。不论是从理论诉求还是从学校改进任务所需要的人力、物力、财力等方面来看,农村学校都难以依靠自身的力量突破客观条件的限制,应当借助外界力量求得发展。所以,学校自身能力的有限性决定了必须依靠找寻其他力量来实现发展和改进。

三 “学校—社区互动”运行机制的优化基础

谈农村学校改进的“学校—社区互动”的运行机制优化问题,首先要明确这个机制进行优化和完善是有一定的基础的。具体而言,可以从农村学校改进的理论基础、现实需要和实践探索三方面分析。

1. “学校—社区互动”运行机制优化的理论支撑

“学校—社区互动”农村学校改进的实践机制,不是突发奇想,更不是权宜之计,从其根源上探究,有坚实的社会学、教育学、哲学、教育生态学等多种学科基础,有深刻的思想渊源和深厚的理论根基,可以从这些具体的学科层面和理论角度去找寻“学校—社区互动”的理论渊源,并且,经过理论的发展和检验,使其符合教育教学规律,也符合现在学校制度的建设和学生的健康发展,更符合目前农村学校发展的需求和农村社区建设的实际状况。

农村学校改进的理论研究逐步深化和完善。近十年,是我国农村学校改进理论研究的活跃期。研究者从国外农村学校改进相关理论的介绍引进将其“本土化”,到我国农村学校改进“内生性”理论的生成及基于我国农村学校改进实践探索的“原生态”理论建构,从深入探讨我国农村学校改进的特殊历史、社会、文化背景,到追问我国农村学校改进究竟“是什么”“为什么”“能做什么”“应该是什么”,从关注外部政策保障、硬件条件建设、经费投入到追求内部的自省、自主、自觉,我国农村学校改进的理论研究逐步深化。同时,基于我国农村学校改进的实践,生成了具有原生态特质的本土理论架构和实践模型。典型的如东北师范大学近年来实施的"师范大学—地方政府—中小学校(U-G-S)"合作教师教育模式。这些逐步聚焦到农村学校改进的理论基础和本土化的相关研究,为"学校—社区互动"农村学校的改进机制提供了理论基础。

2. "学校—社区互动"运行机制优化的现实需要

在现实生活中,为了打破学校与社区之间的隔离,实现学校与社区的合作关系,不仅需要从理论上分析其存在的依据,更重要的是,还要在现实生活中分析其可能性。不论从学校本身的发展出发,还是就社区长远的发展计划和建设而言,二者之间良性的互动沟通能促进双方主体更好地发展。这也就是"学校—社区互动"成为农村学校改进的实践路径的现实原因。

就学校而言,学校积极主动地走向社区,是农村学校破解资源困境、实现自身发展的现实抉择。生长于社区场域之中的学校要想实现自身的发展,尤其是学校课程的进步和发展,就必须主动打开大门,冲破围墙,走进社区,借助社区的多样化的力量和多元主体的帮助实现学校各方面工作的改善和进步。所以,在学校发展陷入瓶颈期时,学校应该回过头来,重新审视长期被我们忽视的大量闲置的社区各类资源和力量,积极合理地开发利用社区内蕴藏的各类资源,寻求社区内多种主体的帮助。就社区方面而言,社区作为学校所依存的地域空间范畴,不仅可以为学校提供办学条件和所需资源,其在与学校互动的过程中也能获得自身的发展和进步,农村学校和农村社区的关系极为密切。所以,社区发展对学校的需求主要表现在以下几个方面:社区需要利用学校教育资源促进自身发展,社区需要依托学校资源丰富社区居民业余生活,社区需要通过学校的精神力量提升社区文化建设。

3. "学校—社区互动"运行机制优化的实践探索

农村学校改进的运行机制因地域条件、学校文化传统、区域教育发展状况、社区发展以及师生的差异而各具特色。谈及具体区域的农村学校改进,必须针对具体对象进行深入的研究和实事求是的调研。目前,我国农村学校改进的实践探索深入推进。总体而言,"我国不乏取得显著改进成就的案例学校,并形成了具有一定特色的改进模式,如淞沪模式、北京模式、湖北模式、浙江模式、成都模式、沈阳模式等。但对于农村学校而言,限于师资水平、生源差异、设施薄弱、地缘封闭、政策滞后、资金匮乏、社区支持不足等学校内部与学校外部多元劣势因素的综合影响,在农村学校改进的具体实践中仍面临着较大的阻滞与障碍”①。

基于以上背景，我国农村学校改进的实践机制在不断地走向具体的实践和探索。本研究主要选取了吉林省通化县和吉林省永吉县以及长白山保护区的几所典型的农村学校，在长达三年的具体调研实践过程中确定方向、凝练问题、选择典型个案。这些学校在师资培训、课程资源开发、学校课程建设、教师专业发展等学校教育的实践方面大胆尝试，采用学校与社区合作的运行机制去积极搭建社区和学校沟通的桥梁，组合优化社区和学校的资源力量去实现学校课程改进。这些学校在具体的教育教学实际过程中已经呈现出“学校—社区互动”的实践雏形，我们要做的只是进一步规范和制度化学校和社区的合作关系，在它们实践探索的基础上找到更为科学、合理、高效的实践模式和操作形态。

四 “学校—社区互动”运行机制的深化策略

“学校—社区互动”运行机制的深化策略，是在基于个案研究和基础理论研究之上的结论提升。也就是说，农村学校基于“学校—社区互动”的运行机制的深化要结合相关理论和实践操作的需要，结合目前农村学校的发展需求和社区建设状况，共同制定合理科学的优化策略。优化策略的选择要具有可操作性，并且随着实践的推进能够不断多元化和具体化。

1. 扩大运行机制的参与主体，实现运行机制主体的多元化

农村学校改进的工作涉及农村学校教育教学各个方面，并且关系到农村学校和社区各个层面的参与者和融入者。这项工作的开展要求学校要协调好校内和校内的一切关系，需要多种主体之间的参与和配合，共同创造一切有利的条件为农村学校的改进工作服务。“学校—社区互动”的实践机制需要去融合社区的多方面主体，包括社区各机构的工作人员、各行业的人员、民间艺人、学生家长等社区成员。只有同时发挥不同主体的作用，实现学校和社区之间不同主体的参与和配合，才能真正实

① 凌云志，邬志辉. 基于核心素养的农村学校改进的思维方式[J]. 教育理论与实践，2017，37(20)：3-6.

现"学校—社区互动"农村学校改进机制的顺利运行。也只有充分扩大这个机制的参与主体,才能更好地在整个学校和社区合作的氛围中实现学校各方面工作的改进和推进。

2. 深化运行机制的实践内容,实现运行机制内容的多样化

学校改进关乎学校整体的发展和进步,是一项系统性、综合性的工程,包括学校管理、学校课程与教学、教师专业发展、学校资源建设、学校改进支持体系、学校改进效能等多个方面,从政策层面具体到课堂教学层面,从教师教学层面深入到学生学习层面、从学校内部改进层面延伸到学校改进的外部支持层面,从学校发展的外部行政管理层面到学校内部的具体管理层面,等等。因此,在农村学校改进的过程中,我们要尽力让"学校—社区互动"的实践机制逐步适用于农村学校改进的各个实践领域。目前研究所涉及的吉林省通化县和永吉县的几所农村学校,通过与社区合作实现农村学校改进的阶段进展。但是,其农村学校改进的实践内容大多集中在社区课程资源开发、学校文化建设和组织活动,与社区合作的实践领域尚显狭窄。所以,在农村学校改进的进程中,农村学校力争要拓展学校改进的实践领域,并且在此领域的改进工作中加强与社区的互动和合作。

3. 完善实践机制的实施保障条件,实现运行机制运行的制度化

农村学校与社区互动进行学校改进需要学校更为主动地去争取社区的帮助,而后社区相关机构和个人才会有互动反馈行为。农村学校基于"学校—社区互动"的改进,在制度上需要建立起从国家意志到地方教育行政法规,再到社区与学校制度层面的完整保障体系,在组织上需要为"学校—社区互动"提供规约性运行机制保障,政府机构需要为中小学具体组织实施提供运行经费保障,社区管理部门需要为所在社区内的中小学校改进提供必要的公益性支持。① 因此,为推进"学校—社区互动"的实践机制更好地发挥作用,学校和社区必须就相关问题的解决、日常工作的开展、合作关系的维护、具体合作的操作流程等具体化的问题解决和合作模式形成常规化的政策、制度和操作实施细则,明确双方主体的责任和分工,促进机制运行的制度化。

① 李广."学校—社区互动"促进农村学校改进研究[J].教育研究,2018,39(04):75-79.

4. 细化实践机制的具体操作类型，实现运行机制操作的具象化

农村学校改进的“学校—社区互动”的实践机制，是针对农村学校改进的整体过程提出的，是一个概括性的操作实践模式，如何去进行更为具象化的操作实践，还需多方考量。比如，进行农村学校课程建设方面的改进工作与进行农村学校教师培养方面的改进工作，其侧重点和学校与社区的合作范围和合作方法是有所差别的。又如，在改进的不同阶段，实践机制具体的操作类型和内容也应当是有所差别的。因此在具体的实践操作过程中，要更加细化和明确此运行机制的具体操作类型。同时，这种具体操作类型的实践也要考虑不同农村学校和所在社区的具体情况，结合学校和社区的发展状况制定适合本地区的、本学校发展的学校与社区的合作形式。

第二节 农村学校改进中的多元文化共生

关于多元文化的内涵，《中华大字典》中是这样解释的：“元”，“始也”“端也”。即每个“元”都是一个开始和起端，也就是说多元文化是具有不同起始端点的文化。“多元”文化就是指开端和起点不同的文化。文化的多元性与统一性辩证发展存在。当地教育政府部门的文化、当地资源文化、学校办学文化、家长文化、城市文化等多样文化共生共长，不断交叉融合，逐渐形成当地的特色文化。无论是大范围内的宏观文化多样性，还是社区范围内的微观文化多样性，都是社区文化组成部分，我们要正确看待并了解其内在机制。

一 农村学校与农村社区紧密相连

学校不能孤独地存在，尤其是农村小学，它总是依山傍水或坐落于村边地头，与社区保持着千丝万缕的联系。甚至有些精彩的校本课程就是来自于当地的田间劳作活动，用当地资源支撑学校的教育活动，形成社区教育。社区教育指优化区域内各类教

育资源,提高各区成员整体素质,改善生活质量,促进区域经济发展,实现社会进步的教育活动。① 教育部发布的《关于推进学习型城市建设的意见》指出,要“广泛开展城乡社区教育,推动社会治理创新”。从中可以发现社区教育是社区治理、社会发展的重要基础,社会治理、社区治理理念已深入人心。② 社区教育是基础,其最终目标是建设更完善的教育体系,促进全社会的进步,因而农村学校的改进必须落到实处,结合地缘特征,准确落实。如吉林省通化县快大茂镇中心学校,其办学目标是“全面发展、优势明显、特色鲜明、力争一流”。通化县是具有悠久历史的文化县城,共有 17 个民族,众多民族的不同特色文化相互碰撞,快大茂小学结合通化县本地资源和文化传统以及教育政策的导向,决定开发自己的特色校本课程——满族剪纸,并延伸至“撕纸”。剪纸作为满族文化不可缺少的一部分,承载了满族人民对于生活的美好希望,从剪纸文化了解满族文化,从剪纸教育发展学校教育,教会学生在传统文化中感悟现实意义,快大茂小学真正将校本课程与社区资源达成了良性互动。促进学生全面发展是学校为之努力的一个方向,特色鲜明使快大茂小学与社区形成了良好互动。

学校与社区,甚至是社区的历史传统都有着剪不断的关系,无论是朗朗书声、上课钟声、操场的吵闹声、运动会的呐喊声,还是课程表、作业、奖状等学校要素,都与社区相互影响,渗透于,甚至规约着乡村社区的生活节奏与样式。正如 20 世纪 50 年代美国学者奥森所言,学校不应是游离于社会的文化孤岛,它应主动与社区架设各种桥梁,致力于解决社区的问题。

二　农村学校与农村社区开放共融

农村学校已经越来越开放,农村学校越来越直面社区并不断扩大着“社区”的范围,社区隐含着学校教育,学校教育越来越联系生活实际,学校与社区的界限越来越模糊;反之,社区也以对学校教育强烈的需求与高质量的多元需求而反作用于学校,而且

① 许海深,邢艳红. 地方高校参与社区教育对策研究[J/OL]. 成人教育,2019(04):37 - 40[2019 - 05 - 01].

② 高志敏. 迈向交集:论社区治理与社区教育[J]. 教育发展研究,2015,35(23):67 - 76.

社区政府责任意识增强而不断地试图介入，甚至一定范围内的高校也以反哺农村教育的自觉性而参与到农村学校的教育活动之中。高校运用先进的教育理念与社区资源相结合，从农村学校实际出发进行从上至下的教学改革；正如陶行知所说的，“社会即学校”，我们在这里可以将社区看做一个小学校，真正做到“区校联合”，资源共享，社区资源给学校以支持，完善学校的特色课程与相关规章制度；学校给社区理论指导，一步步完善社区规划，两者互相促进，不断融合，逐渐完善教育资源。

三 农村学校与农村社区互动发展

农村学校发展的自主与自觉意识明显增强，农村学校究竟向何处去的思考也使农村学校必然要打开校门，拆掉围墙，主动走进社区，主动走入自然世界与社会文化场域。学校的社会实践课程可以融入社区，在社区实践中获得感性经验，深化理论知识。基于以上背景分析，农村学校改进应立足于现代化取向、乡村资源优势取向、儿童经验特点取向。因此，基于“学校—社区互动”的农村学校改进就成为必然的选择。

农村学校多年来积极与周边社区建立良好的合作关系。农村学校一方面积极与教育局、文化部门、周边兄弟学校等社区行政机构合作，主动借助社区力量帮助自身开发课程资源、建设校本课程；另一方面，加强与社区内居民群众、民间艺人、知识群体的互动，充分挖掘社区的人力、物力、文化资源，促进学校与社区的共同发展。项目组也对学校领导、相关教师、学生家长和民间艺人进行走访和座谈，从机构层面、组织层面和个人层面了解到了学校与社区之间互动的相关情况。由此，我们看到，每一所特色学校的背后都有社区的文化、历史在支撑，历史文化是一所学校开发课程最好的素材，社区与学校的互动是校本课程、特色课程开发的保障。

四 农村学校与农村社区和谐共生

社区文化是社区建设的根基，是建立在居民交往的基础上，通行于一个社区微观范围之内的文化现象，①社区文化既有大范围的共性，也有每个社区的特性，社区文化是指在一定社会区域范围内聚居生活的人们，在生活实践中共同形成的具有区域特点的精神共识和相应的物质形态，其本质是一种家园文化。② 这种“家园文化”内部蕴含着多种共生共长的文化，有代表性的主要有当地教育政府部门的文化，当地的资源文化，如历史文化传统，学校的办学文化，家长文化，城市文化等五层文化，这五层文化相互渗透，相互支撑，形成一个良性的循环，共同为社区的文化贡献着自己的力量。以上五种，甚至多种微观文化共同形成一个相对宏观的文化，构成社区文化，社区文化衍生出自身独特的教育文化，多个社区就构成多种文化，由此文化在一个相对微观的空间内产生了多样性。

1. 当地教育政府部门的文化

党的十八届三中全会审议通过的《中共中央关于全面深化改革若干重大问题的决定》中关于城乡文化体制改革的内容，在一定程度上为农村文化建设提供了支持，但是在文化建设过程中，地方政府应发挥主导作用。③ 政府部门的文化中包括国家政策的有力贯彻执行，在保证执行力的同时还要根据当地的教育传统来做适当的调整，包括教育政策的制定、教育物质的批准、教育软文化的打造等。在政治经济发展稳定的时期，地方要统筹规划当地的学校文化，给予学校一定程度的自主治校的权力，集合学校之力进行地区文化品牌的打造。对于有合适资源进行校本课程开发的学校，当地政府部门要和学校领导人以及主力教师进行沟通协商，给予一定程度的帮助，如开展教师培训等活动，提升教师的教育素养，更新教师教育理念，为学校、教师自主开发课程留有一定的弹性空间。

2. 当地资源文化

中共中央和国务院联合下发的《国家乡村振兴战略规划(2018—2022 年)》提出要“发展乡村特色文化产业”，这不仅赋予了乡村振兴战略新的内涵，而且为深化农业供给侧结构性改革确立了新的维度。对于当地文化资源，我们可以理解为，是某地区具

① 张媛媛，孙丽. 如何做好社区文化建设[J]. 人民论坛，2018(31)：138－139.

② 高淑慧. 大力推进社区文化建设的意义与措施[J]. 传媒论坛，2018，1(17)：159+162.

③ 王玥月. 地方政府在农村文化建设中发挥的主导作用分析[J]. 科技经济导刊，2018，26(26)：173－174+176.

备的人文、物质等多方面资源的结合。① 当地的历史传统积淀衍生出当地的资源文化,资源文化是农村学校改进的重要支撑力量,“学校—社区互动”改进农村学校的项目更多的是改进农村学校的办学方向与发扬传统文化,打造属于学校自己的特色课程,所以当地的文化资源就显得尤为重要。例如吉林省通化县农村学校,位于满族居民聚集区域,满族文化为主流,所以多数学校都以满族文化作为自己特色课程的立足点。满族剪纸从明代开始源远流长,在当地政府部门的支持下,建成了256平方米的具有满族民俗风格的满族刺绣传习馆,满族刺绣校本课程的开发,为这座乡村小学校插上了特色发展的强劲翅膀。传统文化这片肥沃的土壤滋养了当地人民,传统不同、文化不同、特色不同。

3. 学校办学文化

对学校来说,学校的办学理念是一个学校的灵魂,是一个学校的精神支柱。而学校的办学文化是从当地相对宏观的文化中不断衍生出来的。通化县快大茂小学秉承“以德立校,依法治校,质量强校,科研兴校,特色活校”的办学思想,确立了自己的特色校本课程并付诸实践,挑战千人撕纸大赛并取得圆满成功;通化县石湖振国学校在“雅”文化的熏染下,向着努力创设优雅环境,培养高雅情趣,塑造儒雅人才的目标奋进,开发了纸浆画校本特色课程,得到多家媒体的关注,以纸浆画为支点增加了学校和社区的互动交流;通化县二密镇葫芦套学校结合自身实际,确立了“知行统一,实践育人”这一办学宗旨,在实践中师生共同种植农作物,并将富余农产品带进课堂,开发了“草编”课程,在教育中、在实际操作中感悟劳动教育意义,在手工实践中体会手工艺品的独特内涵,激发学生创作的积极性;通化县金斗朝鲜族满族乡中心小学响应中华民族美德教育号召,依托当地的满族传统与习俗,开发满族刺绣特色课程,随着课程如火如荼地展开,学校的发展也因特色课程而被注入了新的活力。以上几所农村小学所开发的课程都是在各自办学理念的指导下多方位、多途径地开发特色校本课程,呼应了学校特有文化。

4. 家长文化

这里的家长并不是单纯意义上的学生的监护人,仅关注学生的衣食住行,从某种

---

① 刘金祥. 以特色文化产业发展助推乡村振兴战略实施[N]. 哈尔滨日报,2019-03-25(008).

角度来说，家长与学校、教师、学生共同组成一个整体，在这个整体中共同贡献自己的力量，家长也成为学校面对社区进行文化建设时的一分子。从另一角度来说，家长本身就是社区中的成员，有些家长甚至在社区文化中承担着重要的角色，如起着领导与组织作用，能够代表社区与学校进行沟通，协调二者工作，这使得家长成为学校和社区有效互动的桥梁和纽带。山水育人，不同的社区文化会影响家长的教育观念、文化观念，当社区文化对家长的影响趋于一致时就形成了这个社区独有的家长文化，家长文化也是社区文化中重要组成部分，对孩子的世界观、人生观、价值观的塑造有着不可替代的作用。因而，形成积极健康的社区家长文化是助力学校教育深入、稳定发展的重要一环。

5. 城市文化

从广义的认识来看，凡涉及城市和文化的各种各样的思想意识，物质和精神产物，传播科学技术、教育和文化知识，开展文化娱乐、旅游、展览、收藏的各项活动，以及人们生活中所追求的理念、传统、信仰、制度、风俗、经验等，都属于城市文化的范畴。从学科的观点来看，城市文化的定义是：以城市为载体和表现形式的，展示人与人类理想追求及其各种实践活动的文化类型。主要是由城市发展的思想追求、城市要素的空间布局形制和形态、自然和社会历史文化遗产的保护与利用、城市人居环境建设和发展、城市生态文明成就和景观风貌、城市形象和个性特色以及城市文化事业的基本设施建设等所构成的文化形式和内容，组成城市的文化体系。①

在“社区—学校互动”改进农村学校项目中，会发现农村小学中也有城市学校的痕迹，在一些教学思想、校园建设方面会借鉴城市小学，在城乡手拉手学校中，农村学校中的城市文化痕迹会更加明显。小城市会向和自身有地缘关系的大城市靠拢发展，农村学校也会逐渐向城市小学发展，城市文化对农村小学的影响在不断增加。此外，城市文化在来到社区后，逐渐与当地文化相融合，最终被“社区本土化”，共同为当地教育服务。

① 任致远. 关于城市文化发展的思考[J]. 城市发展研究，2012，19(05)：50－54.

第三节 教师专业发展命运共同体的形成

一 教师专业发展

教师专业发展不仅指教师专业规范化和教师专业自主权，更重要的是关注教师个体的专业自主发展以及教师得以安身立命的条件保障。教师的专业发展包括理论知识和实践知识的专业发展。① 教师的专业技能水平在很大程度上决定课堂教学质量的高低。教师的理论知识底蕴深厚，在课堂教学中就能够在教学内容的基础上旁征博引，在润物细无声中浸润学生的精神世界，鼓励、引导学生注重文化知识的积累并将其转化为学生个体为人处事、待人接物的原则；教师实践技能扎实，能够在教学中起到画龙点睛的作用，内心有墨却画不出是一位教师最大的短板，所以无论是教师的三笔字，还是教师的语言表达能力，都是一堂课的重要组成部分。

诚如钟启泉教授所言，教师的专业发展，如果不同学校改革的实践，特别是课堂改革的实践紧紧挂起钩来，其所谓的专业发展是不靠谱的。② 教师专业发展是一个发展的动态过程，是一个不断提高不断深化的过程，也是一个追求教学内在机制发展的过程，必须经过提升—实践—反思—改善的循环的过程，教师的专业能力才会有一定的提高，才会发展成为完整型、全能型教师。随着时代与互联网的不断发展，教师的专业技能代表的不再是自身能力，而是一个学校的教育素质，甚至是一个地区的教育层次。新课程改革要求学校依托当地现有资源开发学校特色校本课程，如吉林省通化县的撕纸、草编、刺绣和纸浆等特色课程，这些社区资源支撑的校本课程对教师的专业素质提出了较高的要求，需要进一步提高教师的团队意识与合作精神以及表达技能，更新教师团队的教育理念和教育素养，在特色课程中感受传统文化。教师团队是优秀课程教学设计背后的人力资源，教师个人的提升是教师团队提升的基础，一个学校教师团队的提升是一个地区教

① 陈向明. 实践性知识：教师专业发展的知识基础[J]. 北京大学教育评论，2003(01)：104-112.

② 钟启泉. 教师研修：新格局与新挑战[J]. 教育发展研究，2013，33(12)：20-25.

师团队提升的基础，进而形成教师专业发展共同体，共同促进某地区学校教育的发展，因此教师专业发展是现在教育领域中一个不可轻视的问题。

创造性是教师素养提升中一个必要的方向性，是培养卓越教师的必经之路，也是国家教师专业发展的大方向，甚至已经成为衡量一个教师是否具有新时代教师专业性的标准。关于这一点，“同课异构”是最能体现教师专业素养的一种方式，对同一文本的不同教学设计、不同教学环节体现了教师秉承的教育、教学理念和教师的人格魅力，在同一时空的大背景下，教师创造性地根据周边环境、资源创设教学情境，师生共同进入教学情境，激发不同学生的不同学习兴奋点，最终收获不一样的教学效果。另外，创造性还体现在教师对课堂突发事件的处理上，即我们所说的教学机智：教师应利用可以利用的资源去弥合教学过程的断裂，妥善地处理教学过程的断裂也是教师专业发展的侧面体现，是容易被忽略却又难以避免的一个方面。

综合性是教师教学创造性的保障。教师在进行教学设计时会有意无意向着自己擅长的方向靠拢，包括教师曾经学过的专业知识和擅长的教育技能等，所以教师个人综合实力是优秀教学设计的保证；另一方面，教师优秀的教学设计和一些学校校本特色课程也对教师的综合性提出了更高的要求。

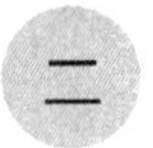

二　命运共同体

“人类命运共同体”是21世纪中国共产党首先提出并推动的具有社会主义性质的国际主义理念和具体实践。郭树勇教授曾经把国际主义观念分为两类：一类是为了实现本国更大的利益，以维护双边利益、多边利益，甚至全球利益为借口，推行某种国际主义政策或积极配合某种国际主义政策的实施；另一类是将本国的利益与他国利益以及全球利益完全融合在一起的观念与政策。第一类主要体现为一种工具理性的国际主义观念，第二类主要体现为价值理性的国际主义观念。共同体是指本国家在国际发展中寻找自身利益同时兼顾他国利益。①

① 李爱敏.“人类命运共同体”：理论本质、基本内涵与中国特色[J].中共福建省委党校学报，2016(02)：96－102.

张志旻等人分析指出,共同体作为一个基本的社会学概念,尽管有学者倾向于把它看作一种"想象出来的安全感"或者充满想象的"精神家园",但在当代,"共同体"的概念得到了极大的扩展,共同目标、身份认同和归属感是共同体的基本特征,也是共同体赖以生成的基本要素。① 社会作为人类存在的群体组织,本质上是群体权益的强制管控。若要有效化解社会个体、社会群体、民族国家等之间的矛盾与冲突,权益兼备并实现共同的持续、健康、和平的生存与发展,就必然要提出共同遵循的伦理规则,形成政治共同体。② 在全球文化求同存异的今天,人类文化趋同留异,存在于一个工作、生活团体中,或遵循同一活动准则与精神信仰,或具有共同追求的利益等形成的团体都可以被称为"共同体"。

基于以上理论和实际调研、考察的实际,我们暂时将"命运共同体"理解为自身命运和团体命运是共同的,即自身和某一个团体有共同的利益目标,发展自身利益就是推动整体利益,整体利益可以带动自身利益这一层含义。

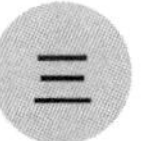

三 教师专业发展命运共同体

1. 教师专业共同体的内涵

张增田、彭寿清认为,教师教育共同体是在当前教育变革形式下出现的一种教师教育创新形式。共同体成员有着共同目标或愿景,在真实的教育环境中,通过共同参与、相互配合和真诚合作,探索、改进和解决教师教育中的一系列问题。教师教育共同体实质上是包含三种意蕴的结合体:从成员之间思想信念的统一程度看,教师教育共同体首先是一种精神共同体;从利益共享和文化融合的视角看,教师教育共同体又是一种合作共同体;从问题解决的指向和过程看,教师教育共同体更是一种实践共同体。③

① 张志旻等. 共同体的界定、内涵及其生成:共同体研究综述[J]. 科学学与科学技术管理,2010(10):14-20.

② 余朝虎. 共同体理论的历史渊源及其在高校思想政治理论课程中的构建[J]. 高教学刊,2019(10):161-163+166.

③ 张增田,彭寿清. 论教师教育共同体的三重意蕴[J]. 教育研究,2012(11):93-97.

教师共同体是由教师组成的专业团队，其活动目的、活动内容、活动方式和活动结果反作用于教师专业共同体，促进其成长。通过合作对话与分享性活动，提高教学组织能力，有效促进教师的组织学习、实践反思、同伴互助、专业引领、教学水平等。命运共同体是一种“天下为公”的信念，在一个团体中共享共建。综合以上对教师专业发展、命运共同体的阐述，教师专业发展共同体就是教师的进步与发展命运共同的利益体。教师专业发展共同体不同于教师备课群体：首先教师共同体是学校或者教师自愿组成并且积极参加的；其次，教师之间利益相关；再次，教师共同体涵盖范围更大，设计领域更广，更具有生命力。建立教师专业发展命运共同体是为了为改进农村学校服务，最终的目的是做好“社区—学校”改进活动，促进农村学校的长足进步。建设基于“学校—社区互动”的教师专业发展共同体是促进农村学校教师专业发展的有效途径，也是引领教师专业发展、使学校教育质量得以根本改进的关键。

教师专业发展命运共同体组成成员涵盖大、中、小学各个阶段的教师，互相借鉴，取长补短，大学教师提供教育理论，中小学教师提供教学实际案例，全体教师进行分析探讨，对先进经验加以梳理、总结，使共同体教师在最近发展区范围内不断提高能力与素质。

教师专业发展共同体能够凝练教育教学理念，也可以是总结教育实践中的教学经验、课堂经验，提升为某种教学模型。在“学校—社区互动”农村学校改进的活动中，教师专业发展共同体为农村学校改进出谋划策，并建立互帮互助的帮扶机制，先进帮后进，优质帮薄弱，在全体农村学校进步中实现“社区—学校互动”农村学校改进的总体目标。

2. 教师专业发展共同体的特点

教师专业发展命运共同体有以下特征：共同利益，互相依存，科学、可持续发展。其中以教师的共同利益为首。共同利益指教师共同体是由教师群体中的人员自愿组成的专业团队，其活动目的、活动内容、活动方式和活动结果都与教师各自的专业和专业成长密不可分。教师们具有共同的发展目标，并遵循相同的活动准则与职业道德，以教学研究为主要活动内容，在专业领域不断前行。① 互相依存指在教师专业发展共

① 徐怀录.“教师发展共同体”新课程背景下促进教师共同发展的有效途径[J].课程教育研究，2019(08)：194－195.

同体中教师的利益与进步是共同的,针对农村学校改进,教师们应该发挥自己的专业特长,在改进活动的各个岗位坚守自己的职责,做出自己的贡献,个人与团体互相依存。可持续发展指农村学校改进活动是一个需要可持续发展的活动,是在一个动态的实践中不断改进、不断完善的过程。在此阶段中,必须要有科学的改进理念做指导,教师专业发展共同体在学校改进中不断实现个体和群体共同发展。

3. 教师专业发展共同体的目标

教师专业发展共同体形成的基础是有相同的目标与信仰,在一定范围内进行有效的教育研究活动。在学校改进中,教师既是主要实施者,也是学校与社区关系的经常性建构者,通过共同体建设推进学校与社区,学生、家长、教师与校长共同成长。教师专业发展共同体将沟通校长与学生及学生家长,融合多方面教育力量共同推动社区教育的发展,成为社区教育发展的联合力量。

邵晓枫认为,学校与社区及社区教育有着密切的联系,学习型社会建设的推进越来越要求学校教育与社区教育在更广大的领域走向融合,即形成学校教育与社区教育统筹规划、协调发展、相互沟通、相互融合、资源共享、共同繁荣的共同体关系,建立学校—社区教育共同体。①

朱连云等人提出了“打造城乡教育共同体,促进学校教学优质、均衡发展”区域性校本研修的计划,通过建立城乡共同体的形式来改善教研品质,提高教师实施新课程的能力和水平,促进本区学校教学质量的均衡化、优质化,形成资源共享、优势互补、责任共担、互惠互利、有一定专业引领的合作共赢的联合体。② 罗生全、刘志慧立足伦理学角度指出,在共同体视域下,教师伦理是共同体对教师身份的本质确认,为教师伦理发展提供新的认识视角、方法路径和价值标准。共同体对教师伦理发展的价值表征主要表现在作为意义共同体的理念引导、作为文化共同体的情境交融和作为实践共同体的行为构筑等三个层面,而最终价值效用的发挥有赖于共识性的伦理信念的建立、交往理性为基础的发展机制的生成以及反思性实践智慧的养成。③

---

① 邵晓枫. 建立学校—社区教育共同体——以社会交换理论为视角[J]. 职教论坛,2012(01):27-30.

② 朱连云. 打造城乡教育共同体,促进学校教学优质、均衡发展 青浦区推进校本研修的实践[J]. 上海教育科研,2007(08):25-27.

③ 罗生全,刘志慧. 论教师伦理发展的共同体逻辑[J]. 教育研究,2015(07):81-88.

教师专业发展共同体的建立对于社区教育的发展具有重要作用,教师团体作为课程研发者可以运用先进的教育理念作为支撑,结合学生的发展情况进行课程自主研发,能够沟通学校与学生,使课程研发更具有效果与实际意义;教师团体作为课程的传授者,能够根据日常生活环境引导学生的生活经验,使课程资源很好地转化为学生的实际经验。教师专业发展共同体中的教师对推动社区教育具有不可替代的作用。反之,社区教育的不断发展必然推动着整个教育的进步,教育的进步也为教师专业发展共同体提供了发展的良机。

4. 教师专业发展共同体对农村学校改进的实践意义

(1) 教师专业发展共同体是合作中的润滑剂

在一所学校内校长是与外界沟通的桥梁和纽带,但是在校本课程开发过程中校长必须回到教师队伍中去,协同团队不断开发新的具有鲜活生命力的、有资源依托的校本课程。在学校改进活动过程中,需要区教育局、校长、项目组人员三方进行合作讨论,在考虑本地区的现实情况的基础上为未来的学校改进应然状态绘制蓝图。教师是课堂的主导者,也是校本特色课程的开发者,对周边资源以及本校历史传统非常熟悉,在了解大范围内的农村学校改进基本情况之后,能够梳理出本校在大范围的农村学校中的特殊性并针对一些现实问题向当地政府、教育主管部门、项目改进组等相关部门提出建议,大力排除一些对农村学校改进造成干扰的人为或非人为因素。

(2) 教师专业发展共同体是学校改进的实施者

农村学校改进以实际调研为途径,在小范围地区的学校中实施学校改造,形成改造样例,将其实践经验进行总结,再加以提炼形成指导理论。在此阶段,要积极发动学校教师参与到学校、社区的互动改进活动,形成教师自己的改进理论,在探讨中构建我国农村学校改进的基本概念框架,在一个具体可操作的层面将改造样例学校的实践经验梳理成操作模型,在不断的摸索中将模型进行修整。在样例学校改进活动成熟之后,将改进模型推广至全省农村学校,在不同学校的不同教师的讨论声中再将次模型提炼修整,概括出共性的问题及其解决策略,最后推广至全国。

(3) 教师专业发展共同体是学校改进的沟通者

借鉴国外发达国家农村学校改进的理论成果与实践经验:新的理论成果总是要站在已有的理论成果之上,我国农村学校改进活动方兴未艾,在理论和实践方面还有一些不足，所以对国外发达国家农村学校改进的理论成果与实践经验要批判吸收，理性借鉴。在借鉴的过程中，教师是不可缺少的一环，首先在项目组和学校树立好改进的方向，广大教师所形成的发展共同体要吸收借鉴国外优秀经验，尤其是和教师息息相关的课堂授课形式、手段以及优秀的教学理念。在此环节，可以加强中小学教师与大学教师的沟通探讨，共同研究国内外的教学理念与教学方式，提高教师教学质量，提高学校改进活动的软实力。

（4）教师专业发展共同体是学校改进的总结者

需要发动教师查阅相关经典案例，提升课堂教学质量；另外，可以查阅学校改进前后差别比较大的经典案例进行批判性的借鉴；在自身区域以及其余区域寻找农村学校改进的相关案例，根据实际情形进行改进。

（5）教师专业发展共同体需具有扎实的专业技能

农村学校改进中的改进模式是在长期学校改进活动中摸索出来的，这套学校改进模式是符合当地的资源文化特征的。在一定的有意义的文化的基础上进行文化建设，在此基础上进行校本课程的开发与深化，教师专业发展共同体在这一层含义上着重强调的是教师专业，教师有扎实的理论基础，过硬的知识技能才谈得上教师专业发展，才可以进一步打造教师专业发展共同体。通过专业学习和专门培训提升教师自身教育教学理念，提高教师授课技能，形成教师专业发展共同体。

5. 教师专业发展共同体的最终任务

教师在形成了教师专业发展命运共同体之后享有资源共用的权利，也必须肩负起教学、科研与促进社会发展的责任，完成教师专业发展共同体的最终任务。

在教学方面，教师专业发展共同体需要站在前人的肩膀上，以现代社会发展为背景，融合现代素养去创新教学形式、教学内容、教学组织形式等，以促进学生全面发展为宗旨，提高教学质量为直接目标，充分利用学校所依靠的资源开发适合学生身心发展的特色校本课程。教师专业发展共同体中的教师要切实做到以学生为本，在教与学这个有意义的教学交往中，教师乐教，学生乐学，一起在真知的海洋中探索。教学的顺序要遵循由具体到抽象、由已知到未知、由简单到精深的原则，在科学教育础上循序渐进地改进教学。

在科研方面，教师要积极接受教学理念的更新，在教师专业发展共同体中交流、分享教学、科研心得。要具有国际视野，追寻科研的最前沿，并将其内化、落实在所在学校的发展中。教师的科研能力也是教师综合素质中一个重要方面，只有具有较高的科研能力、较新的科研构想，能够接受教育先进理论的指导，才会使教师专业发展共同体具有强劲的生命力。教师的科研能力是学生创新能力、想象能力的基础，所以发展教师的科研能力是教师专业发展共同体的一个重要目标。

在社会责任方面，教育与社会的政治经济发展是密不可分的，但是教育系统也是一个相对独立的系统，有着自身的发展轨迹。社会促进教育的发展，规定着教育发展的规模，对培养的人才质量提出要求；同样，教育的发展也会推进社会的发展，社会要求教育培养出来的人会适应、推动社会的发展，二者形成良性循环，教育对整个社会具有义不容辞的责任。从这个度来说，教师专业发展共同体中的教师要有历史责任感，在社会的要求与期望中培养出能够促进社会发展的人才。

综上，教师在教学、科研、社会责任所做出的努力对农村学校的改进具有重要的意义，是农村学校前进的必经之路。农村学校改进项目关乎农村、社区的发展。发扬传统文化，以地理资源为依托进行校本特色课程的开发，不仅是农村学校改进的一部分，更是近年来教育改革所提倡的做法，以农村文化，农村发展辐射更多地区，在现有基础上追求更高的目标。此外，“社区—学校互动”农村改进项目与教师专业发展是相辅相成的关系，二者互为前提，提升教师教育教学理念、增强教师职业技能是一个缓慢而长期的过程，需要与农村改进活动并肩而行。贯彻落实促进学生全面发展的教育方针，一切改进活动都是为了学生能够获得更多、更好的教育资源和教育机会，在课堂中教师要积极引导学生参与，学校开发的校本课程要对学生体现教育意义，在课程中促进经验的成长，在社区发展、文化传承等方面都发挥着巨大作用。

参考文献

[1] 宋德民：坚持以建设高质量教育体系为统领 谋划推动“十四五”时期教育发展[EB/OL]. http://www.moe.gov.cn/jyb_xwfb/moe_2082/2021/2021_zl25/bd/202104/t20210401_523911.html. 2021-12-06.
[2] 邬志辉，秦玉友. 中国农村教育发展报告 2019[N]. 中国民族报，2019-02-19(003).
[3] 谢清平，周鸿敏. 对农村教育边缘化的理性思考[J]. 江西广播电视大学学报，2007(01)：50-52.
[4] 吕丽艳. 边缘化困境中的农村学校危机探析[J]. 教育导刊，2007(06)：20-22.
[5] 刘尧. 新农村建设中的农村教育改革[J]. 教育导刊，2007(03)：18-19.
[6] 储平平，杨国才. 农村教育的“离农”倾向及其克服[J]. 中国农业教育，2008(05)：62-64.
[7] 范亮. 新课改如何防止农村教育边缘化[J]. 校长阅刊，2005(11)：25-26.
[8] 白中军. 区域农村教育“结构-功能”特点探析[J]. 基础教育研究，2006(01)：3-5.
[9] 国家乡村振兴战略计划(2018—2020 年)[N]. 人民日版. 2018-09-27(13).
[10] 郝文武. 农村教育和乡村教育的界定及其数据意义[J]. 教育研究与实验，2019(03)：8-12.
[11] 李森，汪建华. 我国乡村教育发展的历史脉络与现代启示[J]. 西南大学学报(社会科学版)，2017，43(01)：61-69+190.
[12] 郝文武. 以城乡教育有特色融合发展促进乡村教育振兴和农村教育现代化[J]. 教育科学 2021，37(03)：1-7.
[13] 姚荣. 从“嵌入”到“悬浮”：国家与社会视角下我国乡村教育变迁研究[J]. 清华大学教育研究，2014，35(04)：27-39.
[14] 熊春文. “文字上移”：20 世纪 90 年代末以来中国乡村教育的新趋向[J]. 社会学研究，2009(05)：110-140、244-245.
[15] 蔡志良，孔令新. 撤点并校运动背景下乡村教育的困境与出路[J]. 清华大学教育研究，2014(02)：114-119.
[16] 武晓伟，朱志勇. 传统与现代：文化哲学视域下的农村教育研究[J]. 湖南师范大学教育科学学报，2014，13(06)：65-71.
[17] 刘铁芳. 回归乡土的课程设计：乡村教育重建的课程策略[J]. 现代大学教育，2010(06)：13-18.
[18] 邬志辉. 乡村教育现代化三问[J]. 教育发展研究，2015(01)：53-56.
[19] 邬志辉. 当前我国城乡义务教育一体化发展的核心问题探讨[J]. 教育发展研究，2012(17)：8-13.
[20] HUSE N T, POSTLETHWAITE T N. 国际教育百科全书(第七卷)[M]. 贵阳：贵州教育出版社，1990.
[21] 陈敬朴. 农村教育概念的探讨[J]. 教育理论与实践，1999(11)：39-43、57.
[22] 陈忠镐. 农村教育概念界定若干问题探析[J]. 福建广播电视大学学报，2011(01)：

49 - 53.
[23] 廖其发. 多元一体：中国农村教育的价值取向[J]. 中国农业大学学报(社会科学版)，2015,32(01)：106 - 118.
[24] 刘义兵,石娟. 留守农民的全面发展与农村教育转型[J]. 中国农业大学学报(社会科学版),2015,32(01)：131 - 136.
[25] 曲铁华,樊涛. 历史视角下“农村教育”含义辨析[J]. 四川师范大学学报(社会科学版)，2014(03)：94 - 99.
[26] 温恒福. 农村教育的含义、性质与发展规律[J]. 教育探索,2005(01)：43 - 46.
[27] 秦玉友. 农村义务教育质量研究：基于质量指标与底线标准[M]. 长春：吉林出版社,2011.
[28] 王本陆. 消除双轨制：我国农村教育改革的伦理诉求[J]. 北京师范大学学报(社会科学版),2004(05)：20 - 25.
[29] 范先佐. 义务教育均衡发展与农村教育难点问题的破解[J]. 华中师范大学学报(人文社会科学版),2013(02)：148 - 157.
[30] 王嘉毅,赵志纯. 我国农村基础教育课程改革：问题与对策[J]. 教育研究,2010(11)：25 - 30.
[31] 张乐天. 论现阶段我国农村教育政策变革与创新[J]. 南京师大学报(社会科学版),2006(03)：92 - 96.
[32] 杜育红. 农村教育：内涵界定及其发展趋势[J]. 华南师范大学学报(社会科学版),2013(01)：19 - 22+157.
[33] 秦玉友. 农村小规模学校教育质量困境与破解思路[J]. 中国教育学刊,2010(03)：1 - 4.
[34] 陈静漪,袁桂林. 农村中小学布局调整与资源优化配置的个案研究[J]. 教育学术月刊，2008(07)：74 - 76+79.
[35] 朱小蔓. “以县为主”农村义务教育管理体制下的教师专业管理[J]. 2008(22)：39 - 43.
[36] 范先佐. 农村学校布局调整与教育的均衡发展[J]. 教育发展研究,2008(07)：55 - 60.
[37] 雷万鹏,张雪艳. 论农村小规模学校的分类发展政策[J]. 教育研究与实验,2011(06)：7 - 11.
[38] 郝文武. 对农村学校布局调整三个“目的”的反思[J]. 北京大学教育评论,2011,09(02)：178 - 187.
[39] 司晓宏. 优化教育资源配置,促进西部农村义务教育优质发展[J]. 教育研究,2009(06)：17 - 21.
[40] 王嘉毅. 完善政策,提高农村教师队伍的整体素质[J]. 中国德育,2011(10)：19 - 22.
[41] VanVelzen W, Miles M, Ekholm, Hameyer A U & Robin D. Making School Improvement Work：A Conceptual Guide to Practice[M]. Leuven,Belgium：ACCO,1985：48.
[42] Hopkins D. The Practice and Theory of School Improvement：International Handbook of Educational Change[M]. Netherlands：Springer,2005.
[43] 波·达林. 理论与战略：国际视野中的学校发展[M]. 范国睿译. 北京：教育科学出版社,2002.
[44] 卢乃桂. 能动者的思索——香港学校改进协作模式的再造与更新[J]. 教育发展研究，2007(24)：1 - 9.
[45] 褚宏启. 基于学校改进的学校自我评估[J]. 教育发展研究,2009(24)：41 - 47.

[46] 孙素英. 学校改进中的学生赋权[J]. 中国教育学刊,2013(02):32-35.
[47] 周兴国. 农村学校改进问题与出路[J]. 中国教育学刊,2014(05):24-27.
[48] 励骅,白华. 国外薄弱学校改进的有效举措探析[J]. 比较教育研究,2009(06):52-56.
[49] 吴遵民. 关于对我国社区教育本质特征的若干研究和思考——试从国际比较的视野出发[J]. 华东师范大学学报(教育科学版),2003(03):25-35.
[50] 余凯. 忘记了改进就忘记了学校文化建设的真谛[J]. 教育科学研究,2014(05):12-14.
[51] 余凯,David Martin Osher. 基于标准的美国基础教育改革的问题和政策启示[J]. 教育科学,2013,29(03):89-96.
[52] 余凯. 学校改进项目中学校与大学的共同话语基础[J]. 中国教师,2009(13):49-50.
[53] Evaluating Your School PR Investment (Arlington, VA: National School Public Relations Association,1985),48.
[54] Albert E. Holliday,"In Search of an Answer: What Is School Public Relations?", Journal of Educational Public Relations 11(2nd Quarter 1988),12.
[55] 刘淑兰. 学校与社区的互动[M]. 成都: 四川教育出版社,2003.
[56] 黄崴,王晓燕. 学校与社区关系及其改善策略[J]. 教育科学,2006(05):24-27.
[57] 黄秋生,杨广晖. 论学校教育与社区教育的融合发展[J]. 南昌大学学报(人文社会科学版),2008,39(02):158-160.
[58] 李卫英,李鹤松. 学校与社区关系的社会学分析[J]. 四川教育学院学报,2007(03):1-3.
[59] 孙锦涛等. 中国首届国际教育效能与学校改进大会综述[J]. 教育研究,2005,12:88-89.
[60] 张新平,褚宏启. 教育管理学通论[M]. 北京: 高等教育出版社,2012.
[61] 胡定荣. 薄弱学校的教学改进——大学与中学的合作研究[M]. 北京: 教育科学出版社,2013.
[62] 胡晓航,杨炎轩. 学校改进的基本内容、空间次序与群体策略[J]. 教育科学研究,2012(02):33-37.
[63] Rennie Center for Education Research & Policy at Mass INC. Reaching Capacity: A Blueprint For the State Role in Improving Low Performing Schools and Districts[EB/OL]. http://www.renniecenter. Org / research _docs /0504 _Reaching Capacity. html,2009-07-18.
[64] Center on Innovation & Improvement. Breaking the Habit of Low Performance: Successful School Restructuring Stories [EB/OL]. http://www. centerii. org/ survey/,2009-08-17.
[65] 张新平. 对义务教育优质学校及其建设路径的几点思考[J]. 教育研究,2015(04):70-78.
[66] 沈玉顺. 学校改进实践策略解读——基于我国中小学学校改进实践的分析[J]. 教育发展研究,2010(18):16-20.
[67] 王嘉毅,程岭."U-S"及其多元化模式建构——兼述第五届两岸四地"学校改进与伙伴协作"学术研讨会[J]. 教育发展研究,2011(20):39-43.
[68] 刘益春,李广,高夯."U-G-S"教师教育模式实践探索——以"教师教育创新东北实验区"建设为例[J]. 教育研究,2014(08):107-112.
[69] 马云鹏,欧璐莎,金宝. 从双方合作到三方合作: 学校改进模式新探索——以鞍山市铁东区为例[J]. 中国教育学刊,2011(04):25-28.
[70] [美] 文森特·帕里罗、约翰·史汀森、阿黛思·史汀森. 当代社会问题[M]. 周兵等译. 北京: 华夏出版社,2002.

[71] [法] 埃米尔·涂尔干著,社会分工论[M]. 渠东译. 上海:生活·读书·新知三联书店出版,2000.
[72] 符登霞. 学校与社区的互动关系研究[D]. 湖南大学,2009.
[73] Ronald W M, Social Problems, Chicago: The Dorsey Press,1988: 50.
[74] 赵奕一. 学校、社区同质共生 构筑终身教育同心圆——谈学校与社区融合互动的机制[J]. 中国农村教育,2010(03):21-24.
[75] Gremin L A. Changes in the Ecology of Education: The School and the Other Educators[M]// Husen T, ed. The Future of Formal Education: The Role Institution Schooling in Industrial Society,1980: 23-26.
[76] 陈红梅. 教育共同体视域下学校与社区互动的研究——基于现代学校制度建设的思考[M]. 湖北:华中科技大学出版社,2015.
[77] 杨昌勇,谢艳娟. 公共关系视阈下的学校与社区互动模式[J]. 广西社会科学,2012(12):174-178.
[78] 王莉,郑国珍. 农村学校与社区互动之价值探寻[J]. 大连大学学报,2009(02):144-147.
[79] 中国共产党第十六届中央委员会第五次全体会议公报[EB/OL]. http://www.chinanews.com/gn/2012/10-09/4234917.shtml. 2016-07-08.
[80] 胡锦涛. 坚定不移沿着中国特色社会主义道路前进 为全面建成小康社会而奋斗——在中国共产党第十八次全国代表大会上的报告[EB/OL]. http://www.gov.cn/ldhd/2012-11/17/content_2268826.htm. 2016-07-01.
[81] 中共中央、国务院关于加快发展现代农业进一步增强农村发展活力的若干意见[EB/OL]. http://www.gov.cn/gongbao/content/2013/content_2332767.htm. 2016-07-08.
[82] 习近平. 决胜全面建成小康社会 夺取新时代中国特色社会主义伟大胜利——在中国共产党第十九次全国代表大会上的报告[EB/OL]. http://www.gov.cn/zhuanti/2017-10/27/content_5234876.htm. 2018-03-01.
[83] 中共中央、国务院关于实施乡村振兴战略的意见[EB/OL]. http://www.gov.cn/zhengce/2018-02/04/content_5263807.htm. 2018-03-02.
[84] 教育部、财政部关于实施“中小学教师国家级培训计划”的通知[EB/OL]. http://www.gov.cn/zwgk/2010-06/30/content_1642031.htm. 2015-07-08.
[85] 中共中央、国务院关于全面深化新时代教师队伍建设改革的意见[EB/OL]. http://www.gov.cn/xinwen/2018-01/31/content_5262659.htm. 2019-10-15.
[86] 刘益春,李广,高夯. “U-G-S”教师教育模式建构研究——基于教师教育创新东北实验区建设的实践与思考[J]. 教师教育研究,2013,25(01):61-64+54.
[87] Charlotte Danielson. 学校改进之框架——提高学生成就[M]. 陈萍,覃云云,译. 北京:中国轻工业出版社,2005.
[88] 汤颖. 农村学校改进中的价值困境及突破条件[J]. 教育评论,2017(01):40-43.
[89] 段会冬,莫丽娟. 农村社区:农村特色学校建设的文化源泉[J]. 现代教育管理,2012(06):35-39.
[90] 周三多,陈传明. 管理学[M]. 北京:高等教育出版社,2014.
[91] 哈罗德·孔茨,海因茨·韦里克. 管理学(第九版)[M]. 郝国华,金慰祖,葛昌权等,译. 北京:经济科学出版社,1993.
[92] 杨小微,刘良华. 学校转型性变革的方法论[M]. 北京:教育科学出版社,2011.

[93] 刘益春.秉持“创造的教育”理念 培养具有创造力的教师[J].中国教育学刊,2017(04):5.
[94] 李广.秉持“创造的教育”理念 推进一流师范大学建设[J].东北师大学报(哲学社会科学版),2019(01):136-141.
[95] 叶澜、白益民、王枬,等.教师角色与教师发展新探[M].北京:教育科学出版社,2001:276-321.
[96] 马丁·希尔伯.愿景与工具——整体性人力资源管理[M].石伟,王忠,译.北京:中国劳动出版社,2004.
[97] Tichy N and Devanna M. The transformational leader[M],NY:John Wiley,1992.
[98] Kotter J P. What leaders really do[J],Harvard Business Review,1990,68(3):103-111.
[99] 李兴洲.学校功能与现代学校制度建设[M].北京:开明出版社,2007.
[100] 拉尔史·泰勒.课程与教学的基本原理[M].施良方译.人民教育出版社,1994.
[101] 范兆雄.课程资源概论[M].中国社会科学出版社,2002.
[102] 吴刚平.课程资源的开发与利用[J].全球教育展望,2001(08):24-30.
[103] 徐继存,段兆兵,陈琼.论课程资源及其开发与利用[J].学科教育,2002(02):1-5+26.
[104] 中华人民共和国教育部制定.基础教育课程改革纲要(试行)[N].中国教育报,2001-07-27(002).
[105] 朱慕菊.走进新课程——与课程实施者对话[M].北京:北京师范大学出版社,2002.
[106] 李同胜,初铭铜,辛丽春.乡村学校本土课程资源的开发与利用研究——以沂蒙山区为例[M].北京:教育科学出版社,2015.
[107] 陶铁胜.社区管理概论[M].上海:上海三联书店,2000.
[108] 钟启泉,崔允漷,张华.为了中华民族的复兴 为了每位学生的发展《基础教育课程改革纲要(试行)》解读[M].华东师范大学出版社,2001.
[109] 丁锐.社区课程资源开发与利用的行动研究[D].东北师范大学,2004.
[110] 段兆兵.课程资源开发与利用——原理与策略[M].芜湖:安徽师范大学出版社,2011.
[111] 王聿泼.社区课程资源的开发及其价值——基于基础教育课程改革的思考[J].教育发展研究,2004(11):24-27.
[112] 凌云志,邬志辉.基于核心素养的农村学校改进的思维方式[J].教育理论与实践,2017,37(20):3-6.
[113] 刘铁芳.乡村教育的问题与出路[J].教育观察(中下旬刊),2013,2(04):5-8.
[114] 黄晓玲.课程资源:界定 特点 状态 类型[J].中国教育学刊,2004(04):38-41.
[115] 孙玉红,李广.“学校—社区互动”视角下农村校本课程定位分析——以河南省信阳市郝堂宏伟小学校本课程实践为例[J].教育理论与实践,2016,36(32):41-44.
[116] 何丕坤,何俊,吴训锋.乡土知识的实践与发掘[M].昆明:云南民族出版社,2004.
[117] 钟启泉.确立科学教材观:教材创新的根本课题[J].教育发展研究,2007(6):6.
[118] 杨翠蓉,刘健.学校、社区、家庭三方联动达成校本课程三维目标——以镇湖实验小学“苏绣艺术”课程实施为中心[J].苏州教育学院学报,2014(06):19-22.
[119] 王攀峰.论走向生活世界的教学目的观[J].教育研究,2007(1):24-29.
[120] 李臣之.校本课程开发评价:取向与实做[J].课程·教材·教法,2004(05):19-24.
[121] 石中英.学校文化建设要有大视野[N].中国教育报,2006-06-20(005).
[122] 倪筱荣.论校本文化及其建设路径[J].教育学术月刊,2012(11):37-39+42.

[123] 王焯. 满族刺绣与非物质文化遗产的保护[J]. 满族研究,2009(04):100-102.
[124] 陈学军. 学校文化是什么[J]. 教育研究与实验,2015(03):14-19.
[125] 钟启泉. 国外课程改革透视[M]. 西安:陕西人民教育出版社,1993.
[126] 廖哲勋. 课程学[M]. 武汉:华中师范大学出版社,1991.
[127] 顾书明. 校本课程开发实践系统论[M]. 徐州:中国矿业大学出版社,2002.
[128] 崔允漷. 略论我国基础教育课程政策的改革方向[J]. 教育发展研究,1999(09):32-34.
[129] 冯玉海. 健康教育思与行[M]. 上海:同心出版社,2012.
[130] 全国十二所重点师范大学联合编写. 课程论[M]. 北京:教育科学出版社,2007.
[131] 葛孝亿. 农村教师专业发展范式转换——“地方性知识”的视角[J]. 中国教育学刊,2012(03):82-85.
[132] 王定华. 试论新形势下学校文化建设[J]. 教育研究,2012,33(01):4-8.
[133] 杨九俊. 学校特色建设:“寻找属于自己的句子”[J]. 教育研究,2013,34(10):29-36.
[134] 翟艳,张武升. 学校文化特色的形成策略研究[J]. 教育科学,2015,31(01):18-21.
[135] 丁纲. 文化的传递与嬗变[M]. 上海:上海教育出版社,1990.
[136] 刘莉莉. 学校在与社区互动中发展[J]. 教育发展研究,2012,32(20):46-49+56.
[137] 李广. “学校—社区互动”促进农村学校改进研究[J]. 教育研究,2018(4):75-79.
[138] 吴刚平. 课程资源的理论构想[J]. 教育研究,2001(9):59-71.
[139] 任长松. 走向新课程[M]. 广州:广东教育出版社,2002.
[140] 李松林. 社区课程资源开发对学校课程的支持研究——四川省冕宁彝族自治县漫水湾镇个案分析[D]. 西南师范大学,2003.
[141] 黄晓玲. 重庆市九龙坡区陶家镇学校开发利用乡村课程资源研究[D]. 西南师范大学,2003.
[142] 毛艳. 基于地域文化的社区教育课程开发研究——以云南少数民族地区为例[J]. 中国成人教育,2014(24):44-47.
[143] 李定仁,徐继存. 教学论研究二十年(1979~1999)[M]. 北京:人民教育出版社,2001.
[144] 刁维国. 教学过程的模式[J]. 教育科学,1989(03):19-22.
[145] 张新海. 农村课程改革十年:问题、成因与对策[J]. 教育发展研究,2012,32(22):75-79.
[146] 杨明全. 课程概论[M]. 北京:北京师范大学出版社,2010.
[147] 王坤庆. 教师专业发展的境界[J]. 湖北教育:综合资讯,2016(4):28-29.
[148] 崔允漷,王少非. 教师专业发展即专业实践的改善[C]//海国际课程论坛. 2013.
[149] 王晓莉. 教师专业发展的内涵与历史发展[J]. 教育发展研究,2011(18):38-47.
[150] 陈向明. 从教师“专业发展”到教师“专业学习”[J]. 教育发展研究,2013(8):1-7.
[151] 陈向明. 实践性知识:教师专业发展的知识基础[J]. 北京大学教育评论,2003,1(01):9.
[152] 夏蓓洁. 教师自主研究综述:理论内涵与发展轨迹[J]. 外语电化教学,2016(3):80-85.
[153] 金美福. 教师自主发展论[D]. 东北师范大学,2003.
[154] 胡秀平,武翠茹. 加强农村教师自主发展提升教师专业化水平[J]. 科教文汇(中旬刊),2011(3):6-7.
[155] 李军. 制约农村教师自主专业发展的因素与对策[J]. 教育探索,2010(11):110-111.

[156] 李介. 农村教师自主发展的困境与策略研究[J]. 教书育人,2016(31):6-10.
[157] 陈振华. 教师自主发展:当下的意义、途径与条件[J]. 当代教师教育,2005,22(2):23-26.
[158] 邓虹婵. 专业发展视域下教师学习的实践样态研究[J]. 开封教育学院报,2016,36(05):135-136.
[159] 钟启泉. 教师研修:新格局与新挑战[J]. 教育发展研究,2013(12):20-25.
[160] 曾小丽. 批判与超越:教师共同体概念的再探析——基于生态哲学的视角[J]. 当代教育科学,2016(02):34-37.
[161] 冯建军. "培养什么人、怎样培养人、为谁培养人"的中国答案[J]. 教育研究与实验,2021(04):1-10.
[162] 李广,秦一铭. 生态教育理念下区域学校改进研究[J]. 社会科学战线,2021(11):236-242.
[163] 张东娇,时晨晨. 世界部分国家学校改进样态研究[J]. 比较教育研究,2020,42(03):50-58.
[164] 张东娇. 学校变革压力、机制与能力建设策略[J]. 教育研究,2015,36(10):47-56.
[165] 张东娇,张凤华. 学校文化示范校建设指标体系学理解读与评估应用[J]. 教育科学研究,2015(02):5-11.
[166] 张东娇. 后农税时代的新农村建设与教育——从农村义务教育经费保障政策分析入手[J]. 中国教育学刊,2008(03):16-20.
[167] 顾玉军,吴明海. 乡土教育:"乡土"与"天下"之链[J]. 湖南师范大学教育科学学报,2012,11(01):30-34.
[168] 中共中央 国务院关于深化教育教学改革全面提高义务教育质量的意见[EB/OL]. http://www.moe.gov.cn/jyb_xxgk/moe_1777/moe_1778/201907/t20190708_389416.html2019-03-02.
[169] 李政涛,文娟. "五育融合"与新时代"教育新体系"的构建[J]. 中国电化教育,2020(03):7-16.
[170] 扈中平. "人的全面发展"内涵新析[J]. 教育研究,2005(05):3-8.
[171] 冯建军. 论个性化教育的理念[J]. 教育科学,2004(02):11-14.
[172] 吴仕民. 原生态文化摭谈——兼谈少数民族传统文化的保护与发展[J]. 西南民族大学学报(人文社科版),2006(11):1-4.
[173] 张德勋,铁铮,李坚. 走近原生态文化[J]. 生态文化,2008(4):45-46.
[174] 彭兆荣. 如何认识原生态[J]. 当代贵州,2010(03):29-30.
[175] 张云平. 原生态文化的界定及其保护[J]. 云南民族大学学报(哲学社会科学版),2006(04):67-70.
[176] 李浩. 概念的追问:"原生态音乐"及其保存与发展模式研究[M]. 北京:中国社会科学出版社,2017.
[177] 张翔,张学敏. 教师教育 U-S 共生性合作的发生机制探究[J]. 教师教育研究,2012,24(1):29-34.
[178] 张永华. 论教育保护[J]. 教育研究,2003(10):82.
[179] 马云鹏. 课程与教学论[M]. 北京:中央广播大学出版. 2005.
[180] 李森,王天平. 论教学方式及其变革的文化机理[J]. 教育研究,2010(12):67.

[181] 陈旭远. 课程与教学论[M]. 北京: 高等教育出版社,2012.
[182] 田正平,叶哲铭. 微观视野下的中国近代乡村教育——相关人类学著作的若干启发[J]. 湖南师范大学教育科学学报,2008,7(06): 5-10+17.
[183] 田正平,陈胜. 教育负担与清末乡村教育冲突[J]. 浙江大学学报(人文社会科学版),2008(03): 142-149.
[184] 王玉国. 乡村教育的现实困境与未来之路[J]. 教育发展研究,2009(17): 49-51.
[185] 王玉国. 百年乡村教育价值取向及对未来的启示[J]. 教育学术月刊,2009(11): 12-14.
[186] 储朝晖. 全球化视野中的中国乡村教育边缘化问题研究[J]. 清华大学教育研究,2002(05): 45-50+87.
[187] 曲铁华,袁媛. 近代中国乡村教育实验理论标本价值探析[J]. 教育科学,2010,26(06): 6-10.
[188] 郝文武. 集中力量分别发展落后地区农村两种教育[J]. 教育科学,1995(01): 10-13.
[189] 许海深,邢艳红. 地方高校参与社区教育对策研究[J/OL]. 成人教育,2019(04): 37-40.
[190] 高志敏. 迈向交集: 论社区治理与社区教育[J]. 教育发展研究,2015,35(23): 67-76.
[191] 张媛媛,孙丽. 如何做好社区文化建设[J]. 人民论坛,2018(31): 138-139.
[192] 高淑慧. 大力推进社区文化建设的意义与措施[J]. 传媒论坛,2018,1(17): 159+162.
[193] 王玥月. 地方政府在农村文化建设中发挥的主导作用分析[J]. 科技经济导刊,2018,26(26): 173-174+176.
[194] 刘金祥. 以特色文化产业发展助推乡村振兴战略实施[N]. 哈尔滨日报,2019-03-25(008).
[195] 任致远. 关于城市文化发展的思考[J]. 城市发展研究,2012,19(05): 50-54.
[196] 李爱敏. “人类命运共同体”: 理论本质、基本内涵与中国特色[J]. 中共福建省委党校学报,2016(02): 96-102.
[197] 张志旻等. 共同体的界定、内涵及其生成: 共同体研究综述[J]. 科学学与科学技术管理,2010(10): 14-20.
[198] 佘朝虎. 共同体理论的历史渊源及其在高校思想政治理论课程中的构建[J]. 高教学刊,2019(10): 161-163+166.
[199] 张增田,彭寿清. 论教师教育共同体的三重意蕴[J]. 教育研究,2012(11): 93-97.
[200] 徐怀录. “教师发展共同体”新课程背景下促进教师共同发展的有效途径[J]. 课程教育研究,2019(08): 194-195.
[201] 邵晓枫. 建立学校—社区教育共同体——以社会交换理论为视角[J]. 职教论坛,2012(01): 27-30.
[202] 朱连云. 打造城乡教育共同体,促进学校教学优质、均衡发展——青浦区推进校本研修的实践[J]. 上海教育科研,2007(08): 25-27.
[203] 罗生全,刘志慧. 论教师伦理发展的共同体逻辑[J]. 教育研究,2015(07): 81-88.
[204] 邱关军,么加利. 教育研究的原生态价值取向分析[J]. 集美大学学报(教育科学版),2010,11(02): 63-67.
[205] 中共中央、国务院. 关于普及小学教育若干问题的决定[N]. 人民日报,1980-12-03(1).
[206] 中共中央、国务院. 关于加强和改革农村学校教育若干问题的通知[J]. 中华人民共和国国

务院公报,1983(12):528-533.
[207] 国务院.关于筹措农村学校办学经费的通知[J].中华人民共和国国务院报,1984(31):1046-1047.
[208] 中共中央.关于教育体制改革的决定[J].江西教育,1985(Z2):3-9.
[209] 中共中央、国务院.关于深化教育改革全面推进素质教育的决定[J].教育部政报,1999(Z2):301-310.
[210] 国务院.关于基础教育改革与发展的决定[J].教育部政报,2001(Z2):319-327.
[211] 国务院.关于深化农村义务教育经费保障机制改革的通知[J].中华人民共和国教育公报,2006(Z1):76-79.
[212] 国务院办公厅.关于规范农村义务教育学校布局调整的意见[J].中华人民共和国国务院公报,2012(26):54-56.
[213] 国务院办公厅.关于印发乡村教师支持计划(2015—2020年)的通知[J].中华人民共和国国院公报,2015(17):6-9.
[214] 中共中央、国务院.关于全面深化新时代教师队伍建设改革的意见[J].中华人民共国国务院公报,2018(5):16-23.
[215] 汉辞网.汉语大辞典[DB/OL].http://www.hydcd.com/.2004-10-31.
[216] 刘洁,王雅慧.撕课程 撕出来的教育[M].长春:长春出版社,2018.

后 记

党的十九大首次提出了“乡村振兴计划”并写入党章，将乡村振兴工作纳入国家长治久安的建设规划之中。以习近平同志为核心的党中央高度重视乡村的振兴发展，重视农村地区的教育工作。我国农村教育面临生源减少、师资紧缺、课程开发困难等现实问题。为促进我国农村教育事业的发展，缩小城乡教育之间的差距，均衡城乡学校的教育资源，缓解城乡之间存在的教育不公平现象，党中央做出了许多重要部署，发布了《国务院关于进一步加强农村教育工作的决定》《中共中央 国务院关于实施乡村振兴战略的意见》《乡村振兴战略规划(2018—2022年)》等一系列重要文件，把优先发展农村教育事业放在了重要位置。农村学校改进是促进我国农村教育均衡发展的重要战略举措之一。学校—社区关系研究最早产生于国外，随着学校改进研究的深入，社区对学校改进的作用与功能逐渐进入研究者和政府的视野。基于“学校—社区互动”视角开展农村学校改进研究，是我国农村教育在社会发展、历史沉淀、现实需求中衍生出来的必然发展路径，是推动我国基础教育与农村、社区建设协同共进的发展策略，是激发农村学校产生自我突破意识、自主自发自觉参与学校改进的有效手段。在乡村振兴的大背景下，探索乡村教育“学校—社区互动”学校改进的实践范式与长效机制具有重要意义与价值。

本书基于我国农村学校发展的现实性与特殊性，在充分调查研究农村学校改进的客观需求基础上，厘定了“学校—社区互动”促进农村学校改进的基本内容与价值取向，在一般意义上构建了“学校—社区互动”促进农村学校改进的理论体系，在具体实践中探索了学校与社区互动促进农村学校改进的有效途径，并针对我国农村教育的现实状况和发展需求建立了相关有效的“学校—社区互动”运行机制和保障机制，以期为我国在“学校—社区互动”视角下进行农村学校改进建设提供理论指导与实践参照。

本书中所论述的“学校—社区互动”促进农村学校改进理论体系、实践路径、运行机制与保障机制，被用于指导案例校的学校改进实践工作，并通过其改进实效证实了：该成果能有效促进案例校学校文化特色的形成，强化社区资源的开发与利用，推动原生态教学模式的生成，提高教师专业发展水平，促进学生的健康快乐成长，发挥学校功能与社区功能在多元维度上的互动、互助作用，由点及面，有效带动实验区域农村学校积极参与学校改进。并且，该研究成果得到了当地教育局、进修学校、案例校、社区居民们的积极认可与赞美。这些支持与肯定给笔者带来了鼓舞，更加坚定了笔者一往无前继续投身于农村教育事业的决心与信念！

本书撰写分工如下：前言，李广、杜磊娇；绪论，李广、杜磊娇、李宇婷；第一章，李广、杜磊娇；第二章，李广、李欣桐；第三章，李广、苑昌昊；第四章，谭延丹、柳春蕾、杜磊娇、孙玉红；第五章，杜磊娇、谭延丹、李欣桐、陈飞；第六章，谭延丹、秦一铭、王媛媛、于宛辰、王爽、李欣桐；第七章，杜磊娇、李红瑶；第八章，李广、孙玉红；后记，李广、杜磊娇。全书由李广、杜磊娇最终统稿。

本书在顶层设计过程中，得到了教育部基础教育司的大力支持与指导，得到了东北师范大学学校领导、研究同仁的热情关怀与帮助；在调研过程中，得到了教师教育创新实验区的教育局、进修学校及中小学校的鼎力配合与协同落实；在调研资料整理过程当中，得到了东北师范大学教育学部研究生杜磊娇、李欣桐、谭延丹、孙玉红、陈飞、秦一铭、杨思涵、赵雅楠的专业帮助与智力投入；在出版过程中，得到了华东师范大学出版社的全力相助与专业指导。在此一并表示感谢！

尽管我们本着严谨、认真、负责、专业的态度投入本书的撰写工作，但因作者水平有限，书中不当之处在所难免，恳请方家批评指正为盼！

李　广
2021 年 12 月